新編諸子集成續編

淮南子校釋

五

張雙棣　撰

中華書局

淮南子校釋卷第十八

人間訓〔一〕

清淨恬愉，人之性也；儀表規矩〔二〕，事之制也。知人之性，其自養不勃〔三〕；知事之制，其舉錯不惑〔四〕。發一端，散無竟，周八極，總一筦，謂之心〔五〕。見本而知末，觀指而睹歸〔六〕，執一而應萬，握要而治詳，謂之術。居智所謂，行智所之，事智所秉，動智所由〔七〕，謂之道。道者，置之前而不輊，錯之後而不軒〔八〕，内之尋常而不塞，布之天下而不窕〔九〕。是故使人高賢稱譽己者，心之力也〔一〇〕；使人卑下誹謗己者，心之罪也。夫言出於口者不可止於人，行發於邇者不可禁於遠〔一一〕。事者難成而易敗也，名者難立而易廢也〔一二〕。千里之隄，以螻螘之穴漏；百尋之屋，以突隙之煙焚〔一三〕。堯戒曰：「戰戰慄慄，日慎一日。」人莫蹪於山，而蹪於垤〔一四〕。是故人皆輕小害，易微事，以多悔〔一五〕。患至而後憂之，是由病者已惓〔一六〕，而索良醫也〔一七〕，雖有扁鵲、俞跗之巧，猶不能生也〔一八〕。

夫禍之來也，人自生之；福之來也，人自成之〔一九〕。禍與福同門，利與害爲鄰，非神聖人莫之能分〔二〇〕。凡人之舉事，莫不先以其知規慮揣度〔二一〕，而後敢以定謀。其或利或害，此愚智之所以異也〔二二〕。曉自然以爲智，知存亡之樞機、禍福之門户〔二三〕，舉而用之，陷溺於難者，不可勝計也。使知所爲是者，事必可行，則天下無不達之塗矣。是故知慮者，禍福之門户也〔二四〕；動静者，利害之樞機也。百事之變化，國家之治亂〔二五〕，待而後成。是故不溺於難者成，是故不可不慎也〔二六〕。

校釋

〔一〕【許注】人間之事，吉兇之中，徵得失之端，反存亡之幾也。

【版本】莊本，集解本注「兇」作「凶」，餘本同藏本。茅本、汪本、莊本、集解本注末有「故曰人間」四字，餘本同藏本。

〔二〕【用韻】「愉、矩」侯魚合韻。

〔三〕【箋釋】馬宗霍云：「勃」與「悖」通。「悖」爲「誖」之或體。説文：「誖，亂也。」然則「自養不勃」，猶言自養不亂也。左傳莊公十一年「其興也悖焉」，陸德明釋文云：「悖一作勃，同。」莊子庚桑楚篇「徹志之勃」，釋文：「勃，本又作悖。」即「勃、悖」二字相通之證。

〔四〕【用韻】「勃、惑」物職合韻。

〔五〕【箋釋】俞樾云：「總一筦」三字當在「周八極」之上，蓋言發於一端而散於無竟，總於一筦而周於八極，猶下文所云「執一而應萬」也。兩句誤倒，失其義矣。○蔣禮鴻云：「發一端，散無竟」，自微而之顯也。「周八極，總一筦」，由顯而歸微也。微而顯，顯而微，迴圈而不窮，正此心之妙用，無不可通之處。

【用韻】「端、竟、筦」元陽合韻。

〔六〕【箋釋】馬宗霍云：爾雅釋言：「指，示也。」原道篇高注：「指，所之也。」所之猶所往，示以所往謂之指。兩訓相成，其義益備。而猶以也，謂觀其所往以睹其所歸也。

〔七〕【版本】王溥本、王鎣本、朱本、葉本、汪本、張本、黄本、莊本四「智」字均作「知」，景宋本、茅本、集解本同藏本。各本「所謂」均作「所爲」。

【箋釋】王念孫云：四「智」字並讀爲「知」。（智字古有二音二義，一爲智慧之智，一爲知識之知。説見管子法法篇「不智」下。）劉本依文子微明篇改「智」爲「知」，而諸本多從之，（莊本同。）蓋未達假借之義也。又謂猶爲也。下文曰：「國危不能安，患結不能解，何謂貴智？」僖五年左傳曰：「一之謂甚，其可再乎？」大戴禮少閒篇曰：「何謂其不同也？」韓詩外傳曰：「王欲用女，何謂辭之？」列女傳仁智傳曰：「知此謂誰？」新序雜事篇曰：「何謂至於此也？」漢書文帝紀曰：「是謂本末者無以異也。」以上諸「謂」字並與「爲」同義。又莊子讓王篇「其何窮之爲」，呂氏春秋慎人篇「爲」作「謂」。呂氏春秋精諭篇「胡爲不可」，淮南道應篇「爲」作「謂」。漢書高帝紀「鄺食其爲里監門」，史記「爲」作「謂」。皆語之轉耳。劉本依文子改「謂」作「爲」，而諸本從之，蓋未通古義也。○陶鴻慶云：「事」當爲「静」，字之誤也。上以「居」與「行」對文，此以「静」與「動」對文。静字漢隸多作「靜」，（韓敕碑陰、李翕西狹頌如此。）右半與「事」相似，脱其左偏，因誤爲「事」矣。○雙棣按：景宋本「謂」亦作「爲」，「爲」字恐非劉績所改，然道藏作「謂」，今依原本。

〔八〕【版本】王鎣本「𨏥」作「輊」，餘本同藏本。

【箋釋】劉績云：𨏥，古字同「輊」。○楊樹達云：説文車部云：「𨏥，抵也。从車，埶聲。」王引之春秋名字解詁云「抵即今低字」是也。詩云：「如輊如軒。」毛傳云：「輊，摯也。」考工記云：「軒摯之任。」「輊」蓋「𨏥」之或作，「摯」則同音假借也。詩、考工記與此文並以𨏥與軒爲對文。又按：「軒」無高舉之義，字蓋假爲「掀」。説文手部云：「掀，舉出也。从手，欣聲。」欣字古音在痕部，痕部、寒部古多通用。玉篇云：「掀，許言切，舉也。」掀從欣聲而讀入寒部，故古書多假寒部之軒字爲之耳。○馬宗霍云：𨏥通作輊，錯猶置也。詩小雅六月篇「如輊如軒」，毛傳云：「輊，摯也。」惠棟九經音義引淮南此文，以爲「摯」當作「𨏥」，從車不從手。説文車部有𨏥，無輊。（大徐本作𨏥，从車，埶聲。小徐本作𨏥，从車，執聲。韻會四寘引與小徐本同，今從之。）𨏥訓「抵也」。卷子本玉篇云：「説文：『𨏥，低也。』野王案：車前低頓曰𨏥，後曰軒也。」又云：「輊亦𨏥字也。」據此，則今本説文「𨏥」之訓「抵」，蓋「低」之誤字，「輊」則「𨏥」之或體也。軒猶舉也，起也。輂軒本言車之低昂。低昂由於輕重，故輂又言車重，軒又言車輕。凡車前重則後輕，重則輂，輕則軒。廣韻六至云「輂，車前重也」是也。淮南此文蓋以車爲喻，言道之爲物，置之前不見其輂，置之後不見其軒，亦即無重無輕，不低不昂，自然均平調適之意。

〔九〕【箋釋】馬宗霍云：此文又見氾論篇及要略篇。説文：「寋，窒也。」本文「塞」字蓋爲「寋」之借字。不塞猶言不窒，不窒猶言不滿也。左傳昭公二十一年「小者不窕」，杜注：「窕細不滿。」孔疏：「言小不至窕，則窕是細之意也。」漢書五行志顔注亦云：「窕，輕小也。」本文不窕，亦當取義於細。淮南蓋以尋常喻小，以天下喻大。而道之爲體，則能小能大，惟其能小，故内之尋常之中，足以相容，而不見其滿。惟其能大，故布之天下之廣，足以相濟，而不覺其細。墨子尚賢中「此道也，大用之天下則不窕，小用之則不困」，可與淮南本文互參。

〔一〇〕【用韻】「己、力」之職通韻。

〔一一〕【箋釋】于大成云：晏子春秋外篇不合經術者四章引孔子曰「語有之，言發于邇，不可止于遠也；行存于身，不可掩于衆也」，淮南文略本於此。

〔一二〕【用韻】「人、遠」真元合韻。

〔一三〕【用韻】「敗、廢」月部。

〔一四〕【許注】突，竈突也。

【箋釋】莊逵吉云：「突隙」當作「宊隙」，宊音式鍼切，與犬出穴中之突字異。○王引之云：突隙之煙，不能焚屋，明是「熛」字之誤。説林篇曰：「一家失熛，百家皆燒。」是其證也。太平御覽蟲豸部四引此，正作「突隙之熛」。世人多見煙，少見熛，故諸書中「熛」字多誤作「煙」。説見呂氏春秋「煙火」條下。○陶方琦云：羣書治要引許注：「突，竈突也。」按：一注正同。説文：「突，竈突也。」與注淮南説正合。○劉家立云：漢書霍光傳：「其竈其突。」此謂屋之焚，由於突之火。作「突」是也。○吴承仕云：莊説非也。竈窗突出，可以洩煙，故謂之突。字亦作「堗」，廣雅「竈窗謂之堗」是也。諸子傳記言竈突者多矣，使皆改「突」爲「穾」，文義豈復可通。莊氏馮臆妄作，致爲疏失。而劉氏集解於脩務篇文注中「突」字，並依莊本作「穾」，誠足以遺誤後學矣。（説文：「突，一曰竈突。」疑亦後人誤增，未足馮信。就使「突」一名「穾」，亦不得據之以盡改古書也。）○雙棣按：劉、吴説是。古書竈突字皆作「突」。廣雅釋宫「其窻謂之堗」，疏證云：「堗，通作突。」漢書敘傳上「墨突不黔」，顔注：「突，竈突也。」與此注正同。段玉裁説文注云：「呂氏春秋云：『竈突決則火上焚棟。』蓋竈上突起以出煙火，今人謂之煙囱，即廣雅之竈窻。今人高之出屋上，畏其焚棟也。以其顛言謂之突，以其中深曲通火言謂之穾。漢書云『曲突徙薪』，則有曲之令火不直上者矣。趙宧光欲盡改故書之竈突爲竈穾，真瞽説也。」段説皆是，惟「以其中深曲通火言謂之穾」乃以意推之，實古籍無有作「穾」者。

〔一四〕【許注】蹪，躓也。垤，蟻封也。

【版本】藏本正文及注「垤」作「蛭」，景宋本、王溥本、王鎣本、朱本、汪本、張本、吴本、黄本作

「垤」，今據改，餘本同藏本。藏本注「蹪」誤作「蟦」，各本均作「蹪」，（蔣刊道藏輯要本亦作「蹪」。）今據改。藏本注無「封」字，朱本有，今據補，王溥本作「穴」，景宋本、茅本、葉本、汪本、莊本、集解本同藏本。

【箋釋】莊逵吉云：各本皆作「垤」，唯藏本作「蛭」，依義作「垤」爲是。○陶方琦云：羣書治要引許注：「蹪，躓也。垤，螘封也。」按：二注正同，今注蛭乃垤字之誤。詩東山毛傳：「垤，螘塚也。」方言：「楚郢以南，螘土謂之垤。」○吴承仕云：朱本正作「垤」，注云：「垤，蟻封。」與治要引同。○雙棣按：方言十云：「垤，封塲也。」錢繹箋疏云：「蟻起土成封若冢然，故亦謂之冢。垤之言胅，起也，凸也，蟻封凸起也。上如腫物起，因以爲名。」呂氏春秋慎小篇云：「人之情不蹷於山，而蹷於垤。」蓋淮南此文所本。高誘呂注云：「垤，蟻封也。蟻封卑小，人輕之，故蹪顛也。」蟻封之訓與此文許注同。

【用韻】「慄、日、垤」質部。

〔一五〕【版本】藏本「皆」字作「者」，除景宋本同藏本外，各本均作「皆」，今據改。

【箋釋】于鬯云：「害」字疑衍。讀「微」字爲句，「事」字屬「以多悔」爲句。人皆輕小易微，事以多悔，猶後文「聖人敬小慎微，動不失時」，其文義相反，句法可類也。（文子微明篇作「凡人皆輕小害，易微事，以至于大患」，則此「多悔」上或脱「至於」二字，或下文疊一「患」字亦可。）○于大成云：于謂「多悔」上脱「至於」二字，是也。文選陸士衡文賦注引此文，正有「至於」二字。惟于讀殊誤，且「害」字文子、選注、治要引並有，必非衍文。此文當讀爲「是故人皆輕小害，易微事，以至於多悔」。○許建平云：于説誤。易，輕也。「輕小害」與「易微事」對文成義。以，用也，因也。「以多悔」，意爲因此多悔。故後文云「患至而後憂之」，文從辭順，何必改易句式，增删字句！

〔一六〕【許注】惓，劇。

【版本】汪本、張本、黄本、莊本、集解本「由」作「猶」，餘本同藏本。茅本、汪本、張本、黄本、莊本、集解本此注在下文「良醫也」下，餘本同藏本。

【箋釋】陶方琦云：羣書治要引許注：「惓，劇也。」按：二注正同。惓，依説文作倦。倦，罷也。

〔一七〕【用韻】「事、悔、之、醫」之部。

○雙棣按：「由」與「猶」通。

〔一八〕【許注】俞跗，黄帝時醫。

【版本】藏本注「跗」作「夫」，王溥本、朱本、茅本、汪本、張本、黄本、莊本、集解本作「跗」。（蔣刊道藏輯要本亦作「跗」。）今據改，餘本同藏本。

【箋釋】陶方琦云：羣書治要引許注：「俞夫，黄帝時醫。」（羣書治要引正文及注，「跗」並作「夫」。）按：二注正同。史記扁鵲列傳「醫有俞跗」，應劭曰：「俞跗，黄帝時醫。」周禮疾醫注：「岐伯，榆柎。」韓詩外傳作「踰跗」，楊雄解嘲作「臾跗」。○雙棣按：藏本注與正文不一，今據各本統一作「踋」。

〔一九〕【用韻】「生、成」耕部。

〔二〇〕【用韻】「門、鄰、人、分」文真合韻。

〔二一〕【許注】揣，商量高下也。

〔二二〕【用韻】「事、謀、異」之職通韻。

〔二三〕【箋釋】王念孫云：「然」字當在「曉」字下；「智」即「知」字也，不當更有「知」字。「曉然自以爲智存亡之樞機，禍福之門户」十六字連讀，後人不識古字，而讀「曉然自以爲智」絶句，故又加「知」字以聊屬下文耳。今本「然」字又誤在「自」字下，則更不可讀矣。

〔二四〕【用韻】「慮、户」魚部。

〔二五〕【用韻】「化、亂」歌元通韻。

〔二六〕【箋釋】楊樹達云：「是故不溺於難者成」八字與上文不貫，疑因下文「是故」句而衍。○何寧云：楊疑八字衍文，是也。蓋「成是故」三字誤重，後人不能删，因上文云「陷溺於難者不可勝計」，故於兩「成是故」間加「不溺於難者」五字，以與上文相應，而不知其不可通也。

【用韻】「成、慎」耕真合韻。

天下有三危：少德而多寵，一危也；才下而位高，二危也；身無大功而有厚禄，三危也〔一〕。

故物或損之而益，或益之而損，何以知其然也？昔者，楚莊王既勝晉於河雍之間〔二〕，歸而封孫叔敖，辭而不受〔三〕。病疽將死〔四〕，謂其子曰：「吾則死矣，王必封女〔五〕，女必讓肥饒之地，而受沙石之間有寢丘者，其地确石而名醜〔六〕，荆人鬼〔七〕，越人機〔八〕，人莫之利也。」孫叔敖死，王果封其子以肥饒之地，其子辭而不受，請有寢之丘。楚國之俗，功臣二世而爵禄〔九〕，唯孫叔敖獨存〔一〇〕。此所謂損之而益也。

何謂益之而損？昔晉厲公南伐楚，東伐齊，西伐秦，北伐燕，兵横行天下而無所絻〔一一〕，威服四方而無所詘〔一二〕，遂合諸侯於嘉陵，氣充志驕，淫侈無度，暴虐萬民。内無輔拂之臣，外無諸侯之助。戮殺大臣，親近導諛〔一三〕。明年出遊匠驪氏，欒書、中行偃劫而幽之〔一四〕，諸侯莫之救〔一五〕，百姓莫之哀，三月而死。夫戰勝攻取，地廣而名尊，此天下之所願也，然而終於身死國亡，此所謂益之而損者也。

夫孫叔敖之請有寢之丘，沙石之地，所以累世不奪也〔一六〕。晉厲公之合諸侯於嘉陵，所以身死於匠驪氏也。衆人皆知利利而病病也，唯聖人知病之爲利，知利之爲病也〔一七〕。夫再實之木根必傷，掘藏之家必有殃〔一八〕，以言大利而反爲害也〔一九〕。張武教智伯奪韓魏之地而擒於晉陽〔二〇〕，申叔時教莊王封陳氏之後而霸天下〔二一〕。孔子讀易至損、益，未嘗不憤然而歎曰〔三〕：「益損者，其王者之事與！」

校釋

〔一〕【版本】莊本、集解本「有」作「受」，餘本同藏本。

【箋釋】馬宗霍云：羣書治要引此文「才」作「材」，「受」作「有」。◎雙棣按：各本均作「有」，治要引亦作「有」，「受」字乃莊氏妄改。「身無大功而有厚禄」，「有」與「無」相對，改「受」則不對矣。

〔二〕【許注】莊王敗晉荀林父之師於邲。邲，河、雍地也。

〔三〕【版本】藏本「辭」在「不」字下，王溥本、王鎣本、朱本、茅本、葉本、汪本、張本、吴本、黄本、莊本、集解本「辭」在「而」字上，今據乙改，景宋本「辭」在「而」字下。

【箋釋】劉文典云：北堂書鈔四十八引，「孫叔敖」三字重。

〔四〕【箋釋】王念孫云：此事又見列子説符篇、吕氏春秋異寶篇，皆不言孫叔敖病疽死。「病疽將死」當作「病且死」。史記滑稽傳「孫叔敖病且死，屬其子曰」，賈子胎教篇「史鰌病且死，謂其子曰」，文義並與此同。列子、吕氏春秋作「孫叔敖疾將死」，將亦且也。今作「病疽將死」者，「且」字因與「病」字相連而誤爲「疽」，後人以下文「謂其子曰」云云，乃未死以前之事，故於「死」上加「將」字，而不知「疽」爲「且」之誤也。◎俞樾云：諸書無言孫叔敖以病疽死者，「疽」乃「疒且」二字之誤。「病將」二字皆衍文也。説文疒部：「疒，㾂也。人有疾痛，象倚著之形。」是古疾病字止作「疒」。其從矢之疾，蓋疾速字，而非疾病字也。後人叚「疾」爲「疒」，疾行而疒廢矣。「疒且死」，即疾且死也。其事亦見列子説符篇、吕氏春秋異寶篇，並作「疾將死」，將猶且也。彼作疾，此作疒，古今字耳。因「疒且」二字誤合爲「疸」字，後人乃於上加「病」字，下加「將」字，失之矣。

〔五〕【箋釋】王念孫云：「吾則死」下，本無「矣」字。此後人不曉「則」字之義，而妄加之也。則，猶若也。言吾若死，王必封女也。列子、吕氏春秋並作「爲我死」，爲亦若也。（「爲」字古與「若」同義。管子戒篇「管仲寢疾，桓公往問之。管仲曰：夫江、黄之國近於楚，爲臣死乎，君必歸之楚而寄之」是也。）若我死，猶言吾若死。吾若死，猶言吾則死也。古者則與若同義。三年問曰：「今是大鳥獸則失喪其羣匹，越月踰時焉則必反巡。」言若失喪其羣匹也。荀子議兵篇曰：「大寇則至，使之持危城則必畔，遇敵處戰則必北。」言大寇若至也。趙策曰：「彼則肆然而爲帝，過而遂正於天下，則連有赴東海而死矣。」言彼若爲帝而正於天下也。（史記魯仲連傳「彼則」作「彼即」，即亦若也。説見下。）燕策：「太子丹謂荊軻曰：誠得劫秦王，使悉反諸侯之侵地，則大善矣。則不可，因而刺殺之。」言若不可也。韓詩外傳曰：「臣之里，有夫死三日而嫁者，有終身不嫁者，則自爲娶，將何娶焉？」言若自爲娶也。史記項羽紀項王謂曹咎等曰：「謹守成皋，則漢欲挑戰，慎勿與戰。」漢書項籍傳作「即漢欲挑戰」，則與即古字通，而同訓爲若。（漢書西南夷傳注：「即，猶若也。」）故史記高祖紀作「若漢挑戰」也。襄二十七年公羊傳：「甯殖病將死，謂喜曰：『我即死，女能固内公乎？』」賈子胎教篇：「史鰌病且死，謂其子曰：『我即死，治喪於北堂。』」史記孔子世家：「季桓子病，顧謂其嗣康子曰：『我即死，若必相魯。』」彼言我即死，此言吾則死，皆謂吾若死也。「吾若死」之下加一「矣」字，則文不成義矣。

〔六〕【許注】寢丘，今汝南固始地，前有垢谷，後有庄丘，名醜。

【版本】藏本下「而」作「之」，王溥本、王鎣本、朱本、茅本、汪本、張本、黄本、吴本、莊本、集解本作「而」，今據改，景宋本、葉本同藏本。景宋本、莊本注「庄」作「莊」，餘本同藏本。

【箋釋】王引之云：「受沙石」下有脱文，此當作「女必讓肥饒之地，而受沙石之地。楚越之間有有寢之丘者，其地确而名醜」云云，今本「沙石」下脱「之地」二字，「之間」上又脱「楚越」二字，「有有寢之丘者」又脱一「有」字及「之」字，「确」下又衍「石」字。下文云「孫叔敖請沙石之地」，則此當作「受沙石之地」明矣。列子云「楚越之間有寢丘者」，吕氏春秋云「楚越之間有有寢之丘者」，則此亦當作「楚越之間」，故下文云「荊人鬼，越人禨」也。「有有寢之丘者」，今本作「有寢丘者」，涉注文而誤也。注但言寢丘者，詳言之則曰有寢之丘，略言之則曰寢丘。故列子作「寢丘」，而吕氏春秋作「有寢之丘」。（今本亦脱「有」字，唯「之」字未脱。）下文云「其子請有寢之丘」，又云「孫叔敖請有寢之丘」，則此亦當作「有寢之丘」明矣。地确，謂瘠薄之地。墨子親士篇曰「墝埆者其地不育」是也，（墝埆與磽确同。）不專指石而言。且地确，名醜，相對爲文，「确」下尤不當有「石」字。此因上文「沙石」而誤衍耳。〇吴承仕云：莊字或作庄。案：字當作

「戾」，戾壞爲「庄」，又轉寫作「莊」。史記正義引呂氏春秋云：「孫叔敖將死，戒其子曰：汝無受利地。荊楚間有寢丘者，其爲地不利，而前有姤谷，（「姤」即「垢」字之誤。）後有戾丘，其名惡，可長有也。」（今呂氏春秋無「垢谷，戾丘」二語，文句亦有異同。疑張守節雜采他書，非悉依呂氏也。）「垢戾」亦作「詬厲」，（見莊子人間世。）爲恥辱罪惡之稱。今譌爲「莊」，則違名醜之義矣。○楊樹達云：如許注説，則寢丘前後地名之醜，非寢丘之醜也。尋史記魏其武安侯傳云：「武安者，貌侵。」韋昭注云：「侵，短小也，醜惡也。」襄公二十四年穀梁傳云：「五穀不升謂之大侵。」楚辭守志云：「障覆天兮祲氛。」王逸注云：「祲，惡氣貌。」寢侵祲音近。然則寢字自有惡義。故曰名醜耳。○于大成云：王説誤也。續漢志汝南郡「固始侯國，故寢也。光武中興，更名有寢丘」，漢志汝南郡「寑」，應劭曰「孫叔敖子所邑之寑丘是也」，然則其地古但名「寑」，或曰「寝丘」，至光武乃改名「有寝丘」。故史記滑稽列傳「於是莊王謝優孟，乃召孫叔敖子，封之寢丘四百户」，又白起王翦列傳「蒙恬攻寢」，及列子述此事，皆止言「寢丘」，無言「有寢之丘」者。今本呂氏春秋此文作「有寢之丘者」，「之」字是衍文，滑稽列傳正義、渚宫舊事、御覽百五十九引皆無「之」字。許注止出「寢丘」，知所據正不作「有寢之丘」也。至下文「其子請有寢之丘」，呂氏春秋亦無「有」字，則「有」字當涉此文「有」字而衍，下「孫叔敖之請有寢之丘」視此。

〔七〕【許注】好事鬼也。

〔八〕【許注】機，祥。

【版本】莊本、集解本正文及注「機」作「禨」，餘本同藏本。

【箋釋】陶方琦云：說文鬼部「鱉」字下引許本作「吴」，作「鱉」。按：說文：「鱉，鬼俗也。淮南傳曰：『吴人鬼，越人鱉。』」是許舊注本如是也。今本作「荊」，作「機」，乃後人因吕氏春秋異寶篇而改。（列子説符亦作「楚人鬼，越人禨」。）禨祥之訓亦吕覽高注文也。列子盧重玄注引淮南亦作「吴人鬼，越人鱉」，漢書趙王彭祖傳注引淮南亦作「越人鱉」。（玉篇：「鱉，鬼俗也。吴人鬼，越人鱉。」）唐韻七尾亦引作「吴人鬼，越人鱉」。）唐以前人猶見許注完本，故皆與說文所引同。◎馬宗霍云：淮南許、高兩注相混已久，本篇雖云許注，容亦有高注羼入。則「荊、機」二文自可視爲高本。且異寶篇原文作「荊人畏鬼而越人信禨」，又與淮南略異，亦未必是後人依吕覽所改也。說文示部無「禨」字。玉篇云：「鱉，亦作禨。」則「禨」蓋即「鱉」之或體。鱉從鬼，故許訓鬼俗。禨從示，故高訓禨祥。漢書景十三王傳顔師古注引淮南此文，又引服虔云：「禨祥，求福也。」余謂事鬼成俗，正緣求福而起，是許、高字異訓異而意固相會也。◎于大成云：說文繫傳「鱉」字注、集韻八微「鱉」字注引亦同說文。但漢書注引作「荊人鬼，越人鱉」，「荊」字與今本同，是知高本作「荊」同吕覽，許本乃作「吴」也。◎雙棣按：「機」與「禨」通，各本均作「機」，莊本改作「禨」。吕氏春秋異寶篇各本亦作「機」，畢沅改作「禨」，蓋皆由不通假借之故也。

【用韻】「鬼、機」微部。

〔九〕【用韻】「俗、禄」屋部。

〔一〇〕【箋釋】王引之云：「俗」當爲「法」。隸書「去、谷」二字相似。（隸書「去」字或作「𠫝」，形與「谷」相似，故從去之字，或誤爲谷。廣雅：「渡，去也。」去誤爲谷。「祛，開也。」「祛」誤爲「裕」。皆其類也。列子説符篇「白公遂死於浴室」，呂氏春秋精諭篇作「法室」，亦以相似而誤。）「法」誤爲「浴」，後人因改爲「俗」耳。此謂楚國之法如是，非謂其俗也。「功臣二世而爵禄」，文不成義，當有脱誤。韓子喻老篇作「楚邦之法，禄臣再世而收地，唯孫叔敖獨在」。○俞樾云：「二世而爵禄」，文義未完，疑本作「二世而奪禄」。下文云：「夫孫叔敖之請有寢之丘，沙石之地，所以累世不奪也。」奪字即承此而言。因「奪」與「爵」草書相似，又以文在「禄」上，故「奪」誤爲「爵」耳。夫所謂「孫叔敖獨存」者，存其寢丘之地也。禄也，非爵也，不當兼言爵。韓子喻老篇亦言禄，不言爵。則「爵」字之誤無疑矣。○楊樹達云：王校謂「功臣二世而爵禄」文不成義，俞氏遂改「爵」爲「奪」，並非也。愚謂：爵者，盡也。功臣二世而爵禄，謂功臣二世而盡其禄也。白虎通爵篇云：「爵者，盡也，各量其職，盡其材也。」隱公元年左傳云：「未王命，故不書爵。」服虔注云：「爵者，醮也，所以醮盡其材也。」詩卷耳疏引五經異義韓詩説云：「一升曰爵，爵，盡也。」説文酉部云：「釂，飲酒盡也。」又水部云：「潐，盡也。」又欠部云：「𣣞，盡酒也。」「爵釂醮潐𣣞」音義並相近。○王叔岷云：楚史檮杌作「功臣二世而奪其爵」。○雙棣按：王、俞説近是，而楊説恐未允。古書無有用「爵」爲「盡」義者。楊所引諸例皆非「爵」本身之「盡」義也，如左傳「故不書爵」之爵，乃爵位也。服虔敷衍之辭與「不書爵」之「爵」無涉，不足憑據。俞謂「爵」爲「奪」之誤，或「爵」上脱一動詞亦爲可能。韓非子和氏篇云：「使封君之子孫三世而收爵禄。」「爵禄」上有「收」字。史記滑稽列傳正義「楚功臣封二世而收」，亦用「收」字，韓子喻老「再世而收地」，亦用「收」字，抑或「爵禄」上脱「收」字歟？

〔一〕【許注】綣，屈。

〔二〕【箋釋】王念孫云：兵行天下，威服海内，相對爲文。「横」字蓋後人所加。○楊樹達云：王説太泥。○雙棣按：王引「海内」當作「四方」。

〔三〕【箋釋】王念孫云：史記越王句踐世家：「吴已殺子胥，導諛者衆。」導諛即諂諛也。或作道諛，莊子天地篇「道諛之人」是也，又曰：「謂己道人」，「謂己諛人」。道人即諂人也。漁父篇曰「希意道言謂之諂」，是道與諂同義。故荀子不苟篇「非諂諛也」，賈子先醒篇「君好諂諛而惡至言」，韓詩外傳並作「道諛」。諂與導，聲之轉，諂諛之爲導諛，臽及之爲導及，（禮書「臽及士大夫」，索隱本作啗及，大戴禮禮三本篇作「導及」，荀子禮論篇作「道及」。案：臽字當讀爲「覃及鬼方」之覃。集解本「臽」譌作「函」，辯見禮書。）禫服之爲導服，（士虞禮記：「中月而禫。」鄭注：「古文禫或爲導。」喪大記：「禫而内無哭者。」注：「禫或作道。」説文㐁、棪二字，並讀若三年導服之導。玉篇㐁，他念、他感二切；棪，餘冉切。禫之或爲導，㐁、棪之讀若導，其理一也。）皆聲轉而字異也。○楊樹達與王説同。

【用韻】「助、諛」魚侯合韻。

〔四〕【許注】欒書、中行偃，皆大夫。

【版本】景宋本注「皆」作「昔」，餘本同藏本。

【箋釋】雙棣按：「皆」當作「晉」，字之誤也。景宋本作「昔」，蓋「晉」字先誤作昔，又由「昔」誤作「皆」也。

〔五〕【用韻】「幽、救」幽部。

〔六〕【用韻】「地、奪」歌月通韻。

〔七〕【箋釋】于大成云：喻林二十九、諸子類語三引「利之爲病」上無「知」字，與文子符言篇合。集證本删之，是也。

〔八〕【許注】掘藏，謂發冢。得伏藏，無功受財。

【箋釋】劉績云：文子作「多藏之家」，此乃誤字。○楊樹達云：説文茻部云：「葬，藏也。」葬藏音近，本文即假「藏」爲「葬」。許云發冢，得其義也。又云得伏藏，非。○雙棣按：楊引説文「藏」當爲「臧」，説文無「藏」字。吕氏春秋節葬：「葬者，藏也。」藏即葬之義也。藏、葬同源。詮言：「萬乘之主卒，葬其骸於廣野之中，祀其鬼神於明堂之上。」文子符言作「帝王之崩，藏骸於野，其祭也，祀之於明堂，神貴於形也」。符言之「藏」即詮言之「葬」。「藏」本爲動詞，引申之，亦爲名詞，貯藏之處亦曰藏。左傳僖公二十四年：「晉侯之豎頭須，守藏者也。」又爲埋葬死者之處。三輔黄圖陵墓：「文帝霸陵，在長安城東七十里，因山爲藏，不復起墳。」又按：楊氏謂許注「得伏藏，非」，恐句讀有誤。（楊氏讀許注爲「掘藏，謂發塚得伏藏，無功受財」。）許注當斷爲「掘藏，謂發冢。得伏藏，無功受財」。「發冢」是釋「掘藏」之詞義，「得伏藏，無功受財」是申説句義。

【用韻】「傷、殃」陽部。

〔一九〕【箋釋】陶鴻慶云：「大」爲「夫」字之誤。○楊樹達云：爾雅釋詁云：「已，此也。」「以」與「已」同。○雙棣按：楊説是。古多有用「以」爲「此」者。

〔二〇〕【許注】張武，智伯臣也。擒於晉陽，爲趙襄子所殺。

【版本】莊本「擒」作「禽」。

〔二一〕【許注】申叔時，楚大夫也。莊王滅陳，已乃復之也。

【用韻】「陽、下」陽魚通韻。

〔二二〕【箋釋】王念孫云：憒然非歎貌，「憒」當爲「嘳」，嘳與喟同。「嘳」誤爲「嘖」，（隸書「賁」字或作「賁」，形與「貴」相近，故從貴從賁之字或相亂。莊子天運篇「乃憒吾心」，「憒」本又作「憤」；潛夫論浮侈篇「懷憂憒憒」，後漢書王符傳作「憤憤」，是其例也。）後人又改爲「憒」耳。太平御覽學部三引此，作「喟然而歎」，説苑敬慎篇、家語六本篇並云「孔子讀易，至於損、益，喟然而歎」，是其明證矣。説文「喟，太息也」，或作「嘳」。徐鍇曰：「韓詩外傳『嘳然太息』作此字。」文選舞賦「噴息激昂」，李善亦引外傳云：「魯哀公噴然太息。」今外傳噴作喟，後人改之也。又晏子雜篇「晏子噴然而歎」，亦作此「噴」字。

事或欲以利之，適足以害之〔一〕；或欲害之，乃反以利之〔二〕。利害之反，禍福之門户，不可不察也〔三〕。

陽虎爲亂於魯〔四〕，魯君令人閉城門而捕之〔五〕，得者有重賞，失者有重罪〔六〕。圍三匝，而陽虎將舉劍而伯頤〔七〕。門者止之曰：「天下探之不窮〔八〕，我將出子〔九〕。」陽虎因赴圍而逐，揚劍提戈而走〔一〇〕，門者出之。顧反取其出之者，以戈推之，攘祛薄腋〔一一〕。出之者怨之曰：「我非故與子友也〔一二〕，爲之蒙死被罪，而乃反傷我。宜矣其有此難也〔一三〕！」魯君聞陽虎失〔一四〕，大怒，問所出之門，使有司拘之，以爲傷者受大賞，而不傷者被重罪〔一五〕，此所謂害之而反利者也〔一六〕。

何謂欲利之而反害之？楚恭王與晉人戰於鄢陵，戰酣〔一七〕，恭王傷〔一八〕而休。司馬子反渴而求飲，豎陽穀奉酒而進之〔一九〕。子反之爲人也嗜酒，而甘之不能絶於口〔二〇〕，遂醉而臥。恭王欲復戰，使人召司馬子反，子反辭以心痛〔二一〕。王駕而往視之，入幄中而聞酒臭〔二二〕。恭王大怒，曰：「今日之戰，不穀親傷〔二三〕，所恃者司馬也，而司馬又若此，是亡楚國之社稷而不率吾衆也〔二四〕。不穀無與復戰矣。」於是罷師而去之，斬司馬子反爲僇〔二五〕。故豎陽穀之進酒也，非欲禍子反也，誠愛而欲快之也，而適足以殺之〔二六〕。此所謂欲利之而反害之者也。

夫病溫而强之食，病暍而飲之寒，此衆人之所以爲養也，而良醫之所以爲病也〔二七〕。悦於目，悦於心，愚者之所利也，然而有論者之所辟也〔二八〕。故聖人先忤而後合，衆人先合而後忤。

校　釋

〔一〕【用韻】「利、害」質月合韻。

〔二〕【用韻】「害、利」月質合韻。

〔三〕【箋釋】王念孫云：或欲利之，或欲害之，相對爲文，「利之」上不當有「以」字，此因下句「以」字而誤衍也。太平御覽學部三引此，無「以」字。「禍福之門户」，「户」字亦因上文「禍福之門户」而衍。利害之反，禍福之門，相對爲文，則户字可省。覽冥篇「利害之路，禍福之門」，即其證。太平御覽引此，無「户」字。文子微明篇同。○鄭良樹云：王校是也。文子微明篇、記纂淵海五九引此，「利」上亦並無「以」字。○于大成云：萬卷菁華三引此，「利之」上亦無「以」字，「門」下亦無「户」字。

【用韻】「反、察」元月通韻。

〔四〕【許注】陽虎，季氏之臣也。陽虎、季氏專魯國也。

【版本】朱本注下「陽虎」下有「叛」字，餘本同藏本。

〔五〕【用韻】「魯、捕」魚部。

〔六〕【箋釋】莊逵吉云：太平御覽引，作「得者有賞，失者夷族」。

〔七〕【許注】伯，迫。

【版本】莊本「圍」作「團」，餘本同藏本。王鎣本「伯」作「刺」，餘本同藏本。

【箋釋】莊逵吉云：太平御覽引，作「圍三帀矣，陽虎將舉劍而自刎頸」。

〔八〕【許注】不窮，言深遠。

【箋釋】王念孫云：「門者止之曰」下，不當有「天下探之不窮」六字，蓋錯簡也。（高注同。）太平御覽兵部八十二引此，作「門者止之曰：『我將出子。』」無「天下探之不窮」六字。○楊樹達云：王說非也。「天下探之不窮」，謂天下甚大，可以逃死，無爲自殺也。後漢書范滂傳記詔急捕滂，縣令郭揖出解印綬，欲引滂與俱亡。曰：「天下大矣，子何爲在此？」語意正與此同。可以爲證。御覽不得其義而删去，豈可據信耶？○于省吾云：王說非是。探謂索取，窮謂窮盡。漢書淮南王安傳「深探其獄」，注：「探窮其根源。」「天下探之不窮」，言天下索取之不能盡也。下言「我將出子」，意謂城門雖閉而有隙可乘，正以天下乘之不盡而可脱出也。無此六字，則語氣未足。○王叔岷與楊、于說同。○雙棣按：楊、于、王說是。此六字正是門者止陽虎自刎、勸其逃生之理由。不得無此六字。

〔九〕【用韻】「頤、之、子」之部。

〔一〇〕【箋釋】莊逵吉云：太平御覽引，作「左持劍，右提戈，赴圍而走」。

〔一一〕【許注】袪，袂。

【版本】景宋本「推」作「椎」，餘本同藏本。

【箋釋】梁玉繩云：後漢書班固傳注引高誘注淮南子曰：「袪，舉也。」○于大成云：御覽三百五十一、萬卷菁華十引「門者出之」下有「楊虎既出」四字。當是高本。○雙棣按：晏子春秋雜篇上：「曲刃鉤之，直兵推之。」韓詩外傳卷二、新序義勇篇均同。于省吾云：「自內向外刺之曰推。」

〔一二〕【版本】藏本「友」作「反」，王鎣本作「友」，今據改，餘本同藏本。

【箋釋】王念孫云：「我非故與子反也」，「反」當爲「友」。言素與陽虎無交，而爲之蒙死被罪也。今作「反」者，涉上下文「反」字而誤。○吳闓生與王說同。○馬宗霍云：王說未必是。上文言「陽虎爲亂於魯」，亂即反也。門者違君令而出之，從其跡言，是黨於陽虎而與之同反也。然門者初未與謀，其出之也，臨時起意，故曰「我非故與子反」。「故」猶「本」也。言我非本參與子反也。若依王訓反作友，「友」自含故舊之義，則但云「我非與子友也」已足，不必有「故」字。○雙隸按：王説是，而馬説非。若作「反」字，則與下文「爲之蒙死被罪而乃反傷我」語氣不貫。馬謂作「友」則不當有「故」字，此「故」訓「本」，亦即平素之義，「非故與子友」，即平常與女無交之義，無「故」字文義反不全。王説是也，故依王鎣本改。下文「則反走」，藏本「反」誤作「友」，可證友、反常互誤。

〔一三〕【用韻】「友、罪」之微合韻，「我、難」歌元通韻。

〔一四〕【箋釋】俞樾云：失當讀爲逸。陽虎逸即陽虎逃。古字逸與佚通。○劉文典云：上文「魯君令人閉城門而捕之，得者有重賞，失者有重罪」。此「失」字即承上文而言，俞説未審。○雙棣按：劉與俞説不異，陽虎失即陽虎逃走。上文「失者有重罪」，「失者」即使之逃走者。兩失字語義正通。

〔一五〕【版本】景宋本「大賞」作「重賞」，餘本同藏本。

【箋釋】王念孫云：「以爲」二字，與下文義不相屬。太平御覽引此，作「以爲傷者，戰鬭者也；不傷者，爲縱之者」。傷者受厚賞，不傷者受重罪」是也。今本無「傷者戰鬭」以下十三字。此因兩「傷者」相亂，故寫者誤脱之耳。○呂傳元云：「受大賞」當作「受重賞」。受重賞、被重罪承上文「得者有重賞，失者有重罪」而言也。宋本「大」正作「重」。

〔一六〕【箋釋】王念孫云：「利」下脱「之」字，太平御覽引此有「之」字。上文云「或欲害之，乃反以利之」，是其證。

〔一七〕【許注】晉人，晉厲公。

〔一八〕【許注】晉人射恭王中目也。

【版本】茅本、汪本、張本、黄本、莊本、集解本此注在下文「休」字下，餘本同藏本。王溥本注「目」作「肩」，餘本同藏本。

〔一九〕【許注】豎，小使也。陽穀，其名。

【箋釋】劉文典云：左成十六年傳，韓非子十過篇、飾邪篇，説苑敬慎篇，「陽穀」並作「穀陽」，唯吕氏春秋權勳篇、史記楚世家作「陽穀」，與淮南合。

〔二〇〕【用韻】「酒、口」幽侯合韻。

〔二一〕【版本】汪本、張本、黄本、莊本、集解本「辭」上無「子反」二字，餘本同藏本。

【箋釋】王念孫云：「心痛」本作「心疾」，此後人以意改之也。後漢書文苑傳注引此，作「辭以疾」，蓋脱「心」字。吕氏春秋權勳篇，韓子十過、飾邪二篇，説苑敬慎篇，並作「辭以心疾」。

【用韻】「戰、反」元部。

〔二二〕【箋釋】吕傳元云：御覽兵部四十四引此作「聞酒臭而還」，吕覽權勳篇、韓非子十過、飾邪三篇皆作「聞酒臭而還」。（説苑敬慎篇亦有此文，後漢書劉梁傳注引此文皆無「而還」二字，則所據者蓋别本也。）○雙棣按：此「聞」字爲「嗅」義，此義出現於戰國末，吕氏春秋、韓非子及戰國策有用例。此義於淮南書中僅此一例，且與吕氏春秋記同一事。説明漢初「聞」之「嗅」義尚不普遍。

〔二三〕【許注】不穀，不祿也。人君謙以自稱也。

〔二四〕【箋釋】王念孫云：亡與忘同。「率」當爲「恤」，聲之誤也。呂氏春秋、韓子、説苑並作「不恤吾衆」。○楊樹達云：王讀「率」爲「恤」，是也。謂「率」爲誤字，則非是。「率、恤」二字古通作。書多士云：「罔不明德恤祀。」史記魯世家「恤」作「率」，是其證也。

〔二五〕【箋釋】王念孫云：後漢書注引此，「爲僇」上有「以」字，是也。今本脱「以」字，則詞意不完。呂氏春秋、韓子、説苑皆有「以」字。

〔二六〕【用韻】「快、殺」月部。

〔二七〕【版本】王溥本、王鎣本、朱本、葉本、吴本「温」作「濕」，莊本、集解本作「溼」，餘本同藏本。

【箋釋】王念孫云：劉本「温」誤作「濕」，莊本又改爲「溼」，皆非也。病温者不可以食，若作病溼，則非其指矣。文子微明篇作「病温而强餐之熱，病暍而强飲之寒。」説林篇云：「病熱而强之餐，救暍而飲之寒。」熱亦温也。又案：「强之食」，食當依説林篇作「餐」，字之誤也。「餐、寒」爲韻，「養、病」爲韻。若作「食」，則失其韻矣。

【用韻】「養、病」陽部。

〔二八〕【版本】王溥本、王鎣本、朱本、葉本、吴本上「悦」字作「快」，餘本同藏本。王溥本、王鎣本、朱本、葉本、茅本、汪本、張本、吴本、黄本、莊本、集解本「論」作「道」，景宋本同藏本。王溥本、葉本、吴本「辟」作「避」，餘本同藏本。

【箋釋】王念孫云：劉本依文子改「有論」爲「有道」，而莊本從之，非也。「有論」謂「有知」也，對上文「愚者」而言，言悦目悦心，愚者之所欲，而有知者不以此傷性。若作「有道」，則非其指矣。古或謂知爲論。説山篇：「以小明大，以近論遠。」吕氏春秋直諫篇：「凡國之存也，主之安也，必有以也。不知所以，雖存必亡，雖安必危，所以不可不論也。」高注並云：「論，知也。」大戴禮保傅篇：「天子不論先聖王之德，不知君國畜民之道。」論亦知也。荀子解蔽篇：「坐於室而見四海，處於今而論久遠。」謂知久遠也。又脩務篇：「故夫攣子之相似者，唯其母能知之。玉石之相類者，唯良工能識之。書傳之微者，唯聖人能論之。」「論」與「知、識」同義。彼注訓「論」爲「敍」，失之。○陶鴻慶云：此指聲色貨利言之，悦於目、悦於心二句上當有脱文，如今本，則文義不完，且與上文「病溼而强之食，病暍而飲之寒」云云，文不相稱。

有功者，人臣之所務也。有罪者，人臣之所辟也。或有功而見疑，或有罪而益信。何也？則有功者離恩義，有罪者不敢失仁心也。魏將樂羊攻中山〔一〕，其子執在城中。城中縣其子以示樂羊〔二〕。樂羊曰：「君臣之義，不得以子爲私。」攻之愈急。中山因烹其子，而遺之鼎羹與其首。樂羊循而泣之〔三〕曰：「是吾子。」已，爲使者跪而啜三杯〔四〕。使者歸報，中山曰：「是伏約死節者也，不可忍也。」遂降之。爲魏文侯大開地，有功。自此之後，日以不信。此所謂有功而見疑者也。

何謂有罪而益信？孟孫獵〔五〕而得麑，使秦西巴持歸烹之，麑母隨之而嗁〔六〕。秦西巴弗忍，縱而予之。孟孫歸，求麑安在，秦西巴對曰：「其母隨而嗁，臣誠弗忍，竊縱而予之。」孟孫怒，逐秦西巴。居一年，取以爲子傅〔七〕。左右曰：「秦西巴有罪於君，今以爲子傅，何也？」孟孫曰：「夫一麑而不忍，又何況於人乎〔八〕？」此謂有罪而益信者也〔九〕。

故趨舍不可不審也。此公孫鞅之所以抵罪於秦而不得入魏也〔一〇〕，功非不大也，然而累足無所踐者，不義之故也〔一一〕。

校　釋

〔一〕【許注】樂羊，文侯之將。

〔二〕【版本】王溥本、王鎣本、吴本「縣」上無「城中」二字，餘本同藏本。

〔三〕【箋釋】陶方琦云：宋蘇頌校淮南題序云：「許本揗作循。」按：蘇氏云：許於卷内多有叚借用字。以「揗」爲「循」亦叚借也。説文手部：「揗，摩也。」又彳部：「循，順也。」廣雅釋詁：「循，摩順也。」漢書李陵傳「數數自循其刀環」注：「循，摩順也。」以「揗」爲「循」，古字叚借之例。齊俗訓「虛循橈」，「循」亦「揗」之叚借。

〔四〕【箋釋】楊樹達云：「三杯」當作「一杯」，字之誤也。國策魏策一、韓非子説林篇、説苑貴德篇字並作「一」。

〔五〕【許注】孟孫，魯大夫也。

【版本】茅本、汪本、張本、黄本、莊本、集解本此注在下文「得麑」下，景宋本、王溥本、朱本同藏本。

【箋釋】于大成云：御覽九百六、萬卷菁華十八引「獵」作「獠」。説文：「獵，放獵，逐禽也。獠，獵也。」二篆相連而誼同。若今本是許，則作「獠」者當是高本。

〔六〕【用韻】「麑、嗁」支部。

〔七〕【版本】藏本「傳」作「傳」，除葉本同藏本外，各本均作「傅」，今據改。下文「傅」字同。

【箋釋】雙棣按：韓非子説林上「居一年」作「居三月」，説苑貴德篇與淮南同。

【用韻】「怒、巴、傅」魚部。

〔八〕【版本】景宋本「不」作「弗」，餘本同藏本。

〔九〕【箋釋】何寧云：「此」下脱一「所」字，當有，以與上下文句式一律。

〔一〇〕【許注】公孫鞅，商君也。爲秦伐魏，欺魏公子卬而殺之，後有罪走魏，魏人不入也。

〔一一〕【箋釋】馬宗霍云：詩小雅正月「謂地蓋厚，不敢不蹐」，毛傳：「蹐，累足也。」本文累足之義與毛傳同。詩疏引説文云：「蹐，小步也。」今本説文走部云：「趚，側行也。」下引詩字又作「趚」。「蹐」與「趚」通。是累足猶側行也。然則累足無所踐者，蓋言雖小步側行，亦無可踐之處。質言之，即無地可以容足也。

事或奪之而反與之，或與之而反取之〔一〕。智伯求地於魏宣子，宣子弗欲與之〔二〕。任登曰：「智伯之强，威行於天下，求地而弗與，是爲諸侯先受禍也，不若與之〔三〕。」宣子曰：「求地不已，爲之柰何？」任登曰：「與之使喜，必將復求地於諸侯，諸侯必植耳〔四〕。與天下同心而圖之，一心所得者，非直吾所亡也〔五〕。」魏宣子裂地而授之。又求地於韓康子，韓康子不敢不予。諸侯皆恐。又求地於趙襄子，襄子弗與。於是智伯乃從韓魏圍襄子於晉陽〔六〕。三國通謀，擒智伯而三分其國〔七〕。此所謂奪人而反爲人所奪者也〔八〕。

何謂與之而反取之？晉獻公欲假道於虞以伐虢，遺虞垂棘之璧與屈産之乘。虞公惑於璧與馬，而欲與之道。宫之奇諫〔九〕曰：「不可。夫虞之與虢，若車之有輪，輪依於車，車亦依輪〔一〇〕。虞之與虢，相恃而勢也〔一一〕。若假之道，虢朝亡而虞夕從之矣。」虞公弗聽，遂假之道。荀息伐虢，遂克之〔一二〕。還反伐虞，又拔之〔一三〕。此所謂與之而反取之者也〔一四〕。

校釋

〔一〕【用韻】「與、取」魚侯合韻。

〔二〕【箋釋】俞樾云：「弗欲與之」，本作「欲弗與之」，下文「求地而弗與」，即承此而言。戰國趙策作「魏桓子欲勿與」。○劉文典云：俞説是也。韓非子十過篇作「韓康子欲勿與」，可證俞説。○雙棣按：史記魏世家、韓世家及戰國策魏策一「魏宣子」作「魏桓子」，呂氏春秋義賞篇亦云趙襄子與魏桓、韓康擊智伯而定三家。趙策一作「宣子」，鮑彪云：「宣作桓。」而韓非子十過、説林上及權謀篇同淮南作「宣子」。

〔三〕【箋釋】雙棣按：勸宣子與智伯地者，戰國策趙策、韓非子十過篇作「趙葭」，魏策、説林上作「任章」，説苑作「任增」。呂氏春秋知度篇任登爲趙襄子中牟令，似仕魏者不當爲任登。

【用韻】「下、與、與」魚部。

〔四〕【許注】植耳，竦耳而聽也。

【箋釋】金其源云：竊謂「植」字乃莊子田子方「列士壞植散羣」之「植」，釋文引司馬云：「植，行列也。」耳者，漢書東方朔傳「至則靡耳」，是助句之詞。言諸侯相與成植以應之耳，故下云「與天下同心而圖之」。○雙棣按：金説「耳」爲語詞是也，然謂「植」爲「行列」則非。竊疑此「植」當通作「置」。書金縢「植璧秉珪」孔穎達疏引鄭曰：「植，古置字。」論語微子「植其杖而芸」劉寶楠正義云：「漢石經『植』作『置』。」「置」乃措置也，亦猶舍也，止也。「諸侯必植耳」，謂諸侯必擱置其意而不與也，正與下文「與天下同心而圖之」文義相承接而貫通。

【用韻】「喜、耳」之部。

〔五〕【箋釋】楊樹達云：「一心」字衍文，疑本正文「同心」之注文而誤入正文也。

〔六〕【箋釋】于鬯云：此「從」字爲從横之從。○雙棣按：「從」字用如使動，「從韓魏」即「使韓魏從」之義。

【用韻】「圖、亡」魚陽通韻。

〔七〕【用韻】「謀、國」之職通韻。

〔八〕【版本】藏本「者」下無「也」字，莊本、集解本有「也」字，今據補，景宋本同藏本。王溥本、王鎣本、朱本、茅本、葉本、汪本、張本、黄本「者」作「也」。

〔九〕【許注】宫之奇，虞臣也。

〔一〇〕【箋釋】王念孫云：「輪」本作「輔」，此後人妄改之也。韓子十過篇云：「夫虞之有虢也，如車之有輔，輔依車，車亦依輔。」吕氏春秋權勳篇同，此皆淮南所本。僖五年左傳亦云「輔車相依」。○陳昌齊與王説同。

〔一一〕【箋釋】俞樾云：「勢」字義不可通，疑本作「相恃而存也」。吕氏春秋權勳篇曰：「夫虢之不亡也恃虞，虞之不亡也亦恃虢也。若假之道，則虢朝亡而虞夕從之矣。」即淮南所本。虢不亡恃虞，虞不亡恃虢，故曰相恃而存也。今本誤作「勢」者，蓋因吕氏春秋此文之上有「虞、虢之勢是也」句，韓子十過篇亦有「虞、虢之勢是也」句，疑淮南不當無此句，因以意竄改，非其舊矣。○于鬯云：「相恃而勢」，「而」當作「之」。○楊樹達與于説同。○于省吾云：而猶如也。詳經傳釋詞。

如勢者即承上文輔依於車，車亦依輔爲言，謂虞之與虢相恃如輔車之勢也。韓非、呂覽均言「虞虢之勢」，與此義不殊，特彼就虞虢言之，此就輔車言之。故有如字耳。○馬宗霍云：俞説非是。「勢」字承上文「輔依於車，車亦依輔」而言，輔車相依，正喻其勢。然則「相恃而勢」者，「而」猶「爲」也。言相恃爲勢也。又易繫辭傳「結繩而治」，説文敘云：「結繩爲治，而統其事。」此上句即本之繫辭。因下句有「而統」，遂易上句「而治」作「爲治」，亦「而」可通「爲」之證也。○王叔岷云：「相恃而勢」，「而」當作「爲」，字之誤也。虢不亡恃虞，虞不亡恃虢，正所謂「相恃爲勢也」。俞氏疑本作「相恃而存也」，徒臆説耳；且呂氏春秋此文之上有「虞虢之勢是也」句，韓非子十過篇亦有「虞虢之勢正是也」句，淮南之「虞之與虢，相恃爲勢也」，已可概其義，俞氏疑淮南不當無此句，亦臆説也。○于大成亦謂「勢」字不誤，「而」猶「之」也。

【用韻】「虢、勢」鐸月合韻。

〔二〕【許注】荀息，晉大夫。

〔三〕【用韻】「虢、克、拔」鐸職月合韻。

〔四〕【版本】王溥本、王鎣本、吴本無「所」字，餘本同藏本。藏本「取」下無「之」字，王鎣本、葉本有，（葉本無「者」字）今據補，餘本同藏本。

【箋釋】王念孫云：「取」下脱「之」字。上文云「若與之而反取之」，是其證。

聖王布德施惠，非求其報於百姓也〔一〕。郊望禘嘗〔二〕，非求福於鬼神也〔三〕。山致其高而雲起焉，水致其深而蛟龍生焉〔四〕，君子致其道而福禄歸焉。

夫有陰德者必有陽報，有陰行者必有昭名〔五〕。古者溝防不脩，水爲民害〔六〕，禹鑿龍門，辟伊闕，平治水土，使民得陸處〔七〕。百姓不親，五品不慎〔八〕，契教以君臣之義，父子之親，夫妻之辯〔九〕，長幼之序。田野不脩，民食不足，后稷乃教之辟地墾草，糞土種穀，令百姓家給人足〔一〇〕。故三后之後無不王者〔一一〕，有陰德也。周室衰，禮義廢，孔子以三代之道教導於世，其後繼嗣至今不絶者〔一二〕，有隱行也。秦王趙政兼吞天下而亡〔一三〕，智伯侵地而滅，商鞅支解，李斯車裂〔一四〕。三代種德而王，齊桓繼絶而霸〔一五〕。故樹黍者不獲稷，樹怨者無報德〔一六〕。

校釋

〔一〕【箋釋】劉文典云：此句與下文「非求福於鬼神也」相對爲文，「其」字疑衍。説苑貴德篇無「其」字。

〔二〕【許注】郊，祭天。望，祭日月星辰山川也。禘、嘗，祭宗廟也。

〔三〕【用韻】「姓、神」耕真合韻。

〔四〕【箋釋】王念孫云：「雲」下脱「雨」字。「雲雨、蛟龍」相對爲文。太平御覽鱗介部二引此，正作「雲雨起焉」。説苑貴德篇、文子上德篇及論衡龍虚篇引傳並同。荀子勸學篇「積土成山，風雨興焉；積水成淵，蛟龍生焉」，亦以「風雨」、「蛟龍」相對。○陳昌齊與王説同。

〔五〕【箋釋】王念孫云：「陰行」本作「隱行」，此涉上文「陰德」而誤也。陰與陽相對，隱與昭相對。今本「隱」作「陰」，則非其指矣。説苑、文子並作「隱行」。下文「有陰德也」，「有隱行也」，即承此文言之。○陳昌齊與王説同。

〔六〕【版本】藏本「者」作「有」，除景宋本、朱本同藏本外，各本均作「者」，今據改。

〔七〕【用韻】「土、處」魚部。

〔八〕【箋釋】莊逵吉云：太平御覽「慎」作「順」。○王叔岷云：「百姓不親，五品不慎」二句，本書堯典。（僞古文舜典。）淮南蓋以五倫爲五品，故承之以「契教以君臣之義，父子之親，夫妻之辯，長幼之序」，惟既言五品，此僅及其四，「長幼之序」下當有「朋友之信」四字，蓋脱誤也。孟子滕文公篇「使契爲司徒，教以人倫，父子有親，君臣有義，夫婦有別，長幼有序，朋友有信」，即此文所本。則此文脱「朋友之信」四字明矣。

【用韻】「親、慎」真部。

〔九〕【版本】王鎣本、汪本、張本、黄本、莊本、集解本「辯」作「辨」，葉本作「別」，餘本同藏本。

【箋釋】莊逵吉云：太平御覽「辨」作「別」。○于大成云：御覽引「妻」作「婦」，説苑同。此用孟子滕文公文，彼亦作「夫婦」。

〔一〇〕【用韻】「足、穀、足」屋部。

〔一一〕【許注】謂夏、殷、周。

【版本】莊本、集解本此注在上文「後」字下。

〔一二〕【用韻】「廢、世、絶」月部。

〔一三〕【許注】趙政，始皇，生於趙，故名趙政。

【版本】藏本「亡」作「已」，朱本、莊本、集解本作「亡」，今據改，餘本同藏本。

【箋釋】楊樹達云：注説誤也。史記秦本紀，秦之先本姓趙氏，故曰趙政，非以生於趙也。

〔一四〕【許注】李斯，上蔡人也。爲秦相，趙高譖之，二世車裂之於雲陽。

【版本】莊本注「秦」誤作「蔡」，景宋本、王溥本、朱本、茅本、葉本、汪本、集解本同藏本。

【用韻】「滅、裂」月部。

〔一五〕【箋釋】劉文典云：御覽八百四十二引作「三代積德而王，齊桓繼絶而霸。」

【用韻】「王、霸」陽鐸通韻。

〔一六〕【版本】景宋本「獲」作「穫」，餘本同藏本。

【箋釋】雙棣按：「獲」與「穫」通。

【用韻】「稷、德」職部。

昔者，宋人好善者〔一〕，三世不解。家無故而黑牛生白犢，以問先生，先生曰：「此吉祥，以饗鬼神〔二〕。」居一年，其父無故而盲，牛又復生白犢，其父又復使其子以問先生。其子曰：「前聽先生言而失明，今又復問之，柰何？」其父曰：「聖人之言，先忤而後合，其事未究，固試往復問之〔三〕。」其子又復問先生，先生曰：「此吉祥也。復以饗鬼神。」歸，致命其父。其父曰：「行先生之言也。」居一年，其子又無故而盲。其後，楚攻宋，圍其城〔四〕。當此之時，易子而食，析骸而炊之，丁壯者死〔五〕，老病童兒皆上城，牢守而不下，楚王大怒。城已破，諸城守者皆屠之〔六〕。此獨以父子盲之故，得無乘城。軍罷圍解，則父子俱視〔七〕。夫禍福之轉而相生，其變難見也。

近塞上之人，有善術者〔八〕，馬無故亡而入胡〔九〕，人皆弔之。其父曰：「此何遽不爲福乎〔一〇〕？」居數月，其馬將胡駿馬而歸，人皆賀之。其父曰：「此何遽不能爲禍乎〔一一〕？」家富良馬〔一二〕，其子好騎。墮而折其髀，人皆弔之。其父曰：「此何遽不爲福乎〔一三〕？」居一年，胡人大入塞〔一四〕，丁壯者引絃而戰〔一五〕，近塞之人，死者十九，此獨以跛之故，父子相保〔一六〕。故福之爲禍，禍之爲福，化不可極，深不可測也〔一七〕。

校釋

〔一〕【箋釋】王念孫云：「好善」上脱「有」字。列子説符篇作「宋人有好行仁義者」，論衡福虚篇作「宋人有好善行者」，皆有「有」字。

〔二〕【許注】先生，凡先人生者也。以饗鬼神，白犢純色，可以爲犧牲也。

【版本】景宋本、王溥本、莊本、集解本注「饗」作「享」，朱本、茅本、葉本、汪本同藏本。

【箋釋】俞樾云：「吉祥」下脱「也」字。列子説符篇、論衡福虚篇並作「此吉祥也」，當據補。○于鬯云：列子説符篇作「以問孔子」，論衡福虚篇同。

〔三〕【箋釋】劉文典云：列子説符篇「固試往復問之」作「姑復問之」。「固」疑當爲「姑」，聲近而誤也。○楊樹達云：「固」當讀爲「姑」，固、姑聲類同。○蔣禮鴻説同。

〔四〕【許注】楚莊王時，圍宋九月。

【版本】莊本、集解本注「九」作「八」，景宋本、王溥本、朱本、茅本、葉本、汪本同藏本。

【箋釋】陶方琦云：列子釋文引許注：「楚莊王圍宋九月。」按：今本「八月」當作「九月」。左傳宣十四年：「秋九月，楚子圍宋。」十五年：「夏，楚子去宋。」杜注：「在宋積九月。」吕覽慎勢篇：「莊王圍宋九月。」宋本淮南正作「九月」。○雙棣按：道藏本等各本亦作「九月」，「八月」乃莊本之誤，集解本襲之。

〔五〕【版本】茅本、汪本、張本、黄本、吴本、莊本、集解本「炊」下無「之」字，餘本同藏本。藏本「壯」誤作「莊」，各本均作「壯」，今據改。

【箋釋】王叔岷云：列子説符篇、論衡福虚篇「食」下並有「之」字，與下句一律。

〔六〕【箋釋】劉績云：楚及宋平，無屠城之事。

【用韻】「下、怒、屠」魚部。

〔七〕【版本】茅本、汪本、張本、黄本、莊本、集解本此下有注：「視，復明也。」餘本同藏本。

【用韻】「解、視」支脂合韻。

〔八〕【箋釋】莊逵吉云：太平御覽引作「北塞之人有善道者」。○王念孫云：「近塞」本作「北塞」，此後人以意改之也。北塞謂北方之塞。若改爲「近塞」，則不知爲何方之塞矣。漢書敘傳：「北叟頗識其倚伏。」顔師古注引此，正作「北塞上之人」。後漢書蔡邕傳「得北叟之後福」，李賢注云：「北叟，塞上叟也。」藝文類聚禮部下、獸部上，太平御覽禮儀部四十、獸部八引此，並作「北塞上之人」。下文「近塞之人，死者十九」，亦本作「塞上之人」。漢書、後漢書注及藝文類聚、太平御覽、文選幽通賦注並引作「塞上之人」。○俞樾云：近，謂近時也。此蓋淮南舉近事言之，故曰「近」，非連「塞」字爲義也。班孟堅幽通賦「北叟頗識其倚伏」，即用此事，而云「北叟」者，以下文言「胡人大入塞」，故知是北方之塞耳。乃顔師古注漢書敘傳引此文，作「北塞上之人」，蓋涉正文「北叟」而誤，非顔注之舊。是以李善注文選幽通賦止云「塞上之人」。若使本作「北塞」，則正宜引之以證「北叟」之義，安得删去之？惟其是近字，故可有可無也。後漢書蔡邕傳「得北叟之後福」，李賢注云：「北叟，塞上叟也。」但言「塞上」，不言北塞上，然則淮南子不作「北塞」明甚。而藝文類聚、太平御覽引此文，並作「北塞上之人」，則爲漢書注所誤。王氏念孫反據以訂正淮南，謬矣。下文「近塞之人死者十九」，則當作「塞上之人」。漢書、後漢書注、文選注及諸類書所引，無作「近塞」者，可知近字之非。然亦無作「北塞」者，又可見此文作「北塞上」之誤矣。○楊樹達云：俞氏訂正王説，是也。然釋「近」爲近時，仍非，近自謂附近也。

〔九〕【箋釋】莊逵吉云：太平御覽作「其馬無故亡入胡中」。○王叔岷云：文選班孟堅幽通賦注引「馬」上亦有「其」字。記纂淵海九八、事文類聚後集三八引此並作「其馬亡入胡中」，「其馬」下蓋略「無故」二字。○于大成云：藝文類聚四十、漢書敘傳注引同御覽九十三及後漢書蔡邕傳注引同記纂淵海、事文類聚，「馬」上並有「其」字。

〔一〇〕【箋釋】莊逵吉云：太平御覽作「此何知乃不爲福」。○王念孫云：「何遽不爲福」，本作「何遽不能爲福」，能與乃同。（「乃、能」古字通，説見漢書谷永傳「能或滅之」下。）言何遽不乃爲福也。下文曰「此何遽不能爲禍乎」，即其證。此及下文兩「何遽不爲福」，藝文類聚禮部、太平御覽禮儀部並引作「何遽不乃爲福」，又「何遽不能爲禍」，亦引作「何遽不乃爲禍」。

〔一一〕【用韻】「賀、禍」歌部。

〔一二〕【箋釋】王念孫云：「良馬」本作「馬良」，與「家富」相對爲文。漢書、後漢書注、藝文類聚、太平御覽引此，並作「家富馬良」。○楊樹達云：脩務篇云：「段干木富於義，寡人富於財。」此云「家富良馬」，亦謂家富於良馬耳。文不必乙，自可通，類書所引，不可盡信也。○王叔岷云：王校是也。記纂淵海、事文類聚、天中記引此亦並作「家富馬良」。○雙棣按：楊說是，下文其子好騎，正承此「富於良馬」而言。若作「家富馬良」，「家富」與好騎何涉？正可見王說之非。

〔一三〕【版本】藏本「遽不」作「不遽」，景宋本、莊本、集解本作「遽不」，今據乙正，餘本同藏本。

〔一四〕【箋釋】莊逵吉云：御覽作「胡夷大出塞」。○王叔岷云：記纂淵海、事文類聚後集三八引並作「胡夷大出」，事文類聚別集三十、合璧事類引此並作「胡兵大出」，文選幽通賦注引「入」亦作「出」，「出」下無「塞」字。○于大成云：御覽五百六十一、八百九十六凡兩引皆無「塞」字，莊氏失檢。藝文類聚兩引與御覽同。羣書類編故事十七、羣書通要丙集九引作「胡兵大出」，蓋元人有所避諱，改「夷」作「兵」耳。然竊疑此文當如選注引作「胡人大出」。

〔一五〕【箋釋】王念孫云：「引」本作「控」，此亦後人以意改之也。文選幽通賦注、太平御覽禮儀部引此，並作「控弦而戰」。藝文類聚又引注云：「控，張也。」則本作「控」明矣。○王叔岷云：記纂淵海九八、事文類聚後集三十八引此亦並作「皆控弦而戰」。天中記五五引「者」下亦有「皆」字。○于大成云：後漢書蔡邕傳注引亦有「皆」字，蓋「皆」與「者」形似，故奪「皆」字。

〔一六〕【箋釋】莊逵吉云：御覽作「塞上之人」。○王叔岷云：文選幽通賦注、記纂淵海、事文類聚後集三八引此亦並作「塞上之人」。○于大成云：藝文類聚（兩引）、漢書注、類林亦並作「塞上之人」。又藝文類聚兩引、後漢注、御覽兩引「父子」並作「子父」。藝文類聚九十三引此下有注云「幽通賦曰：『北叟頗識其倚服。』」（天中記五十五亦有。）藝文類聚、後漢注、御覽所引此文，頗與今本異，注亦出今本外，疑所引是高本。然則上文「丁壯者皆控弦而戰」注「控，張也」，當亦高義矣。（說文「控」字訓「引也」。）

【用韻】「九、保」幽部。

〔一七〕【用韻】「福、極、測」職部。

或直於辭而不害於事者〔一〕，或虧於耳以忤於心而合於實者〔二〕。高陽魋〔三〕將爲室，問匠人。匠人對曰：「未可也。木尚生，加塗其上，必將撓。以生材任重塗，今雖成，後必敗〔四〕。」高陽魋曰：「不然。夫木枯則益勁，塗乾則益輕〔五〕，以勁材任輕塗，今雖惡，後必善〔六〕。」匠人窮於辭，無以對，受令而爲室〔七〕。其始成竘然善也〔八〕，而後果敗〔九〕。此所謂直於辭而不可用者也〔一〇〕。

何謂虧於耳、忤於心而合於實？靖郭君將城薛〔一一〕，賓客多止之，弗聽。靖郭君謂謁者曰：「無爲賓通言。」齊人有請見者曰：「臣請道三言而已，過三言，請烹。」靖郭君聞而見之〔一二〕。賓趨而進，再拜而興，因稱曰「海大魚」，則反走〔一三〕。靖郭君止之曰：「願聞其說。」賓曰：「臣不敢以死爲熙〔一四〕。」靖郭君曰：「先生不遠道而至此，爲寡人稱之。」賓曰：「海大魚，網弗能止也，釣弗能牽也〔二五〕，蕩而失水，則螻螘皆得志焉。今夫齊，君之淵也〔二六〕。君失齊，則薛能自存乎〔二七〕？」靖郭君曰：「善。」乃止，不城薛。此所謂虧於耳、忤於心而得事實者也。夫以無城薛止城薛，其於以行説，乃不若海大魚。故物或遠之而近，或近之而遠。

校釋

〔一〕【版本】王溥本、王鎣本、汪本（挖空）、吴本無「不」字，餘本同藏本。

【箋釋】劉績云：一作「直於辭而不可用者」。○王念孫云：「不害」當爲「不周」。隸書「害」作「𠵿」，與「周」相似而誤。（道應篇「周鼎著倕而使齕其指」，文子精誠篇「周」誤作「害」。）宣六年公羊傳「靈公有周狗，謂之獒」，爾雅釋畜注誤作「害」。）楚辭離騷「雖不周於今之人兮」，王注曰：「周，合也。」氾論篇曰「苟周於事，不必循舊」，謂合於事也。此言「不周於事」，亦謂不合於事也。此言「直於辭而不周於事」，下言「虧於耳，忤於心而合於實」，合亦周也。下文高陽魋命匠人爲室之言，所謂「直於辭」也，室成而終敗，所謂「不周於事」也。若云不害於事，則與此意相反矣。劉績不知「害」爲「周」之誤，故删去「不」字耳。

〔二〕【箋釋】雙棣按：「以」字疑衍。虧於耳、忤於心爲並列，中間不當有「以」字。下文「何謂虧於耳、忤於心而合於實」，「此所謂虧於耳、忤於心而得事實者也」，均無「以」字。

〔三〕【許注】或曰：高陽魋，宋大夫。

〔四〕【箋釋】雙棣按：韓非子外儲説左上「高陽魋」作「虞慶」，吕氏春秋别類篇作「高陽應」，高誘注曰：「高陽，宋邑，因以爲氏；應，名也。或作高魋，宋大夫也。」此注徑言「或曰」，恐上有脱文。

〔五〕【箋釋】劉文典云：「成」當爲「善」，作「成」者，後人依韓非子外儲説左上篇改之也。下文「今雖惡，後必善」，「其始成，竘然善也，而後果敗」，皆承此而言。作「成」，則與下文不合矣。吕氏春秋别類篇、御覽九百五十二引此文，並作「今雖善」，尤其確證矣。〇楊樹達云：「撓」當作「橈」。説文云：「橈，曲木也。」集解校「成」作「善」，然此文「成」字於義爲長。蓋文云「今雖成，後必敗」，以成、敗對言；下文「今雖惡，後必善」，以善、惡對言也。韓非子作「成」，知「成」非誤字。〇王叔岷云：上下文「成、敗」相應，「成」不必作「善」。御覽引「成」作「善」，與吕氏春秋合，當是高本。韓非子外儲説左上作「今雖成，久必壞」，（壞亦敗也。）則與許本作「成」合。〇何寧云：楊説是也。言成者，初不必其善或惡，成而已矣。此乃匠人之言。下文「其始成」，正承此言之。若改「成」爲「善」，既曰「今雖善」也，下文何復設言「今雖惡」？吕氏春秋作「今雖善」，而後文不言「今雖惡」，知淮南雖本吕氏春秋，而文有改易，未可據彼以改此也。

〔六〕【用韻】「勁、輕」耕部。

〔七〕【用韻】「塗、惡」魚鐸通韻。

〔八〕【用韻】「對、室」物質合韻。

【許注】竘，高壯類。

〔九〕【版本】茅本、汪本、張本、黄本、莊本、集解本注「類」作「貌」，餘本同藏本。

【箋釋】楊樹達云：説文云：「竘，健也。」○于省吾云：注説未允。方言七：「竘，貌治也。吴越飾貌爲竘。或謂之巧。」貌治之説與善義應，且與下文「而後果敗」之説相符。○雙棣按：注「類」字當爲「貇」字之誤，説文：「皃，頌儀也。貇，皃或从頁，豹省聲。貌，籒文皃从豹省。」

〔一〇〕【用韻】「善、敗」元月通韻。

〔一一〕【箋釋】王念孫云：「不可用」當作「不周於事」。凡言「此所謂」者，皆複舉上文之詞，不當有異。此因「周」誤作「害」，後人遂改爲「不可用」，而不知其與上文不合也。

〔一二〕【許注】靖郭君，齊威王之子也，封於薛。

〔一三〕【箋釋】雙棣按：此事亦見韓非子説林下、戰國策齊策一及新序。

〔一四〕【版本】藏本脱「靖」字，王溥本、王鎣本、汪本、吴本、黄本、莊本、集解本有「靖」字，今據補，餘本同藏本。

〔一五〕【版本】藏本「反」誤作「友」，各本均作「反」，今據改。

〔一六〕【許注】煕，戲。

〔一七〕【箋釋】何寧云：「釣」當爲「鉤」，與「網」相對爲文。莊子外物「牽巨鉤，錎没而下」是也。戰國策齊策：「君不聞大魚乎？網不能止，鉤不能牽，蕩而失水，則螻蟻得意焉。」此淮南所本。戰國策正作「鉤不能牽」。○雙棣按：釣，亦鉤也。此非誤字。王念孫於説山篇已有詳辯，參見二二三九頁注〔一九〕。

〔一六〕【箋釋】楊樹達云：「『淵』當作『海』，字之誤也。賓以海大魚爲喻，故云『齊，君之海也』。若作『淵』，則與上文設喻不相承矣。韓非子正作『海』。齊策一作『水』，則與上文『蕩而失水』之『水』字相承，文亦可通。」

〔一七〕【用韻】「淵、存」真文合韻。

或説聽計當而身疏，或言不用計不行而益親。何以明之？三國伐齊，圍平陸〔一〕。括子以報於牛子〔二〕曰：「三國之地，不接於我，踰鄰國而圍平陸，利不足貪也。然則求名於我也。請以齊侯往。」牛子以爲善。括子出，無害子入〔三〕，牛子以括子言告無害子。無害子曰：「異乎臣之所聞。」牛子曰：「國危而不安，患結而不解，何謂貴智〔四〕？」無害子曰：「臣聞之有裂壤土以安社稷者，聞殺身破家以存其國者〔五〕，不聞出其君以爲封疆者〔六〕。」牛子不聽無害子之言，而用括子之計，三國之兵罷，而平陸之地存。自此之後，括子日以疏，無害子日以進。故謀患而患解，圖國而國存，括子之智得矣。無害子之慮無中於策，謀無益於國，然而心調於君，有義行也〔七〕。

今人待冠而飾首，待履而行地。冠履之於人也，寒不能煖〔八〕，風不能障，暴不能蔽也，然而冠冠履履者〔九〕，其所自託者然也。夫咎犯戰勝城濮而雍季無尺寸之功，然而雍季先賞而咎犯後存者，其言有貴者也。故義者，天下之所賞也〔一〇〕。百言百當，不如擇趨而審行也〔一一〕。

校釋

〔一〕【許注】三國，韓、魏、趙也。

【箋釋】于鬯云：此三國未詳。高注云「韓、魏、趙也」，當因習稱韓、魏、趙爲三國而言之耳。未必有據。下文括子曰「三國之地不接於我，踰鄰國而圍平陸」，則獨一韓可當之，魏、趙地皆接於齊也。齊地西接魏、趙，南接楚，北接燕。然則韓之外，惟有一秦耳。如此止二國，而孕三國，豈尚從一小國與？要高注實不足信。又案：戰國齊策魯連遺燕將書，有魏攻平陸之語。考其事，即史記魏世家及六國表所書昭王十二年與秦、趙、燕共伐齊，敗之濟西之役。蓋言魏攻者，實秦、趙、燕假道於魏而魏遂與之共伐耳。正所謂踰鄰國而圍平陸也。則三國者，秦、趙、燕也。三國之地不接於我者，謂不接於平陸，固不及趙、燕與齊有相接之處也。若魏，則正接平陸。故齊策又云：「有陰、平陸，則梁門不啟。」然則此言三國，必去魏而言秦、趙、燕矣。非魏則三國不能攻平陸，故魯連又舍三國而專言魏，且與彼上句「楚攻南陽」作偶對也。附考如此，未審是否。○于大成云：于說非也。魏昭王十二年伐齊，魏世家云「與秦、趙、韓、燕共伐齊」，依梁玉繩考證，尚有「楚」，史公失書。是伐齊者六國，不得言三國。即如于說不數魏，亦尚有五國也。且此役連下齊七十餘城，湣王出走，亦不得但言「圍平陸」，又與下文「以齊侯往」，「三國之兵罷，而平陸之地存」之說亦全乖牾也。考今本竹書紀年周威烈王十八年云「王命韓景子、趙烈子及我師伐齊，入長垣」，是年當魏文侯十七年，韓景侯元年，趙烈侯元年，而呂氏春秋下賢篇謂魏文侯「東勝齊於長城，虜齊侯，獻諸天子，天子賞文侯以上聞」，長城即長垣，齊長城，依括地志及趙世家正義，當西起今山東平陰縣，傍泰山之北，至青島西南之瑯琊臺入海。平陸即今上汶縣，居平陰東南，三國圍平陸，正須入長垣。且下文謂牛子用括子之計，「以齊侯往」，亦與呂氏「虜齊侯」合。則此三國圍平陸，即呂氏魏文侯勝齊事無疑。又紀年於二十三年書「王命晉卿魏氏、趙氏、韓氏爲諸侯」，正以三家日以大，且有承王命伐齊之功故耳。括子所謂「求名於我」，亦惟三家未爲諸侯時爲然，故呂氏云「天子賞文侯以上聞」也。至括子謂「三國之地不接於我」者，蓋謂三國不盡與我接壤耳，非謂無一接壤於我也。斯許氏以韓、魏、趙當三國者是已。（此篇許注，非高注。）

〔二〕【許注】括子、牛子，齊臣。

〔三〕【許注】無害子，亦齊臣。

〔四〕【箋釋】王念孫云：謂與爲同。（「爲、謂」古字通，說見秦策蘇代僞爲齊王曰下。）「國危而不安，患結而不解」，本作「國危不而安，患結不而解」。不而者，不能也。「能、而」古聲相近，故「能」

或作「而」。（原道篇「而以少正多」，高注：「而，能也，能以寡統衆。」又注吕氏春秋去私、不屈、士容三篇並云：「而，能也。」逸周書皇門篇曰：「譬若衆畋，常扶予險，乃而予于濟。」墨子尚同篇曰：「故古者聖王，唯而審以尚同，以爲正長，是故上下情通。」又曰：「天下之所以治者何也？唯而以尚同一義爲政故也。」非命篇曰：「不而矯其耳目之欲。」莊子逍遥遊篇曰：「知效一官，行比一鄉，德合一君，而徵一國。」荀子哀公篇曰：「君以此思哀，則哀將焉而不至矣。」楚辭九章曰：「不逢湯、武與桓、繆兮，世孰云而知之？」齊策：「管燕謂其左右曰：『子孰而與我赴諸侯乎？』」又：「秦始皇嘗使使者遺君王后玉連環，曰：齊多知，而解此環不？」而字並與能同。故鄭注屯卦讀而爲能。堯典「柔遠能邇」，漢督郵班碑作「渘遠而邇」。皋陶謨「能哲而惠」，衛尉衡方碑作「能悊能惠」，史記夏本紀作「能知能惠」。論語憲問篇「愛之能勿勞乎」，鹽鐵論授時篇能作而。吕氏春秋不侵篇「能治可爲管、商之師」，齊策能作而。又禮運正義曰，劉向説苑「能」字皆作「而」。今説苑中「能」字無作「而」者，皆後人改之也。唯論衡之感虚、福虚、亂龍、講瑞、指瑞、感類、定賢諸篇，「能」字多作「而」。其作「能」者，亦是後人所改。）後人不曉「而」字之義，故改「不而」爲「而不」耳。此言所貴乎智者，國危能安，患結能解也。若國危不能安，患結不能解，則何爲貴智乎？下文張孟談對趙襄子曰「亡不能存，危弗能安，無爲貴智」，語意正與此同。吴語：「危事不可以爲安，死事不可以爲生，則無爲貴智矣。」「不可」猶「不能」也。後人改爲「國危而不安，患結而不解」，非也。若謂國不安，患不解，則與「何爲貴智」四字，義不相屬，若謂國危而不安之，患結而不解之，則是不仁而非不智矣。

〔五〕【用韻】「解、智」支部。

〔六〕【用韻】「稷、國」職部。

【箋釋】王念孫云：首句本作「臣聞裂壤土以安社稷者」，與下二句文同一例。因「臣聞」下衍「之」字，後人遂於「之」下加「有」字，而句法參差不協矣。

〔七〕【箋釋】俞樾云：「調」當爲「周」。楚辭離騷「雖不周於今之人兮」，王逸注曰：「周，合也。」「心周於君」，謂心合於君也。作調者，古字通用。文子微明篇正作「心周於君」。

〔八〕【許注】煖，温。

〔九〕【版本】景宋本「冠冠」作「戴冠」，餘本同藏本。

【箋釋】于大成云：御覽六百八十四引亦作「戴冠」。

〔一〇〕【箋釋】王念孫云：「賞」當爲「貴」。此承上句「其言有貴者也」言之。文子微明篇作「仁義者，天下之尊爵也」，是其證。今本「貴」作「賞」者，涉上文「雍季先賞」而誤。

〔一一〕【箋釋】陶鴻慶云：「故義者天下之所貴也」以下三句，當與「其所自託者然也」句相接，乃論上文齊牛子存平陸事。百言百當，指牛子用括子之言以存平陸言也。擇趨審行，指牛子疏括子而進無害子言也。上文云「無害子之慮無中於策，謀無益於國，然而心調於君，有義行也」，故此云「故義者天下之所貴也，百言百當，不如擇趨而審行也」。前後語氣相應，若以屬之咎犯，則文義俱乖矣。「夫咎犯戰勝城濮」至「其言有貴者也」三十三字，當在下文「吾豈可以一時之權而先萬世之利哉」句下。下文所謂無功而先舉，有功而後賞也。既述咎犯、雍季事，而復申説其理，本篇雜引前事，皆用此例。○雙棣按：陶説是。「咎犯戰勝城濮」數句與上下文不貫，自是下文錯此無疑。王念孫謂上文「賞」當爲「貴」是，但謂承「其言有貴者也」則非，其言有貴者也，言咎犯事，當爲下文錯此，「天下之所貴也」自不能承此而言明矣。

【用韻】「當、行」陽部。

或無功而先舉，或有功而後賞，何以明之〔一〕？昔晉文公將與楚戰城濮，問於咎犯曰：「爲柰何〔二〕？」咎犯曰：「仁義之事，君子不厭忠信；戰陳之事，不厭詐僞〔三〕。君其詐之而已矣〔四〕。」辭咎犯，問雍季。雍季對曰：「焚林而獵，愈多得獸，後必無獸。以詐僞遇人，雖愈利，後亦無復〔五〕。君其正之而已矣。」於是不聽雍季之計，而用咎犯之謀，與楚人戰，大破之。還歸賞有功者，先雍季而後咎犯。左右曰：「城濮之戰，咎犯之謀也〔六〕，君行賞先雍季，何也？」文公曰：「咎犯之言，一時之權也；雍季之言，萬世之利也。吾豈可以先一時之權而後萬世之利也哉〔七〕！」

智伯率韓、魏二國伐趙，圍晉陽，決晉水而灌之。城下緣木而處，縣釜而炊〔八〕。襄子謂張孟談曰〔九〕：「城中力已盡，糧食匱乏，大夫病〔一〇〕，爲之柰何？」張孟談曰：「亡不能存，危弗能安，無爲貴智〔一一〕。臣請試潛行〔一二〕，見韓、魏之君而約之。」乃見韓、魏之君〔一三〕，説之曰：「臣聞之，脣亡而齒寒，今智伯率二君而伐趙〔一四〕，趙將亡矣。趙亡則君爲之次矣〔一五〕。不及今而圖之，禍將及二君〔一六〕。」二君曰：「智伯之爲人也，粗中而少親〔一七〕。我謀而泄，事必敗〔一八〕，爲之柰何〔一九〕？」張孟談曰：「言出君之口，入臣之耳，人孰知之者乎？且同情相成，同利相死，君其圖之。」二君乃與張孟談陰謀，與之期〔二〇〕。張孟談乃報襄子。至其日之夜，趙氏殺其守隄之吏〔二一〕，決水灌智伯〔二二〕。智伯軍救水而亂，韓、魏翼而擊之，襄子將卒犯其前，大敗智伯軍〔二三〕，殺其身而三分其國。襄子乃賞有功者，而高赫爲賞首。羣臣請曰：「晉陽之存，張孟談之功也，而赫爲賞首，何也？」襄子曰：「晉陽之圍也，寡人國家危，社稷殆，羣臣無不有驕侮之心者，唯赫不失君臣之禮，吾是以先之。」由此觀之，義者，人之大本也。雖有戰勝存亡之功，不如行義之隆〔二四〕。故君子曰：「美言可以市尊，美行可以加人〔二五〕。」

校釋

〔一〕【用韻】「舉、賞、明」魚陽通韻。

〔二〕【箋釋】劉文典云：「奈何」上敚「之」字。韓非子難一及御覽三百十三引此文，並作「爲之奈何」。

〔三〕【箋釋】莊逵吉云：太平御覽作「仁義之軍，不厭忠信」，無「君子」二字。○劉文典云：「君子」二字疑衍。仁義之事，戰陳之事，不厭忠信，不厭詐僞，相對爲文，不當有「君子」二字。韓非子難一篇作「繁禮君子，不厭忠信，戰陳之間，不厭詐僞」。吕氏春秋義賞篇作「繁禮之君，不足於文；繁戰之君，不足於詐」。説苑權謀篇作「服義之君，不足於信；服戰之君，不足於詐」。御覽三百十三引淮南此文作「仁義之軍，不厭忠信；戰陳之戎，不厭詐僞」。皆以四字爲句。有「君子」二字，則句法既不一律，義亦不可通矣。疑一本作「之事」，一本作「君子」，校者旁注「君子」二字，寫者誤入正文。

〔四〕【版本】藏本「詐」誤作「許」，除景宋本同藏本外，各本均作「詐」，今據改。

〔五〕【版本】莊本、集解本無「亦」字，餘本同藏本。

【箋釋】陳昌齊云：御覽「愈」皆作「偷」，韓非子亦作「偷」。○俞樾云：「愈」當爲「愉」，古「偷」字也。周官大司徒職「以俗教安，則民不愉」，釋文云：「愉音偷。」是其證也。「愉利」即「偷利」，謂雖偷取利，而後不可復也。吕氏春秋義賞篇曰：「雖今偷可，後將無復。」○吴闓生、王叔岷亦謂「愈」當爲「偷」。○劉文典云：俞説是也。韓非子難一篇作「以詐遇民，偷取一時，後必無復」。説苑權謀篇作「詐猶可以偷利，而後無報」。字並作「偷」，可證俞説。○馬宗霍云：太平御覽三百一十三引此文，作：「雍季對曰：『焚林而獵，雖偷多獸，必無獸，以詐僞愚人，雖偷利厚，亦無復利。其正之而已矣。』」與今本有異同，蓋以意爲增損。然「愈」作「偷」，偷猶貪也。

「遇」作「愚」，愚人謂使人受其愚也。似較今本爲勝。

〔六〕【版本】藏本無「咎犯之謀」四字，除景宋本同藏本外，各本均有此四字，今據補。

【箋釋】劉績云：「咎犯之謀也」，舊本無此句，非。○雙棣按：劉補是。呂氏春秋義賞篇作「城濮之功，咎犯之謀也」，韓非子難一篇作「城濮之事，舅犯謀也」，可爲證。

〔七〕【箋釋】王念孫云：此本作「吾豈可以一時之權，而先萬世之利也哉」。先，音悉薦反，後人誤讀爲悉前反，遂改爲「先一時之權，而後萬世之利」，失之矣。太平御覽兵部四十四引此，正作「吾豈可以一時之權，而先萬世之利哉」，呂氏春秋義賞篇作「焉有以一時之務先百世之利者乎」，皆其證。

〔八〕【箋釋】王念孫云：太平御覽兵部五十二引此，「城下」作「城中」，是也。趙策及韓子十過篇、史記趙世家並作「城中」。

〔九〕【版本】藏本「謂」下有「於」字，除景宋本同藏本外，各本皆無，今據删。

【箋釋】雙棣按：藏本「於」字當衍。趙策一及韓非子十過篇皆作「襄子謂張孟談曰」，無「於」字。

〔一〇〕【箋釋】王念孫云：「糧食匱乏」，太平御覽引此無「乏」字，是也。今本「乏」字蓋高注誤入正文者耳。（高注主術、要略二篇並云：「匱，乏也。」此處脱去注文，「乏」字又誤入正文耳。）力盡、糧匱、士大夫病，盡、匱、病相對爲文，則「匱」下不當有「乏」字。韓子、趙策皆無「乏」字，是其證。

「大夫病」，御覽引作「武夫病」。案：此本作「武大夫病」。淮南一書通謂士爲武。韓子作「士大夫羸」，趙策作「士大夫病」，此作「武大夫病」，一也。下文「中行穆伯攻鼓，餽聞倫曰：『請無罷武大夫，而鼓可得也。』」是其明證矣。御覽作「武夫病」者，不解「武大夫」之語而删去「大」字也。今本作「大夫病」者，亦不解「武大夫」之語而删去「武」字也。士大夫皆病，而但言大夫，則偏而不舉矣。○呂傳元云：「力已盡」當作「財力盡」，此與「糧食匱、大夫病」對文也。韓非子十過篇作「糧食匱，財力盡，士大夫羸病」。當據改。

〔一一〕【版本】葉本、莊本、集解本「弗」作「不」，餘本同藏本。藏本「智」下衍「伯」字，景宋本不衍，今據删，餘本「智」下有「士」字。

【箋釋】王念孫云：劉本依趙策改「智」爲「智士」，非也。此謂亡不能存，危不能安，則無爲貴智。非謂無爲貴智士。上文牛子謂無害子曰：「國危不能安，患結不能解，何謂貴智。」智下亦無「士」字。吴語亦云：「危事不可以爲安，死事不可以爲生，則無爲貴智矣。」趙策誤衍「士」字，而劉據之以改本書，謬矣。太平御覽引此作「無爲貴智」，韓子作「則無爲貴智矣」，皆無「士」字。

〔一二〕【許注】潛行，伏出也。

〔一三〕【版本】莊本、集解本注「出」作「行」，景宋本、王溥本、朱本、葉本同藏本。

【版本】藏本缺「魏」字，莊本、集解本有「魏」字，今據補，餘本同藏本。

【箋釋】雙棣按：趙策一、韓子十過篇均作張孟談見韓、魏之君。

〔一四〕【版本】藏本「二君」作「二國」，景宋本、茅本、汪本、張本、黄本、莊本、集解本作「二君」，今據改，餘本同藏本。

【箋釋】雙棣按：趙策一作「今知伯帥二國之君伐趙」，韓子十過作「今知伯率二君而伐趙」。

〔一五〕【箋釋】王念孫云：「君爲之次」，「君」上脱「二」字。（太平御覽引此已誤。）上下文皆作「二君」，韓子、趙策亦云「趙亡，則二君爲之次」。又下文「言出君之口，入臣之耳」，「君」上亦脱「二」字。太平御覽引此，正作「言出二君之口」。韓子、趙策作「謀出二君之口」。

〔一六〕【版本】莊本、集解本「不」字在「圖」字上，餘本同藏本。

【箋釋】雙棣按：莊本誤將「不」字移「圖」字上，非是。「不及今而圖之」云云，謂不趁當前之事而有所謀慮，禍將及二君，若移下，則語勢不貫。

〔一七〕【箋釋】楊樹達云：「粗中」無義，「粗」當讀爲「怚」。説文心部云：「怚，驕也。」史記王翦傳云：「秦王怚而不信人。」此云「怚而少親」，與史記「怚而不信人」語意正同。「粗、怚」二字聲類同，故可通假。王翦傳集解云：「怚亦作粗。」知彼文亦有作「粗」之本，與此假「粗」爲「怚」者正同矣。

【用韻】「人、親」真部。

〔一八〕【版本】王溥本、王鎣本、朱本（挖補）、葉本、吴本「敗」下有「矣」字，餘本同藏本。

〔一九〕【用韻】「泄、敗、何」月歌通韻。

〔二〇〕【箋釋】王念孫云：太平御覽引此，作「二君乃與張孟談謀（句），陰與之期」，是也。「陰與之期」，謂陰約舉事之期也。趙策作「陰約三軍，與之期日夜」，是其證。今本「陰」字誤入上句「謀」字上，則非其恉也。○何寧云：此文疑當作「二君乃與張孟談陰謀，與之期日」，今本「期」下脱「日」字。韓子十過篇作「二君因與張孟談約三軍之反，與之期日」，「因」即「陰」之聲誤。趙策作「二君即與張孟談陰約三軍，與之期日」。陰與張孟談約三軍之反，陰約三軍，即此所謂「陰謀」也。下文云「三國陰謀同計」，正與此「陰謀」同。二書皆作「與之期日」，此下文「至期日之夜」，即承此「期日」言。則「期」下當有「日」字明矣。蓋「期日」誤作「其日」，合寫誤作「朞」，又寫作「期」，因以脱誤。御覽三百二十一引作「二君乃與張孟談謀，陰與之盟」，「盟」字即「期日」二字之合寫。因「期日」誤作「盟」，故後人倒「陰謀」爲「謀陰」耳。王氏念孫引御覽「盟」作「期」，引趙策連下句「夜」字爲句，文皆誤。○許建平云：「陰謀」不誤，謂暗中謀畫也。本篇後云「三國陰謀同計以擊智氏」，亦作「陰謀」。御覽之文，蓋後人以「陰謀」貶義而改。然此「陰謀」爲動詞，非作「詭計」之名詞也。

【用韻】「謀、期」之部。

〔二一〕【箋釋】俞樾云：「其」當作「期」，謂所期之日之夜也。韓子十過篇正作「至於期日之夜」。○劉文典云：俞説是也。戰國策趙策作「使張孟談見韓、魏之君曰：『夜期殺守隄之吏，而決水灌智伯軍。』」文雖小異，「其」亦作「期」，可證俞説。○馬宗霍云：太平御覽三百二十一引此文亦作

「至期日之夜」。

〔二〕【箋釋】王念孫云：「智伯」下當有「軍」字。下句「智伯軍救水而亂」，即承此句言之。太平御覽引此，已脱「軍」字。韓子、趙策皆作「灌智伯軍」。

【用韻】「夜、伯」鐸部。

〔三〕【版本】藏本「軍」下衍「敗」字，王溥本、王鎣本、朱本、茅本、汪本、張本、吴本、黄本、莊本、集解本無「敗」字，今據删，景宋本、葉本同藏本。

〔四〕【用韻】「功、隆」東冬合韻。

〔五〕【箋釋】王念孫云：「君子」本作「老子」，此淺學人改之也。今老子作「美言可以市，尊行可以加人」，無下「美」字，而以「市」字絶句。道應篇引老子，亦有下「美」字，則所見本異也。○雙棣按：馬王堆漢墓帛書老子甲、乙本均作「美言可以市，尊行可以賀（加）人」，與今本老子合。淮南所據，蓋别一本老子也。

【用韻】「尊、人」文真合韻。

或有罪而可賞也，或有功而可罪也。西門豹治鄴〔一〕，廩無積粟，府無儲錢，庫無甲兵，官無計會，人數言其過於文侯。文侯身行其縣，果若人言〔二〕。文侯曰：「翟璜任子治鄴，而大亂，子能道則可，不能，將加誅於子〔三〕。」西門豹曰：「臣聞王主富民，霸主富武，亡國富庫〔四〕。今君欲爲霸王者也〔五〕，臣故稸積於民。君以爲不然，臣請升城鼓之，一鼓甲兵粟米可立具也〔六〕。」於是乃升城而鼓之。一鼓，民被甲括矢〔七〕，操兵弩而出。再鼓，負輦粟而至〔八〕。文侯曰：「罷之。」西門豹曰：「與民約信，非一日之積也，一舉而欺之，後不可復用也。燕常侵魏八城〔九〕，臣請北擊之，以復侵地。」遂舉兵擊燕，復地而後反〔一〇〕。此有罪而可賞者也〔一一〕。

解扁爲東封〔一二〕，上計而入三倍，有司請賞之。文侯曰：「吾土地非益廣也，人民非益衆也，入何以三倍？」對曰：「以冬伐木而積之，於春浮之河而鬻之〔一三〕。」文侯曰：「民春以力耕，暑以强耘，秋以收斂，冬閒無事，以伐林而積之〔一四〕，負軛而浮之河，是用民不得休息也。民以弊矣〔一五〕，雖有三倍之入，將焉用之？」此有功而可罪者也〔一六〕。

校　釋

〔一〕【許注】西門豹，文侯臣。

〔二〕【版本】藏本注無「西門」二字，景宋本、茅本、汪本、莊本、集解本有，今據補，王溥本、朱本、葉本同藏本。

〔二〕【用韻】「縣、言」元部。

〔三〕【箋釋】王念孫云：「子能道」，太平御覽治道部八引，作「子能變道」，是也。變道，謂易其道也。晏子春秋雜篇：「崔子謂晏子曰：『子變子言，則齊國吾與子共之；子不變子言，戟既在脰，劍既在心，唯子圖之。』」語意與此相似。今本脱去「變」字，則文不成義。○許建平云：今謂「道」者，言也。此乃文侯欲西門豹言其治鄴如此之理由，若能言理，則可免誅；若不能言理，則誅。莊子天道篇言，桓公讀書於堂上，輪扁謂其所讀者古人之糟魄。桓公曰：「寡人讀書，輪人安得議乎！有説則可，無説則死。」語境與此同。王氏所引晏子春秋文，乃崔杼弑君，欲晏子與之盟誓，共爲逆亂，而晏子則曰：「崔子爲無道而弑其君。」故崔杼逼晏子變其言。語境與此全然不同。王氏過信御覽，遂有此論。

【用韻】「亂、可」元歌通韻，「能、子」之部。

〔四〕【版本】藏本「霸」下「主」字作「王」，景宋本、王溥本、王鎣本、葉本、吴本、莊本、集解本作「主」，（蔣刊道藏輯要本亦作「主」。）今據改，餘本同藏本。

【箋釋】劉台拱云：武，士也，謂士卒也。下文云：「請無罷武大夫而鼓可得也。」又：「是使晉國之武舍仁而爲佞。」又：「罷武聞之，知所歸心矣。」又：「此爲人而必爲天下勇武矣。」又：「勇武聞之，知所盡死矣。」又：「齊莊公避一螳螂而勇武歸之。」又：「戰武必其死。」武皆訓士。又覽冥訓：「勇武一人爲三軍雄。」齊俗訓：「爲天下顯武。」又：「夫敗軍之卒，勇武遁逃，將不能止也。」又脩務訓：「及至勇武攘捲一擣。」高誘注覽冥訓云：「武，士也。江淮間謂士爲武。」注齊俗訓云：「楚人謂士爲武。」注脩務訓云：「武，士也，楚人謂士爲武。」

【用韻】「武、庫」魚部。

〔五〕【版本】藏本「君」作「王」，景宋本作「君」，今據改，餘本同藏本。

【箋釋】王念孫云：「今王」當爲「今君」，此涉上下文「王」字而誤也。魏自惠王始稱王，此對文侯言之，不當稱王。下文云「君以爲不然」，則本作「君」明矣。太平御覽引此正作「君」。○雙棣按：王説是，景宋本作「君」，今據改。

〔六〕【版本】莊本、集解本無「一鼓」二字，餘本同藏本。

【箋釋】楊樹達云：升讀爲登，升登古音同。○王叔岷云：御覽六二七引此無「一鼓」二字，莊本删之，是也。

【用韻】「鼓、具」魚侯合韻。

〔七〕【許注】甲，鎧也。括，箭也。

【版本】景宋本注「箭」下「也」字作「矢」，餘本同藏本。

【箋釋】吴承仕云：各本注文並不可通。御覽六百二十七引文作「民挾甲笴」，注云：「甲，鎧。笴，箭矢也。」疑本文當作「挾甲笴」，笴或作括，歌泰二部相轉，注訓爲箭矢是也。「挾甲笴」與「操兵弩」對文。今本「括矢」之「矢」，即涉注文而衍。「被」即「挾」字之譌，蓋甲可言被，箭笴不得言被也。下文秦皇披録圖，今本「披」誤爲「挾」，是其比。○金其源云：注以箭矢釋括者，以釋名「矢末曰括」也。然作箭矢，是與甲同被矣，非所語於出兵時也。易坤卦「括囊無咎」，注：「括，結也。」文選劉琨答盧諶書「未嘗檢括」注引薛君韓詩章句曰：「括，約束也。」括矢者，以囊約束箭矢，猶曰囊括箭矢也。

〔八〕【許注】服，駕牛也。輦，檐也。

【版本】葉本注「服」作「負」，景宋本、王溥本、朱本、莊本、集解本同藏本。王溥本、朱本、莊本、集解本注「檐」作「擔」，葉本同藏本。

【箋釋】王念孫云：太平御覽引此，作「服揵載粟而至」，是也。據高注云「服，駕牛也」，則「負」本作「服」，今作「負」者，聲之誤耳。一切經音義十一引此，作「揵載粟米而至」，與御覽所引小異，而皆有「載」字，則今本脱「載」字明矣。揵與輦同，謂人挽車也。「服輦載粟而至」者，或服或輦，載粟而至也。管子海王篇曰：「行服連軺輂者，必有一斤一鋸一椎一鑿，若其事立。」連亦與輦同。（周禮鄉師注：「故書輦作連。鄭司農云，連讀爲輦。」巾車「連車組輓」，釋文：「連，本亦作輦。」）服、輦皆車名，故管子、淮南皆並稱服輦，許、高注皆訓輦爲擔，於義少疏矣。（許注見一切經音義。）〇陶方琦云：一切經音義引淮南作「揵載粟米而至」，卷十一、十六、七十九引許注：「揵，擔也。」卷六十四引許注：「揵，擔負也。」按：揵字説文不收，當即連字。説文：「連，負車也。」（各本作「員連」，誤，此依段説。）與輦義同。玉篇：「揵，運也。」廣韻：「揵，擔運物也。」南史何遠傳「揵水還之」，義亦近擔，玄應云：「揵，今皆作輦。」知淮南今本「輦」字乃後人改，注訓爲擔則並同。（御覽六百二十七引作「再鼓，服揵載粟而至」，「揵」乃「摙」之形似而誤。）○金其源云：注以「駕牛」釋「負」而曰「服」者，周禮冬官車人「牝服二柯，有參分柯之二」，司農注：「服讀爲負。」是「服、負」古通。服即負也。易繫辭「服牛乘馬，引重致遠」，注：「服，駕牛也。」謂負者，車之駕牛者也。以「擔」釋「輦」者，左傳莊公十二年「以乘車輦其母」，注：「乘車非兵車，駕人曰輦。」釋名釋姿容：「擔，任也。任力所勝也。」謂輦者，人力所勝任，車之駕人者也。○雙棣按：檐，與「擔」通。

〔九〕【用韻】「出、至」物質合韻。

〔一〇〕【版本】莊本「八」誤作「入」，餘本同藏本。

〔一一〕【箋釋】雙棣按：常，與「嘗」通。

〔一二〕【用韻】「燕、反」元部。

〔一三〕【版本】藏本無「者」字，景宋本、茅本、汪本、張本、吴本、黄本、莊本、集解本有，今據補，餘本同藏本。

〔一四〕【許注】解扁，魏臣，治東封者。

〔一五〕【用韻】「積、鬻」錫覺合韻。

〔一六〕【箋釋】王念孫云：「暑以强耘」，當從齊民要術所引，作「夏以强耘」。夏與春秋冬相對，變夏言暑，則與上下文不類矣。「以伐林而積之」，當從太平御覽所引，作「又伐林而積之」。「又」字承上春耕、夏耘、秋收而言。今本「又」作「以」，則義不可通矣。（此因上文三「以」字而誤。）

〔一五〕【版本】王鎣本、汪本、張本、黄本、莊本、集解本「弊」作「敝」，餘本同藏本。

【箋釋】劉文典云：御覽引，「敝」作「弊」，宋本同。○楊樹達云：「以」與「已」同，甚也。

〔一六〕【版本】藏本無「而」字，王溥本、王鎣本、茅本、葉本、汪本、張本、吴本、黄本、莊本、集解本有「而」字，今據補，景宋本、朱本同藏本。藏本無「也」字，葉本、莊本、集解本有，今據補，王溥本、王鎣本、茅本、汪本、張本、吴本、黄本「者」作「也」，景宋本、朱本同藏本。

賢主不苟得，忠臣不苟利，何以明之？中行穆伯攻鼓，弗能下〔一〕，餽聞倫曰：「鼓之嗇夫，聞倫知之〔二〕。請無罷武大夫，而鼓可得也。」穆伯弗應〔三〕。左右曰：「不折一戟，不傷一卒，而鼓可得也，君奚爲弗使〔四〕？」穆伯曰：「聞倫爲人，佞而不仁〔五〕，若使聞倫下之，吾可以勿賞乎？若賞之，是賞佞人。佞人得志，是使晉國之武舍仁而爲佞〔六〕，雖得鼓，將何所用之〔七〕？」攻城者，欲以廣地也。得地不取者，見其本而知其末也〔八〕。

秦穆公使孟盟舉兵襲鄭〔九〕，過周以東〔一〇〕。鄭之賈人弦高、蹇他〔一一〕相與謀曰：「師行數千里，數絶諸侯之地，其勢必襲鄭。凡襲國者，以爲無備也〔一二〕。今示以知其情，必不敢進〔一三〕。」乃矯鄭伯之命，以十二牛勞之。三率相與謀〔一四〕曰：「凡襲人者，以爲弗知，今已知之矣，守備必固，進必無功。」乃還師而反。晉先軫舉兵擊之〔一五〕，大破之殽。鄭伯乃以存國之功賞弦高〔一六〕。弦高辭之曰：「誕而得賞，則鄭國之信廢矣。爲國而無信，是俗敗也〔一七〕。賞一人敗國俗，仁者弗爲也〔一八〕。以不信得厚賞，義者弗爲也。」遂以其屬徙東夷，終身不反。故仁者不以欲傷生〔一九〕，知者不以利害義。聖人之思脩，愚人之思叕〔二〇〕。

校釋

〔一〕【許注】中行穆伯，晉大夫。鼓，北翟。

【版本】王溥本注「北」作「白」，餘本同藏本。

【箋釋】陶方琦云：羣書治要引許注：「中行繆伯，晉大夫。鼓，北翟。」按：二注正同，「繆、穆」古通。○于大成云：此事見昭公十六年。依襄二十六年、昭十二年傳，當作「中行穆子」。

【用韻】「鼓、下」魚部。

〔二〕【許注】餽聞倫，晉人也。

【箋釋】劉文典云：羣書治要引，餽聞倫作餽閒倫，（注同。）注「晉人也」作「晉大夫」。○何寧云：貞觀政要誠信篇亦作「餽閒倫」。

〔三〕【用韻】「得、應」職蒸通韻。

〔四〕【箋釋】劉文典云：治要引，「使」作「取」。

【用韻】「得、使」職之通韻。

〔五〕【用韻】「人、仁」真部。

〔六〕【版本】莊本、集解本「爲」作「後」，餘本同藏本。

【箋釋】俞樾云：「後」字義不可通，乃「從」字之誤。佞人得志，故晉國之士皆舍仁而從佞也。「晉國之武」即晉國之士，淮南一書通謂士爲武。○于鬯云：姚廣文云：「後」疑即「厚」。以聲近而借。佞人而賞，是厚於佞人也。○于省吾云：俞説非是。景宋本「後」作「爲」，當據訂。○馬宗霍云：「後」與「從」形相似，俞説近之。但羣書治要引此文，「後」字作「爲」，舍仁而爲佞，則義可通矣。○呂傳元與于、馬説同。○王叔岷云：莊本作「後」固非，俞氏以爲「從」字之誤，亦臆説耳。○雙棣按：「後」字乃莊本之誤字，景宋本、道藏本、王溥本等各本均作「爲」，與治要所引同，可見字本作「爲」。俞、姚從誤本爲説，不可從。

〔七〕【用韻】「佞、用」耕東合韻。

〔八〕【用韻】「地、末」歌月通韻。

〔九〕【許注】孟盟，伯里奚之子也。

〔一〇〕【版本】王溥本、汪本注「伯」作「百」，景宋本、朱本、茅本、葉本、莊本、集解本同藏本。

【箋釋】雙棣按：以，猶而也。呂氏春秋悔過篇作「過周而東」。

〔一一〕【許注】蹇他，弦高之黨。

【箋釋】雙棣按：呂覽悔過篇「蹇他」作「奚施」，左傳僖公三十三年只稱「弦高」。梁玉繩云：左氏但稱弦高，此可補傳所未備。

〔一二〕【用韻】「國、備」職部。

〔一三〕【用韻】「情、進」耕真合韻。

〔一四〕【許注】三率，秦將白乙、孟明、西乞。

【版本】張本、黄本、莊本、集解本注無「秦將」二字，餘本同藏本。王溥本注「明」作「盟」，餘本同藏本。藏本注「乞」作「乙」，莊本、集解本作「乞」，（蔣刊道藏輯要本亦作「乞」。）今據改，餘本同藏本。

【箋釋】楊樹達云：説文行部云：「衛，將衛也。從行，率聲。」此將帥本字。此文作「率」，「衛」之省形字也。◎雙棣按：秦之三帥左傳作孟明、西乞、白乙。藏本注西乙，「乙」蓋「乞」字之誤。乙、乞形近，或又涉「白乙」而誤也。

〔一五〕【許注】先軫，晉大夫也。

〔一六〕【用韻】「殽、高」宵部。

〔一七〕【版本】茅本「俗敗」作「敗俗」，餘本同藏本。

【箋釋】王叔岷云：「俗敗」乃「敗俗」之誤倒，下文「賞一人，敗國俗」可證。◎雙棣按：王説非是。「俗敗」不誤。上句「誕而得賞，則鄭國之信廢矣」，言「信廢」，此句「爲國而無信，是俗敗也」，言「俗敗」，正相對爲文；且「敗」與「廢」同爲古韻月部，甚合。

【用韻】「廢、敗」月部。

〔一八〕【版本】王溥本、王鎣本、朱本（挖補）、葉本、汪本、張本、吴本、黄本、莊本、集解本「人」下有「而」字，景宋本、茅本同藏本。藏本脱「仁」字，除景宋本同藏本外，各本均有「仁」字，今據補。

〔一九〕【版本】藏本「欲」作「俗」，景宋本、茅本、汪本、張本、黄本、莊本、集解本作「欲」，今據改，餘本同藏本。

〔二〇〕【許注】叕，短。

【箋釋】楊樹達云：方言十三云：「黜，短也。」説文女部云：「窶，短面也。」「黜、窶、叕」義並相近。○馬宗霍云：説文叕部云：「叕，綴聯也，象形。」從叕之字，如綴訓「合箸也」，輟訓「車小缺復合者」，皆以聯合爲義。本注訓「叕」爲短者，蓋惟短則須聯，從其引申之義也。故綴輟引申之義亦訓止，訓已。已猶止也。書傳用「叕」字而以爲短者，惟見於此。其他從叕而有短義者，如説文女部云：「窶，短面也。從女，窶聲。」窶則從叕聲也。方言十三云：「黜，短也。」廣韻六術云：「黜，吴人呼短。」與方言合。又爾雅釋宫「宗廇謂之梁，其上楹謂之棁」，禮記明堂位篇孔疏引李巡爾雅注曰：「棁，梁上短柱也。」「棁」通作「棳」，陸德明爾雅釋文正作「棳」。又莊子秋水篇「掇而不跂」，郭象注曰：「掇，猶短也。」又玄應一切經音義四大方便報恩經第二卷「羸惙」條引聲類云：「惙，短氣皃也。」又廣韻十七薛云：「顋，頭短。」是皆以叕爲聲之字，而皆有短義，並其旁證。盧文弨方言校且引淮南此文之注，謂「叕」當與「黜」同，惟「黜」字不見於説文耳。

【用韻】「義、叕」歌月通韻。

忠臣者務崇君之德，諂臣者務廣君之地，何以明之？陳夏徵舒弑其君，楚莊王伐之，陳人聽令，莊王以討有罪，遣卒戍陳〔一〕，大夫畢賀，申叔時使於齊，反還而不賀〔二〕。莊王曰：「陳爲無道，寡人起九軍以討之〔三〕，征暴亂，誅罪人，羣臣皆賀，而子獨不賀，何也？」申叔時曰：「牽牛蹊人之田，田主殺其人而奪之牛〔四〕，罪則有之，罰亦重矣。今君王以陳爲無道，興兵而攻，因以誅罪人，遣人戍陳〔五〕。諸侯聞之，以王爲非誅罪人也，貪陳國也。蓋聞君子不棄義以取利。」王曰：「善。」乃罷陳之戍，立陳之後。諸侯聞之，皆朝於楚〔六〕。此務崇君之德者也。

張武爲智伯謀曰〔七〕：「晉六將軍，中行文子最弱，而上下離心，可伐以廣地。」於是伐范、中行，滅之矣。又教智伯求地於韓、魏、趙。韓、魏裂地而授之，趙氏不與，乃率韓、魏而伐趙，圍之晉陽三年〔八〕。三國陰謀同計以擊智氏，遂滅之。此務爲君廣地者也〔九〕。

夫爲君崇德者霸，爲君廣地者滅〔一〇〕。故千乘之國行文德者王〔一一〕，湯、武是也。萬乘之國，好廣地者亡，智伯是也〔一二〕。

校釋

〔一〕【許注】戍，守也。守，欲有陳也。

【版本】景宋本「以」作「已」，餘本同藏本。

〔二〕【箋釋】王念孫云：諸書有言「還反」者，無言「反還」者，「反」當爲「及」。謂大夫畢賀之時，申叔時尚未還，及其還而獨不賀也。太平御覽兵部三十六引此，正作「及還而不賀」。

〔三〕【箋釋】莊逵吉云：御覽「九軍」作「六軍」。

【用韻】「道、討」幽部。

〔四〕【箋釋】王念孫云：「牽牛蹊人之田」，太平御覽引作「人有牽牛而徑於人之田中」，是也。今作「牽牛蹊人之田」者，後人據左傳改之耳。案：宣十一年左傳，申叔時曰「夏徵舒弑其君，其罪大矣。討而戮之，君之義也。抑人亦有言曰：牽牛以蹊人之田，而奪之牛」云云，（史記陳杞世家作「鄙語有之，牽牛徑人田，田主奪之牛」。）此文無「夏徵舒」以下四句，又無「人亦有言」之語，而即云牽牛以蹊人之田，則語無倫次，故必詳言之曰「人有牽牛而徑於人之田中」。後人不察文義，遂據彼以改此，而不自知其謬也。

〔五〕【箋釋】莊逵吉云：御覽作「舉兵而征之，因誅罪人，遣卒戍陳」。○王念孫云：「興兵而攻」本作「興兵而政之」，「政」與「征」同。（古字多以政爲征，不煩引證。）今本「政」誤作「攻」，又脱「之」

字。夏徵舒弒其君，故曰興兵而征之。若言「攻」，則非其指矣。太平御覽引此，正作「舉兵而征之」。「因以誅罪人」，本作「以誅罪人」，以與已同。言莊王已誅罪人，而遣人戍陳也。下文云：「諸侯聞之，以王爲非誅罪人也，貪陳國也。」則此本作「以誅罪人，遣人戍陳」明矣。上文云：「莊王以討有罪，遣卒戍陳。」尤其明證也。後人不知以與已同，故加因字耳。莊王之伐陳，本以誅罪人，不得言「因以誅罪人」也。太平御覽引此已誤。

〔六〕【用韻】「戍、後、楚」侯魚合韻。

〔七〕【許注】張武，晉人。

〔八〕【版本】王溥本、王鎣本、葉本、汪本（挖空）、張本、黄本、莊本、集解本無「之」，餘本同藏本。景宋本「三年」作「二年」，餘本同藏本。

〔九〕【版本】藏本無「者也」二字，王溥本、王鎣本、朱本、茅本、葉本、汪本、張本、黄本、莊本、集解本有，今據補，景宋本有「者」字，無「也」字。

〔一〇〕【用韻】「霸、滅」鐸月合韻。

〔一一〕【箋釋】莊逵吉云：太平御覽作「脩德行者王」。

〔一二〕【用韻】「王、亡」陽部，「武、伯」魚鐸通韻。

非其事者勿仞也，非其名者勿就也，無故有顯名者勿處也，無功而富貴者勿居也〔一〕。

夫就人之名者廢，仞人之事者敗，無功而大利者後將爲害〔二〕。譬猶緣高木而望四方也，雖偷樂哉〔三〕，然而疾風至，未嘗不恐也。患及身，然後憂之，六驥追之，弗能及也。是故忠臣事君也〔四〕，計功而受賞，不爲苟得；積力而受官，不貪爵禄〔五〕。其所能者，受之勿辭也；其所不能者，與之勿喜也〔六〕。辭所能則匿〔七〕，欲所不能則惑〔八〕。辭所不能而受所能〔九〕，則得無損墮之勢，而無不勝之任矣〔一〇〕。昔者智伯驕，伐范、中行而克之，又劫韓、魏之君而割其地，尚以爲未足，遂興兵伐趙。韓、魏反之，軍敗晉陽之下，身死高梁之東，頭爲飲器，國分爲三，爲天下笑。此不知足之禍也。老子曰：「知足不辱，知止不殆，可以脩久〔一一〕。」此之謂也。

校釋

〔一〕【箋釋】王引之云：「無故有顯名者勿處也」，義與上句無别，當即是上句之注，而今本誤入正文也。下文云：「夫就人之名者廢，仞人之事者敗，無功而大利者後將爲害。」皆承上文言之，而此句獨不在内，則非正文明矣。

〔二〕【用韻】「處、居」魚部。

〔三〕【用韻】「廢、敗、害」月部。

〔三〕【版本】王溥本、王鎣本、朱本、葉本、汪本、張本、吴本、黄本、莊本、集解本「偷」作「愉」，景宋本、茅本同藏本。

【箋釋】雙棣按：「偷、愉」字通。

〔四〕【版本】集解本「忠臣」下有「之」字，餘本同藏本。

【箋釋】劉文典云：「忠臣」下當有「之」字，初學記政理部、白帖四十九、御覽六百三十三引，並作「是故忠臣之事君也」，是其證。

〔五〕【箋釋】王念孫云：「積力」本作「量力」，此後人以意改之也。下文云「辭所不能而受所能」，正所謂「量力而受官」也。若改「量力」爲「積力」，則非其指矣。初學記政理部、白帖四十九、太平御覽治道部十四引此，皆作「量力」。○蔣禮鴻云：量字意極顯明，無緣意改作「積」，「積」字不誤。積猶程也。禮記儒行篇曰：「儒有内稱不辟親，外稱不辟怨，程功積事，推賢而進達之。」以程、積並言，是積與程同義也。又曰：「鷙蟲攫搏，不程勇者。引重鼎，不程其力。」鄭注：「程，猶量力。」是積力即程力，程力即量力也。初學記諸書所引，乃習見「量力」者輒改之耳。

〔六〕【用韻】「得、祿」職屋合韻。

〔七〕【用韻】「辭、喜」之部。

〔八〕【版本】藏本「所」作「而」，茅本、葉本、汪本、張本、黄本、莊本、集解本作「所」，今據改，餘本同藏本。

〔九〕【用韻】「匿、惑」職部。

〔九〕【版本】藏本「辭」誤作「亂」，各本均作「辭」，今據改。

〔一〇〕【版本】藏本無「矣」字，景宋本、茅本、汪本、張本、黄本、莊本、集解本有「矣」字，今據補，餘本同藏本。

〔一一〕【箋釋】雙棣按：引老子曰，見老子第四十四章。

【用韻】「殆、久」之部。

或譽人而適足以敗之，或毁人而乃反以成之，何以知其然也？費無忌復於荊平王〔一〕曰：「晉之所以霸者，近諸夏也〔二〕，而荊之所以不能與之争者，以其僻遠也〔三〕。楚王若欲從諸侯〔四〕，不若大城城父，而令太子建守焉，以來北方，王自收其南，是得天下也。」楚王悦之，因命太子建守城父，命伍子奢傅之〔五〕。居一年，伍子奢遊人於王側〔六〕，言太子甚仁且勇，能得民心。王以告費無忌，無忌曰：「臣固聞之，太子内撫百姓，外約諸侯，齊、晉又輔之，將以害楚，其事已構矣〔七〕。」王曰：「爲我太子，又尚何求？」曰：「以秦女之事怨王。」王因殺太子建而誅伍子奢〔八〕，此所謂見譽而爲禍者也。

何謂毁人而反利之？唐子短陳駢子於齊威王〔九〕，威王欲殺之。陳駢子與其屬出亡奔薛〔一〇〕。孟嘗君聞之〔一一〕，使人以車迎之。至，而豢以芻豢黍粱，五味之膳〔一二〕，日三至。冬日被裘罽，夏日服絺紵，出則乘牢車，駕良馬〔一三〕。孟嘗君問之曰：「夫子生於齊，長於齊，夫子亦何思於齊？」對曰：「臣思夫唐子者。」孟嘗君曰：「唐子者，非短子者耶？」曰：「是也。」孟嘗君曰：「子何爲思之？」對曰：「臣之處於齊也，糲粢之飯，藜藿之羹，冬日則寒凍，夏日則暑傷〔一四〕。自唐子之短臣也，以身歸君，食芻豢，飯黍粱，服輕煖，乘牢良〔一五〕，臣故思之。」此謂毁人而反利之者也。是故毁譽之言，不可不審也。

校釋

〔一〕【許注】費無忌，楚臣。復，白也。

〔二〕【許注】近諸夏，國在諸夏也。

【用韻】「霸、夏」鐸魚通韻。

〔三〕【版本】藏本「僻」作「避」，各本均作「僻」，今據改。

【箋釋】雙棣按：吕氏春秋慎行篇作「而荊僻也」，高注云：「僻，遠也。」

〔四〕【箋釋】王念孫云：「王」上不當有「楚」字，此因下文「楚王悦之」而衍。

〔五〕【用韻】「父、傅」魚部。

〔六〕【許注】伍子奢遺説於王之左側。

【箋釋】劉家立云：許注作「遺説於王之左側」，按，左右曰側，「側」乃「右」之譌字，蓋涉正文而誤也。「遺」下應有「人」字，文義方明。

〔七〕【箋釋】雙棣按：「其事已構矣」，吕氏春秋慎行篇作「其事已集矣」，高注：「集，合也。」左傳襄公二十六年杜預注：「集，成也。」廣雅釋詁三：「構，成也。」

【用韻】「侯、輔、楚、構」侯魚合韻。

〔八〕【箋釋】于大成云：左傳哀公十六年：「楚太子建之遇讒也，自城父奔宋，又辟華氏之亂於鄭，鄭人甚善之。又適晉，與晉人謀襲鄭，乃求復焉，鄭人復之如初。晉人使諜於子木，請行而期焉；子木暴虐於其私邑，邑人訴之，鄭人省之，得晉諜焉，遂殺子木。」吕氏春秋亦云「太子建出奔」。是建實非平王所殺。史記伍子胥列傳述此更詳。鄭之殺建，鄭世家在鄭定公十年，年表在十一年，而建奔宋在楚平王七年、鄭定公八年，中間相去二、三年，則淮南誤也。

〔九〕【許注】唐子，齊大夫也。

【箋釋】雙棣按：陳駢蓋稷下道家。吕氏春秋不二篇云：「陳駢貴齊。」高注：「陳駢，齊人也，作道書二十五篇。」陳駢亦作田駢，史記田完世家：田駢遊稷下，列第爲上大夫。

〔一〇〕【用韻】「殺、薛」月部。

〔一一〕【許注】孟嘗君封於薛。

【箋釋】雙棣按：此既云齊威王，又云孟嘗君，似孟嘗君與威王同時，恐有誤。史記田完世家及孟嘗君列傳均云齊湣王三年封田嬰於薛。孟嘗君列傳索隱云：「紀年以爲梁惠王後元十三年四月，齊威王封田嬰于薛。十五年，齊威王薨，嬰初封彭城。皆與此文異也。」即如紀年所載，田嬰封於薛後二年，齊威王即薨，而田文於靖郭君卒後，代立於薛，是爲孟嘗君，其時已在齊湣王時。孟嘗君封於薛不得與威王同時也，淮南記恐有誤。

〔三〕【版本】茅本、葉本、汪本、張本、吴本、黄本、莊本、集解本上「豢」字作「養」，餘本同藏本。

〔三〕【用韻】「紵、車、馬」魚部。

〔四〕【用韻】「羹、傷」陽部。

〔五〕【版本】藏本「粱」作「粢」，莊本作「粱」，今據改，餘本同藏本。

【箋釋】王念孫云：「粢」當爲「粱」，此涉上文「糲粢」而誤。上文云「糲粢之飯，藜藿之羹」，是粢爲食之粗者，賈逵注晉語曰：「粱，食之精者。」（見文選陸機君子有所思行注。）此與「芻豢」對文，則當言「黍粱」，不當言「黍粢」。上文云「養以芻豢黍粱五味之膳」，是其明證也。且「粱」與「良」爲韻，若作「粢」，則失其韻矣。

【用韻】「豢、煖」元部，「粱、良」陽部。

或貪生而反死，或輕死而得生，或徐行而反疾，何以知其然也〔一〕？魯人有爲父報讎於齊者，刳其腹而見其心，坐而正冠，起而更衣，徐行而出門，上車而步馬〔二〕，顔色不變〔三〕。其御欲驅，撫而止之曰：「今日爲父報讎以出死，非爲生也〔四〕。今事已成矣。又何去之？」追者曰：「此有節行之人，不可殺也。」解圍而去之。使被衣不暇帶，冠不及正，蒲伏而走，上車而馳，必不能自免於千步之中矣〔五〕。今坐而正冠，起而更衣，徐行而出門〔六〕，上車而步馬，顔色不變〔七〕，此衆人所以爲死也，而乃反以得活。此所謂徐而馳，遲於步也〔八〕。夫走者，人之所以爲疾也；步者，人之所以爲遲也〔九〕。今反乃以人之所爲遲者反爲疾〔一〇〕，明於分也。有知徐之爲疾、遲之爲速者，則幾於道矣〔一一〕。故黄帝亡其玄珠，使離朱、剟索之〔一二〕，而弗能得之也。於是使忽怳而後能得之〔一三〕。

校　釋

〔一〕【用韻】「死、疾」脂質通韻。

〔二〕【箋釋】馬宗霍云：步馬之步，讀如楚辭離騷「步余馬於蘭皋兮」之「步」。王逸注云：「步，徐行也。」是其義也。

〔三〕【用韻】「冠、門、變」元文合韻。

〔四〕【箋釋】何寧云：「今日」二字與下「今」字複，御覽四百八十二引無此二字。○雙棣按：荀子富國曰：「故爲之出死斷亡以覆救之。」楊倞注云：「出死，謂出身致死。」此「出死」與彼義同。

〔五〕【箋釋】于鬯云：姚廣文云：「被，疑讀爲彼。」○楊樹達云：劉家立集證本「被」作「彼」，「千」作「十」，皆是也。景宋本誤與此同。

〔六〕【版本】藏本「行」作「徐」，王溥本、王鎣本、茅本、汪本、張本、吴本、黄本、莊本、集解本作「行」，今據改，餘本同藏本。

〔七〕【用韻】「冠、門、變」元文合韻。

〔八〕【箋釋】顧廣圻云：「徐而馳」有脱。疑作「徐疾於走」，承「徐行」言之；「馳遲於步」，承「步馬」言之。○陶鴻慶云：此當作「此所謂徐而步疾於馳也」。此承上文言之，上文云：「使彼衣不暇帶，冠不及正，蒲伏而走，上車而馳，必不能自免於千步之中矣。今坐而正冠，起而更衣，徐行而出門，上車而步馬，顔色不變。此衆人所以爲死也，而乃反以得活。」故此云「此所謂徐而步，疾於馳也」。○蔣禮鴻云：「徐」下脱「速於疾」三字，「徐速於疾」，與「馳遲於步」文相對，徐與疾，馳與步，又於句中自爲對也。

〔九〕【用韻】「疾、遲」質脂通韻。

〔一〇〕【箋釋】王念孫云：此當作「今乃反以人之所以爲遲者爲疾」。上文曰「此衆人所以爲死也，而乃反以得活」，即其證。今本「乃反」二字誤倒，又脱去一「以」字，衍一「反」字。○陶鴻慶云：上「反」字衍文，與上文「此衆人所以爲死也，而乃反以得活」語勢正同。

〔一一〕【箋釋】陶鴻慶云：徐之爲疾，遲之爲速，文義複沓無謂，疑「遲之爲速」本作「死之得生」，亦承上言之，以總結上文或貪生而反死，或輕死而得生，或徐行而反疾之意。

〔一二〕【許注】離朱明目，剟捷疾利，摶善拾於物，二人皆黄帝臣也。

【版本】王溥本、王鎣本、茅本、汪本、張本、黄本、莊本、集解本「剟」上有「捷」字，餘本同藏本。藏本注「剟」作「物」，景宋本作「剟」，今據改，朱本、葉本同藏本，茅本、汪本、張本、黄本、莊本、集解本「捷」在「剟」字上。

【箋釋】王念孫云：「剟」與「掇」通。「剟」上當有「攫」字，脩務篇曰：「離朱之明，攫掇之捷。」高彼注曰：「離朱，黄帝時人，明目，能見百步之外，秋毫之末。攫掇，亦黄帝愁眉不展時捷疾者。」是也。此注當作：「離朱明目，見物捷疾。攫剟善於搏拾物。（高注脩務篇曰：「攫，搏也。」注要略曰：「掇，拾也。」）二人皆黄帝臣也。」今本正文脱「攫」字，注文尤多脱誤。劉績不能釐正，乃於剟上增「捷」字，（諸本及莊本同。）與脩務篇不合，非也。○于鬯云：脩務訓云：「離朱之明，攫掇之捷。」掇剟字通，是攫剟以捷稱，故亦稱捷剟。道藏本脱「捷」字。王雜志因欲據脩務訓篇補「攫」字，而以「捷」字爲劉績所增，非也。各本皆作「捷」字，無作「攫」字者。且離亦非氏也，離者，明也，以朱明目，故稱之曰離朱。與攫剟之稱捷剟正同。抑攫亦非氏也，亦以其善攫而稱之。然則攫剟、捷剟又一也。古人稱謂多如此。

〔二三〕【許注】忽怳，黄帝臣也，忽怳善亡之人。

【版本】莊本、集解本注「亡」作「忘」，景宋本、王溥本、朱本、茅本、葉本、汪本同藏本。

【箋釋】雙棣按：「亡」與「忘」通。

聖人敬小慎微，動不失時；百射重戒〔一〕，禍乃不滋；計福勿及，慮禍過之〔二〕。同日被霜，蔽者不傷；愚者有備，與知者同功〔三〕。

夫爝火在縹煙之中也，一指之所能息也〔四〕；塘漏若鼷穴，一墣之所能塞也〔五〕。及至火之燔孟諸而炎雲臺〔六〕，而水決九江而漸荊州，雖起三軍之衆，弗能救也〔七〕。夫積愛成福，積怨成禍，若癰疽之必潰也，所浼者多矣〔八〕。諸御鞅復於簡公〔九〕，曰：「陳成常、宰予二子者，甚相憎也〔一〇〕，臣恐其構難而危國也，君不如去一人。」簡公不聽，居無幾何，陳成常果攻宰予於庭中，而弑簡公於朝〔一一〕，此不知敬小之所生也。

魯季氏與郈氏鬭雞〔一二〕，郈氏介其雞〔一三〕，而季氏爲之金距〔一四〕。季氏之雞不勝，季平子怒，因侵郈氏之宫而築之。郈昭伯怒，傷之魯昭公〔一五〕曰：「禱於襄公之廟，舞者二人而已〔一六〕，其餘盡舞於季氏。季氏之無道無上久矣〔一七〕，弗誅，必危社稷〔一八〕。」公以告子家駒〔一九〕。子家駒曰：「季氏之得衆，三家爲一〔二〇〕，其德厚，其威强，君胡得之〔二一〕！」昭公弗聽，使郈昭伯將卒以攻之。仲孫氏、叔孫氏相與謀曰〔二二〕：「無季氏，死亡無日矣。」遂興兵以救之。郈昭伯不勝而死，魯昭公出奔齊〔二三〕。故禍之所從生者，始於雞定〔二四〕。及其大也，至於亡社稷。

故蔡女蕩舟，齊師大侵楚〔二五〕。兩人構怨，廷殺宰予，簡公遇殺，身死無後，陳氏代之，齊乃無吕〔二六〕。兩家鬬雞，季氏金距，郈氏作難，魯昭公出走〔二七〕。故師之所處，生以棘楚〔二八〕。禍生而不蚤滅，若火之得燥，水之得濕，浸而益大。癰疽發於指，其痛遍於體〔二九〕。故蠹啄剖梁柱，蟁寅走牛羊，此之謂也〔三〇〕。

校釋

〔一〕【許注】射，象。

【箋釋】吴承仕云：「射，象」義不相應，「象」當爲「豫」，形壞作「象」也。孟子曰：「序者，射也。」儀禮古文作豫，今文作序。鄭注云：「豫，讀如成周宣榭災之榭。」豫射同部聲近，故注以「豫」訓「射」。説山篇：「巧者善度，知者善豫。」注云：「豫，備也。」晉語：「戒莫如豫。」韋注云：「豫，備也。」此文「百射」與「重戒」對文，蓋事豫則立，不豫則廢之義。注家用聲訓之例，讀「射」爲「豫」，眇合雅詁。○金其源、蔣禮鴻與吴説同。

〔二〕【箋釋】于大成云：吕氏春秋原亂篇「慮福未及，慮禍過之」，此文所本也。

〔三〕【用韻】「時、滋、之」之部。

〔四〕【用韻】「霜、傷、功」陽東合韻。

【版本】莊本、集解本「指」下無「之」字，餘本同藏本。

【箋釋】楊樹達云：「息」假爲「熄」，説文火部云：「熄，滅火也。」

〔五〕【版本】莊本、集解本「塘」作「唐」，餘本同藏本。藏本「墣」作「撲」，張本、黄本、莊本、集解本作「墣」，今據改，餘本同藏本。

【箋釋】楊樹達云：説文：「墣，塊也。」○雙棣按：唐、塘古今字。段玉裁云：「凡彼塘字古皆作唐。」

【用韻】「息、塞」職部。

〔六〕【許注】孟諸，宋大澤。雲臺，高至雲也。

【箋釋】楊樹達云：「臺」當爲「夢」，字之誤也。爾雅釋地云：「宋有孟諸，楚有雲夢。」本書地形篇亦云：「楚之雲夢，宋之孟諸。」羣書治要引尸子貴言篇云：「熛火始起，易息也。及其焚雲夢、孟諸，雖天下之役抒江漢之水，弗能救也。」此爲淮南文所本，正以雲夢、孟諸對言，其明證矣。據文則所見本已誤。或疑雲夢藪澤，火不能焚，然孟子不云「益烈山澤而焚之」乎？

〔七〕【用韻】「州、救」幽部。

〔八〕【許注】浼，污。

〔九〕【用韻】「禍、多」歌部。

【許注】諸御鞅，齊臣。簡公，齊君。

〔一〇〕【許注】宰予，孔子弟子，仕於齊。

【版本】藏本正文及注「宰予」作「宰子」，除景宋本同藏本外，各本均作「宰予」，今據改。下「宰予」同。

【箋釋】李哲明云：陳成常即陳恒，與之相憎者爲闞止，事見哀十四年左傳。闞止字子我，傳文數稱子我，宰予亦字子我，後人遂以爲宰予耳。正文與注俱誤。○雙棣按：呂氏春秋慎勢篇載此事亦作宰予，畢沅云：「闞止字子我，諸子遂誤以爲宰予。」梁玉繩云：「成是謚，當衍。以恒爲常，後人所改。因闞子我誤宰我，此史記索隱之説，宋儒俱仍之，然非也。宰我死於田常，史李斯傳，韓子難言及淮南人間，説苑正諫、指武，鹽鐵論殊路、頌賢並載其事。不韋、韓非、李斯去陳恒不遠，必非虚語。其死爲誅叛討賊，忠於簡公，不愧爲孔門弟子。馬遷著傳，稱宰我與田常作亂夷族，孔子恥之，豈不誣哉？」按：梁説極是，言闞止即子我者，非左氏，乃杜預注。然史記田完世家謂「子我，監止之宗人也」，又云：「田氏之徒，追殺子我及闞止。」集解云：「監，一作闞。」可見子我非闞止明矣。論語及史記仲尼弟子列傳宰予字子我，左傳所云子我即呂覽、韓子及本文之宰予也。

〔一一〕【箋釋】俞樾云：「攻」乃「殺」字之誤字。殺宰予，弒簡公，君臣異辭，其實一也。下文曰「廷殺宰予」，是其明證。○李哲明云：闞止之亂，陳恒執簡公於舒州，尋殺之，傳文甚晰，非即弒於朝也。○雙棣按：呂氏春秋慎勢篇作「攻宰予於庭，即簡公於廟」。史記李斯傳作「即弒簡公於朝」，説苑正諫作「賊簡公於朝」，當有所本。史記田完世家「田氏之徒追執簡公於徐州」，乃取諸左傳；李斯傳「弒簡公於朝」，蓋取諸呂覽。

〔二〕【許注】季氏、郈氏，皆魯大夫。

〔三〕【許注】介，以芥菜塗其雞翅。

【箋釋】劉文典云：吕氏春秋察微篇高注：「介，甲也。作小鎧著雞頭也。」與淮南此注不同。蓋許、高之異也。左昭二十五年傳：「季、郈之雞鬭，季氏介其雞。」賈逵云：「擣芥子爲末，播其雞翼，可以坌郈氏雞目。」（史記魯世家集解引服虔説同。）許君爲賈逵弟子，此注即用師説。人間篇之爲許注本，益信而有徵矣。説文艸部：「芥，菜也。」亦與此注「芥菜」訓合。◎雙棣按：吕氏春秋察微篇「郈氏介其雞，季氏爲之金距」，蓋爲淮南所本。左傳昭公二十五年及史記魯世家作「季氏介其雞，郈氏爲之金距」，與此不同。左傳注引鄭司農云：「介，甲也，爲雞著甲。」高氏吕覽注蓋本之司農也。

〔四〕【許注】金距，施金芒於距也。

〔五〕【許注】傷，毀譖也。

【版本】王鎣本、汪本、張本、吴本、黄本「傷」作「譖」，餘本同藏本。藏本注「傷」作「復」，王溥本、茅本、莊本、集解作「傷」，今據改，景宋本、葉本同藏本。莊本、集解本此注在「曰」字下，景宋本、王溥本、葉本同藏本。

〔六〕【許注】時魯禱先君襄公，六佾之舞庭者凡二人也。

【版本】王溥本注「公」下有「之廟」二字，餘本同藏本。葉本、莊本、集解本注「六」作「八」，餘本同藏本。

【箋釋】劉績云：傳「將禘於襄公，萬者二人，其衆萬於季氏。」臧孫曰：此之謂不能庸先君之廟」，但言魯大夫怨平子專，非郈昭伯傷之之辭也。○盧文弨云：左氏昭二十五年傳：「將禘於襄公，萬者二人，其衆萬於季氏。」呂覽、淮南亦並作「二人」。吴斗南兩漢刊誤補遺曰：「舞必以八人成列，故鄭賂晉以女樂二八，晉侯以樂之半賜魏絳，亦是以八爲列。此二人乃二八之誤。歐陽士秀孔子世家補曰：魯隱公考仲子之宫，初用六佾，則魯羣公之廟庭，由是皆六佾可知。季氏大夫，當用四佾，而乃僭用八佾，故於襄廟六佾之中，取其四佾，並自有之四佾而成八佾，以此知萬者二人之當作二八矣。」文弨按：秦遺戎王女樂亦是二八，齊遺魯女樂八十人，太平御覽引家語作二八。楚辭招魂云「二八侍宿」，大招云「二八接舞」，王逸注：「二八，二列也。」皆可互證。○劉文典云：「禱」疑當作「禘」。説文示部：「禘，祭也。」「禱，告事求福也。」有事於先君之廟，用八佾之舞，則當言禘。呂氏春秋察微篇作「禘於襄公之廟也」，高注：「禘，大祭也。」左傳昭公二十五年亦作「將禘於襄公」，皆其證也。注「時魯禱先君襄公」，則所見本已作禱矣。○吴承仕與盧説同。

〔一七〕【箋釋】雙棣按：呂氏春秋察微篇作「季氏之舞道，無上久矣」，（畢沅改「舞」爲「無」。）此上「無」字當依呂覽作「舞」。郈昭伯傷季氏但言舞，此亦承上而言，不得作「無」，作「無」則乃泛指，與上文不貫。許維遹、蔣維喬、陳奇猷亦謂「無」當作「舞」。或謂「無」與「舞」通，亦可。

〔一八〕【用韻】「久、稷」之職通韻。

〔一九〕【許注】子家駒，魯大夫。

〔二〇〕【許注】三家，孟氏、叔氏、季氏。

〔二一〕【版本】藏本注「叔氏」作「叔孫」，景宋本作「叔氏」，今據改，餘本同藏本。

〔二二〕【箋釋】于鬯云：「『得』疑當作『待』，涉上文『得』字而誤。上文云：『季氏之得衆，三家爲一，其德厚，其威强。』是昭公實無以待季氏也。故曰『君胡待之』。」○雙棣按：「得」字不誤。子家駒諫昭公不可聽郈昭伯之言，先施武力於季氏，季氏得衆，三家爲一，德厚威强；若施武力，君無所得也。故下文有「昭公弗聽」之語，使郈昭伯攻季氏，而遭出奔之禍。若作「待」則非其指矣。于説非是。

〔二三〕【版本】藏本「叔」字作「季」，景宋本、王溥本、王鎣本、吴本、莊本、集解本作「叔」，今據改，餘本同藏本。

【箋釋】雙棣按：吕氏春秋察微篇亦作「仲孫氏、叔孫氏相與謀」，藏本作「季」字誤，下文相與謀之言亦可證謀者無季氏也。

〔二三〕【用韻】「死、齊」脂部。

〔二四〕【版本】藏本「始」作「如」，各本均作「始」，今據改。王溥本、王鎣本、茅本、汪本、張本、吴本「定」作「足」，朱本作「距」，餘本同藏本。

【箋釋】莊逵吉云：本或作「雞足」，或作「雞距」，唯藏本作「定」。定，題也。疑藏本是。○王念孫云：「雞定」當依劉本作「雞足」，字之誤也。上文之季氏與郈氏鬬雞，爲之金距，故曰禍「始於雞足」。且「足」與「稷」爲韻。（泰族篇「獄訟止而衣食足」，亦與息、德爲韻。老子「禍莫大於不知足」，與得爲韻。）若作定，則失其韻。莊伯鴻以定爲「麟之定」之「定」，大誤。○金其源云：竊謂「定」不當釋題，廣雅釋器云：「定謂之耨。」爾雅釋器云：「斪斸謂之定。」李巡注云：「定，鉏屬。」王氏懷祖云：定者斫物之稱。今江淮間謂以斧斫物曰釘，音帶定反，是其義也。施金芒於雞距，可以斫物如鉏，故謂之雞定。○雙棣按：此言禍，當謂郈昭伯不勝而死，魯昭公出奔齊之禍，非謂季氏也。故禍始於雞定，當謂禍始於郈氏介其雞。莊氏解「定」爲「題」是也。詩毛傳：「定，題也。」廣雅：「定，題額。」呂覽高注：「介，甲也，作小鎧著雞頭也。」淮南王蓋以介其雞爲著鎧甲於雞頭也。故云禍始於雞定。景宋本、葉本均作「定」，恐「足」字乃劉績所改。

【用韻】「生、定」耕部。

〔二五〕【許注】齊桓公與蔡姬乘舟，姬蕩舟，公懼，止之，不可。公怒，歸之蔡。蔡人嫁之。公伐楚，至召陵而勝之也。

【版本】藏本注「止」作「上」，景宋本、王溥本、朱本、茅本、葉本、汪本、莊本、集解本作「止」，今據改。藏本注無「不可」二字，王溥本、朱本有，今據補，景宋本、茅本、葉本、汪本、莊本、集解本同藏本。

【箋釋】王念孫云：「侵」上不當有「大」字，此因上文「及其大也」而衍。

〔二六〕【版本】藏本「代」作「伐」，王鎣本、朱本、茅本、汪本、張本、黄本、莊本、集解本作「代」，今據改，餘本同藏本。

〔二七〕【版本】藏本「郈氏」作「郈公」，景宋本作「郈氏」，今據改，餘本同藏本。

【箋釋】王念孫云：魯昭公之「公」，後人所加。自「蔡女蕩舟」以下，皆四字爲句，「魯昭」下加「公」字，則累於詞矣。○俞樾云：郈昭伯，魯大夫，不得稱郈公，乃郈氏之誤。上文「郈氏介其雞」，是其明證也。今作郈公者，涉下文「魯昭公出走」而誤。又按：「魯昭公出走」句，王氏念孫謂衍「公」字，以上下文皆四字句故也。然上文云「簡公遇殺，身死無後」，疑此文本作昭公。昭公不稱魯，猶簡公不稱齊，後人誤加「魯」字，遂致句法參差。而王氏乃議删「公」字，失之矣。

〔二八〕【許注】楚，大荊也。

【版本】藏本注「荊」誤作「夫」，除葉本同藏本外，各本均作「荊」，今據改。

【用韻】「楚、予、後、吕、距、走、處、楚」魚侯合韻。

〔二九〕【用韻】「指、體」脂部。

〔三〇〕【箋釋】劉台拱云：説苑談叢篇作「蠹蝝仆柱梁」，蝝，蚍蜉子也。此作「啄」者，誤。「剖梁柱」亦當作「仆柱梁」，「梁」與「羊」爲韻。○胡懷琛云：新序作「蠹啄仆柱梁」，「剖」與「仆」同聲通借。○楊樹達云：劉校乙「梁柱」爲「柱梁」是也。改「啄」爲「喙」則非是。説文蝝下云：「蚍蜉子。」

劉蓋讀「喙」爲「蝝」，故以蚍蜉子爲釋，然蚍蜉不聞食木也。啄者，啄木鳥也。與蠹爲食木之蟲者正同，故可以剖柱梁也。説苑作「喙」，乃形近誤字。○蔣禮鴻亦謂「啄」當作「蝝」。○雙棣按：劉乙「梁柱」爲「柱梁」是，當據改。楊釋啄爲啄木鳥，恐非。古籍中未見有以「啄」謂啄木鳥者。且啄木鳥與蠹決非同類，不可爲比。劉依説苑作「蝝」，釋爲蚍蜉子近是。類聚引廣志曰「有飛蟻，有木蟻」。爾雅翼云：「螘有翅者，柱中白螘之所化也。」俗語亦有「蚍蜉撼樹」之説，蝝與蠹皆爲小蟲，可爲同類。楊謂劉改「啄」爲「喙」，讀「喙」爲「蝝」。楊失檢，劉據説苑改爲「蝝」，並未改作「喙」。

【用韻】「梁、羊」陽部。

人皆務於救患之備，而莫能知使患無生。夫使患無生〔一〕，易於救患，而莫能加務焉，則未可與言術也。晉公子重耳過曹，曹君欲見其骿脅，使之袒而捕魚〔二〕。釐負羈止之曰：「公子非常也〔三〕，從者三人，皆霸王之佐也〔四〕。遇之無禮，必爲國憂。」君弗聽。重耳反國，起師而伐曹，遂滅之。身死人手，社稷爲墟，禍生於袒而捕魚〔五〕。齊、楚欲救曹，不能存也。聽釐負羈之言，則無亡患矣〔六〕。今不務使患無生，患生而救之，雖有聖知，弗能爲謀〔七〕。

且患禍之所由來者〔八〕，萬端無方。是故聖人深居以避辱，静安以待時。小人不知禍福之門户，妄動而絓羅網〔九〕，雖曲爲之備，何足以全其身？譬猶失火而鑿池，被裘而用箑也〔一〇〕。且塘有萬穴〔一一〕，塞其一，魚何遽無由出〔一二〕？室有百户，閉其一，盜何遽無從入〔一三〕？夫牆之壞也於隙，劍之折必有齧〔一四〕，聖人見之蚤，故萬物莫能傷也〔一五〕。太宰子朱侍飯於令尹子國〔一六〕，令尹子國啜羹而熱，投卮漿而沃之〔一七〕。明日，太宰子朱辭官而歸。其僕曰：「楚太宰，未易得也，辭官去之，何也〔一八〕？」子朱曰：「令尹輕行而簡禮，其辱人不難。」明年，伏郎尹而笞之三百〔一九〕。夫仕者先避之，見終始微矣〔二〇〕。

夫鴻鵠之未孚於卵也，一指篾之，則靡而無形矣。及至其筋骨之已就，而羽翮之既成也〔二一〕，則奮翼揮䎃〔二二〕，淩乎浮雲，背負青天〔二三〕，膺摩赤霄〔二四〕，翱翔乎忽荒之上，析惕乎虹蜺之間〔二五〕，雖有勁弩利矰微繳，蒲沮子之巧，亦弗能加也〔二六〕。江水之始出於岷山也，可攓衣而越也〔二七〕；及至乎下洞庭，鶩石城〔二八〕，經丹徒〔二九〕，起波濤〔三〇〕，舟杭一日不能濟也〔三一〕。是故聖人者，常從事於無形之外，而不留思盡慮於成事之内〔三二〕，是故患禍弗能傷也。

校釋

〔一〕【版本】藏本「使」作「得」，王溥本、王鎣本、朱本、茅本、汪本、張本、黄本、莊本、集解本作「使」，今據改，餘本同藏本。

〔二〕【箋釋】劉績云：傳謂觀其浴，非捕魚。○雙棣按：呂氏春秋上德篇作「曹共公視其駢脅，使祖而捕池魚」，蓋淮南此文所本。説文：「骿，并脅也。」「骿、駢」古通。論衡骨相篇作「仳脇」。

〔三〕【箋釋】王念孫云：「非常」下脱「人」字。韓子十過篇作「晉公子非常人也」。

〔四〕【許注】三人，謂狐偃、趙衰、胥臣。

【版本】藏本注「衰」作「襄」，景宋本、張本、黄本、莊本、集解本作「衰」，今據改，餘本同藏本。

〔五〕【用韻】「墟、魚」魚部。

〔六〕【用韻】「言、患」元部。

〔七〕【用韻】「之、謀」之部。

〔八〕【版本】藏本「且」作「耳」（屬上爲句），景宋本、茅本、汪本、張本、黄本作「且」，今據改，餘本同藏本。

【箋釋】陳昌齊云：「耳」當作「且」。○于省吾云：耳字不詞，景宋本「耳」作「且」，屬下爲句，當從之。○王叔岷、蔣禮鴻、何寧説同。

〔九〕【用韻】「户、網」魚陽通韻。

〔一〇〕【版本】藏本「箑」作「蓮」，景宋本、汪本、張本、黄本、莊本、集解本作「箑」，今據改，王溥本、葉本、吳本作「翣」，王鎣本、朱本作「䈉」，茅本作「⿱竹建」。

【箋釋】雙棣按：説文云：「箑，扇也。從竹，疌聲。䈉，箑或從妾。」翣亦扇也。俶真篇高注：

「翣，扇也。」「篷」爲「箑」字之誤。

〔一一〕【許注】塘，隄也，言隄之有萬穴。

【版本】藏本「且」誤作「耳」，景宋本、茅本、汪本、張本、吴本、黄本、莊本、集解本作「且」，今據改，餘本同藏本。莊本、集解本正文及注「塘」作「唐」，餘本同藏本。藏本注「塘隄也言」四字作「北設隨」，今據茅本、汪本、張本、黄本、莊本、集解本改，景宋本作「此設隨」。

【箋釋】陳昌齊云：「耳」當作「且」。○陶方琦云：大藏音義六十七引許注：「塘，隄也。」按：説文：「隄，塘也。」訓同。

〔一二〕【版本】藏本「其一」作「有十」，除景宋本同藏本外，各本均作「其一」，今據改。王溥本、王鎣本、朱本、茅本、汪本、張本、吴本、黄本無「何」字，餘本同藏本。

【用韻】「穴、一、出」質物合韻。

〔一三〕【版本】藏本無「何」字，景宋本、莊本、集解本有「何」字，今據補，餘本同藏本。

【箋釋】陳昌齊云：一本「盜」字下有「何」字。

〔一四〕【許注】罊，缺。

【箋釋】陶鴻慶云：「也」當作「必」。

〔一五〕【版本】藏本「蚤」作「密」，景宋本、茅本、汪本、張本、吴本、黄本作「蚤」，今據改，餘本同藏本。

【箋釋】陳昌齊云：「密」當爲「蚤」，字之誤也。上文「禍生而不蚤滅」即其證。○鄭良樹云：紀纂淵海五十二引此「密」作「蚤」，可補陳説。○于大成云：喻林二十八引亦作「蚤」。

〔一六〕【許注】子朱、子國，皆楚大夫。

【箋釋】何寧云：古書言侍飲、侍食，無言侍飯者，此「飯」乃「食」之誤。書鈔百四十四、御覽八百六十一引皆作「侍食」，是其證。

〔一七〕【箋釋】王念孫云：下既言沃之，則上不當更言投。舊本北堂書鈔酒食部三引此，「投」作「援」，是也。援，引也。謂引巵漿而沃之也。作投者，字之誤耳。太平御覽飲食部十九所引與書鈔同。唐余知古渚宫舊事亦同。

〔一八〕【版本】王溥本、王鎣本、葉本、吴本「官」下有「而」字，餘本同藏本。

〔一九〕【許注】郎尹，主郎官之尹也。

〔二〇〕【箋釋】王念孫云：「夫仕者先避」當作「夫上仕者，先避患而後就利，先遠辱而後求名」。仕與士同。（曲禮「前有士師」，鄭注：「士或爲仕。」爾雅：「士，察也。」小雅節南山篇「弗問弗仕」，鄭箋：「仕，察也。」豳風東山篇「勿士行枚」，大雅文王有聲篇「武王豈不仕」，毛傳並云：「事也。」漢郎中馬江碑、士喪儀、宗成陽靈臺碑「故有靈臺嗇夫魚師衛士」，士皆作仕。）避患，遠辱，謂上文太宰子朱辭官之事，今本「仕」上脱「上」字，「先避」下脱「患而後就利，先遠辱而後求名」凡十二字。文子微明篇作「故上士先避患而後就利，先遠辱而後求名」，是其證。「之見終始微矣」上當有「太宰子朱」四字，此亦承上文而言，子朱見令尹之輕行簡禮，而知其必將辱人，即辭官而去，可謂見其始而知其終，故曰「太宰子朱之見終始微矣」。

〔二一〕【版本】藏本「及」作「其」，各本均作「及」，今據改。藏本「既」作「所」，張本、黄本、莊本、集解本作「既」，今據改，餘本同藏本。

〔二二〕【許注】䨴，六翮之末也。

〔二三〕【用韻】「雲、天」文真合韻。

〔二四〕【許注】赤霄，飛雲。

【箋釋】劉文典云：文選七命注引，「青天」作「蒼天」。

〔二五〕【版本】王溥本、王鎣本、朱本、葉本、吴本「析愓」作「彷徉」，茅本、汪本、張本、黄本作「徜徉」，景宋本、莊本、集解本同藏本。

【箋釋】雙棣按：道藏本、景宋本作「析愓」，王溥本、朱本、葉本、吴本作「彷徉」，茅本、汪本等作「徜徉」。從版本流傳觀之，「彷徉」爲劉績所改，「徜徉」爲茅一桂所改。古本似當爲「析愓」。「翱翔乎忽荒之上，析愓乎虹蜺之間」兩句，皆描寫鴻鵠於天空飛行之狀。「析愓」與「翱翔」對文，義當相近。「析愓」古韻錫部疊韻，當是聯綿字。爾雅中有「蜥蜴」，亦錫部疊韻聯綿字。「蜥蜴」爲爬蟲，其得名恐由其爬行之貌。「析愓」亦是狀鴻鵠於虹蜺之間往來飛行。劉績不知「析愓」之義，而改爲常見之「彷徉」，茅又寫作「徜徉」，義則是而文則非也。

〔二六〕【版本】藏本「子之」誤倒，除景宋本同藏本外，各本均不誤，今據乙正。王溥本、王鎣本、朱本、茅本、汪本、張本、吴本、黄本、莊本、集解本「沮」作「且」，景宋本、葉本同藏本。

【箋釋】劉文典云：意林引，「加」作「得」。

〔二七〕【版本】王溥本、王鎣本、茅本、葉本、汪本、張本、吴本、黄本「衣」作「裳」，餘本同藏本。

【箋釋】雙棣按：説文：「攐，摳衣也。」詩鄭風褰裳作「褰」，攐當爲假字。「衣」字劉績改作「裳」，可不必。爾雅釋水云：「以衣涉水爲厲。」郭璞注：「衣，褌也。」詩檜風素冠「庶見素衣兮」，鄭箋：「此言素衣者，謂素裳也。」此攐衣即褰裳之意，不必改作「裳」也。

【用韻】「山、越」元月通韻。

〔二八〕【許注】洞庭在長沙，石城在丹陽。

【版本】景宋本「乎」作「其」，餘本同藏本。

【用韻】「庭、城」耕部。

〔二九〕【許注】丹徒在會稽。

〔三〇〕【許注】潮者涌起，還者爲濤。

【版本】莊本、集解本注「潮」作「波」，景宋本、王溥本、葉本同藏本。

【箋釋】陶方琦云：大藏音義一、十二、四十一、一百引許注：「潮水涌起，遷者爲濤。」按：今注有誤字。大藏音義五十一引又作「海水涌起」。説文無濤字，大藏音義八十三引説文：「濤，潮水涌起也。從水，壽聲。」訓正同。○易順鼎云：「波」者蓋「潮水」二字之誤。「遷」字當作「還」，謂回還也。

【用韻】「徒、濤」魚幽合韻。

〔三一〕【箋釋】馬宗霍云：說文「杭」爲「抗」之或體，古皆假「杭」爲「抗」。說文方部云：「斻，方舟也。」方舟謂併兩船也。方言卷九「方舟謂之潢」，郭璞注云：「楊州人呼渡津舫爲杭，荊人呼潢。」本文「舟杭」正謂渡江舫也。散言之，舟亦曰杭。漢書司馬相如傳下「蓋周躍魚隕杭」，顏師古注引應劭云：「杭，舟也。」是其證。

〔三二〕【用韻】「外、内」月物合韻。

人或問孔子曰：「顏回何如人也？」曰：「仁人也，丘弗如也。」「子貢何如人也？」曰：「辯人也，丘弗如也。」「子路何如人也〔一〕？」曰：「勇人也，丘弗如也。」賓曰：「三人皆賢夫子，而爲夫子役〔二〕，何也？」孔子曰〔三〕：「丘能仁且忍，辯且訥，勇且怯，以三子之能易丘一道，丘弗爲也。」孔子知所施之也。

秦牛缺徑於山中〔四〕，而遇盜奪之車馬，解其橐笥，拖其衣被〔五〕，盜還反顧之，無懼色憂志〔六〕，驩然有以自得也。盜遂問之曰：「吾奪子財貨，劫子以刀，而志不動，何也？」秦牛缺曰：「車馬所以載身也，衣被所以揜形也，聖人不以所養害其養〔七〕。」盜相視而笑曰：「夫不以欲傷生，不以利累形者，世之聖人也〔八〕。以此而見王者，必且以我爲事也。」還反殺之。此能以知知矣，而未能以知不知也；能勇於敢，而未能勇於不敢也。凡有道者，應卒而不乏〔九〕，遭難而能免，故天下貴之。今知所以自行也，而未知所以爲人行也，其所論，未之究者也〔一〇〕。人能由昭昭於冥冥，則幾於道矣〔一一〕。詩曰：「人亦有言，無哲不愚〔一二〕。」此之謂也。

校釋

〔一〕【版本】藏本脱「如」字，景宋本、王溥本、王鎣本、葉本、汪本、張本、吴本、黄本、莊本、集解本有「如」字，今據補，餘本同藏本。

〔二〕【版本】王溥本、王鎣本作「三人皆賢，賢而爲夫子役」，餘本同藏本。

【箋釋】雙棣按：「賢夫子」謂「賢於夫子」，劉績不知，删「夫子」二字而補一「賢」字屬下讀，謬。又按：役，弟子也。莊子庚桑楚「老聃之役有庚桑楚者」，成疏：「役，門人之稱。古人事師，共其驅使，使不憚艱危，故稱役也。」列子仲尼「圃澤之役有伯豐子者」，張湛注：「役，猶弟子。」

〔三〕【版本】莊本「孔子」誤「夫子」，餘本均不誤。

〔四〕【許注】牛缺，隱士也。

【箋釋】雙棣按：牛缺事見吕氏春秋必己篇、列子説符篇。吕覽云：「牛缺居上地，大儒也。」高誘注：「牛，姓；缺，其名。秦人也。」

〔五〕【許注】拖，奪。

【版本】藏本正文及注「拖」作「施」，王溥本、王鎣本、朱本、茅本、汪本、張本、吴本、黄本、莊本、集解本作「拖」，今據改，景宋本、葉本同藏本。

【箋釋】劉文典云：説文：「褫，奪衣也。讀若池。」錢大昕云：「説文無池字，當爲拕。」易「終朝三褫之」，陸德明音義云：「褫，鄭本作拕，徒可反。」拕、奪，聲亦相近也。

〔六〕【用韻】「馬、笥、顧、志」魚之合韻。

〔七〕【版本】莊本、集解本「被」作「服」，餘本同藏本。

【箋釋】蔣禮鴻云：此當作「聖人不以所以養害其所養。」「所以」二字承上文「車馬載身，衣服所以揜形」而言。道應篇言大王亶父去邠，曰：「且吾聞之也，不以其所養害其養。」亦當作「不以其所以養害其所養」。孟子梁惠王篇作「君子不以其所以養人者害人」，即有「所以」二字。莊子讓王篇作「不以所用養害所養」，用即以也。吕氏春秋審爲篇正作「不以所以養害其所養」。又本書説林篇曰：「夫〔以〕所以養而害所養，譬猶削足而適履，殺頭而便冠。」並其證也。○雙棣按：莊本等「服」字誤，上文云「拖其衣被」，吕氏春秋必己篇亦作「衣被」。「被」之本義爲斗篷之類，與衣同屬，故可連文。此非謂衾也。詳拙著吕氏春秋詞彙研究。又按：「聖人不以所養害其養」，當作「聖人不以所以養害所養」，蔣説是。「所」字下脱「以」字，「其」爲「所」字之譌，「所以養」謂車馬衣被，「所養」謂身，列子説符篇作「君子不以所養害其所養」，王重民云：疑上

「所」字下脱「以」字，王説是。

〔八〕【用韻】「身、形」真耕合韻。

〔九〕【用韻】「生、形、人」耕真合韻。

〔一〇〕【版本】藏本脱「不」字，王溥本、王鎣本、朱本、茅本、汪本、張本、吴本、黄本、莊本、集解本有「不」字，今據補，餘本同藏本。

〔一一〕【版本】藏本「之」作「知」，景宋本、茅本、朱本、汪本、張本、黄本、莊本、集解本作「之」，今據改，餘本同藏本。

【箋釋】雙棣按：藏本「知」乃聲近之誤。究，盡也。未之究，猶未盡之也。

〔一二〕【版本】王溥本、王鎣本、吴本「能」作「皆」，餘本同藏本。

【箋釋】陶鴻慶云：「於冥冥」上當有脱文。道應訓云「昭昭而道冥冥」，要略云「昭昭之通冥冥也」，皆與此文異而義同。泰族訓「由冥冥至炤炤」，此文義與之相反，而句法當同。

〔一三〕【箋釋】雙棣按：淮南引詩，見大雅抑篇，今本「無」作「靡」。

事或爲之適足以敗之，或備之適足以致之〔一〕。何以知其然也？秦皇挾録圖〔二〕，見其傳曰：「亡秦者，胡也。」因發卒五十萬，使蒙公、楊翁子〔三〕將，築脩城，西屬流沙〔四〕，北擊遼水〔五〕，東結朝鮮〔六〕，中國内郡，輓車而餉之。又利越之犀角、象齒、翡翠〔七〕、珠璣〔八〕，乃使尉屠睢〔九〕發卒五十萬，爲五軍，一軍塞鐔城之嶺〔一〇〕，一軍守九嶷之塞〔一一〕，一軍處番禺之都〔一二〕，一軍守南野之界〔一三〕，一軍結餘干之水〔一四〕，三年不解甲弛弩。使監禄無以轉餉，又以卒鑿渠〔一五〕而通糧道，以與越人戰，殺西嘔君譯吁宋〔一六〕。而越人皆入叢薄中，與禽獸處，莫肯爲秦虜〔一七〕。相置桀駿以爲將〔一八〕，而夜攻秦人，大破之，殺尉屠睢，伏尸流血數十萬。乃發適戍以備之。當此之時，男子不得脩農畝〔一九〕，婦人不得剡麻考縷〔二〇〕，羸弱服格於道〔二一〕，大夫箕會於衢〔二二〕，病者不得養，死者不得葬〔二三〕。於是陳勝起於大澤，奮臂大呼，天下席卷，而至於戲〔二四〕。劉、項興義兵隨而定，若折槁振落，遂失天下〔二五〕。禍在備胡而利越也。欲知築脩城以備亡，而不知築脩城之所以亡也；發適戍以備越，而不知難之從中發也〔二六〕。夫鵲先識歲之多風也，去高木而巢扶枝〔二七〕，大人過之則探鷇，嬰兒過之則挑其卵，知備遠難而忘近患〔二八〕。故秦之設備也，烏鵲之智也〔二九〕。

校釋

〔一〕【用韻】「敗、致」月質合韻。

〔二〕【許注】挾，鋪也。秦博士盧生使入海，還奏録圖書於始皇帝。

【版本】莊本、集解本注「鋪」作「銷」，景宋本、王溥本、朱本、葉本同藏本。藏本注「奏」作「秦」，王溥本、朱本、莊本、集解本作「奏」，今據改，景宋本、葉本同藏本。

【箋釋】吴承仕云：莊本「鋪」誤作「銷」。挾當爲披。注云：「披，鋪也。」廣雅：「披，張也。鋪，陳也。」披、鋪義通，聲紐亦近，故注以鋪訓披，莊本文注並誤則蹤跡幾不可尋矣。上文挾甲笴，各本誤挾爲被，其比同。

〔三〕【許注】蒙公，蒙恬也。楊翁子，秦將。

【版本】藏本「翁」下無「子」字，（注有。）景宋本、茅本、汪本、張本、吴本、黄本、莊本、集解本有，今據補，餘本同藏本。

【箋釋】梁玉繩云：史但言蒙恬，而翁子之名不著。案：史始皇初年有將軍楊端和，及并天下有五大夫楊樛。所謂翁子者，樛乎？端和乎？抑别一人也？

〔四〕【許注】起隴西臨洮縣。

〔五〕【許注】遼水，遼東。

【箋釋】顧廣圻云：「擊」疑當作「繫」。史記所謂屬之遼東也。屬、繫、結皆同義。（楊子法言淵騫篇「起臨洮，擊遼東」，誤與此同。）○俞樾云：「擊」字無義，疑「罊」字之誤。爾雅釋詁：「罊，盡也。」言北盡遼水也。史記作「起臨洮，至遼東」，「至」即有盡義。○馬宗霍云：俞説未必是。易蒙卦上九爻辭「擊蒙」，陸德明釋文云：「擊，馬、鄭作繫。」本文「擊」字疑亦當作「繫」，繫猶系也。周禮天官大宰「以九兩繫邦國之民」，鄭玄注云：「繫，聯綴也。」然則「北繫遼水」，猶言北與遼水相聯也。上文「西屬流沙」，下文「東結朝鮮」，説文尾部云：「屬，連也。」連、結亦與「繫」義同。又案周書作雒篇「南繫于洛水，北因于郟山」，孔晁注云：「繫、因，皆連接也。」彼言築成周之城，本文言築長城，詞意正同，可以互參。○王叔岷與顧、馬説同。○雙棣按：顧、馬説是，「擊、繫」形音皆近，易於相溷。二字聲同，亦可謂爲通借。今得龐光華教授轉蕭旭説，俞氏本於王念孫説。王引之經義述聞爾雅上引王念孫云：「淮南人間篇：『秦皇使蒙公、楊翁子將，築長城，西屬流沙，北擊遼水。』擊與繫同，謂築長城，西連流沙，北盡遼水也。」王、俞説亦是。

〔六〕【許注】朝鮮，樂浪。

〔七〕【許注】翡，赤雀；翠，青雀。

〔八〕【版本】茅本、汪本、張本、黄本、莊本、集解本此注在下文「珠璣」下，餘本同藏本。

【許注】員者爲珠，彇者爲璣。

〔九〕【版本】茅本、汪本、張本、黄本、莊本、集解本注「員」作「圓」，餘本同藏本。

【許注】尉屠睢，秦將。

〔一〇〕【許注】鐔城，在武陵西南，接鬱林。

【版本】莊本「嶺」作「領」，餘本同藏本。

〔一一〕【許注】九嶷，在零陵也。

【版本】莊本、集解本正文及注「嶷」作「疑」，餘本同藏本。

〔一二〕【許注】番禺，南海。

〔一三〕【許注】南野，在豫章。

〔一四〕【許注】餘干，在豫章。

〔一五〕【許注】監祿，秦將也。鑿通湘水、離水之渠也。

【版本】茅本、汪本、張本、黄本、莊本、集解本此注在下文「糧道」下，餘本同藏本。

【箋釋】王念孫云：「無以」二字，後人所加。此言使監祿轉餉，又使用卒鑿渠而通糧道也。史記主父傳「使監祿鑿渠運糧，深入越」，是其證。「使監祿」下加「無以」二字，則文不成義矣。困學紀聞引此，無「無以」二字。

〔一六〕【許注】西嘔，越人。譯吁宋，西嘔君名也。

〔一七〕【用韻】「處、虜」魚部。

〔一八〕【箋釋】馬宗霍云：詩大雅行葦篇孔疏云：「相者，兩相之辭。」兩相即相互之意。本文「相置」，猶言互相推擇桀駿，置立以爲將也。「相」亦兼有擇義。考工記矢人「凡相笴」，鄭玄注云「相，猶擇也」是也。

〔一九〕【用韻】「時、畝」之部。

〔二〇〕【許注】考，成。

【箋釋】雙棣按：氾論篇作「緂麻索縷」，與此義同，即搓麻而成爲縷也。

〔二一〕【版本】藏本「羸」作「贏」，景宋本、王溥本、王鎣本、吴本、莊本、集解本作「羸」，今據改，餘本同藏本。

【箋釋】于省吾云：「格」應讀作「輅」，服格即服輅。晏子春秋諫下第二十「吾將左手擁格」，王念孫謂「格」即「輅」字，是其證。

〔二二〕【許注】箕會，以箕於衢會斂。

【用韻】「縷、衢」侯魚合韻。

〔二三〕【用韻】「養、葬」陽部。

〔二四〕【許注】戲，地名，在新豐。

【箋釋】于鬯云：「天下席捲」似當作「席捲天下」。○王叔岷云：「大呼」疑本作「一呼」，涉上「大」字而誤也。史記淮陰侯列傳「天下初發難也，俊雄豪桀，建號壹呼」，「壹」與「一」同，可爲旁證。李陵答蘇武書亦有「振臂一呼」之文。

【用韻】「卷、戲」元歌通韻。

〔二五〕【用韻】「落、下」鐸魚通韻。

〔二六〕【版本】藏本「不知築脩城」上無「而」字，景宋本有，今據補，餘本同藏本。

【箋釋】雙棣按：「欲知築脩城以備亡」，「欲」字疑衍。「知築脩城以備亡，不知築脩城之所以亡也」意正相對，加一「欲」字則不成義。「發適戍以備越，而不知難之從中發也」，上「發」字上當有「知」字，「知發適戍以備越」，與下句「不知難之從中發也」正相對，缺「知」字則語義不完。

【用韻】「越、發」月部。

〔二七〕【許注】扶，旁。

【箋釋】王念孫云：「鵲」上脱「烏」字。下文「烏鵲之智」，即其證。初學記天部上、太平御覽天部九、白帖二引此，皆有「烏」字。○陶方琦云：初學記天部一、御覽九、事類賦風部引許注：「扶，傍也。」按：「旁」，當作「傍」。説文：「傍，近也。」謂近枝也。太平廣記四百六十一引淮南「去喬木，巢傍枝」，亦作「傍」。○王叔岷云：天中記五九引「高」亦作「喬」。○鄭良樹云：記纂淵海三十七、錦繡萬花谷後集二、天中記二引此，「鵲」上並有「烏」字，可證王説。記纂淵海、錦繡萬花谷、天中記二、五九引此並無「先」字，「高」亦並作「喬」。○于大成云：歲華紀麗二、事類賦注二、黄山谷次韻王荊公詩任淵注引，「鵲」上有「烏」字，「鵲」下皆無「先」字。又白帖、歲華紀麗、埤雅六、任注山谷詩引「高」亦作「喬」。

〔二八〕【箋釋】于大成云：爾雅翼十三引「探」下有「其」字，與下一例。

【用韻】「卵、患」元部。

〔二九〕【版本】茅本、張本、黄本、莊本「烏」作「鳥」，餘本同藏本。

【箋釋】雙棣按：茅本等「鳥」字爲「烏」字之誤。

或争利而反强之，或聽從而反止之。何以知其然也？魯哀公欲西益宅，史争之，以爲西益宅不祥〔一〕。哀公作色而怒，左右數諫，不聽，乃以問其傅宰折睢〔二〕曰：「吾欲［西］益宅，而史以爲不祥〔三〕。子以爲何如〔四〕？」宰折睢曰：「天下有三不祥，西益宅不與焉〔五〕。」哀公大悦而喜。頃，復問曰：「何謂三不祥？」對曰：「不行禮義，一不祥也；嗜欲無止，二不祥也；不聽强諫，三不祥也。」哀公默然深念，憤然自反〔六〕，遂不西益宅。夫史以争爲可以止之，而不知不争而反取之也。

智者離路而得道，愚者守道而失路。夫兒説之巧，於閉結無不解〔七〕。非能閉結而盡解之也，不解不可解也。至乎以弗解解之者〔八〕，可與及言論矣。

校釋

〔一〕【許注】西益宅，築舊居之西。更以爲田宅不止益。

【版本】注「更以爲田宅不止益」，王溥本作「史以爲舊宅不利益」，朱本作「史以爲舊宅不止益」，茅本、汪本、張本、黄本、莊本、集解本無「不止益」三字，餘同藏本，景宋本、葉本全同藏本。

【箋釋】俞正燮云：論衡云：俗有大諱四，西益宅居其一。藝文類聚引風俗通亦有「西益宅不祥」。○劉文典云：藝文類聚六十四、御覽一百八十引風俗通義云：「宅不西益，俗説西者爲上，上益宅者，妨家長也。」即西益宅不祥之説。○吴承仕云：注朱本近之。疑當作「史以爲舊宅不西益」，「止」字或即「西」字之譌，或尚有奪文，今難質言矣。莊本誤「史」爲「更」，誤「舊」爲「田」，皆由形近致譌。（「舊」字俗書或省作「臼」，故與「田」近。）又妄删「不止益」三字，失之遠矣。

〔二〕【許注】宰折睢，傳名姓。

【箋釋】莊逵吉云：太平御覽作「曼折曜」。○于大成云：御覽「睢」字與今本同，不作「曜」。論衡四諱篇作「宰質睢」，「睢」字亦同。

〔三〕【版本】藏本「益」上無「西」字，今據劉文典校補，各本同藏本。

【箋釋】劉文典云：「益宅」上當有「西」字。史以西益宅爲不祥，非以益宅爲不祥也。今敚「西」字，文義不明。論衡四諱篇正作「吾欲西益宅，史以爲不祥」，是其證也。

〔四〕【用韻】「宅、祥、如」鐸陽魚通韻。

〔五〕【用韻】「祥、與」陽魚通韻。

〔六〕【箋釋】俞樾云：「憒然」非自反之貌，「憒」疑「隤」字之誤。周易繫辭傳「夫坤，隤然示人簡矣」，虞注曰：「隤，安也。」馬注曰：「柔貌。」皆與自反之義合。上文「孔子讀易，至損、益未嘗不憒然而歎」，王氏念孫謂「憒」當作「喟然」。此誤「隤」爲「憒」，猶彼誤「喟」爲「憒」，皆形似而誤。○劉文典云：御覽百八十引，「憒」作「喟」，於義爲長。○于省吾云：俞説非是。「憒」本應作「噴」。「憒」乃「噴」之譌，「喟」乃「噴」之借，「噴、喟」字通，已詳王念孫説。噴然係傷感之義，下文「喟然有志焉」、「子發喟然有悽愴之心」，是其證。○王叔岷與于説同。○雙棣按：論衡作「慨然自反」。

【用韻】「念、反」侵元合韻。

〔七〕【許注】兒説，宋大夫也。

〔八〕【版本】藏本「解」字不重，除景宋本同藏本外，各本均重「解」字，今據補。

【箋釋】雙棣按：吕氏春秋君守篇亦作「以不解解之」，重「解」字。

或明禮義、推道理而不行，或解搆妄言而反當〔一〕。何以明之？孔子行遊，馬失，食農夫之稼〔二〕。野人怒，取馬而繫之〔三〕。子貢往説之，卑辭而不能得也〔四〕。孔子曰：「夫以人之所不能聽説人，譬猶以大牢享野獸〔五〕，以九韶樂飛鳥也〔六〕。予之罪也，非彼人之過也〔七〕。」乃使馬圉往説之〔八〕。至，見野人曰：「子耕於東海，至於西海，吾馬之失，安得不食子之苗？」野人大喜，解馬而與之〔九〕。説若此其無方也，而反行〔一〇〕。事有所至，而巧不若拙〔一一〕。故聖人量鑿而正枘。夫歌采菱，發陽阿，鄙人聽之，不若此延路、陽局〔一二〕，非歌者拙也，聽者異也。故交畫不暢〔一三〕，連環不解，物之不通者，聖人不爭也〔一四〕。

校釋

〔一〕【版本】藏本「理」作「禮」，王溥本、王鎣本、朱本、葉本、吴本作「理」，今據改，汪本、張本、黄本、莊本、集解本作「體」，景宋本作「礼」，茅本同藏本。

〔二〕【用韻】「行、當」陽部。

〔三〕【箋釋】王念孫云：「孔子行遊」四字，文不成義。此本作「孔子行於東野」，下文「野人」二字，即承此句言之。今本「於」誤作「遊」，又脱「東野」二字。太平御覽地部二十「野」下引此，正作「孔子行於東野」。吕氏春秋必己篇同。（今本作「孔子行道而息」，乃後人所改，辯見吕氏春秋。）〇雙棣按：失，與逸通。吕氏春秋必己篇作「馬逸」。

〔四〕【箋釋】何寧云：御覽五十五引作「取其馬而繫之」，吕氏春秋亦有「其」字。

〔五〕【箋釋】王念孫云：「子貢」上脱「使」字。太平御覽引此有「使」字。「卑」當爲「畢」，字之誤也。畢辭，謂竟其辭也。太平御覽引此，作「畢辭而弗能得」，吕氏春秋作「畢辭，野人不聽」，皆其證。

〔六〕【許注】大牢，三牲。

〔七〕【版本】藏本「猶」作「以」，景宋本作「猶」，今據改，餘本無此字。

〔八〕【用韻】「獸、鳥」幽部。

〔七〕【用韻】「罪、過」微歌合韻。

〔八〕【許注】圉，養馬者。

〔九〕【用韻】「喜、之」之部。

〔一〇〕【用韻】「方、行」陽部。

〔一一〕【用韻】「至、拙」質物合韻。

〔一二〕【許注】延路，陽扃，鄙歌曲也。

【版本】景宋本、王溥本、王鎣本、汪本、張本、吴本、黄本、莊本、集解本正文及注「扃」作「局」，朱本同藏本，葉本作「扄」。

【箋釋】莊逵吉云：太平御覽作「延路、陵陽」。○王念孫云：「不若此」，「此」字因上文「若此其無方」而衍。「路」本作「露」，脱去上半耳。「陽扃」本作「以和」。因上文「發陽阿」而誤爲「陽阿」，「阿」又誤爲「扃」也。（左畔阝字誤爲户，右畔可字誤爲可。劉本改「扃」爲「局」，而莊本從之，謬矣。）「不若延露以和」者，言采菱、陽阿，曲之至美者也，則鄙人聽之，曾不若歌延露以相唱和。（説山篇：「欲美和者，始於陽阿、采菱。」）所謂「曲高和寡」也。李善注吴都賦、月賦、舞賦、長笛賦、七啟引此，並作「不若延露以和」，是其明證。注中「陽扃」二字，亦隨正文而衍。吴都賦注引高誘曰：「延露，鄙歌曲也。」無此二字。○劉文典云：王説是也。北堂書鈔一百六引此文，亦無「此」字，可證王説。○胡懷琛云：延露不知何曲，疑即薤露。姑記之以待再考。○

于大成云：御覽五百七十二引，亦無「此」字。御覽、玉海一百三引，「路」亦作「露」，王校是也。唯「局」字景宋本已如此，非劉績所改。

〔三〕【許注】暢，申。

〔四〕【用韻】「通、争」東耕合韻。

仁者，百姓之所慕也；義者，衆庶之所高也。爲人之所慕，行人之所高，此嚴父之所以教子，而忠臣之所以事君也。然世或用之而身死國亡者，不同於時也〔一〕。昔徐偃王好行仁義，陸地之朝者三十二國。王孫厲謂楚莊王〔二〕曰：「王不伐徐，必反朝徐。」王曰：「偃王，有道之君也，好行仁義，不可伐〔三〕。」王孫厲曰：「臣聞之，大之與小，强之與弱也，猶石之投卵，虎之啗豚，又何疑焉〔四〕？且夫爲文而不能達其德〔五〕，爲武而不能任其力〔六〕，亂莫大焉。」楚王曰：「善！」乃舉兵而伐徐，遂滅之。此知仁義而不知世變者也〔七〕。

申茱、杜茝〔八〕，美人之所懷服也〔九〕，及漸之於滫〔一〇〕，則不能保其芳矣。古者，五帝貴德，三王用義，五霸任力〔一一〕。今取帝王之道而施之五霸之世，是由乘驥逐人於榛薄，而蓑笠盤旋也。今霜降而樹穀，冰泮而求穫〔一二〕，欲其食則難矣〔一三〕。故易曰「潛龍勿用」者，言時之不可以行也。故「君子終日乾乾，夕惕若厲，無咎〔一四〕」。終日乾乾，以陽動也；夕惕若厲，以陰息也〔一五〕。因日以動，因夜以息，唯有道者能行之。夫徐偃王爲義而滅，燕子噲行仁而亡〔一六〕，哀公好儒而削〔一七〕，代君爲墨而殘〔一八〕。滅亡削殘，暴亂之所致也，而四君獨以仁義儒墨而亡者，遭時之務異也〔一九〕，非仁義儒墨不行〔二〇〕。非其世而用之，則爲之擒矣。

夫戟者，所以攻城也〔二一〕；鏡者，所以照形也〔二二〕。宫人得戟則以刈葵〔二三〕，盲者得鏡則以蓋卮〔二四〕，不知所施之也。故善鄙不同，誹譽在俗；趍舍不同，逆順在時〔二五〕。狂譎不受禄而誅〔二六〕，段干木辭相而顯，所行同也，而利害異者，時使然也。故聖人雖有其志，不遇其世，僅足以容身，何功名之可致也！

校　釋

〔一〕【箋釋】王念孫云：「同」當爲「周」，不周於時，不合於時也。齊俗篇曰「事周於世則功成，務合於時則名立」是也。文子微明篇正作「不周於時」。

〔二〕【許注】王孫厲，楚臣也。

【箋釋】向承周云：「莊王」當作「文王」，字之誤也。韓子五蠹篇、説苑指武篇載此事，皆作荊文王。後漢書東夷傳及史記趙世家索隱引譙周説皆同。渚宫舊事一用此文亦作文王，則所見本尚未誤。楚辭七諫「偃王行其仁義兮，荊文忤而徐亡」，亦以爲楚文事。本書説山篇「徐偃王以仁義亡國」，高注：「居衰亂之世，修行仁義，爲楚文王所滅。」亦以滅徐者爲楚文王，則其所見本書，此文必尚未誤也。

〔三〕【用韻】「義、伐」歌月通韻。

〔四〕【版本】藏本「焉」誤作「馬」，各本均作「焉」，今據改。

〔五〕【版本】藏本「夫」作「也」，茅本、汪本、張本、黄本、莊本、集解本作「夫」，今據改，吴本無此字，餘本同藏本。

〔六〕【用韻】「德、力」職部。

〔七〕【版本】藏本無「此」字，景宋本、吴本有「此」字，今據補，茅本、汪本、張本、黄本上「知」字作「此」，餘本同藏本。

【箋釋】雙棣按：藏本無「此」字，則上下文之聯繫不明，景宋本有「此」字是，今補。

〔八〕【許注】申茮、杜茝，皆香草也。

【版本】藏本注「草」誤作「申」，王溥本、朱本、茅本、汪本、張本、黄本、莊本、集解本作「草」，今據改，餘本同藏本。

〔九〕【用韻】「茝、服」之職通韻。

〔一〇〕【許注】滫，臭汁也。

【箋釋】陶方琦云：唐本玉篇水部引許注：「滫，臭汁也。」今注亦許注，故同。説文：「滫，久泔也。」○雙棣按：「漸之於滫」，玉篇引作「浸之滫中」。漸，浸也。

〔一一〕【用韻】「德、力」職部。

〔一二〕【版本】藏本「泮」誤作「洋」，各本均作「泮」，今據改。

〔一三〕【箋釋】于大成云：齊民要術種穀篇引「其」作「得」。○何寧云：「其」疑當作「得」，形近而誤。齊俗篇「欲得事正則難矣」，説山篇「欲得所求難矣」，氾論篇「欲得宜適致固焉則難矣」，與此同一句式。

【用韻】「穀、穫」屋鐸合韻，「旋、難」元部。

〔一四〕【箋釋】雙棣按：引易見乾卦。

〔一五〕【箋釋】王叔岷云：「厲」字涉上文「厲無咎」而衍，或淺人不知上文「夕惕若」句，「厲無咎」句，而誤以「夕惕若厲」爲句，因於此文妄加「厲」字耳。○雙棣按：王注孔疏易乾卦以「夕惕若厲」爲句，風俗通義過譽：「今興官尊任重，經略千里，當聽訟侍祠，班詔勸課，早朝旰食，夕惕若厲，不以榮禄爲樂，而以黔首爲憂，位過招殃，靈督其舋，風疾恍惚，有加無瘳。」漢書王莽傳上：「易曰：『終日乾乾，夕惕若厲。』公之謂矣。」顔師古注：「乾卦九三爻辭也。乾乾，自强之意。惕，懼也。厲，病也。」後漢書方術傳謝夷吾：「臣以頑駑，器非其疇，尸禄負乘，夕惕若厲。」注：「易曰：『負且乘，致寇至。』又曰：『夕惕若厲。』言君子終日乾乾，至于夕，猶怵惕戒懼，若危厲。」張衡傳：「夕惕若厲以省諐兮，懼余身之未敕也。」注：「易曰：『君子終日乾乾，夕惕若厲。』惕，懼也。厲，病也。」後漢紀孝獻皇帝紀二十四年：「雖糾合同盟，念在奮力，懦弱不武，歷年無效。常恐殞殁，孤負國恩，假寐永嘆，夕惕若厲。」易乾正義曰：「夕惕者，謂終竟此日，後至向夕之時，猶懷憂惕。若厲者，若，如也；厲，危也。言尋常憂懼，恒如傾危。」自漢時皆已「夕惕若厲」爲句，未見「夕惕若」爲句者，淮南不誤。

〔一六〕【許注】子噲，燕王也。蘇代説子噲讓國，遂專政，齊伐燕，大敗之，噲死也。

【版本】王溥本注下「噲」字上有「子」字，景宋本、朱本、葉本、莊本、集解本同藏本。

【箋釋】顧廣圻云：「義、仁」二字，疑當互易。下文仁義儒墨，即依此爲次。○何寧云：注「蘇代説子噲讓國，遂專政」，當作「蘇代説子噲讓國子之，子之遂專政」，今本脱四字則似謂專政者蘇代，而專政者蓋子之也。國策燕策「燕王因舉國屬子之，子之大重」，史記燕世家「燕王因屬國於子之，子之大重」，是其證。

〔一七〕【許注】哀公，魯君。

【版本】藏本「而」作「則」，王溥本、王鎣本、茅本、汪本、張本、吴本、黄本、莊本、集解本作「而」，今據改，景宋本、朱本同藏本。

〔一八〕【許注】代君，趙之别國。

【箋釋】雙棣按：注「君」字疑衍，「代」爲國，代君則非國也。

〔一九〕【版本】藏本「時之」誤倒，除景宋本同藏本外，各本均不倒，今據乙正。

【箋釋】顧廣圻云：此承上文滅亡削殘言之，不須又言亡矣，「而亡」二字，疑出後人所加。○蔣禮鴻云：無「而亡」二字則句義不完。此非衍文，顧説非是。又上言滅亡削殘而此只言亡者，避煩文耳。

〔二〇〕【箋釋】顧廣圻云：「不」下疑當有「可」字。

〔二一〕【版本】藏本「戟」誤作「戰」，各本均作「戟」，（蔣刊道藏輯要本亦作「戟」。）今據改。

〔二二〕【用韻】「城、形」耕部。

〔二三〕【許注】宫人，宧侍。

【版本】景宋本、王溥本注「宧」作「官」。

〔二四〕【箋釋】劉文典云：初學記器用部、白帖十三引，「蓋巵」下並有「盲者不可貽以鏡，亂主不可舉其疵」十四字。○于大成云：此段文義前後相承，末句總結其義，若於「蓋巵」下增入「盲者」云云十四字，「盲者不可貽以鏡」句固亦蒙上，「亂主不可舉其疵」句則全無着落，且與「不知所施」云云亦義不相涉。故知今本是而劉校非。又白帖引在卷四，非十三，劉氏失檢。○何寧與于説同。

【用韻】「葵、巵」脂支合韻。

〔二五〕【版本】藏本「時」作「君」，王溥本、王鎣本、朱本、葉本作「時」，今據改，餘本同藏本。

【箋釋】王念孫云：兩「不」字，後人所加。此言善鄙同，而或誹或譽者，俗使然也；趨舍同，而或逆或順者，君使然也。故下文云「狂譎不受禄而誅，段干木辭相而顯，所行同也，而利害異者，時使然也」。後人於「同」上加「不」字，則義不可通矣。文子微明篇作「善否同，非譽在俗；趨行同，逆順在時」，是其證。齊俗篇云：「趨舍同，誹譽在俗；意行鈞，窮達在時。」語意正與此同。○雙棣按：藏本「君」字當爲「時」字之誤，上下文皆言「時」，無言及「君」者。上文云「世或用之而身死國亡者，不同於時也」，又云「而四君獨以仁義儒墨而亡者，遭時之務異也」；下文云「所行同也，而利害異者，時使然也」。文子微明篇及本書齊俗篇與此同，並作「時」字。且王溥本等均作「時」，「時」字是，今改。

〔二六〕【許注】狂譎，東海之上人也。耕田而食，讓不受禄。大公以爲飾虚亂民而誅。

【箋釋】何寧云：注「上人」當作「士人」。

知天之所爲，知人之所行，則有以任於世矣〔一〕。知天而不知人，則無以與俗交；知人而不知天，則無以與道遊〔二〕。單豹倍世離俗〔三〕，巖居谷飲，不衣絲麻，不食五穀，行年七十，猶有童子之色，卒而遇飢虎，殺而食之〔四〕。張毅好恭〔五〕，過宫室廊廟必趨，見門閭聚衆必下〔六〕，厮徒馬圉，皆與伉禮，不終其壽，内熱而死〔七〕。豹養其内而虎食其外，毅脩其外而疾攻其内〔八〕。故直意適情，則堅强賊之；以身役物，則陰陽食之〔九〕。此皆載務而戲乎其調者也〔一〇〕。

得道之士，外化而内不化。外化，所以入人也；内不化，所以全其身也〔一一〕。故内有一定之操，而外能詘伸、嬴縮、卷舒〔一二〕，與物推移，故萬舉而不陷。所以貴聖人者，以其能龍變也〔一三〕。今捲捲然守一節，推一行，雖以毀碎滅沉，猶且弗易者，此察於小好，而塞於大道也〔一四〕。

趙宣孟活飢人於委桑之下，而天下稱仁焉〔一五〕；荊佽非犯河中之難〔一六〕，不失其守，而天下稱勇焉；是故見小行則可以論大體矣〔一七〕。田子方見老馬於通〔一八〕，喟然有志焉，以問其御曰：「此何馬也？」其御曰：「此故公家畜也，老罷而不爲用，出而鬻之〔一九〕。」田子方曰：「少而貪其力，老而弃其身，仁者弗爲也。」束帛以贖之。罷武聞之，知所歸心矣。齊莊公出獵，有一蟲舉足將搏其輪，問其御曰：「此何蟲也？」對曰：「此螳蜋者也〔二〇〕。其爲蟲也，知進而不知却，不量力而輕敵〔二一〕。」莊公曰：「此爲人而必爲天下勇武矣〔二二〕。」迴車而避之。勇武聞之，知所盡死矣。故田子方隱一老馬〔二三〕，而魏國載之〔二四〕；齊莊公避一螳蜋，而勇武歸之。湯教祝網者，而四十國朝〔二五〕；文王葬死人之骸，而九夷歸之〔二六〕；武王蔭暍人於樾下〔二七〕，左擁而右扇之，而天下懷其德〔二八〕；越王句踐一決獄不辜，援龍淵而切其股，血流至足，以自罰也〔二九〕，而戰武士必其死〔三〇〕。故聖人行之於小，則可以覆大矣；審之於近，則可以懷遠矣〔三一〕。孫叔敖決期思之水而灌雩婁之野〔三二〕，莊王知其可以爲令尹也。子發辨擊劇而勞佚齊〔三三〕，楚國知其可以爲兵主也〔三四〕。此皆形於小微而通於大理者也。

校釋

〔一〕【版本】王溥本、王鎣本、葉本、吴本「任」下有「之」字，餘本同藏本。

【箋釋】王念孫云：「任於世」三字義不相屬，「任」當爲「徑」。徑，行也。（見本經篇注及僖二十五年左傳注。）言知天知人，則有以行於世也。下文云：「知天而不知人，則無以與俗交；知人而不知天，則無以與道遊。」皆謂其不可行於世也。「徑」字或作「徑」，因誤而爲「任」。（詮言篇「下之徑衢不可勝理」，文子道德篇「徑衢」誤作「任懼」。）文子微明篇作「即有以經於世矣」，經、徑古字通，經亦行也。（莊子外物篇曰：「不可與經於世。」）

【用韻】「爲、世」歌月通韻。

〔二〕【用韻】「人、天」真部，「交、遊」宵幽合韻。

〔三〕【許注】單豹，隱士。

【箋釋】劉文典云：文選嘯賦注、七啟注引，「倍」並作「背」。○雙棣按：單豹事見莊子達生篇及吕氏春秋必己篇。達生篇謂「魯有單豹者」，以單豹爲魯人也。

〔四〕【版本】王溥本、王鎣本、朱本（挖補）、茅本、汪本、張本、吴本、黄本、莊本、集解本「色」上有「顔」字，餘本同藏本。茅本、汪本、張本、黄本「飢」作「饑」，餘本同藏本。王溥本、王鎣本、葉本、吴本無「殺」字。

【箋釋】雙棣按：達生篇作「行年七十而猶有嬰兒之色」，亦無「顔」字。

【用韻】「俗、穀」屋部，「色、食」職部。

〔五〕【許注】張毅，好禮之人。

〔六〕【版本】王溥本、王鎣本、吴本兩「必」字上皆有「則」字，餘本同藏本。

〔七〕【版本】藏本「斯」作「斯」，除景宋本同藏本外，各本均作「斯」，今據改。王溥本、王鎣本、葉本、吴本「與」下有「之」字，餘本同藏本。王溥本、王鎣本、茅本、汪本、張本、吴本、黄本、莊本、集解本「不終」上有「然」字，餘本同藏本。

【用韻】「趍、下、圉」侯魚合韻，「禮、死」脂部。

〔八〕【用韻】「外、内」月物合韻。

〔九〕【版本】藏本「堅」上無「則」字，除景宋本同藏本外，各本均有「則」字，今據補。

【箋釋】馬宗霍云：此「食」字當讀如詩小雅十月之交「日有食之」之「食」。其本字當作「蝕」。蝕爲蝕之隸者。説文虫部云：「蝕，敗創也。」史記天官書集解引韋昭曰：「虧毁爲蝕。」虧毁與敗創義合。釋名釋天云：「日月虧曰食。稍稍侵虧如蟲食草木葉也。」此釋「食」字亦正用説文「蝕」字之義。然則本文「陰陽食之」，猶言陰陽創之。説文「創，傷也」，陰陽創之，亦即陰陽傷之。陰陽主氣言，身爲物役，則二氣交侵。周禮秋官庭氏鄭玄注云：「日月之食，陰陽相勝之變也。」此可借證本文陰陽之義。

【用韻】「賊、食」職部。

〔一〇〕【箋釋】顧廣圻云：「而戲」疑作「而虧」。○陶鴻慶云：「戲」爲「虧」字之誤。禮記月令注「伏戲」，釋文：「本作虧。」即二字互易之例。虧，失也。調，和也。謂失天人之和。○楊樹達、馬宗霍謂「戲」爲「虧」字之誤，與陶説同。馬又云：調，猶和也，謂虧其和氣也。

〔一一〕【版本】王溥本、王鎣本、茅本、汪本、張本、吴本、黄本無「其」字，餘本同藏本。

【箋釋】何寧云：「入人」不可解，疑當爲「知人」。「全其身」衍「其」字。「全身」與「知人」對文。文子微明篇正作「外化所以知人也，内不化所以全身也」。

【用韻】「人、身」真部。

〔一二〕【版本】茅本、汪本、張本、黄本、莊本、集解本「羸」作「嬴」，餘本同藏本。

〔一三〕【用韻】「陷、變」談元合韻。

〔一四〕【版本】藏本「者」字作「也」，景宋本、茅本、汪本、張本、黄本、莊本、集解本作「者」，今據改，餘本同藏本。

【用韻】「好、道」幽部。

〔一五〕【箋釋】雙棣按：吕氏春秋報更篇作「骫桑」。説文：「骫，骨耑骫奊也。」段玉裁注：「骫奊者，謂屈曲之狀。」文選司馬相如上林賦郭璞注：「骫，古委字。」吕氏春秋必己高誘注：「骫，曲也。」

〔一六〕【箋釋】王念孫云：「河」當爲「江」，字之誤也。「犯江中之難」，事見道應篇及吕氏春秋知分篇。

〔一七〕【版本】藏本「故」上無「是」字，景宋本、汪本、張本、黄本、莊本、集解本有「是」字，今據補，餘本同藏本。

〔一八〕【許注】田子方，魏人也。通，道。

【版本】藏本脱「田子方見老馬」至「出而鬻之」一段，各本均不脱，今據景宋本補。王鎣本、葉本、張本、黄本、吴本、莊本、集解本「通」作「道」，景宋本、王溥本作「通」。藏本無此注，今據景宋本補。茅本、汪本、張本、黄本、莊本、集解本注無「通道」二字，王溥本、葉本注無「田子方魏人也」六字，朱本無注。

〔一九〕【用韻】「畜、鬻」覺部。

〔二〇〕【版本】王溥本、王鎣本、茅本、汪本、張本、吴本、黄本、莊本、集解本「螳蜋」上有「所謂」二字，景宋本有「謂」字，朱本、葉本同藏本。

〔二一〕【用韻】「却、敵」鐸錫合韻。

〔二二〕【版本】景宋本無「人」下「而」字，各本同藏本。

【箋釋】陶鴻慶云：「而」字當在「此」字下，「而」與「如」同。言此如爲人，則必爲天下勇士也。列子説符篇云：「此而不報，無以立懂於天下。」文法與此同。○馬宗霍云：而猶則也，言螳螂之爲蟲，衹知進而不量力。假使此蟲爲人，則必爲天下勇士也。集證本移「而」於「此」字下，以「此而爲人」作一句，殊非。○王叔岷云：爾雅翼二五、記纂淵海六十、天中記引此同宋本，韓詩外傳亦同。

〔二三〕【許注】隱，哀。

【版本】藏本注「哀」作「定」，景宋本、王溥本作「哀」，今據改，葉本同藏本，餘本無注。

【箋釋】吴承仕云：此注訓「隱」爲「定」，文義不相應。疑注文「定」當爲「哀」。檀弓鄭注：「隱猶痛也。」周書謚法：「隱哀之方。」蓋「哀、隱」脂諄對轉，聲近義通。故隱之訓哀，亦舊義也。注當爲「哀」不爲「定」，尋文可知。此注各本並奪，應據補。○楊樹達云：「隱」假爲「㥯」，説文心部云：「㥯，痛也。」○馬宗霍云：「隱」字讀如孟子梁惠王上「王若隱其無罪」之「隱」。趙岐彼注云：「隱，痛也。」此謂田子方痛惜一老馬也。

〔二四〕【版本】朱本「載」作「戴」，餘本同藏本。

【箋釋】楊樹達云：「載」假爲「戴」，古載、戴多通作。○馬宗霍與楊説同。

〔二五〕【許注】昔湯出，見四面張網者，湯教去其三面，祝曰：「欲上者上，欲下者下，無入吾網。」

【版本】藏本注「出」作「自」，景宋本、茅本、汪本作「出」，今據改，莊本、集解本作「出田」，王溥本、葉本同藏本。藏本注「四面」作「四向」，景宋本、茅本、汪本、莊本、集解本作「四面」，今據改，王溥本、葉本同藏本。

【箋釋】雙棣按：此本吕氏春秋異用篇。

〔二六〕【許注】文王治靈臺，得死人之骨，夜夢人呼而請葬，於旦，文王乃葬以五大夫之禮。

【版本】景宋本注「夢」下有「死」字，王溥本、茅本、葉本、汪本、莊本、集解本同藏本。藏本注「乃」作「反」，王溥本作「乃」，今據改，景宋本、茅本、葉本、汪本、莊本、集解本同藏本。

【箋釋】雙棣按：文王葬死人之骸事亦見呂氏春秋異用篇。然注乞葬事與呂覽異。

【用韻】「骸、之」之部。

〔二七〕【許注】武王哀暍者之熱，故蔭之於樾下。樾下，衆樹之虛也。

【版本】景宋本注末「也」字作「地」。

【箋釋】俞樾云：注曰「樾下，衆樹之虛也」，此注未得。精神篇曰：「當此之時，得茠越下，則脱然而喜矣。」注曰：「楚人樹上大本小，如車蓋狀，爲越。言多蔭也。越，讀經無重越之越也。」此注得之。越、樾古同字，而前後異説，疑有許、高之異。繆稱、齊俗、道應、詮言、兵略、人間、泰族、要略八篇，標目下無「因以題篇」四字，與它篇不同，或許注也。因無塙證，故不别言之。○雙棣按：俞樾疑繆稱八篇爲許注，先於陶方琦，陶氏以他書證之，以成定説。

〔二八〕【箋釋】雙棣按：「扇」字許慎無注。説文：「扇，扉也。」爾雅釋宫：「闔謂之扇。」禮記月令：「耕者少舍，乃修闔扇。」鄭玄注：「用木曰闔，用竹葦曰扇。」呂氏春秋知接：「上蓋以楊門之扇。」「扇」之本義是門扉。先秦文獻幾乎皆爲此義。唯爾雅釋蟲有「蠅醜，扇」，郭璞注：「好摇翅。」義爲摇動。此乃門扇爲開合之物之引申也。摇物以取涼，即人間「扇」字之義也。漢初，通語「扇子」之概念用「箑（或作篓、翣）」，説文：「箑，扇也。」淮南子精神：「知冬日之箑，夏日之裘，無用於己，則萬物之變爲塵埃矣。」呂氏春秋有度：「冬不用簍，非愛簍也，清有餘也。」「扇」之「扇子」義，起於關西方言。方言卷五：「扇，自關而東謂之箑，自關而西謂之扇。」此義亦即由搖物以取涼之義引申而來，由動詞而名詞，即搖動取涼之器具。蓋於西漢後期「扇」已有「扇子」之意義，故方言將「扇」放於總括之處。到東漢「扇」之「扇子」義已普遍，説文已用「扇」釋「箑」，淮南精神高注：「箑，扇也。」然淮南主術「扇」字「搖物以取涼」之義，可謂引申之關鍵，不可小覷。「扇」由名詞引申爲動詞，再由動詞引申爲名詞也。

【用韻】「之、德」之職通韻。

〔二九〕【箋釋】劉文典云：北堂書鈔一百十八引「一決」作「決一」。○于大成云：御覽二百九十六引亦作「決一」。

【用韻】「辜、股」魚部，「足、罰」屋月合韻。

〔三〇〕【箋釋】王念孫云：御覽疾病部四引此，「九夷歸之」作「九夷順」，無「之」字。「天下懷」下無「其德」二字。又疾病部四、刑法部五引此，「戰武士必其死」，並作「戰士畢死」，下有「感於恩也」四字。初學記帝王部引此云：「武王蔭暍人於樾下，而天下懷之，感於恩也。」案：「九夷歸」，「天下懷」與「四十國朝」相對爲文，則「歸」下本無「之」字，「懷」下亦無「其德」二字。「戰武士必其死」下當有「感於恩也」四字。此四字乃總承上文言之，不專指越王，故初學記引武王事下亦有此四字也。陳氏觀樓曰：「戰武士必其死」，士字、其字皆後人所加。淮南一書皆謂士爲武，戰武即戰士也，故御覽引作「戰士畢死」，畢、必古字通。○鄭良樹云：王校是也。事文類聚前集八、天中記六引此，並作「武王蔭暍人於柳下而天下懷」。又「左擁而右扇之」於義無取，疑是他處錯簡也。「武王蔭暍人於樾下而天下懷」，與上文「湯教祝網者而四十國朝，文王葬死人之骸而九夷歸」，句法一律。初學記、事文類聚、天中記引此並無此句，是其證。○于大成云：王安石興國樓上作詩李壁注（卷四十七）引亦無「其德」二字，王校是也。其引「樾」誤作「柳」，事文類聚承其誤。又案：此文以「湯教祝網者而四十國朝，文王葬死人之骸而九夷歸」相對爲文，「武王蔭暍人於樾下，左擁而右扇之，而天下懷；越王句踐一決獄不辜，援龍淵而切其股，血流至足，以自罰也，而戰武必死」相對爲文。武王云云，本不與湯、文王云云相對。天中記六引世説亦云：「武王見暍人，王自左擁而右扇之。」亦有此六字，則鄭説非也。○何寧云：書鈔四十四、御覽六百三十九、七百四十一引「決獄不辜」皆作「決獄不當」，當從之。

〔三〕【用韻】「近、遠」文元合韻。

〔三〕【許注】雩婁，今盧江是。

〔三〕【許注】辨，次第也。擊劇，次第罷勞之賞，各有齊等也。或曰：子發辨擊之勞佚齊。子發築設勞逸之節，是以楚知可爲兵。齊，同。

〔四〕【版本】茅本、汪本、張本、莊本、集解本正文及注「辨」作「辯」，餘本同藏本。

【用韻】「野、主」魚侯合韻。

聖人之舉事，不加憂焉，察其所以而已矣。今萬人調鐘，不能比之律；誠得知者〔一〕，一人而足矣。説者之論，亦猶此也。誠得其數，則無所用多矣。夫車之所以能轉千里者，以其要在三寸之轄。夫勸人而弗能使也，禁人而弗能止也，其所由者非理也〔二〕。

昔者，衛君朝於吴〔三〕，吴王囚之〔四〕，欲流之於海，説者冠蓋相望而弗能止〔五〕。魯君聞之〔六〕，撤鐘鼓之縣，縞素而朝。仲尼入見，曰：「君胡爲有憂色？」魯君曰：「諸侯無親，以諸侯爲親；大夫無黨，以大夫爲黨〔七〕。今衛君朝於吴王〔八〕，吴王囚之，而欲流之於海。孰衛君之仁義而遭此難也〔九〕。吾欲免之而不能，爲柰何〔一〇〕？」仲尼曰：「若欲免之，則請子貢行〔一一〕。」魯君召子貢，授之將軍之印，子貢辭曰：「貴無益於解患，在所由之道。」斂躬而行〔一二〕。至於吴，見太宰嚭。太宰嚭甚悦之，欲薦之於王。子貢曰：「子不能行説於王〔一三〕，柰何吾因子也！」太宰嚭曰：「子焉知嚭之不能也？」子貢曰：「衛君之來也，衛國之半曰『不若朝於晉』，其半曰『不若朝於吴』。然衛君以爲吴可以歸骸骨也，故束身以受命。今子受衛君而囚之，又欲流之於海，是賞言朝於晉者，而罰言朝於吴也〔一四〕。且衛君之來也，諸侯皆以爲蓍龜〔一五〕兆，今朝於吴而不利，則皆移心於晉矣。子之欲成霸王之業，不亦難乎？」太宰嚭入，復之於王，王報出令於百官曰：「比十日，而衛君之禮不具者死！」子貢可謂知所以説矣。

魯哀公爲室而大，公宣子諫〔一六〕曰：「室大，衆與人處則譁，少與人處則悲，願公之適。」公曰：「寡人聞命矣！」築室不輟。公宣子復見曰：「國小而室大，百姓聞之必怨吾君，諸侯聞之必輕吾國。」魯君曰：「聞命矣！」築室不輟。公宣子復見曰：「左昭而右穆〔一七〕，爲大室以臨二先君之廟，得無害於子乎〔一八〕？」公乃令罷役除版而去之。魯君之欲爲室誠矣〔一九〕，公宣子止之必矣，然三説而一聽者，其二者非其道也〔二〇〕。

夫臨河而釣，日入而不能得一鯈魚者，非江河魚不食也，所以餌之者非其欲也。及至良工執竿，投而擐脣吻者，能以其所欲而釣者也。夫物無不可柰何〔二一〕，有人無柰何〔二二〕。鉛之與丹，異類殊色，而可以爲丹者，得其數也。故繁稱文辭，無益於説，審其所由而已矣。

校釋

〔一〕【箋釋】何寧云：疑「知」字下脱「音」字。脩務篇「曠曰：『使後世無知音者則已，若有知音者，必知鐘之不調。』故師曠之欲善調鐘也，以爲後之有知音者也」，文中三見「知音者」，可證此。

〔二〕【用韻】「使、止、理」之部。

〔三〕【許注】衛君，衛侯輒也。

〔四〕【版本】茅本、汪本、莊本、集解本此注在下文「吴王囚之」下。

【許注】吴王，夫差。

〔五〕【版本】藏本「海」下有「者」字，王溥本、王鎣本、茅本、葉本、汪本、張本、吴本、黄本、莊本、集解本無，今據删，餘本同藏本。

【用韻】「海、止」之部。

〔六〕【許注】魯君，哀公。

〔七〕【箋釋】楊樹達云：説文手部云：「攩，朋羣也。」經傳皆假「黨」爲之。

〔八〕【箋釋】王念孫云：朝於吴王，「王」字涉下句「吴王」而衍。上下文四言「朝於吴」，「吴」下皆無「王」字，是其證。

〔九〕【版本】朱本（挖補）、莊本、集解本「孰」下有「意」字，餘本同藏本。

【箋釋】王念孫云：孰，何也。言何衛君之仁義而遭此難也。（晉語「孰是人斯，而有是臭也」，越語「孰是君也，而可無死乎」，昭二十五年公羊傳「孰君而無稱」，「孰」字並與「何」同義。）朱東光不曉「孰」字之意，而於「孰」字下加「意」字，斯爲謬矣。

〔一〇〕【箋釋】馬宗霍云：此讀「吾欲免之而不能（句），爲奈何（句）」。「爲」，猶將也。言將奈之何也。「爲」與「將」同義，見王氏經傳釋詞。

〔一一〕【版本】藏本無「則」字，景宋本、茅本、汪本、張本、黄本、莊本、集解本有，今據補，餘本同藏本。

〔一二〕【箋釋】于鬯云：歛躬而行，謂微行也。

〔一三〕【版本】藏本「能行」二字誤重，除景宋本同藏本外，餘本皆不重，今據删。

〔一四〕【箋釋】雙棣按：疑「朝於吴」下當有「者」字，上云「賞言朝於晉者」，此云「罰言朝於吴者」，文正相對，脱「者」字則文義不完。

〔一五〕【許注】以爲蓍龜，以卜朝吴之吉凶也。

【版本】王溥本、朱本、茅本、汪本、張本、黄本、莊本、集解本此注在「兆」字下，且朱本、茅本、汪本、張本、黄本無「以爲蓍龜」四字，景宋本、葉本同藏本。

【箋釋】劉家立云：「兆」字義不可通，當爲衍文。

〔一六〕【許注】公宣子，魯大夫。

【版本】藏本「大」作「太」，茅本、張本、汪本、黄本、莊本、集解本作「大」，今據改，餘本同藏本。藏本「諫」下無「曰」字，王溥本、朱本、莊本、集解本有「曰」字在注文下，茅本、葉本、汪本有「曰」字在注文上，張本、黄本有「曰」字無注，今據王溥本等補於注文下，景宋本同藏本。

【箋釋】王叔岷云：御覽一七四引作「公儀子」。

〔一七〕【許注】昭穆，先君宗廟。

【版本】茅本、汪本、張本、黄本、莊本、集解本注「先君」下有「之」字，餘本同藏本。

〔一八〕【箋釋】陶鴻慶云：「子」蓋「孝」之壞字，或「子」下奪「道」字。哀公好儒，故以此爲説。〇劉文典云：「得無害於子乎」，義不可通，「子」當爲「孝」之壞字。御覽一百七十四引新序逸篇作「爲室而大，以臨二先君，無乃害於孝乎？」文雖小異，「子」正作「孝」，是其證矣。〇蔣禮鴻云：「子」

字不誤，亦不如陶説有奪文。子即子道，實詞虚用，無足異者。氾論篇説周公之事文王曰「行無專制，事無由己，身若不勝衣，言若不出口，有奉持於文王，如將不能，恐失之，可謂能子矣」，下文又説之曰「可謂能武矣」，「可謂能臣矣」。以子、臣與武對言，明「子」字可虚用也。劉氏不引氾論通此文之義，顧據御覽所引新序，委曲以議此文之短，可謂舍其近而求諸遠者也。

〔一九〕【版本】王溥本、王鎣本、吴本「君」下無「之」字，餘本同藏本。

〔二〇〕【版本】王溥本、王鎣本、葉本、吴本「二」下無「者」字，餘本同藏本。

〔二一〕【許注】言物皆可術而治也。

〔二二〕【版本】茅本、汪本、張本、黄本、莊本、集解本此注在下文「無柰何」下，餘本同藏本。

〔二三〕【許注】事有人材所不及，無柰之何也。

【版本】王溥本注「柰之」互倒，餘本同藏本。

物類之相摩〔一〕，近而異門户者，衆而難識也。故或類之而非，或不類之而是，或若然而不然者，或不若然而然者〔二〕。諺曰：「鳶墮腐鼠，而虞氏以亡〔三〕。」何謂也？曰：虞氏，梁之大富人也〔四〕。家充盈殷富，金錢無量，財貨無貲。升高樓，臨大路，設樂陳酒，積博其上〔五〕。游俠相隨，而行樓下。博上者射朋張中，反兩〔六〕而笑，飛鳶適墮其腐鼠而中游俠。游俠相與言曰：「虞氏富樂之日久矣，而常有輕易人之志〔七〕。吾不敢侵犯，而乃辱我以腐鼠，如此不報，無以立務於天下〔八〕。請與公僇力一志，悉率徒屬，而必以滅其家〔九〕。」此所謂類之而非者也。

何謂非類而是？屈建告石乞〔一〇〕曰：「白公勝將爲亂。」石乞曰：「不然。白公勝卑身下士，不敢驕賢，其家無筦籥之信，關楗之固〔一一〕，大斗斛以出，輕斤兩以內〔一二〕。而乃論之，以不宜也〔一三〕。」屈建曰：「此乃所以反也。」居三年，白公勝果爲亂，殺令尹子椒、司馬子期〔一四〕。此所謂弗類而是者也。

何謂若然而不然？子發爲上蔡令，民有罪當刑，獄斷論定，決於令尹前〔一五〕，子發喟然有悽愴之心，罪人已刑而不忘其恩。此其後，子發盤罪威王〔一六〕而出奔〔一七〕。刑者遂襲恩者，恩者逃之於城下之廬，追者至，踹足而怒〔一八〕曰：「子發視決吾罪而被吾刑〔一九〕，怨之憯於骨髓〔二〇〕，使我得其肉而食之，其知厭乎！」追者皆以爲然，而不索其內〔二一〕，果活子發。此所謂若然而不然者〔二二〕。

何謂不然而若然者？昔越王句踐卑下吴王夫差，請身爲臣，妻爲妾，奉四時之祭祀，而入春秋之貢職，委社稷，效民力〔二三〕，居爲隱蔽，而戰爲鋒行〔二四〕，禮甚卑，辭甚服，其離叛之心遠矣。然而甲卒三千人以擒夫差於姑胥〔二五〕。此四策者，不可不審也〔二六〕。

夫事之所以難知者，以其竄端匿跡，立私於公，倚邪於正，而以勝惑人之心者也〔二七〕。

若使人之所懷於内者，與所見於外者，若合符節，則天下無亡國破家矣〔二八〕。夫狐之捕雉也，必先卑體彌耳以待其來也〔二九〕。雉見而信之，故可得而擒也〔三〇〕。使狐瞋目植睹〔三一〕，見必殺之勢，雉亦知驚憚遠飛以避其怒矣〔三二〕。夫人僞之相欺也〔三三〕，非直禽獸之詐計也，物類相似若然，而不可從外論者，衆而難識矣，是故不可不察也。

校釋

〔一〕【版本】景宋本、茅本、汪本、張本、黄本、莊本、集解本「磨」作「摩」，餘本同藏本。

〔二〕【版本】王溥本、王鎣本、朱本、葉本、吴本「不若然」無「若」字，餘本同藏本。朱本「而然」作「而若然」，餘本同藏本。

【箋釋】王引之云：「不若然而然」，當作「若不然而然」。「若不然而然」者，謂越王句踐之事吴，請身爲臣，妻爲妾，若不叛吴而實欲滅吴也。（見下文。）「若不然而然」與「若然而不然」文正相對。道藏本作「不若然而然」，則義不可通矣。（劉本删「若」字，尤非。）下文「何謂不然而若然者」，亦當作「何謂若不然而然者」。

〔三〕【用韻】「鼠、亡」魚陽通韻。

〔四〕【許注】梁，今之陳留浚儀也。

〔五〕【箋釋】莊逵吉云：列子釋文作「擊博其上」，是也。太平御覽又作「捕博」，似非。○王叔岷云：

列子説符篇有此文，釋文則未引此文，莊氏所稱「列子釋文」蓋「列子説符」之誤也。

〔六〕【許注】射朋張，上棋中之，以一反兩也。

【箋釋】莊逵吉云：「博上者」，列子釋文作「樓上博者」。太平御覽「反兩」下有「⿰木翕」字，云音揭。諸本皆無之。○劉家立云：列子説符篇「射朋張中反兩而笑」作「射明瓊張中，反兩⿰木翕魚而笑」，「朋」字義不可通，疑即「明」字之誤，又脱「瓊」字。「反兩」下，莊氏據太平御覽引有「⿰木翕」字。今按：秦氏恩復所校盧注列子云：「釋文：⿰木翕字真經本或作魚，大博經作鰈，比目魚也。此言報采獲中，翻得兩魚，大勝而笑，今本⿰木翕魚是多一字也。據義用鰈不用魚，用魚不用鰈字。」以秦説⿰木翕即鰈字，則御覽引作「反兩⿰木翕而笑」，與秦氏説合。知今本固脱去「⿰木翕」字矣。又許注「射朋張，上棋中之，以一反兩也」，亦疑有脱誤。張湛注「明瓊，齒五白也。射五白得之，反兩魚獲勝，故大笑」，則較許説爲可解。桂氏馥曰：「鮑宏博經云：用十二棊，六棊白，六棊黑，所擲投謂之瓊。」史記蔡澤傳「君獨不觀夫博者乎，若欲大投，若欲分功」，集解云：「投，投瓊也。」索隱云：「言夫博弈，或欲大投其瓊以致勝。」是也。瓊又作煢，顔氏家訓：「古有大博則六箸，小博則六煢。」西京雜記：「許博昌，安陵人，善陸博法，用六箸，或謂之究，以竹爲之，長六分。」究即煢之誤。○雙棣按：古博經云：「博法，二人相對，坐向局，分爲十二道，兩頭當中名爲水。用棊十二枚，六白六黑，又用魚二枚置於水中。其擲采以瓊爲之。瓊畟方寸三分，長寸五分，鋭其頭，鑽刻瓊四面爲眼，亦名爲齒。二人互擲采行棊。棊行到處即豎之，名爲驍棊，即入水食魚，亦名牽魚。每牽一魚獲一籌，翻一魚獲三籌。若已牽兩魚而不勝者，名曰被翻雙魚。彼家獲六籌爲大勝也。」可爲參考。

〔七〕【用韻】「久、志」之部。

〔八〕【許注】務，勢。

【版本】王鎣本、汪本正文及注「務」作「慬」，餘本同藏本。

【箋釋】劉績云：務，列子作「慬」。○王引之云：「如此」當作「此如」，列子説符篇作「此而不報」，如與而同。又：「務」與「勢」義不相近，務當爲矜，字之誤也。（矜務二字，隸書往往譌溷，管子小稱篇「務爲不久」，韓子難篇作「矜僞不長」。又管子法法篇「矜物之人，無大士焉」，韓詩外傳「矜而自功」，今本「矜」字並誤作「務」。）列子説符篇「立務」作「立慬」，慬與矜古同聲而通用，猶穫之爲矜也。張湛注列子云：「慬，勇也。」此注云：「矜，勢也。」勢與勇亦同義。説山篇云：「立慬者非學鬬争，慬立而生不讓。」汜論篇云：「立氣矜，奮勇力。」韓詩外傳云：「外立節矜，而敵不侵擾。」是立務即立慬也。趙策云：「勇哉氣矜之隆。」史記王翦傳云：「李將軍果勢壯勇。」是矜與勢、勇並同義。○劉台拱説參説山篇二一九八頁注〔二六〕。○吴承仕云：王説是也。朱本注下有校語云：「務，一作慬。」是朱所見別本有作「慬」者，尤足證王説。○雙棣按：吴謂朱所見別本，蓋王鎣本也，王鎣本「慬」字蓋依劉績校語而據列子説符篇改。

【用韻】「鼠、下」魚部。

〔九〕【箋釋】王念孫云：此處敘事未畢，當有脱文。太平御覽引此，「滅其家」下有「其夜乃攻虞氏，大滅其家」十字，是也。上文云「鳶墮腐鼠，而虞氏以亡」，此處必有此十字，方與上文相應。因兩「滅其家」相亂，故寫者誤脱之耳。列子作「至期日之夜，聚衆積兵以攻虞氏，大滅其家」，是其證。○王叔岷云：「以」字無義，疑涉上文「無以立矜於天下」而衍。列子正無「以」字。

〔一〇〕【許注】屈建，楚大夫也。石乞，白公之黨也。

〔一一〕【版本】莊本「闕」誤作「闞」，餘本均同藏本。

〔一二〕【用韻】「出、内」物部。

〔一三〕【箋釋】陶鴻慶云：宜與義，也與邪，皆通用。○許建平云：陶氏之言誤。陶氏蓋以此爲問句，故以「也」通「邪」。而此實非問句。而，爾也；乃，如此；以，甚也。此句意謂「你如此言之，太不應該了」。

〔一四〕【許注】子椒，子期，皆白公之季父。

〔一五〕【箋釋】王念孫云：「尹」字後人所加。「決於令前」，謂決於上蔡令之前，非謂令尹也。太平御覽刑法部二引此，無「尹」字。

【用韻】「令、刑、定」耕部，「然、前」元部。

〔一六〕【許注】盤，辟也。發得罪，辟於威王也。

【版本】朱本「此」作「比」，餘本同藏本。王鎣本「盤」作「得」，餘本同藏本。茅本、汪本、張本、黄本、莊本、集解本此注在下文「出奔」下，餘本同藏本。

【箋釋】俞樾云：「盤罪」二字甚爲無義，「盤」疑本作「服」，「服」古字作「舟+𠬝」，與「般」字相似，往往致誤。爾雅釋詁「服、宜、貫、公，事也」。釋文曰：「服，又作般。」荀子賦篇「讒人服矣」，楊注曰：「服，本或作般。」並其證也。「服」誤爲「般」，因又誤爲「盤」耳。服者，「負」之叚字。考工記車人注：「鄭司農曰『服，讀爲負』。」是「負、服」一聲之轉，古得通用。「服罪威王而出奔」，言其負罪而出奔也。高注曰「盤，辟也」，是其所據本已誤。○于鬯云：「此其後」，「此」字似不當有，疑在下文「刑者」之上。○于省吾云：注及俞説並非。「盤」應讀爲「畔」，漢張表碑「畔桓利貞」。畔桓即盤桓，是其證。「畔、叛」古同用。此言子發背畔得罪於威王而出奔也。

〔一七〕【用韻】「恩、奔」真文合韻。

〔一八〕【許注】踹足，蹀足。

【版本】藏本無「追者至」三字，除景宋本外，各本均有此三字，今據補。朱本「踹足」有上「刑者」二字，餘本同藏本。莊本、集解本注「蹀」作「躍」，餘本同藏本。

【箋釋】于鬯云：「恩者」二字不當複，恩者即指子發也。上文云「罪人已刑而不忘其恩」，故自刑者言之，謂子發爲恩者。言此刑者襲子發而逃之於城下之盧，非子發自逃也。且子發既被襲，又何能逃？惟刑者襲之而逃。故下文「踹足而怒」對追者，明此「恩者」二字之不當複也。○陶鴻慶云：「刑者遂襲」，刑者當爲追者，涉上下文而誤。「追者遂襲」四字爲句，「恩者」二字不當重，本在「踹足而怒」句上。其文云：「追者遂襲，恩者逃於城下之盧，追者至。恩者踹足而怒。」言子發出奔，追者掩捕之，（周禮胥師「襲其不正者」，注：「襲猶掩捕。」）恩者匿其盧，及追者至，而恩者僞怒以誤之也。今本傳寫錯亂，則文不可曉。○吴承仕云：蹀足是也。玄應一切經音義卷三、卷四並云：「踹，蹀足也。」蹀足即投足。吕氏春秋古樂篇：「投足以歌八闋。」高注：「投足猶蹀足。」「蹀」誤作「躍」，非其義也。○雙棣按：于、陶謂「恩者」不當重複，于謂恩者指子發，陶謂刑者爲追者，皆是。追者謂追捕子發之吏。子發出奔，吏者追捕之。下「恩者」當作「刑者」，「刑者逃之於城下之盧」，即謂受刑之人使子發逃至城下之盧，「追者至，踹足而怒曰：子發親決吾罪而被吾刑」云云，可知「踹足而怒」者即刑者，主語省略，朱本「踹足」上加「刑者」二字，義則是而文不必。此文當作「追者遂襲恩者，刑者逃之於城下之盧。追者至，踹足而怒曰」。

〔一九〕【箋釋】王念孫云：「視」當爲「親」，字之誤也。「親決吾罪」，即上文所云「決於令前」也。韓子外儲説左篇載子臯出走之事，與此相似，云子臯問跀危曰：「吾不能虧主之法令，而親跀子之足。」彼言「親跀子足」，此言「親決吾罪」，其義一也。○吴闓生與王説同。○何寧云：王説是也。御覽六百三十六引正作「親」。

〔二〇〕【許注】憯，痛。

【版本】景宋本「怨」上有「吾」字，餘本同藏本。

〔二一〕【版本】王溥本、王鎣本、茅本、汪本、張本、吴本、黄本、莊本、集解本無「皆」字，餘本同藏本。

〔二二〕【版本】藏本「不」字下有「若」字，王鎣本、朱本、葉本、莊本、集解本無「若」字，今據删，餘本同藏本。王溥本、王鎣本、朱本、葉本、吴本「者」下有「也」字，餘本同藏本。

〔二三〕【用韻】「祀、職、稷、力」之職通韻。

〔二四〕【版本】藏本「隱」在「居」字上，據王念孫校移至「爲」字下，景宋本「隱」在「居」字下，餘本同藏本。

【箋釋】王念孫云：「隱居爲蔽」，當作「居爲隱蔽」，言越之事吴，居則爲隱蔽，而戰則爲前行也。今本「隱」字誤在「居爲」之上，則文不成義。韓策云：「韓之於秦，居爲隱蔽，出爲鴈行。」語意正與此同。

〔二五〕【許注】姑胥，地名。

〔二六〕【箋釋】何寧云：「擒夫差於姑胥」下疑脱「此若不然而然者也」句。全段文字，乃舉例以申言「四策」，每例皆以一問始，一結收，一問「諺曰鳶墮腐鼠而虞氏以亡，何謂也」，結曰「此所謂類之而非者也」；二問「何謂非類而是」，結曰「此所謂弗類而是者也」；三問「何謂若然而不然」，結曰「此所謂若然而不然者」；四問「何謂若不然而然者」，（此句依王念孫説校改。）獨此無結語，與前三例不一律，蓋涉下文「此四策者，不可不審也」而脱誤耳。二句乃一段總結，非一例結語也。

〔二七〕【箋釋】蔣禮鴻云：「勝惑」二字義不相屬，「勝」當作「務」，字之誤也。「務」讀爲「瞀」。商君書靳令篇曰：「國以六蝨授官予爵，則治煩言生，此謂以治致治，以言致言，則君務於説，官亂於治。」（今本作「君務於説言，官亂於治邪」，言字邪字當衍。）亦借「務」爲「瞀」。

〔二八〕【版本】莊本、集解本「破」字作「敗」，餘本同藏本。

〔二九〕【版本】景宋本「彌」作「弭」，餘本同藏本。

【箋釋】王念孫云：「捕」當作「搏」，字之誤也。「彌耳」當爲「弭毛」。「毛」字因「弭」字而誤爲「耳」，後人又改「弭」爲「彌」耳。楚辭離騷注曰：「弭，按也。」言卑其體，按其毛，以待雉之來也。太平御覽人事部一百三十五、獸部二十一並引此云：「夫狐之搏雉也，必卑體弭毛以待其來也。」高注吕氏春秋決勝篇云：「若狐之搏雉，俯體弭毛。」即用淮南之文，吴越春秋句踐歸國外傳亦云：「猛獸將擊，必弭毛帖伏。」○于大成云：萬卷菁華十七引亦作「弭毛」，又景宋本及喻林十一引此，「弭」字亦不誤，王校是也。然「弭、彌」古亦通用，周禮春官男巫「春招弭以除疾病」，杜子春讀弭如彌兵之彌，則今本作「彌」亦非誤字。○雙棣按：今本皆作「彌（弭）耳」，亦未必不是。六韜發啟云：「鷙鳥將擊，卑飛歛翼；猛獸將搏，弭耳俯伏；聖人將動，必有愚色。」亦作「弭耳」，弭耳即帖耳也，弭耳或弭毛，皆猛獸搏擊他物之前故意爲之卑馴之態。

〔三〇〕【用韻】「信、擒」真侵合韻。

〔三一〕【許注】植睹，枉尾。

【版本】藏本注「柱」作「怪」，景宋本、茅本、汪本、張本、黄本、莊本、集解本作「柱」，今據改，餘本同藏本。

【箋釋】顧廣圻云：「植睹」似當作「植尾」，注作「植尾，柱尾也」。〇于鬯云：姚廣文云：植與直同。范蠡曰：「大王勿疑，直眂而行。」眂與視同。「籍散髮箕踞，醉而直視」，僧志言「相貌奇古，直視不瞬」，與此云「直睹」一也。〇李哲明云：「植睹」之爲柱尾，未知所據，「睹」或當爲「耆」。耆，即鬐也。文選魯靈光殿賦注引郭璞注：「鬐，背上鬣也。」此云植耆者，亦言狐怒而背上毛直豎耳。荀子「傅説之狀，身如植鰭」，此植耆之碻證。作植睹者，蓋由不解「耆」義而意改之也。注强爲之説，似非。〇吴承仕云：「植睹，柱尾」，文注並不可通。疑本文「睹」當作「脽」，注文當云：「植脽，柱尾也。」皆形近而誤。説文：「脽，尻也。」古人尻尾得通言之，獸怒欲有搏殺，則瞋目豎尾以作氣勢。柱，謂支柱。柱尾，猶言豎尾矣。〇金其源云：廣雅釋詁：「睹，視也。」本書主術訓「今夫橋直植立而不動」，是「植，直立不動也」。瞋目植睹者，怒目如直立不動而視也。〇何寧云：吴説近之。莊子馬蹄篇「翹足而陸」，釋文云：「足，崔本作尾。」又本書脩務篇「翹尾而走」，翹尾即柱尾。使作「植睹」，則注不當訓尾。

〔三二〕【用韻】「睹、怒」魚部。

〔三三〕【箋釋】莊逵吉云：太平御覽作「夫人僞詐以相欺」。

淮南子校釋卷第十九

脩務訓〔一〕

或曰：「無爲者，寂然無聲，漠然不動，引之不來，推之不往。如此者乃得道之像〔二〕。」吾以爲不然，嘗試問之矣〔三〕：若夫神農、堯、舜、禹、湯，可謂聖人乎？有論者必不能廢〔四〕。以五聖觀之，則莫得無爲明矣〔五〕。

古者，民茹草飲水，采樹木之實，食蠃蠬之肉，時多疾病毒傷之害〔六〕。於是神農乃始教民播植五穀〔七〕，相土地宜燥濕肥墝高下〔八〕，嘗百草之滋味，水泉之甘苦，令民知所避就〔九〕。當此之時，一日而遇七十毒〔一〇〕。堯立孝慈仁愛，使民如子弟〔一一〕，西教沃民，東至黑齒，北撫幽都，南道交趾〔一二〕。放讙兜於崇山，竄三苗於三危〔一三〕，流共工於幽州，殛鯀於羽山〔一四〕。舜作室，築牆茨屋，辟地樹穀〔一五〕，令民皆知去巖穴，各有家室〔一六〕。南征三苗，道死蒼梧〔一七〕。禹沐浴霪雨，櫛扶風〔一八〕，決江疏河，鑿龍門，闢伊闕〔一九〕，脩彭蠡之防，乘四載，隨山栞木，平治水土，定千八百國〔二〇〕。湯夙興夜寐，以致聰明；輕賦薄歛，以寬民氓〔二一〕；布德施惠，以振困窮；弔死問疾，以養孤孀〔二二〕。百姓親附，政令流行〔二三〕。乃整兵鳴條，困夏南巢〔二四〕，譙以其過，放之歷山〔二五〕。此五聖者，天下之盛主，勞形盡慮，爲民興利除害而不懈〔二六〕。奉一爵酒不知於色〔二七〕，挈一石之尊則白汗交流〔二八〕，又況贏天下之憂而〔任〕海内之事者乎〔二九〕？其重於尊亦遠矣〔三〇〕。且夫聖人者，不恥身之賤，而愧道之不行；不憂命之短，而憂百姓之窮〔三一〕。是故禹之爲水，以身解於陽盱之河〔三二〕；湯旱，以身禱於桑山之林〔三三〕。聖人憂民，如此其明也，而稱以無爲，豈不悖哉〔三四〕！

校釋

〔一〕【高注】脩，勉。務，趍。聖人趍時，冠攱弗顧，履遺不取，必用仁義之道，以濟萬民，故曰脩務，用以題篇。

【版本】莊本、集解本注「用」作「因」，景宋本、王溥本、朱本、葉本同藏本。

【箋釋】楊樹達云：本篇云：「今以中人之才，蒙愚惑之智，被汙辱之行，無本業所修，方術所務，焉得無有睥面掩鼻之容哉！」以修務二字爲對文，名篇之義略可知矣。

〔二〕【高注】或人以爲先爲術如此，乃可謂爲得道之法也。

【版本】莊本、集解本注「謂」下無「爲」字，景宋本、王溥本、朱本、茅本、葉本、汪本同藏本。

〔三〕【用韻】「動、往、像」東陽合韻。

【高注】以爲不如或人之言，嘗問之於聖人矣。

【箋釋】雙棣按：「嘗試問之」，爲作者設問之辭。注謂「嘗問之於聖人」，非淮南之意。

〔四〕【高注】言五人可謂聖人邪，有論者何能廢其道也。

【箋釋】雙棣按：「有論者必不能廢」，謂有論者必不能否定其爲聖人也，注謂廢其道，非是。

〔五〕【高注】言不得無爲也。

【用韻】「觀、明」元陽合韻。

〔六〕【高注】害，患也。

【箋釋】莊逵吉云：太平御覽引「蚘」作「蚌」。○王念孫云：「疾病」本作「疹病」，後人誤讀疹爲瘡疹之疹，以「疹病」二字爲不類，故改爲「疾病」，而不知此疹字即疢疾之疢，非瘡疹之疹也。小雅小弁篇及左傳成六年、哀五年釋文並云：「疢，或作疹。」廣雅音云：「疢，今疹字也。」襄二十三年左傳「季孫之愛我，疾疢也」，吕氏春秋長見篇引此「疢」作「疹」。文選思玄賦「思百憂以自疹」，後漢書張衡傳作「疢」。小雅小宛釋文引韓詩云：「疹，苦也。」越語云：「疾疹貧病。」是疹與疢同也。史記貨殖傳正義、太平御覽皇王部三、資産部三、鱗介部十三引此，並作「疹病」，是其證。又泰族篇「以調陰陽之氣，以合四時之節，以辟疾病之菑」，亦是本作「疾疹」，而後人改爲「疾病」也。（太平御覽治道部五引此已誤。）文子上禮篇作「疾疢之災」，是其證。○楊樹達云：蚘，説文作「蚌」。○鄭良樹云：「蚘、蚌」同，永樂大典一三一九四引作「蚌」。史記貨殖列傳正義引此「蠃蚌」作「蠃蛙」，蓋異本也。又王校是也。永樂大典引此，「疾」亦作「疹」。○于大成云：文選曹大家東征賦注，御覽七十八、八百二十三，萬卷菁華五引並作「蚌」，是本字。「蠃蚌」連文，本書習見。史記正義引「蚌」作「蛙」，「蛙」即「蚌」字之誤。又萬卷菁華五引，「疾」亦作「疹」。○何寧云：史記貨殖列傳正義引「害」作「患」。御覽八百二十三引同。又引高注：「患，害。」疑今本誤。

【用韻】「實、害」質月合韻。

〔七〕【高注】菽、麥、黍、稷、稻也。

【版本】景宋本、茅本、汪本、張本、黄本、莊本、集解本「植」作「種」，餘本同藏本。

【箋釋】王叔岷云：御覽七八引「植」作「種」。○鄭良樹云：事物紀原九引「植」亦作「種」。○于大成云：文選左太沖蜀都賦善注、北堂書鈔十、類林八引「植」亦並作「種」。

〔八〕【高注】相，視也。燥，乾也。墝，埆。高，陵也。下，隰也。

【箋釋】莊逵吉云：太平御覽作「相土地之宜」。○陳昌齊云：各本俱作「相土地宜燥濕肥墝高下」，惟道藏本「宜」上有「之」字。愚以爲皆誤也。據文當衍「宜」字，存「之」字。○王念孫云：「宜」上脱「之」字，太平御覽皇王部三引此，有「之」字。○劉文典云：御覽八百二十三引，「宜」作「原隰」，當是異本。○何寧云：王説是也，然猶有未善，「相土地之宜」，與下句「燥濕肥墝高下」義不相屬，「之宜」二字宜在「燥濕肥墝高下」下。不然，則六字累矣。泰族訓「察陵陸水澤肥墝高下之宜」，與此同一句式，是其證。

〔九〕【版本】莊本、集解本「避」作「辟」。

【用韻】「下、苦」魚部。

〔一〇〕【高注】此神農之爲也。

【箋釋】王念孫云：「遇」字後人所加。太平御覽皇王部三、資産部三、百卉部一及寇宗奭本草衍義序例引此，並作「一日而七十毒」，無「遇」字。路史禪通紀同。○鄭良樹云：記纂淵海九一、事物紀原七、事文類聚後集三二、永樂大典一三一九四引此，並作「一日而七十毒」，可證王說。○于大成云：事類賦注二四、本草嘉祐補注總序、爾雅翼序王應麟釋、漢書藝文志考證十、萬卷菁華五引，亦並無「遇」字。

〔一一〕【高注】言雖役使其民，必加仁愛遇之，如己之子弟也。

〔一二〕【高注】沃民，西方之國。黑齒，東方之國。陰氣所聚，故曰幽都，今鴈門以北是。交趾，南方之國。四者遠裔，不覩聖人之化，故親往行教導，撫之以仁義也。

【用韻】「弟、齒、趾」脂之合韻。

〔一三〕【高注】放，棄也。讙兜，堯佞臣也。崇山，南極之山。三苗，蓋謂帝鴻氏之裔子渾敦，少昊氏之裔子窮奇，縉雲氏之裔子饕餮，三族之苗裔，故謂之三苗。三危，西極之山名。一曰：放三苗國民於三危也。

【版本】藏本注無「崇山」二字，莊本、集解本有，今據補，景宋本、王溥本有「崇」字，無「山」字，朱本、茅本、葉本、汪本同藏本。

〔一四〕【高注】堯時有共工官。鯀，禹父，爲治水績用不成，堯殛之。羽山，東極之山。是則堯之爲。

洪範曰：「鯀則殛死。」然則渾敦、窮奇、饕餮生至四裔可知也。

〔一五〕【箋釋】劉文典云：御覽百八十七引，「室」作「宫」。

【用韻】「屋、穀」屋部。

〔一六〕【箋釋】劉文典云：初學記居處部、白帖十一引「室」下並有「此其始也」四字。御覽百八十七引亦有「始也」二字。○蔣禮鴻云：初學記諸書多出之字，乃高注誤闕併入正文者，其文當曰「此舜之爲也」。淮南歷敘五聖，而高氏注之曰：此神農之爲也，是則堯之爲，是禹之所爲也，是湯爲之也，獨舜下無注，則「此其始也」即注説舜事之誤文可知。草書「始、爲」二字相似，故致誤耳。

【用韻】「穴、室」質部。

〔一七〕【高注】三苗之國在彭蠡，舜時不服，故往征之。書曰：「舜陟方乃死。」時舜死蒼梧，葬於九嶷之山，在蒼梧馮乘縣東北，零陵之南千里也。

【版本】莊本、集解本注「嶷」作「疑」，餘本同藏本。

【箋釋】雙棣按：注引書見舜典。

【用韻】「苗、梧」宵魚合韻。

〔一八〕【高注】禹勞力天下，不避風雨，以久雨爲沐浴。扶風，疾風，以疾風爲梳槐也。

【版本】王溥本、王鎣本、朱本、葉本、吴本「櫛」上有「梳」字，餘本同藏本。藏本注下「疾風」上「以」字在上「疾風」上，景宋本、王溥本、朱本、茅本、汪本、莊本、集解本「以」字在下「疾風」上，今據改，葉本同藏本。藏本注「槐」作「棍」，景宋本、茅本、汪本、莊本、集解本作「槐」，今據改，王溥本、朱本作「櫛」，葉本同藏本。

【箋釋】莊逵吉云：中立四子本作「沐浴霪雨，梳櫛扶風」。太平御覽引無「浴」、「梳」二字。○王念孫云：「沐」下本無「浴」字，此涉高注「沐浴」而誤衍也。沐霪雨，櫛扶風，相對爲文，多一「浴」字，則句法參差矣。（劉本又於「櫛」上加「梳」字，以對沐浴，尤非。）藝文類聚帝王部一、太平御覽皇王部七、文選謝朓和王著作八公山詩注引此，皆無「浴」字。莊子天下篇「禹沐甚雨，櫛疾風」，此即淮南所本。○俞樾云：「浴」字衍文，王氏念孫已訂正矣。「扶」字疑即「疾」字之誤。隸書「疾」字或作「[illegible]」，見圉令趙君碑，「扶」字作「[illegible]」，見桐栢廟碑，兩形相似，故誤耳。○陶方琦云：御覽九引許注：「扶風，奔風。」按：「扶」乃「疾」字，藝文類聚引淮南作「櫛疾風」，是許本也。周禮考工記「忿執以奔」，注：「奔，猶疾也。」莊子正作「疾風」。許作「疾風」，與高作「扶風」正異。覽冥訓「降扶風」，高注：「扶風，疾風也。」（劉子知人篇「櫛奔風」，即用許注義。）○

吕傳元與陶説同，高本作「扶風」，許本作「疾風」。○王叔岷云：劉子知人篇「禹櫛奔風，沐驟雨」，路史夏后氏紀「禹纚長風，沐甚雨」，文並相對，亦可證此文「浴」字涉高注而衍。○于大成云：御覽天部九引，「沐」下亦無「浴」字，王校是也。○雙棣按：俞氏謂扶爲疾字之誤。恐未必。倘作「疾風」，則高氏不得再注以疾風。覽冥篇亦有「扶風」，高亦注「疾風」。或如陶説，許本作「疾風」，高本作「扶風」。

〔一九〕【高注】決巫山，令江水得東過，故言決。疏道河，東注于海，故言疏。龍門本有水門，鯆魚遊其中，上行得上過者，便爲龍，故曰龍門。禹闢而大之，故言鑿。伊闕，山名，禹開截山體，令伊水得北過，入雒水，故言闕也。

【版本】莊本、集解本注「決巫山」至「故言疏」，在上文「疏河」下，景宋本、王溥本、朱本、葉本同藏本。藏本注「疏道」下無「河」字，王溥本有「河」字，今據補，景宋本、朱本、葉本、莊本、集解本同藏本。景宋本、茅本、汪本、莊本、集解本注「鯆」作「鰫」，王溥本作「鯉」，朱本、葉本同藏本。莊本、集解本注「雒」作「洛」，「言」作「曰」，餘本同藏本。

【箋釋】莊逵吉云：鰫，一本作鯆字。○吴承仕云：鰫、鯆並非也。字當爲「鮪」。形近誤爲「鯆」，轉寫爲「鰫」，遂誤爲本無之字矣。汜論篇注云：「鮪，大魚，長丈餘，仲春二月，從西河上，得過龍門，便爲龍。先師説云。」漢書注、水經注説並同。此字當作鮪之證。御覽九百三十六引此注正作「鮪」。○蔣禮鴻與吴説同。○雙棣按：藏本注「疏道」下脱「河」字。上言「決巫山，令江水得東過，故言決」，乃釋「決江」之意。此云「疏道（讀與導同）河，東注于海，故言疏」，乃釋「疏河」之意。無「河」字，則文義不明。王溥本補「河」字，是也，今從之。

〔二〇〕【高注】脩，治也。彭蠡，澤名，在豫章彭澤縣西。防，隄。四載，山行用虆，水行用舟，陸行用車，澤行用萉。隨，循也。栞，石刊識之。四海之內凡萬國，禹定千八百國。是禹之所爲也。

【版本】莊本、集解本注「刊」作「栞」，王溥本、朱本、茅本、葉本、汪本、張本、黄本同藏本，景宋本作「判」。

【箋釋】吴承仕云：書咎繇謨、禹貢並有此語，今古文家所同，無以栞木爲栞石者。今注作「石」，不審其何緣致譌。○楊樹達云：吴誤讀高注，因疑其譌，其説非也。注首云「栞」者，出正文。「石栞識之」，則詳釋栞之事。「石栞識之」猶云以石栞識之，漢人注簡，略以不言耳。○馬宗霍云：「乘四載，隨山栞木」二語見尚書咎繇謨。僞孔傳云：「所載者四：謂水乘舟，陸乘車，泥乘輴，山乘樏。」説文木部欙字下引「虞書曰：『予乘四載。』水行乘舟，陸行乘車，山行乘欙，澤行乘𨊻」。「樏」爲「欙」之隸省。「輴」爲「𨊻」之別體。泥猶澤也。是僞孔傳即用許説。閻若璩謂「許所據古文尚書多十六字」。其實説文「水行乘舟」以下云云，蓋亦自古相傳書説，所以釋四載者，故僞孔本之以爲傳，非古文尚書經文也。諸書説「四載」，水舟、陸車無異詞，餘二載各殊。史記夏本紀作「泥行乘橇，山行乘檋」。河渠書作「泥行蹈毳，山行即橋」。漢書溝洫志作「泥行乘毳，山行則梮」。孔穎達尚書疏引尸子作「山行乘樏，泥行乘蕝」，並可與本文高注相參。服虔、孟康、如淳、應劭、韋昭、徐廣諸家各執一解。孔疏所謂「古篆變形，字體改易，説者不同，未知孰是」。大抵異字同義，物一而名別也。「隨山栞木」一語又見禹貢。説文木部引作「栞木」，訓爲「槎識也」。「栞」即「栞」之古文。槎之義爲邪斫，槎識蓋即斫木爲號之意。史記夏本紀述咎繇謨作「行山栞木」，述禹貢作「行山表木」，司馬貞史記索隱云：「表木，謂刊木立爲表記。」則表猶識也。高注釋栞爲石栞識之，蓋謂以石栞而識之，似與正文「栞木」不相應，且他書亦未見有言栞之於石者，不審高注何所據也。

〔二〕【高注】早起夜寐，以思萬事，能得其精，故曰「以致聰明」。寬，猶富。野民曰氓也。

【箋釋】吴承仕云：寬不得訓富，以注校之，「寬」當爲「實」。説文：「實，富也。」哀公問鄭注云：「實，猶富也。」是其證。○馬宗霍云：本文「致」字當讀如論語學而篇「事君能致其身」之「致」。皇侃論語疏云：「致，極也。」又禮記王制篇「致好之者」鄭玄注、國語吴語韋昭注、又荀子榮辱篇「志意致修，德行致厚，智慮致明」楊倞注並云：「致，極也。」極與盡同。後漢書荀爽傳「曾子曰：人未有自致者」，李賢注云：「致，猶盡也，極也。」是其證。然則「心致聰明」，猶言以極盡其聰明也。高注「以思萬事，能得其精」，蓋以精字申「致」字。聰明主耳目言，思主心言。心爲五官之長，非極盡其思者，固不能得萬事之情。非收視返聽使耳目不旁騖者，則思亦莫能盡，收視返聽，即聰明之極致也。

〔三〕【高注】幼無父曰孤。孀，寡婦。雒家謂寡婦曰孀婦。

〔二三〕【版本】景宋本注下「曰」字作「爲」，餘本同藏本。

〔二四〕【用韻】「明、氓、窮、孀、行」陽冬合韻。

〔二五〕【用韻】「條、巢」幽宵合韻。

【高注】鳴條，地名。南巢，今廬江居巢是。譙，責。讓其罪過於歷山。歷山，蓋歷陽之山。是湯爲之也。

【版本】茅本、汪本、張本、黄本、莊本、集解本注「其」字作「夏桀之」三字，「於歷山」三字作「也」字，餘本同藏本。

【箋釋】吴承仕云：注「是湯爲之也」，當作「是湯之爲也」。上文注神農之爲，堯之爲，禹之所爲，句例同。

〔二六〕【高注】懈，惰也。

【版本】藏本注「惰」作「墮」，王溥本、張本、黄本、莊本、集解本作「惰」，今據改，朱本作「憧」，餘本同藏本。

〔二七〕【高注】言其輕也。

【箋釋】馬宗霍云：高注「輕」字指「一爵」言，於「知」字無釋。本篇下文「今使六子者易事而明弗能見者何」，彼注云：「見，猶知也。」又吕氏春秋自知篇「文侯不説，知於顔色」，高注云：「知，猶見也。」是見、知二字可互訓。尋墨子經説上「知也者，以其智過物而能貌之若見」，則「知」通於

「見」，蓋爲最古之義。本文「知」字亦當訓「見」。「不知於色」，猶言不見於色。蓋物之輕者舉之不覺力，故無難色見於面也。太平御覽四百六十九、七百六十一引淮南此文皆作「於邑」，「色、邑」形近，當由傳寫之譌。然四百六十九入「憂」條内，「於邑」與憂義相因，則誤作「於邑」，其來已久。蓋或校者不知「知」有「見」義，改「色」作「邑」，相承遂不悟耳。○蔣禮鴻、何寧與馬説同。○于大成云：藝文類聚七十三、御覽四百六十九、七百六十一引句首有「夫」字。

〔二八〕【高注】言其重也。

〔二九〕【版本】藏本「海」上脱「任」字，今據王念孫校補，各本同藏本。

【箋釋】王念孫云：「海内」上脱「任」字。藝文類聚人部四、雜器物部，太平御覽人事部一百一十、器物部六引此，皆有「任」字。○馬宗霍云：王説是。「羸」與「任」爲對文，義猶儋也。言儋天下之憂也。莊子庚桑楚篇「南榮趎羸糧七日七夜至老子之所」，陸德明釋文云：「羸音盈，案方言：『羸，儋也，齊楚陳宋之間謂之羸。』」是羸得訓儋之證。今方言卷七作「攍，儋也」。説文無「攍」字，古蓋假「羸」爲之。儋或從手作擔，亦説文所無也。

〔三〇〕【高注】遠，猶多也。

【版本】藏本「矣」作「也」，景宋本作「矣」，今據改，餘本同藏本。

【箋釋】劉台拱云：「也」當作「矣」。○劉文典云：「也」當爲「矣」，字之誤也。藝文類聚七十三、御覽七百六十一引，「也」並作「矣」，是其證。○雙棣按：二劉説是。景宋本正作「矣」，今據改。

〔三一〕【用韻】「賤、短」元部，「行、窮」陽冬合韻。

〔三二〕【高注】爲，治水。解，禱，以身爲質。解，讀解除之解。陽盱河，在秦地。

【版本】藏本正文及注「盱」作「眄」，莊本、集解本作「盱」，今據改，餘本同藏本。莊本、集解本注「在」上有「蓋」字，餘本同藏本。

【箋釋】王念孫云：「眄」爲「盱」之誤。參覽冥篇九二三頁注〔三〕。○楊樹達云：下句云「湯苦旱，以身禱於桑山之林。」注云：「桑山之林能興雲致雨，故禱之。」然則禹解於陽盱之河，亦必有故，而高不言。按穆天子傳云：「至於陽紆之山，河伯無夷之所都居。」陽紆即陽盱。然則禹解於此者，殆以河伯所居故耶。惟穆傳云「陽紆之山」，則此文「河」字殆誤，疑「河」字當作「阿」，形近誤爾。○馬宗霍云：酈道元水經注河水篇云：「山海經曰：『河水又出于陽紆陵門之山，而注于馮逸之山。』穆天子傳曰：『天子西征，至陽紆之山，河伯馮夷之所都居，是惟河宗氏。』淮南子曰：『昔禹治洪水，具禱陽紆。』蓋于此也。高誘以爲陽紆秦藪，非也。」據此，則陽盱即陽紆。酈駮高注，但亦未能實指陽紆究在何處，且山海經、穆天子傳所記多悠邈恍惚之詞，亦不可信也。

〔三三〕【高注】桑山之林，能興雲致雨，故禱之。

【版本】王溥本、葉本、吴本「湯」下有「之」字，餘本同藏本。

【箋釋】王念孫云：禹之爲水，蜀志郤正傳注、齊民要術序、文選應璩與岑文瑜書注、太平御覽皇王部七、禮儀部八引此，並無「之」字。「湯旱」，蜀志注、齊民要術序、文選注並引作「湯苦旱」，太平御覽引作「湯爲旱」。案：爲者，治也。水可言爲，旱不可言爲，作「苦旱」者是也。禹爲水、湯苦旱，相對爲文。今本「禹」下衍「之」字，「湯」下又脱「苦」字耳。（劉本作「湯之旱」，亦非。）「桑山之林」，蜀志注、齊民要術序、文選注引作「桑林之際」，太平御覽引作「桑林之下」。案：主術篇曰：「湯以身禱於桑林之際。」則作「際」者是也。今本作「桑山之林」者，涉注文而誤。（高注「桑山之林」，是解「桑林」二字，非正文本作「桑山之林」也。吕氏春秋順民篇「湯乃以身禱於桑林」，高注亦云：「桑林，桑山之林。」）○鄭良樹云：王校是也。玉海二一引作「禹爲水」，一百二引作「禹治水」，並無「之」字。○于大成云：藝文類聚十一、海録碎事二引，亦無「之」字。

〔三四〕【高注】悖，繆也。

【箋釋】王叔岷云：藝文類聚二十引「聖人」下有「之」字。○于大成云：蜀志注、御覽四百一、五百二十九引「聖人」下亦並有「之」字。

且古之立帝王者，非以奉養其欲也；聖人踐位者，非以逸樂其身也〔一〕。爲天下强掩弱，衆暴寡，詐欺愚，勇侵怯，懷知而不以相教，積財而不以相分，故立天子以齊一之〔二〕。爲一人聰明而不足以遍照海内，故立三公九卿以輔翼之〔三〕。絶國殊俗，僻遠幽閒之處，不能被德承澤，故立諸侯以教誨之〔四〕。是以地無不任，時無不應，官無隱事，國無遺利〔五〕，所以衣寒食饑，養老弱而息勞倦也〔六〕。

若以布衣徒步之人觀之，則伊尹負鼎而干湯〔七〕，呂望鼓刀而入周〔八〕，伯里奚轉鬻〔九〕，管仲束縛〔一〇〕，孔子無黔突，墨子無煖席〔一一〕。是以聖人不高山，不廣河，蒙恥辱以干世主〔一二〕，非以貪禄慕位，欲事起天下利而除萬民之害〔一三〕。蓋聞傳書曰：神農憔悴，堯瘦臞，舜黴黑，禹胼胝。由此觀之，則聖人之憂勞百姓甚矣〔一四〕。故自天子以下，至於庶人，四胑不動〔一五〕，思慮不用〔一六〕，事治求贍者〔一七〕，未之聞也。夫地勢，水東流，人必事焉，然後水潦得谷行〔一八〕。禾稼春生，人必加功焉，故五穀得遂長〔一九〕。聽其自流，待其自生，則鯀禹之功不立，而后稷之智不用〔二〇〕。

若吾所謂無爲者，私志不得入公道，嗜欲不得枉正術，循理而舉事，因資而立〔功〕，權自然之勢，而曲故不得容者〔二一〕，政事成而身弗伐〔二二〕，功立而名弗有〔二三〕，非謂其感而不應，攻而不動者〔二四〕。若夫以火熯井，以淮灌山，此用己而背自然，故謂之有爲〔二五〕。若夫水之用舟，沙之用肆，泥之用輴，山之用蔂〔二六〕，夏瀆而冬陂，因高爲田〔二七〕，因下爲池，此非吾所謂爲之〔二八〕。

校釋

〔一〕【高注】逸，安也。

〔二〕【高注】齊，等。一，同也。

【版本】藏本無「一」字，王溥本、王鎣本、葉本、吴本、莊本、集解本有「一」字，今據補，餘本同藏本。茅本、汪本、張本、黄本、莊本注無「一同」二字，景宋本、王溥本、葉本、集解本同藏本。

【箋釋】莊逵吉云：藏本無「一」字，葉本有，太平御覽引亦有。〇王叔岷云：文子自然篇作「故立天子以齊一之」，有「一」字。齊一，與下文「輔翼」、「教誨」文正相對。〇何寧云：「詐欺愚」，疑當作「智欺愚」，上下句强弱、衆寡、勇怯皆正反相對舉爲文，可以例此。

〔三〕【高注】輔，正也。翼，佐也。

【版本】景宋本「照」作「燭」，餘本同藏本。

〔四〕【高注】絶，遠。殊，異。能，猶及也。立，置，以爲遠國君。

【箋釋】王叔岷云：「絶國殊俗」上當有「爲」字，與上文「爲天下」、「爲一人」句法一律，文子正有「爲」字。

【用韻】「處、澤」魚鐸通韻，「翼、誨」之部。

〔五〕【高注】言官無隱病失職之事，以利民，故無所遺亡也。

〔六〕【版本】景宋本、葉本、莊本、集解本「饑」作「飢」，餘本同藏本。

〔七〕【高注】伊尹處於有莘之野，執鼎俎，和五味以干湯，欲其調陰陽，行其道。詩云「實惟阿衡，實左右商王」是也。

【版本】莊本、集解本注「欲」下無「其」字，「云」作「曰」，景宋本、王溥本、朱本、葉本同藏本。

【箋釋】雙棣按：注引詩見商頌長發。

〔八〕【高注】吕望，姜姓，四嶽之後。四嶽佐禹治水有功，賜姓曰姜氏，有吕望其後，居殷，乃屠於朝謌，故曰鼓刀入周。自殷而往，爲文王太師，佐武王伐紂，成王封之於齊也。

【版本】莊本、集解本注「嶽」作「岳」，景宋本、王溥本、朱本、葉本同藏本。莊本、集解本注下「吕望」上無「有」字，景宋本同藏本，王溥本、朱本「有」作「曰」，葉本作「者」。景宋本、王溥本、朱本、莊本、集解本注「謌」作「歌」，葉本同藏本。

〔九〕【高注】伯里奚，虞臣，自知虞公不可諫而去，轉行自賣於秦，爲穆公相而秦興也。

【版本】汪本、張本、黄本、莊本、集解本「伯」作「百」，餘本同藏本。莊本、集解本注「伯」作「百」，景宋本、王溥本、朱本、葉本同藏本。

〔一〇〕【高注】管仲傅相齊公子糾，不死子糾之難而奔魯，束縛以歸齊，桓公用之而霸也。

【版本】莊本、集解本注「霸」作「伯」，景宋本、王溥本、朱本、葉本同藏本。

〔一一〕【高注】黔，言其突竈不至於黑，坐席不至於温，歷行諸國，汲汲於行道也。

【版本】藏本正文及注「黔」作「默」，王溥本、王鎣本、朱本、茅本、汪本、張本、黄本（注無黔字）、莊本、集解本作「黔」，今據改，景宋本同藏本，葉本作「墨」。汪本、張本、莊本、集解本正文及注「突」作「罙」，餘本同藏本。藏本注下「於」字作「施」，景宋本、茅本、汪本、張本、黄本、莊本、集解本作「於」，今據改，餘本同藏本。

【箋釋】莊逵吉云：罙音深，俗本作「突」字，誤。〇蔣超伯云：後漢書蘇竟傳注作「孔席不煖，墨突不黔」，杜詩亦云「賢有不黔突，聖有不煖席」，今本「孔、墨」二字誤倒，當互易之。莊氏謂「突」當作「罙」，鑿矣。〇鄭良樹云：天中記二七引此二句作「墨子無黔突，孔子無煗席」，文選班固答賓戲曰「聖喆之治，棲棲遑遑，孔席不煖，墨突不黔」，韓愈争臣論「孔席不暇煖，墨突不得黔」，並以「煖席」爲孔子，「黔突」爲墨子，與天中記引同。〇于大成云：文子自然篇與此文同。劉子惜時篇「仲尼栖栖，突不暇黔；墨翟遑遑，席不及暖」，亦用淮南文，知淮南本以黔突屬孔，煖席屬墨也。藝文類聚二十、八十，御覽四百一，杜甫送率府程録事還鄉詩蔡箋，蘇軾磻溪石詩趙此公注引，並與今本同。自班固到用其文，後人習於班文，遂以孔、墨互易，若趙岐孟子章指、庾信陝州五張寺碑、長短經是非篇、蘇軾磻溪石詩、書言故事古今喻類及杜詩、韓文皆然。注家因文作注，亦或改易其文以就正文，故善注答賓戲引文子、蔡箋老杜發同谷縣詩引文子亦以孔、墨互易也。蘇竟傳注乃引答賓戲之文，尤不當據以校淮南。蔣、鄭説並非。〇雙棣按：注首「黔」字，疑爲衍文。「言其突竈不至於黑，坐席不至於温」云云，是串解正文「孔子無黔突，墨子無煖席」，非單釋一「黔」字。「言」爲串解之辭，乃訓詁常例。且突竈與坐席相對爲文，不得只一「黔」字。莊謂「突」作「窔」，誤。參人間篇二四六三頁注〔三〕。

【用韻】「縛、席」鐸部。

〔二〕【箋釋】王念孫云：藝文類聚、太平御覽引此，「主」下有「者」字。○王叔岷云：天中記二七引「主」下亦有「者」字。

〔三〕【高注】聖人蓋謂禹、稷，不以山爲高，不以河爲廣，言必踰渡之。事，治也。

【箋釋】王念孫云：「事起天下利」，本作「事天下之利」，故高注云「事，治也」。今本「利」上脱「之」字，其「事」下「起」字，則後人依文子加之也。事天下之利，除萬民之害，相對爲文，「事」下不當有「起」字。藝文類聚人部四、太平御覽人事部四十二、七十二引此，並作「欲事天下之利，除萬民之害也」，是其證。○楊樹達云：王校「利」上補「之」字，是也。而校删「起」字，則非是。「欲事起天下之利而除萬民之害」，謂欲從事於「起天下之利，除萬民之害」也。「事」字統起利、除害兩事爲言，如王説，非原文立言之旨矣。泰族篇云：「今不知事修其本而務治其末。」韓非子解老篇云：「務致其福則事除其禍，事除其禍則思慮熟。」「事修其本」、「事除其禍」，與此語例正同。○于省吾云：王謂今本「利」上脱「之」字，是也。王每依文子以改本書，而此「起」字，謂爲後人依文子加之，是不得其解而爲意説也。至類書輾轉相抄，衍奪互同，尤不足據。按：注訓「事」爲「治」，非也。「事、使」金文同字。上言「是以聖人不高山，不廣河，蒙恥辱以干世主，非以貪禄慕位」，故此接以「欲使起天下之利而除萬民之害」，使謂使世主爲之也。利言「起」而害「除」，正相對爲文。○于大成云：「起」字非衍文，文子有，長短經是非篇亦有，可證也。于、楊説是，王説非。「利」上當有「之」字，文子、長短經並有，王説是也。「事」字楊説是，于説非。又「害」下當有「也」字，類聚、御覽並有，文子亦有。

【用韻】「位、害」物月合韻。

〔一四〕【高注】甚，重也。

【版本】藏本「此」誤作「以」，除葉本同藏本外，各本均作「此」，今據改。

【箋釋】劉文典云：「百姓」下當有「亦」字，而今本敚之。藝文類聚二十、御覽四百一引，並作「則聖人之憂勞百姓亦甚矣」。○王叔岷云：齊民要術序引「甚」上亦有「亦」字。○于大成云：齊民要術序引「黴」作「黎」，長短經同，文子亦作「黧」。

〔一五〕【版本】王鎣本、朱本「胑」作「肢」，餘本同藏本。王溥本、王鎣本、吴本「動」作「勤」，餘本同藏本。

【箋釋】顧廣圻云：「不動」當作「不勤」。○王叔岷云：齊民要術引「動」作「勤」，文子亦作「勤」。「動」即「勤」之誤。原道篇「四支不勤」，「勤」亦誤「動」，王念孫有説。○雙棣按：説文：「胑，體四胑也。肢，胑或從支。」胑爲肢體本字，肢爲胑之或體。

〔一六〕【用韻】「動、用」東部。

〔一七〕【版本】莊本、集解本「贍」作「澹」，餘本同藏本。

〔一八〕【高注】水勢東流，人必事而通之，使得循谷而行也。

【版本】景宋本、張本、黄本、莊本、集解本注「水勢」下有「雖」字，餘本同藏本。

【箋釋】俞樾云：循谷而行謂之谷行，甚爲不辭。且水注谿曰谷，水之東流豈必循谷而行乎？於義亦不可通。「谷」疑「沿」字之誤。「沿」字缺壞，止存右畔之「㕣」，因誤爲「谷」矣。荀子禮論篇、榮辱篇楊倞注並曰：「沿，循也。」然則沿行者，循行也。高注本作「循沿而行」，蓋以循訓沿耳。又下文説申包胥事曰：「於是乃嬴糧跣足，跋涉谷行。」夫申包胥自楚至秦，非必行於谷中。且其下説所經歷之地，曰峭山，曰深谿，曰川水，曰津關，乃獨以「谷行」二字冠之，則於文轉爲不備矣。「谷」亦「沿」字之誤，沿亦循也。申包胥恐爲吴軍所得，不敢從正路，循沿邊際而行，故曰沿行。楚策載此事，曰「於是嬴糧潛行」，是其義也。○馬宗霍云：高注釋「谷行」爲「循谷而行」，固未盡善。俞氏謂谷爲「沿」之誤字，亦非也。説文谷部云：「泉出通川爲谷。」引申之，則谷有通義。從谷之字，如「䜿」訓「通谷也」，「容」訓「深通川也」，𨸏部「䜿」之古文從谷作「𧮫」，訓「通溝也」，皆谷有通義之證。然則「水潦得谷行」者，猶言水潦得通行也。又案：水之通行必由地中，谷亦有中義。老子第六章「谷神不死」，陸德明釋文云：「谷，中央無者也。」是其證。水由地中行謂之谷行，於義尤順。由此義而廣之，谷又有潛伏之義。易井卦九二爻辭「井谷射鮒」，虞翻注云「巽爲谷」。同人卦九三爻辭「伏戎于莽」，虞注又云「巽爲伏」，是谷與伏可通也。淮南本篇下文説申包胥事曰：「於是乃贏糧跣足，跋涉谷行。」此之「谷行」，猶言伏行。楚策載此事曰「於是贏糧潛行」，又谷與潛相通之證。伏猶潛也。蓋申包胥欲避吴軍耳目，故潛伏而行耳。俞氏乃謂此谷字亦沿字之誤，若如其説作「跋涉沿行」，更不辭矣。○蔣禮鴻云：「地勢水東流」當作「水勢東流」，與下文「禾稼春生」正相對。高注可證。

〔一九〕【高注】加功，謂是藨是蓘，耘耔之也。遂，成也。

【版本】藏本「五」壞作「王」，各本均作「五」，今據正。藏本注「耔」作「籽」，景宋本、莊本、集解本作「耔」，今據改，王溥本、朱本、葉本同藏本。

【箋釋】雙棣按：左傳昭公元年：「譬如農夫，是穮是蓘。」杜注：「穮，耘也。壅苗爲蓘。」注引藨字，即穮字之借。小雅甫田云：「今適南畝，或耘或耔。」毛傳：「耔，雝本也。」穮蓘即耘耔也。

【用韻】「行、長」陽部。

〔二〇〕【箋釋】王叔岷云：鯀治水無功，不當與其子禹並稱，「鯀禹」本作「大禹」，齊民要術種穀第三引此正作「大禹」。○向承周與王説同。

〔二一〕【高注】曲故，巧詐。

【版本】藏本「立」下脱「功」字，今據王念孫、劉台拱校補，各本同藏本。

【箋釋】王念孫云：「因資而立」下脱一字，當依文子自然篇作「因資而立功」，「立功」與「舉事」相對爲文。氾論篇曰：「聖人隨時而動静，因資而立功。」説林篇曰：「聖人者隨時而舉事，因資而立功。」皆其證也。事、功二字承上文「必事」、「必加功」言之。下文「事成」、「功立」又承此文言之。今本脱「功」字，則既與上句不對，又與上下文不相應矣。「權自然之勢」，當依文子作「推自然之勢」，字之誤也。原道篇曰：「天下之事，不可爲也。因其自然而推之。」主術篇曰：「推不可爲之勢，而不循道理之數。」高注：「推，行也。」今本「推」作「權」，則非其指矣。○劉台拱謂「立」下脱「功」字，與王説同。○于大成云：王説是也。日本寶曆本文子江忠圖序引此文，字正作「推」。彼邦於我舊籍，多有古本，江氏所引，可證王説。

【用韻】「功、容」東部。

〔二二〕【高注】伐，自矜大其善。

【版本】藏本「事」下無「成」字，王溥本、王鎣本、朱本、汪本、張本、吴本、黄本、莊本、集解本有「成」字，今據補，餘本同藏本。王溥本、王鎣本、汪本、張本、吴本、黄本、莊本、集解本無「政」字，餘本同藏本。朱本無「事」字。

【箋釋】王念孫云：「事」下脱「成」字，劉依文子補入，是也。「政」當爲「故」，字之誤也。「故事成而身弗伐，功立而名弗有」，乃結上之詞，劉不審文義而删去「政」字，誤矣。

〔二三〕【高注】不名有其功也。

〔二四〕【箋釋】王引之云：「攻」當爲「故」。故，今迫字也，故文子作「迫而不動」。原道篇云：「感則能應，迫則能動。」（舊本感迫二字互誤，辯見原道。）精神篇云：「感而應，迫而動。」莊子刻意篇云：「感而後應，迫而後動。」皆其證也。説文：「敀，迮也。」徐鍇曰：「迮，猶切近也。」玉篇曰：「敀，附也。」是古迫迮字本作「敀」，今諸書皆作「迫」，未必非後人所改也。此「敀」字若不誤爲「攻」，則後人亦必改爲「迫」矣。

【用韻】「應、動」蒸東合韻。

〔二五〕【高注】火不可以熯井，淮不可以灌山，而以用之，非其道，故謂之有爲也。

【箋釋】蔣禮鴻云：「淮」當作「甕」，字之誤也。論衡順鼓篇「夫大山失火，灌以壅水」，孫詒讓曰：「壅當爲甕，形聲之誤。」即其證也。○雙棣按：蔣説非是，此謂用己而背自然之事，非謂小不可以勝大，故與論衡文非一指，蔣引論衡以證此文「淮」當爲「甕」，甚爲無謂。高注闡發淮南之意甚明，「淮」字不誤。

【用韻】「山、然、爲」元歌通韻。

〔二六〕【版本】王鎣本、朱本、茅本、汪本、張本、吴本、黄本、莊本、集解本「肆」作「鳩」，景宋本、葉本同藏本。王溥本此字缺。

【箋釋】劉家立云：沈乙盦曰：道藏本作「沙之用鳩」，茅本作「沙之用肆」，「肆」乃「﨟」字之譌。齊俗篇「譬若舟車楯﨟」，彼注云：「沙地宜﨟。」即是據此爲説。文子自然篇「沙用﨟，泥用輴」，亦與此同。惟吕覽慎勢篇云：「沙用鳩。」後人少聞「﨟」字，即用彼改之。不知淮南、吕覽傳寫異辭，無事合而爲一。○雙棣按：劉引沈説謂道藏本作「鳩」，茅本作「肆」，誤，實爲道藏本作「肆」，茅本作「鳩」。謂作鳩者，蓋據呂覽改；「肆」爲「鴃」字之誤，皆是。馬敘倫云：「尗聲、九聲並在幽部，故或作鳩，或作鴃。」「鴃、鳩」相通，故不必改「鴃」爲「鳩」也。

〔二七〕【箋釋】王念孫云：「田」當爲「山」，字之誤也。「因高爲山」，所謂「爲高必因丘陵」也。若田則有高原下濕之分，不得但言因高矣。文子自然篇正作「因高爲山」。○劉台拱云：「田」當作「臺」。説山訓：「因高而爲臺，就下而爲池。」○雙棣按：王依文子改「田」爲「山」，非是。劉據説山改作「臺」，是也。臺、池皆人爲之物，故有因高、因下而爲，即順自然之勢也。山乃自然之物，無所謂爲，且與「池」非一類。王所謂「爲高必因丘陵」，非此文之指，不可混爲一談。

〔二八〕【高注】此皆因其宜用之，故曰非吾所謂爲，言無爲。

【用韻】「陂、池、爲」歌部。

聖人之從事也，殊體而合于理〔一〕。其所由異路而同歸，其存危定傾若一，志不忘于欲利人〔二〕。何以明之？

昔者，楚欲攻宋，墨子聞而悼之〔三〕。自魯趍而十日十夜，足重繭而不休息，裂衣裳裹足〔四〕，至於郢，見楚王〔五〕曰：「臣聞大王舉兵將攻宋，計必得宋而後攻之乎〔六〕？」忘其苦衆勞民〔七〕，頓兵剉鋭，負天下以不義之名，而不得咫尺之地，猶且攻之乎〔八〕？」王曰：「必不得宋，又且爲不義，曷爲攻之！」墨子曰：「臣見大王之必傷義而不得宋。」王曰：「公輸，天下之巧士，作雲梯之械，設以攻宋，曷爲弗取〔九〕？」墨子曰：「令公輸設攻，臣請守之。」於是公輸般設攻宋之械，墨子設守宋之備〔一〇〕，九攻而墨子九卻之，弗能入〔一一〕。於是乃偃兵，輟不攻宋〔一二〕。

段干木辭禄而處家，魏文侯過其閭而軾之〔一三〕。其僕曰：「君何爲軾？」文侯曰：「段干木在，是以軾〔一四〕。」其僕曰：「段干木，布衣之士，君軾其閭〔一五〕，不已甚乎？」文侯曰：「段干木不趍勢利，懷君子之道，隱處窮巷，聲施千里〔一六〕，寡人敢勿軾乎〔一七〕？段干木光于德，寡人光于勢；段干木富于義，寡人富于財〔一八〕。勢不若德尊，財不若義高。干木雖以己易寡人不爲〔一九〕。吾日悠悠慙于影〔二〇〕，子何以輕之哉！」其後，秦將起兵伐魏，司馬庾諫曰：「段干木賢者〔二一〕，其君禮之，天下莫不知，諸侯莫不聞，舉兵伐之，無乃妨於義乎〔二二〕！」於是秦乃偃兵，輟不攻魏。

夫墨子跌蹏而趍千里，以存楚宋〔二三〕；段干木闔門不出，以安秦魏。夫行與止也，其勢相反，而皆可以存國，此所謂異路而同歸者也〔二四〕。

今夫救火者，汲水而趍之，或以甕瓴〔二五〕，或以盆盂，其方員鋭橢不同，盛水各異，其於滅火，鈞也。故秦、楚、燕、魏之謌也，異轉而皆樂〔二六〕；九夷八狄之哭也，殊聲而皆悲，一也〔二七〕。夫謌者，樂之徵也；哭者，悲之效也〔二八〕。憤於中則應於外〔二九〕，故在所以感〔三〇〕。夫聖人之心，日夜不忘于欲利人，其澤之所及者，効亦大矣〔三〕。

校釋

〔一〕【高注】殊，異。體，行。理，道也。

【用韻】「事、理」之部。

〔二〕【版本】汪本、張本、黄本、莊本、集解本「于」作「於」，餘本同藏本。王溥本、王鎣本、葉本、汪本、張本、吴本、黄本、莊本、集解本「人」下有「也」字，餘本同藏本。

【用韻】「一、人」質真通韻。

〔三〕【高注】墨子，名翟，宋大夫。悼，傷也。

【版本】莊本注無「宋大夫」三字。

〔四〕【用韻】「夜、息、足」鐸職屋合韻。

〔五〕【高注】自，從。趍，走。郢，楚都也。今南郡江陵北里郢是也。

【箋釋】王念孫云：「趨而」下脱「往」字，北堂書鈔衣冠部三、太平御覽服章部十三、工藝部九引此，皆有「往」字，吕氏春秋愛類篇作「自魯往」，皆其證。「裂衣裳裹足」，衍「衣」字。太平御覽工藝部引此有「衣」字，亦後人依俗本加之。舊本北堂書鈔衣冠部「裳」下、（陳禹謨依俗本加「衣」字。）太平御覽服章部「裳」下引此，皆作「裂裳裹足」。吕氏春秋愛類篇同。文選廣絶交論

「裂裳裹足」，李善注引墨子公輸篇亦同。後漢書郅惲傳注引史記，亦云「申包胥足腫蹠盭，裂裳裹足」。（今見吴越春秋。）若云「裂衣裳裹足」，則累於詞矣。○吴承仕云：注「今南郡江陵北里郢是也」，當作「今南郡江陵北十里故郢是也」，説在説山篇。

〔六〕【用韻】「宋、攻」冬東合韻。

〔七〕【版本】王溥本、王鎣本、汪本、張本、黄本、吴本、莊本、集解本「忘」作「亡」，餘本同藏本。

【箋釋】于省吾云：「亡其」乃轉語，亡其猶抑其。景宋本改亡爲忘，失之。○馬宗霍云：「亡其」二字在本文爲轉語之詞，亡讀爲無，其猶乃也。「亡其」猶言「無乃」也。吕氏春秋愛類篇「必得宋乃攻之乎，亡其不得宋且不義猶攻之乎」，即淮南此文所本。戰國策韓策曰：「聽子之謁而廢子之道乎，又亡其行子之術而廢子之謁乎？」史記范雎傳「意者臣愚而不概於王心邪，亡其言臣者賤而不可用乎」，皆以「亡其」爲轉語之例。○雙棣按：「忘」與「亡」通。漢書武五子傳「子胥盡忠而忘其號」，師古曰：「忘，亡也。」史記孟嘗君列傳「所期物忘其中」，索隱曰：「忘者，無也。」于謂景宋本改「亡」爲「忘」，非也。

〔八〕【高注】頓，罷。剉，辱折。鋭，精。攻無罪之宋，故負天下以不義之名，猶且必攻也？

【版本】張本、黄本、莊本（並注）、集解本（並注）「剉」作「挫」，餘本同藏本。（王溥本正文作「剉」，注文作「剉」。）莊本注「宋」作「實」，景宋本、王溥本、朱本、葉本、集解本同藏本。

【箋釋】王念孫云：漢魏叢書本改「剉」爲「挫」，而莊本從之，非也。道藏本、劉本並作「剉」，太平御覽工藝部引此亦作「剉」，則舊本皆作「剉」，明矣。説文：「剉，折傷也。」莊子山木篇、吕氏春秋必己篇並云：「廉則剉。」（今本莊子作挫，釋文作剉，云「本亦作挫」。）高注吕氏春秋云：「剉，缺傷也。」經傳或作「挫」者，借字耳，後人多見挫，少見剉，遂改「剉」爲「挫」，謬矣。高注本訓「剉」爲「折」，今本「折」上有「辱」字，亦後人加。（此剉字訓爲折，不訓爲辱，後人熟於挫辱之語，故妄加辱字耳。）

〔九〕【高注】公輸，魯般號，時在楚。雲梯，攻城具，高長，上與雲齊，故曰「雲梯」。械，器。設，施也。

【版本】景宋本「作」下有「爲」字，餘本同藏本。

【箋釋】劉文典云：古書無言「巧士」者，「士」當爲「工」字之誤也。吕氏春秋愛類篇正作「公輸般，天下之巧工也」，慎大覽注同。○于大成云：劉校是也。孟子離婁上疏引此文正作「巧工」，集證本改作「巧工」，是也。

〔一〇〕【用韻】「械、備」職部。

〔一一〕【高注】入，猶下也。

【箋釋】劉文典云：「九攻」上疑脱「公輸般」三字。今本吕氏春秋愛類篇亦敚。御覽三百二十引，有墨子公輸篇「公輸盤九設攻城之機變，子墨子九距之」。御覽三百三十六引尸子「公輸九設攻城之具機變，墨子九拒之」。吕氏春秋慎大篇注「公輸般九攻之，墨子九却之」，皆其證矣。○于大成云：劉説近之，御覽七百五十二引「九攻」上有「公輸」二字，無「般」字。

〔一二〕【高注】輟，止也。

〔一三〕【高注】閭，里。周禮二十五家爲閭。軾，伏軾，敬有德。曲禮曰：「軾視馬尾。」又曰：「兵車不軾。」尚威武也。

【版本】藏本注「馬」誤「焉」，景宋本、王溥本、朱本、莊本、集解本作「馬」，今據改，葉本同藏本。

【箋釋】雙棣按：淮南此文本之呂氏春秋期賢篇。呂氏春秋注與此注同。周禮地官司徒云「五家爲比，五比爲閭」，故高注云「周禮二十五家爲閭」。禮記曲禮「軾」字作「式」。

〔一四〕【用韻】「在、軾」之職通韻。

〔一五〕【用韻】「士、閭」之魚合韻。

〔一六〕【高注】聲，名也。施，行也。

〔一七〕【高注】勿，無也。

【用韻】「里、軾」之職通韻。

〔一八〕【版本】汪本、張本、黄本、莊本、集解本四「于」皆作「於」，餘本同藏本。

【箋釋】郝懿行云：爾雅釋言云：「桄，充也。」郭璞注：「皆充盛也。」按：桄者，説文云：「充也。」通作光，釋文「桄，孫作光」。淮南脩務亦以光爲充也。光之爲言廣也。廣、光聲同，廣、充義近。故詩敬之傳：「光，廣也。」水經濟水注云「光里」，齊人言廣音與光同，即春秋所謂守之廣里者也。○范耕研、劉文典、馬敘倫、楊樹達、馬宗霍、陳奇猷與郝説同。

【用韻】「勢、義」月歌通韻，「德、財」職之通韻。

〔一九〕【高注】使干木之己賢，易寡人之尊，不肯爲之矣。

【版本】茅本、汪本、張本、黄本、莊本、集解本注末「矣」字作「也」。

【箋釋】吴承仕云：吕氏春秋期賢篇：「段干木未嘗肯以己易寡人也。」高注云：「謂以己之德，易寡人之處，不肯也。」此注疑當作「使干木以己之賢，易寡人之尊，不肯爲之也」，今本譌奪，不可讀。○何寧云：「干木」上當有「段」字。段干複姓。上下文段干木凡八見，無作「干木」者。注同。

〔二〇〕【高注】影，形影也。

〔二一〕【高注】庾，秦大夫也。或作唐。

【箋釋】畢沅云：古今人表有司馬庾，與魏文侯相接。○梁玉繩云：考戰國韓策秦有司馬康，史記韓世家作司馬庚，徐廣云：「一作唐。」形聲俱相近。然康在秦昭、韓襄之世，上距庾諫秦攻魏時幾百年，疑是二人。○雙棣按：吕覽期賢篇作司馬唐。

〔二二〕【用韻】「伐、義」月歌通韻。

〔二三〕【高注】趹，疾行也。踶，趍走也。

【箋釋】王引之云：書傳無訓「趹」爲疾行者。「趹」當作「趹」，（音決。）注當作「趹踶，疾行也。趨，走也」。（見説文。）今本「趹」字皆誤作「趹」，注内「踶」字又誤在「趨，走也」之上。廣雅：

「駃，奔也。」「趀，疾也。」「駃、趀」與「跌」通。玉篇：「跌，疾也。」下文「欶蹻跌步」，高彼注云：「跌，趣也。」（趣與趨同。）是疾行爲跌也。説文：「跌，踶也。」漢書武帝紀「馬或奔踶而致千里」，踶亦奔也。（顔師古誤訓踶爲蹋，辯見廣雅疏證。）踶、蹏古字通，（集韻「蹏，或作踶」。）是疾行又爲蹏也。合言之則曰跌蹏。古馬之善走者謂之駃騠，駃騠之言跌蹏也。疾行謂之跌蹏，故曰「跌踶而趨千里」。○于省吾云：跌蹏訓疾行，人之疾行而言跌蹏，他書無徵。兵略：「有蹏者跌。」跌通趀。説文：「趀，踶也。」即莊子馬蹄「怒則分背相踶」之踶也。此文「跌」字不誤。漢書楊雄傳「不知一跌將至赤吾之族也」，注：「跌，足失厝也。」「蹏」應讀作蹉跎之「跎」。易訟上九「終朝三褫之」，釋文：「褫，鄭本作拕。」説文：「褫，奪衣也。讀若沱。」人間：「拕其衣被。」錢大昕讀拕爲褫，「褫」之通「拕」，猶「蹏」之通「跎」也。文選西京賦注引廣雅：「蹉跎，失足也。」是跌跎均謂足之失據也。跌跎而趍千里，乃形容其奔趨之踣頓顛仆也。上言自魯趨而十日十夜，足重繭而不休息，裂衣裳裹足，故以跌跎爲言也。

〔二四〕【高注】異路，謂行與止也。同歸，謂歸於存國。

〔二五〕【箋釋】陶方琦云：史記高祖本紀集解引許注：「瓴，甕似缾者。」按：説文：「瓴，甕佀缾者。」訓正同。然晉灼所引單稱許君曰者，皆淮南注，故仍列入。

〔二六〕【高注】轉，音聲也。

【箋釋】陳昌齊云：文選謝朓和伏武昌登孫權故城詩注引，「魏」作「趙」。

〔二七〕【高注】東方之夷九種，北方之狄八類。

【版本】藏本「哭」誤作「天」，各本均作「哭」，今據改。

【箋釋】陶鴻慶云：「一也」上當有「所以感之」四字，下文云：「憤於中則應於外，故在所以感之矣。」正承此言。

〔二八〕【高注】徵，應也。效，驗也。

〔二九〕【高注】憤，發也。

【箋釋】雙棣按：高注誤，「憤」不當訓「發」，憤乃懣也，積也。說文：「憤，懣也。」論語述而：「不憤不啟，不悱不發。」國語周語上：「陽癉憤盈，士氣震發。」韋昭注：「憤，積也。」本書俶真篇：「繁憤未發。」高注：「繁憤，衆積之貌。」繆稱篇：「含而弗吐，憤而不萌者，未之有也。」齊俗篇：「哭之發於口，涕之出於目，此皆憤於中而形於外。」「憤」字皆爲懣積之義。

〔三〇〕【高注】感，發也。

【箋釋】俞樾云：「感」下本有「之矣」二字，傳寫脱之，則文義未完。文子精誠篇正作「故在所以感之矣」。

〔三一〕【高注】効，功也。

世俗廢衰，而非學者多〔一〕。人性各有所脩短，若魚之躍，若鵲之駁，此自然者，不可損益〔二〕。

吾以爲不然。夫魚者躍，鵲者駮也〔三〕，猶人馬之爲馬〔四〕，筋骨形體，所受於天〔五〕，不可變。以此論之，則不類矣〔六〕。夫馬之爲草駒之時，跳躍揚蹏，翹尾而走，人不能制〔七〕，齕咋足以噆肌碎骨，蹶蹏足以破盧陷匈〔八〕。及至圉人擾之，良御教之〔九〕，掩以衡扼，連以轡銜，則雖歷險超塹弗敢辭〔一〇〕。故其形之爲馬，馬不可化；其可駕御，教之所爲也〔一一〕。馬，聾蟲也〔一二〕，而可以通氣志，猶待教而成，又況人乎〔一三〕！

且夫身正性善，發憤而成仁，帽憑而爲義〔一四〕，性命可說，不待學問而合於道者，堯、舜、文王也〔一五〕；沈湎耽荒，不可教以道，不可喻以德，嚴父弗能正，賢師不能化者，丹朱、商均也〔一六〕；曼頰皓齒，形夸骨佳，不待脂粉芳澤而性可說者，西施、陽文也〔一七〕；啳睽哆噅，籧篨戚施，雖粉白黛黑弗能爲美者，嫫母、仳倠也〔一八〕。夫上不及堯、舜，下不及商均〔一九〕，美不及西施，惡不若嫫母，此教訓之所喻也〔二〇〕，而芳澤之所施〔二一〕。

且子有弑父者，然而天下莫疏其子，何也？愛父者衆也。儒有邪辟者，而先王之道不廢，何也？其行之者多也。今以爲學者之有過而非學者〔二二〕，則是以一（飽）〔餉〕之故，絶穀不食；以一蹪之難，輟足不行，惑也〔二三〕。今有良馬，不待冊錣而行〔二四〕；駑馬，雖兩錣之不能進；爲此不用冊錣而御，則愚矣〔二五〕。夫怯夫操利劍，擊則不能斷，刺則不能入；及至勇武，攘捲一擣，則摺脅傷幹〔二六〕；爲此棄干將、鏌邪而以手戰〔二七〕，則悖矣。所爲言者〔二八〕，齊於衆而同於俗。今不稱九天之頂，則言黄泉之底〔二九〕，是兩末之端議，何可以公論乎〔三〇〕？夫橘柚冬生，而人曰冬死，死者衆；薺麥夏死，人曰夏生，生者衆多〔三一〕。江河之回曲，亦時有南北者，而人謂江河東流；攝提、鎮星、日月東行，而人謂星辰日月西移者，以大氐爲本〔三二〕。胡人有知利者，而人謂之駤〔三三〕；越人有重遟者，而人謂之訬〔三四〕；以多者名之。

若夫堯眉八彩，九竅通洞，而公正無私〔三五〕，一言而萬民齊〔三六〕；舜二瞳子，是謂重明〔三七〕，作事成法，出言成章〔三八〕；禹耳參漏，是謂大通〔三九〕，興利除害，疏河決江〔四〇〕；文王四乳，是謂大仁〔四一〕，天下所歸，百姓所親〔四二〕；皋陶馬喙，是謂至信〔四三〕，決獄明白，察於人情〔四四〕；禹生於石〔四五〕；契生於卵〔四六〕；史皇産而能書〔四七〕；羿左臂脩而善射〔四八〕。若此九賢者，千歲而一出，猶繼踵而生〔四九〕。今無五聖之天奉〔五〇〕，四俊之才難〔五一〕，欲棄學而循性〔五二〕，是謂猶釋船而欲蹷水也〔五三〕。夫純鈞、魚腸之始下型，擊則不能斷，刺則不能入〔五四〕，及加之砥礪，摩其鋒𠜂，則水斷龍舟〔五五〕，陸剸犀甲〔五六〕；明鏡之始下型，矇然未見形容〔五七〕，及其粉以玄錫，摩以白旃，[則]鬢眉微毛可得而察〔五八〕。夫學，亦人之砥錫也，而謂學無益者，所以論之過〔五九〕。

校釋

〔一〕【高注】非者，不善之辭，故曰非也。

【箋釋】俞樾云：此下有闕文，或是「言」字，或是「曰」字，未敢臆補，下文「人性各有所脩短」云云，乃世俗非學者之説。意謂人性之自然者，非學所能損益也。「吾以爲不然」，則淮南自爲破之之説。○何寧云：吕氏春秋務本篇云：「人之議多曰。」有「曰」字，是其比。

【用韻】「衰、多」微歌合韻。

〔二〕【高注】推此揆之，故不欲學。

〔三〕【用韻】「躍、駮」藥部。

〔四〕【版本】王溥本、王鎣本、朱本（挖補）、茅本、葉本、汪本、張本、吴本、黄本、莊本、集解本下「馬」字上有「人」字，景宋本同藏本。

【箋釋】劉文典云：「猶人馬之爲人馬」，義不可通，疑本作「猶人之爲人，馬之爲馬」，下文高注「言人自爲人，馬自爲馬」，是其證。○楊樹達云：古書無以人馬連言者，疑犬馬形近之誤。○雙棣按：疑劉説是。景宋本、道藏本無下「人」字，尚可見脱誤痕跡。疑「猶人」下脱「之爲人」三字。劉績不知脱此三字，而於下「馬」字上補「人」字，以成不辭，諸本不察，亦皆承其誤。

〔五〕【用韻】「體、天」脂真通韻。

〔六〕【高注】言人自爲人，馬自爲馬，不相類也。

【用韻】「論、類」文物通韻。

〔七〕【高注】馬五尺以下爲駒，放在草中，故曰草駒。翹，舉也。制，禁也。

【箋釋】梁玉繩云：馬牝爲草馬，日知録言之甚詳，此解未及。○楊樹達云：説文云：「趬，舉足也。」引申義但爲舉。翹爲同音假借字。○雙棣按：此草駒當指馬未馴化前之野性狀態，非謂牝馬也。

〔八〕【高注】咋，齧也。嚼，穿也。

【箋釋】馬宗霍云：盧，蓋爲顱之借字。説文云：「顱，頊顱，首骨也。」是其義也。漢書武五子傳贊「頭盧相屬於道」，顔師古云：「盧，頟骨也。」即「盧」通作「顱」之證。

〔九〕【高注】圉，養馬官。擾，順也。

【用韻】「擾、教」幽宵合韻。

〔一〇〕【版本】藏本無「超」字，景宋本、茅本、汪本、張本、吴本、黄本、莊本、集解本有「超」字，今據補，餘本同藏本。

【箋釋】王念孫云：「則雖歷險塹弗敢辭」，「險」與「塹」不同義，諸書亦無以「險塹」連文者。御覽工藝部三、獸部八引此，並作「歷險超塹」是也。超，越也。○劉文典云：御覽八百九十六引，「辭」下有「也」字。七百四十六引，「超」作「趨」，「弗敢辭」作「弗敢違戾」。○于大成云：事類賦注二十一引，亦有「超」字。○雙棣按：「掩以衡扼」，猶莊子馬蹄篇「加之以衡扼」，掩亦猶加之也。扼，通軛，説文作「軶」，云：「轅前也。」衡爲車轅前端之横木，軛爲車衡下套牛馬頭上之曲木。

〔一一〕【用韻】「馬、御」魚部，「化、爲」歌部。

〔一二〕【高注】蟲，喻無知也。

【版本】張本、黄本、莊本注無「蟲喻」二字，餘本同藏本。

【箋釋】劉文典云：御覽八百九十六引注，「蟲喻」作「聾蟲」。○王叔岷云：「蟲」不得言「喻無知」，注「蟲」上當有「聾」字。御覽引「蟲」上有「聾」字，「蟲」下脱「喻」字，非引「蟲喻」作「聾蟲」也。「聾」乃有無知之義，説林篇「雖聾蟲而不自陷，又況人乎」，高注：「聾，無知也。」○于大成云：事類賦注引亦作「聾蟲無知也」，與御覽同。

〔一三〕【用韻】「成、人」耕真合韻。

〔一四〕【高注】悄憑，盈滿積思之貌。

【版本】藏本「成」下無「仁」字，王溥本、王鎣本、朱本（挖補）、茅本、汪本、張本、吴本、黄本、莊本、集解本有，今據補，餘本同藏本。王鎣本、茅本、汪本、莊本、集解本正文及注「帞」作「帽」，餘本同藏本。

【箋釋】王念孫云：「帞」當爲「悄」，字之誤也。廣雅曰：「悄恲，忼慨也。」（悄音謂。恲，普耕切。）惛恲與惛憑，聲近而義同。惛憑而爲義，猶言忼慨而爲義耳。楚辭離騷注云：「楚人名滿曰憑。」故高注云：「惛憑，盈滿積思之貌。」又離騷「喟憑心而歷茲」，王注云：「喟然舒憤懣之心。」喟憑與惛憑，義亦相近。

〔一五〕【高注】言有善性命可教説者，聖人不學而知之者，堯、舜、文王。詩云「不識不知，順帝之則」是也。

【版本】藏本無「也」字，除景宋本同藏本外，各本均有「也」字，今據補。

【箋釋】雙棣按：注引詩見大雅皇矣。

〔一六〕【高注】丹朱，堯子。商均，舜子。弗能化。詩云「誨爾諄諄，聽我邈邈」，是其類也。

【版本】藏本無「者」字，除景宋本同藏本外，各本均有「者」字，今據補。莊本、集解本注「邈」作「藐」。

【箋釋】雙棣按：注引詩見大雅抑，今本「邈」作「藐」。

〔一七〕【高注】曼頰，細理也。夸，弱。佳，好。性，猶姿也。西施、陽文，古之好女者也。

【版本】藏本注「夸」作「肌」，茅本、汪本、張本、黄本、莊本、集解本作「夸」，今據改，餘本同藏本。茅本、汪本、莊本、集解本注無「者也」二字，景宋本無「者」字，王溥本、朱本、葉本同藏本。

【箋釋】莊逵吉云：文選注引許慎注云：「陽文，楚之好人也。」與此略異。◯陶方琦云：文選七發注、辨命論注、御覽三百八十一引許注：「陽文，楚之好人也。」按：好人，美人也。許注多稱楚人，是其例。説文：「娭，色好也。」○于鬯云：夸者，夸毗也。爾雅釋訓云：「夸毗，體柔也。」累言夸毗，單言但曰夸。○劉文典云：藝文類聚十八引，作「曼容皓齒，形姱骨佳，不待傅粉芳澤而美者，西施、陽文也」。○楊樹達云：高訓夸爲弱，失其義。類聚引作「姱」，蓋讀「夸」爲「姱」，是也。楚辭禮魂云：「姱女倡兮容與。」王逸注云：「姱，好貌。」夸與佳，文異而義同。○于大成云：御覽三百八十一引「夸」亦作「姱」，「性可説」三字亦止作一「美」字，並引許慎注曰：「陽文，楚好女也。」文選枚叔七發注、劉孝標辯命論注亦引許慎曰：「陽文，楚之好人也。」然則藝文類聚所引，亦是許本，故同御覽。

〔一八〕【高注】啳，讀權衡之權，急氣言之。睽，讀夔。哆，讀大口之哆。嗚，讀楚薳氏之薳。籧篨，偃；戚施，僂；皆醜。嫫母、仳倠，古之醜女。嫫，讀如模範之模。仳，讀人得風病之靡。倠，讀近虺。仳倠，一説：讀曰莊維也。

【版本】藏本注「薳」作「籧」，景宋本作「薳」，今據改；莊本、集解本作「蔿」，王溥本、朱本、葉本同藏本。茅本、汪本、張本、黄本、莊本、集解本注「偃」下、「僂」下均有「也」字，餘本同藏本。茅本、汪本、張本、黄本、莊本、集解本注上「醜」字下有「貌」字，餘本同藏本。

【箋釋】孫詒讓云：靡無風病之義，注「靡」當作「痱」。説文云：「痱，風病也。」○劉文典云：詩新臺傳：「籧篨，不能俯者。戚施，不能仰者。」御覽蟲豸部引薛君章句云：「戚施，蟾蜍，喻醜惡。」高注云「醜皃」，本韓詩説。韓與毛訓異，而意同也。晉語「籧篨不可使俯，戚施不可使仰」，又「戚施直鎛，籧篨蒙璆」，韋昭云：「籧篨，直者。戚施，瘁者。」亦與高説相近。又凡物之粗惡者曰籧篨。説文：「籧篨，粗竹席也。」方言：「簟，自關而西，其粗者謂之籧篨。」○楊樹達云：「唴」當爲「齤」之或字。説文齒部云：「齤，缺齒也。一曰曲齒。從齒，尖聲。讀若權。」高讀唴爲權衡之權，與許讀正合。「⿰月癸」當作「睽」，形近字誤也。説文目部云：「睽，目不相聽也。從目，癸聲。」哆，説文訓張口，高訓大口，與許説同。「喎」當爲「咼」之或作。説文疒部云：「咼，口咼也。從疒，爲聲。」又口部云：「咼，口戾不正也。」咼讀韋委切，與高讀蔿氏之蔿者亦合。○于省吾云：「唴」應讀作「顴」，從卷從雚字通，詩盧令「其人美且鬈」，箋：「鬈，讀當爲權。」玉篇女部：「婘同嬳。」是其證。廣雅釋詁：「⿰月癸，醜也。」説文：「哆，張口也。」文選辯命論注引通俗文：「喎，口不正也。」顴⿰月癸哆喎，言顴部醜陋，口大而不正也。○何寧云：疑「唴」應讀爲「腃」，或爲「⿰月雚」，又通「⿰山卷」。列子楊朱篇「筋節⿰山卷急」，釋文：「或作⿰月雚。」廣韻：「腃，筋節急也。」集韻同。故⿰山卷與腃通。是腃⿰月癸，即⿰月雚⿰月癸，即⿰山卷⿰月癸也。玉篇：「⿰月雚⿰月癸，醜貌。」與高注正合。

〔一九〕【箋釋】王念孫云：「下不及」當爲「下不若」，言不似商均之不肖也。比上則言不及，比下則言不若。下文「美不及西施，惡不若嫫母」，即其證。今作「下不及」者，因上句及字而誤。文選辯命論注引此，正作「下不若商均」。

【用韻】「舜、均」文真合韻。

〔二〇〕【高注】喻，導也。

【箋釋】劉績云：此指人性上下之間可變。

〔二一〕【版本】藏本「施」上無「所」字，王溥本、王鎣本、茅本、汪本、張本、吳本、黄本、莊本、集解本有「所」字，今據補，餘本同藏本。

【箋釋】劉績云：此指人貌美惡之間可變。○馬宗霍云：「此教訓之所諭也，而芳澤之所施」兩語，翫其文勢，上句「也」字似當移在下句之末。此蓋舉中人爲言，故可導之以教訓而施之以芳澤也。

〔二二〕【箋釋】陶鴻慶云：「非學者」之「者」，衍文也。下文高注云：「言以餉而不食，蹪而不行，喻丹朱、商均不可教化而非學，故謂之惑也。」明正文本無「者」字，今本涉上文「非學者多」而誤。

〔二三〕【高注】蹪，躓，楚人謂躓也。言以餉而不食，蹪而不行，喻丹朱、商均不可教也而復學，故謂之惑也。

【版本】藏本文並注「餉」作「飽」，今據王念孫校改，各本同藏本。景宋本、莊本、集解本注「教」下「也」字作「化」，王溥本、朱本、葉本同藏本。莊本、集解本注「復」作「非」，景宋本、王溥本、朱本、葉本同藏本。

【箋釋】王念孫云：「以一飽之故絶穀」，義不可通。「飽」當爲「餉」，字之誤也。（注同。）餉與噎同。説文：「噎，飯窒也。」字又作「饐」。漢書賈山傳「祝餉在前，祝鯁在後」，顔師古曰：「餉，古饐字。」一饐而不食，與一蹪而不行，（高注：「蹪，躓也。」）事正相類。説苑説叢篇「一噎之故，絶穀不食；一蹶之故，却足不行」，語即本於淮南。今俗語猶云「因噎廢食」。○于大成云：「復」當爲「廢」，字之誤也。莊本改作「非」，「非」字無緣譌作「復」也。莊改非。○雙棣按：王説是。吕氏春秋蕩兵篇云：「有以饐死者，欲禁天下之食，悖。」蓋爲淮南所本。字亦作「噎」。

【用韻】「食、惑」職部。

〔二四〕【版本】藏本「有」作「日」，王溥本、王鎣本、朱本、葉本、汪本、張本、吴本、黄本、莊本、集解本作「有」，今據改，餘本同藏本。王鎣本、朱本、汪本、張本、黄本、莊本、集解本「册」作「策」，餘本同藏本。下句「册」字同。

【箋釋】陶方琦云：御覽七百四十六引許注：「錣，策端有鐵也。」○何寧云：御覽引「鐵」當作「鍼」。

【用韻】「馬、行」魚陽通韻。

〔二五〕【高注】爲良馬能自走，不復用箠，得駑馬，無以行之，故曰愚也。

【版本】藏本「兩」作「雨」，景宋本、茅本、莊本、集解本作「兩」，今據改，王溥本、葉本作「册」，（蔣刊道藏輯要本亦作「册」。）王鎣本、朱本、汪本、張本、吴本、黄本作「策」。藏本注「箠」作「垂」，景宋本、汪本、莊本、集解本作「箠」，今據改，王溥本作「捶」，朱本、茅本、葉本同藏本。（蔣刊道藏輯要本作「册」。）

【箋釋】劉績云：册，古字通作「策」。此喻人不可以下愚而遂廢學，猶御不可以駑馬而廢策也。

○王叔岷云：天中記五五引此作「今有良馬，不待册錣而行，駑馬雖册錣之，不能進」是也。「日」即「有」之壞字，「兩」即「册」之形誤。○何寧云：孫志祖云：「兩，考證據别本作册。」梁玉繩云：「兩有多義，按左氏宣十二年、哀二十七年俱云兩馬，兩訓飾，此兩字當仍之。」案：孫説是也。三句「策錣」二字緊密相承，不得第二句獨作「兩錣」。若訓「兩」爲「飾」，錣不可以言飾也。若與錣字並列，則飾與馬之進與不進何與焉？是「兩」乃「册」字之誤也。「兩」古文作「㒳」，與「册」形近。「册」古文笧，通作「策」。鈔宋本作「今日良馬不待册錣而行，駑馬雖兩錣之不能進，爲此不用册錣而御則愚矣」。寫者改「册」爲「策」，而「兩」字致誤之跡晦矣。道藏本「兩」字、「策」字均作「册」，是其證。高注「不復用箠」，箠字藏本亦作「册」。○雙棣按：王、何説恐非。「兩」字當是。此云良馬不待册錣而行，若駑馬，則雖加倍錣之亦不能使之進，然不能因此御馬而不用册錣。

【用韻】「馬、御、愚」魚侯合韻。

〔二六〕【高注】武，士也。楚人謂士爲武。摺，折也。

【箋釋】楊樹達云：捲與拳同。幹亦脅也。昭公二十五年左傳云：「唯是楄柎所以藉幹者，請無及先君。」莊公元年公羊傳云：「於是乘焉，搚幹而殺之。」皆其例也。○馬宗霍云：捲，蓋爲「拳」之借字。説文：「拳，手也。從手，𢍏聲。」攘捲一擣，謂攘手一擣也。下文云「爲此棄干將、鏌邪而以手戰則悖矣」，此之「手戰」，即承上文「攘捲」而言也。史記孫子列傳「夫解雜亂紛糾者不控捲」，司馬貞索隱曰：「捲，即拳也。」文選司馬遷報任安書「張空拳」，李善注引李登聲類云：「拳，或作捲。」皆「捲」通作「拳」之證。李善注又引桓寬鹽鐵論曰：「陳勝無將帥之兵，師旅之衆，奮空捲而破百萬之軍。」又引何晏白起故事「白起雖坑趙卒，向使預知必死，則前驅空捲猶可畏也，況三十萬被堅執鋭乎」。是桓、何二書亦假「捲」爲「拳」，「空捲」猶言徒手也。詩小雅巧言篇「無拳無勇」，毛傳曰：「拳，力也。」國語齊語「桓公問曰：於子之鄉有拳勇股肱之力秀出於衆者乎」，韋昭注曰：「大勇爲拳。」此則又皆假「拳」爲「捲」。（説文所引齊語作「捲」乃正字也。）

〔二七〕【用韻】「斷、幹、戰」元部。

〔二八〕【版本】王溥本、王鎣本、葉本、汪本、張本、黄本、莊本、集解本「爲」作「謂」，餘本同藏本。

〔二九〕【箋釋】雙棣按：「爲」與「謂」通。

〔三〇〕【高注】九天，八方、中央，故曰九。頂，極高。底，極卑也。

【高注】公，平也。

【箋釋】劉台拱云：韓非子難勢篇「兩末之議也，奚可以難夫道理之言乎」，意與此同。此於文不合，「端」字當删。○陶鴻慶云：末即端也，既言末，不得復言端，疑「端」字乃高爲「末」字作注，而羼入正文者。韓非子難勢篇「兩末之議」可證。

〔三一〕【版本】王溥本、王鎣本、朱本、茅本、葉本、汪本、張本、吴本、黄本、莊本、集解本無「多」字，景宋本同藏本。王溥本、葉本有注「衆，多也」，朱本有注「多也」，莊本、集解本有注「衆，多」。景宋本、茅本、汪本、張本、黄本無注，同藏本。

【箋釋】王念孫云：「橘柚」本作「亭歷」。時則篇「孟夏之月，靡草死」，高注曰：「靡草，薺、亭歷之屬也。」（吕氏春秋孟夏篇注及鄭注月令引舊説並同。）吕氏春秋任地篇「孟夏之昔，殺三葉而穫大麥」，高注曰：「三葉，薺、亭歷、菥蓂也，是月之季枯死。」本書天文篇曰：「五月爲小刑，薺麥、亭歷枯，冬生草木必死。」案：亭歷、薺麥，皆冬生夏死。此言亭歷冬生，薺麥夏死者，互文耳。後人改亭歷爲橘柚，斯爲不倫矣。太平御覽藥部十亭歷下引此，正作亭歷冬生。○劉文典云：宋黄震日抄引，「生者衆」作「生者多也」。○吕傳元云：藏本作「生者衆多」，「多」字衍文也。○雙棣按：日抄引當是。藏本「衆」字蓋涉上文而衍。此「生者多」與上「死者衆」爲對文。劉績不知「衆」爲衍文，而反删「多」字，且於下加注文「衆，多也」，尤謬。上文「死者衆」，「衆」字不注，反而於下句注，於理亦不合。又：「人曰夏生」上當有「而」字，乃與上下文例一致。

【用韻】「死、多」脂歌合韻。

〔三二〕【高注】歲星在寅曰攝提。鎮星，中央土星，鎮四方，故曰鎮。氐，猶更。言其餘星辰皆西行，故曰大氐爲本也。

【版本】藏本注「寅」下「曰」字作「日」，王溥本、朱本、汪本、莊本、集解本作「曰」，今據改，景宋本、茅本、葉本同藏本。

【箋釋】雙棣按：大氐猶言大抵，大都。漢書食貨志下「天下大氐無慮皆鑄金錢矣」，顔師古注云：「氐，讀曰抵，抵，歸也。大歸，猶言大凡也。」此文高注「言其餘星辰皆西行，故曰大氐爲本也」，亦正釋大氐之意。然高謂「氐猶更也」，恐非。

〔三三〕【高注】駤，忿戾惡理不通達。胡人性皆然，亦舉多。駤，讀似質，緩氣言之者，在舌頭乃得。

【箋釋】劉台拱云：駤，廣韻音致。○楊樹達云：説文至部云：「臸，忿戾也。從至，至而復孫，孫，遁也。讀若摯。」高訓駤爲忿戾惡理不通達，意與「臸」同。或許所據淮南本作「臸」，故據以立訓耶！○于大成云：下句「越人有重遲者，而人謂之訬」，高注云「訬，輕利急疾也」，（今本奪「疾也」，从王念孫、吴承仕校增。）「輕利急疾」與「重遲」之義相反，此文「忿戾惡理不通達」與「知利」亦當相反爲義。疑「知利」「利」當爲「理」，故高訓「駤」爲「惡理」。今作「利」者，聲近，又涉下注「輕利」而誤。

【用韻】「利、駤」質部。

〔三四〕【高注】訬，輕利急。亦以多者言。訬，讀燕人言躁操善趍者謂之訬同也。

【版本】莊本、集解本注「躁」作「趮」，景宋本、王溥本、朱本、葉本同藏本。

【箋釋】吴承仕云：文選吴都賦注引高注曰：「訬，輕利急疾也。」今注文奪「疾」字，文意不具，應據補。○雙棣按：唐本玉篇言部訬字引許注：「楚謂對輕爲訬。」與高注小異。

〔三五〕【高注】堯母慶都，蓋天帝之女，寄伊長孺家，年二十無夫。出觀於河，有赤龍負圖而至，曰赤龍受天下之圖。有人赤衣，光面，八彩，鬢鬚長。赤帝起，成元寶，奄然陰雲。赤龍與慶都合而生堯，視如圖，故眉有八彩之色。洞，達聖道也。無私，無所愛憎也。

【版本】景宋本、茅本、汪本注「鬢鬚」作「鬢顩」，莊本作「髩顩」（集解本「顩」作「冉」），王溥本、朱本、葉本同藏本。藏本注「視」作「帝」，景宋本、茅本、汪本、莊本、集解本作「視」，今據改，王溥本、朱本、葉本同藏本。藏本注下「八」字缺，各本均有「八」字，今據補。

【箋釋】陶方琦云：意林引許注：「眉理八字也。」高注乃引春秋合誠圖語。○于大成云：此文本之子思子，見金樓子立言篇引，亦見元命苞、演孔圖、白虎通聖人篇、論衡骨相篇。尚書大傳云「堯八眉。八眉者，如八字者也」，抱朴子祛感篇云「世云堯眉八采，不然也，直兩眉頭甚豎，似八字耳」，皆與許説同。

〔三六〕【高注】一言，仁言。齊，無倦。

【箋釋】馬宗霍云：齊當讀如國語周語「外内齊給」之「齊」，齊猶肅也。賈子新書禮容語下正作「外内肅給」，此「齊」通作「肅」之證。又左傳文公二年「子雖齊聖」，杜預注亦訓「齊，肅也」。然則「一言而萬民齊」者，謂萬民聞其一言而皆肅然也。又案：説文「齊」之本義爲「禾麥吐穗上平」。由平義引申之則爲整。故韋昭國語注訓「齊」爲「整」。肅又整義之引申也。整肅者嚴正之意。高注釋齊爲無倦者，無倦即不懈惰，不懈惰斯與嚴正之意相因矣。

【用韻】「私、齊」脂部。

〔三七〕【高注】言能知人，舉十六相。

【箋釋】于大成云：此文亦見尸子。舜重瞳子亦見元命苞、演孔圖、白虎通、項羽本紀、潛夫論五德篇、論衡、金樓子、劉子。尚書大傳云「舜四瞳子」，演孔圖云「舜四瞳」，荀子非相篇云「堯、舜三牟子」。

〔三八〕【高注】作事爲後世所法。論語：「舜有天下，焕乎其有文章，巍巍乎！」此之謂也。

【箋釋】劉績云：焕乎文章指堯。文亦不連。○雙棣按：注引論語「舜有天下」見顔淵篇，餘見泰伯篇，然指堯言。

【用韻】「明、章」陽部。

〔三九〕【高注】參，三。漏，穴也。大通天下，摧下滯之物。

〔四〇〕【高注】傳曰：「劉子觀於雒汭，云：『微禹，吾其魚乎！』」故曰興利除害也。

【版本】莊本、集解本注「於」作「于」，「云」作「曰」。

【箋釋】于大成云：白虎通引「禮曰」與此四句全同。禹耳參漏亦見帝王世紀、宋書符瑞志、潛夫論、論衡、金樓子、劉子。路史後紀七「老子耳七十而參漏」，是老子與禹同也。○雙棣按：注引傳曰，見左傳昭公元年。今本「觀」作「館」，「云」作「曰」。

【用韻】「通、江」東部。

〔四一〕【高注】乳，所以養人，故曰「大仁」也。

〔四二〕【高注】文王爲西伯，遭紂之虐，三分天下而有二，受命而王，故曰「百姓所親」也。

【版本】藏本注「而王」作「而主」，王溥本、朱本、莊本、集解本作「王」，今據改，景宋本、葉本同藏本。藏本注無「曰」字，莊本、集解本有「曰」字，今據補，景宋本、王溥本、朱本、葉本同藏本。

【箋釋】于大成云：四句亦見白虎通。上三句亦見尸子君治篇。文王四乳之説，亦見元命苞、演孔論、春秋繁露三代考制篇、潛夫論、論衡、易林訟之乾、金樓子、劉子。

【用韻】「仁、親」真部。

〔四三〕【高注】喙若馬口，出言皆不虚，故曰至信。

【箋釋】金其源云：韓詩外傳以臯陶之喙與堯顙、舜目、禹頸並舉，似指其形，非言其聲。然本書主術訓云「臯陶瘖而爲大理，天下無虐刑，有貴於言者也」，漢書外戚傳「飲瘖藥」注「瘖不能言也」，故下篇泰族篇云「瘖者不言」，則似言其聲，非指其形。喙而曰馬，謂其聲若馬嘶。嘶者，玉篇云「噎也」，廣韻噎或作咽，集韻「咽，聲塞也」。蓋謂其聲塞不能言也。

〔四四〕【高注】察，猶知也。

【箋釋】于大成云：文亦見白虎通。臯陶馬喙亦見元命苞、論衡。事類賦注五、路史後紀七注引淮南作「鳥喙」，劉子同。御覽二十、路史注引元命苞亦作「鳥喙」。馬、鳥形近，當有一誤。

【用韻】「信、情」真耕合韻。

〔四五〕【高注】禹母脩己，感石而生禹，坼胸而出。

【版本】景宋本、茅本、汪本、張本、黄本、莊本、集解本注「坼」作「拆」，朱本作「折」，王溥本、葉本同藏本。

【箋釋】王引之云：太平御覽皇親部一引河圖著命曰：「脩己見流星，意感生禹。」又引禮含文嘉曰：「夏姒氏祖，以薏苡生。」又引孝經鉤命決曰：「命星貫昴，脩紀夢接生禹。」是禹之生，或以爲感流星，或以爲吞薏苡，無言生於石者。史記六國表「禹興於西羌」，集解引皇甫謐曰：「孟子稱禹生石紐，西夷人也。」蜀志秦宓傳曰：「禹生石紐，今之汶山郡是也。」注引譙周蜀本紀曰：「禹本汶山廣柔縣人也，生於石紐，其地名刳兒坪。」水經沫水注曰：「廣柔縣有石紐鄉，禹所生也。」是石紐乃地名，禹生石紐，猶言舜生於諸馮，文王生於岐周，非謂感石而生也。徧考諸書，無禹生於石之説。禹當爲啟。郭璞注中山經泰室之山云：「啟母化爲石而生啟，在此山，見淮南子。」是淮南古本有作「啟生於石」者。及考漢書武帝紀：「詔曰：朕至於中嶽，見夏后啟母石。」應劭曰：「啟生而母化爲石。」師古曰：「禹治鴻水，通轘轅山，化爲熊，謂塗山氏曰：『欲餉，聞鼓聲乃來。』禹跳石，誤中鼓，塗山氏往見禹，方作熊，慙而去，至嵩高山下，化爲石。方生啟，禹曰：『歸我子！』石破北方而啟生。事見淮南子。」又御覽地部十六引淮南，與師古注略同。又北堂書鈔后妃部一亦引淮南石破生啟。蓋許慎本作「啟生於石」，書鈔、御覽及師古注所引即許慎之注。郭璞所云「啟母化爲石而生啟，見淮南子」者，亦用許慎注也。且此段以堯、舜、禹、文王、皋陶、契、啟、史皇、羿九人言之，故謂之九賢，又謂之五聖四俊。若既言「禹耳參漏」，又言「禹生於石」，則僅八人，不得稱九也。○阮廷焯云：「禹」疑當作「啟」。隨巢子佚文正作「啟生於石」，即此文所本。又有舊注曰「禹娶塗山氏」云云，（漢書武帝紀注引謂事見淮南子，楚辭天問補注、弇州山人四部稿宛委餘編四引，並稱淮南子，繹史十二引作隨巢子文，未詳所據。此不類淮南子之文。孫志祖讀書脞録四疑爲許慎注語，蓋得其實。）當即此文許注，正釋啟生於石之事，並其塙證。○吴承仕云：注「折」當作「坼」，隸變作「圻」，故譌爲「折」。此用詩生民「不坼不副」語。下文注云「愊背而出」，愊、副同字。○于大成與王、阮説同。

〔四六〕【高注】契母，有娀氏之女簡翟，吞燕卵而生契，愊背而出。詩云「天命玄鳥，降而生商」是也。

【箋釋】雙棣按：注引詩，見商頌玄鳥篇。

〔四七〕【高注】史皇，蒼頡。生而見鳥跡，知著書，故曰史皇，或曰頡皇。

【版本】景宋本注「故曰」作「號曰」。

〔四八〕【高注】羿，有窮之君也。

【箋釋】莊逵吉云：吴處士江聲曰：羿，有窮君，不得云賢者。此乃堯時之羿耳。○劉文典云：御覽三百六十九引，「左」作「右」，較長。○于大成云：萬卷精華七引亦作「右」。○何寧云：劉謂「左」當爲「右」，非也。國策西周策「我不能教子支左屈右」，注：「支左屈右，善射法也。」蓋左臂長，支遠則力省，使右臂長，屈後則力費。御覽八十二引帝王世紀「羿學射於吉甫，其辭佐長，（辭乃臂之誤，佐即左。）故亦以善射聞」，爲「左」字不誤之確證。又注當作「是堯時羿，非有窮之君也」，與俶真篇高注合。今本脱誤。

〔四九〕【用韻】「石、書、射」鐸魚通韻。

〔五〇〕【高注】以千歲爲近，明聖賢之難。

〔五一〕【高注】堯、舜、禹、湯、周文王也。奉，助也。

〔五二〕【高注】才千人爲俊，謂皋陶、稷、契、史皇。

【箋釋】王引之云：高據誤本「禹生於石」爲説，則九賢内少一賢，而五聖四俊亦不能如數，不得已，乃據上文所稱五聖神農、堯、舜、禹、湯，而取湯入五聖；又據上文言后稷之智，而以稷入四俊，不知彼此各不相蒙也。且彼處五聖内有神農，何以舍之而取湯？此段九賢内有羿，又何以不得與列？若此者，皆不可解矣。以文義求之，五聖蓋即堯、舜、禹、文王、皋陶，四俊蓋即契、啟、史皇、羿也。

〔五二〕【用韻】「奉、性」東耕合韻。

〔五三〕【高注】蹷，履也。

【版本】藏本「蹷」字分爲「展足」二字，景宋本、茅本、汪本、張本、黄本、莊本、集解本作「蹷」，今據正，吴本作「屦」，餘本同藏本。藏本注「蹷」作「展」，茅本、汪本、張本、黄本、莊本、集解本作「蹷」，今據改，餘本同藏本。

〔五四〕【高注】純鈞，利劍名。魚腸，文理屈辟若魚腸者，良劍也。型，或作盧也。

【版本】藏本正文及注「鈞」作「鈞」，景宋本、朱本作「鈞」，今據改，茅本、汪本、張本、黄本、莊本、集解本作「鉤」，餘本同藏本。藏本「腸」下有「劍」字，張本、黄本、莊本、集解本無，今據刪，餘本同藏本。

【箋釋】王念孫云：「鈞」皆當爲「鈞」，字之誤也。覽冥篇曰：「區冶生而淳鈞之劍成。」齊俗篇曰：「淳均之劍不可愛也，而區冶之巧可貴也。」皆其證。道藏本、劉本皆誤作「鈞」。朱本改「鈞」爲「鈞」，是也。茅本又改爲「鉤」，而莊本從之，且並覽冥篇亦改爲「鉤」，斯爲謬矣。舊本北堂書鈔武功部「劍」下三引此文，皆作「純鈞」。（陳禹謨改其一爲「純鉤」，而刪其二。）越絶外傳記寶劍篇曰：「一曰湛盧，二曰純鈞。」廣雅曰：「醇鈞，劍也。」其字亦皆作鈞。且齊俗篇作「淳均」，若是「鉤」字，不得與「均」通矣。左思吴都賦「吴鉤越棘，純鈞湛盧」，上句言吴鉤，下句言純鈞，若作「純鉤」，則「鉤」字重出矣。○陳昌齊云：「劍」字當衍。○劉文典云：初學記武部引注作「魚腸，文繞屈若魚腸」。○王叔岷與陳説同。○于大成云：北堂書鈔百二十二三引及初學記、御覽三百四十四引皆無「劍」字。○雙棣按：王説是，景宋本正作「鈞」，今據改。陳、王説是，刪「劍」字。

〔五五〕【高注】龍舟，大舟。

〔五六〕【高注】言利也。

〔五七〕【用韻】「型、容」耕東合韻。

〔五八〕【高注】於，摩。微，細。察，見。

【版本】藏本「鬢」上無「則」字，今據王念孫、陳昌齊校補，各本同藏本。藏本「毛」上無「微」字，各本皆有，今據補。景宋本、茅本、汪本、張本、黄本「毛」作「毫」，莊本、集解本作「豪」，餘本同藏本。莊本、集解本注「於」作「旃」，王溥本、朱本注無「於」字，「摩」下有「磨」字，景宋本、葉本同藏本。

【箋釋】王念孫云：「鬢眉」上當有「則」字，上文「水斷龍舟」上有「則」字，此與上文同一例。初學記、太平御覽引此，並有「則」字。又：「粉以玄錫」，本作「扢以玄錫」。扢者，摩也。高注云「於摩」，「於」即「扢」字之誤。隸書「於」字或作「扵」，形與「扢」相似，故誤爲「於」。廣雅曰：「扢，磨也。」（磨與摩通。）玉篇：「扢，何凝、何代二切，摩也。」淮南要略「濡不給扢」，高注曰：「扢，拭也。」漢書禮樂志郊祀歌「扢嘉壇」，孟康曰：「扢，摩也。」此云「扢以玄錫，摩以白旃」，是扢與摩同義，故高注云「扢，摩」。道藏本正文扢字誤作「粉」，注内扢字又誤作「於」，後人不得其解，遂改高注「於摩」爲「摩，磨」，莊本又改爲「旃，摩」，斯爲謬矣。初學記器物部九引此，並作「粉以玄錫」，亦後人依誤本淮南改之。太平御覽學部一、服用部十九、珍寶部十一並引作「扢以玄錫」。又高注吕氏春秋達鬱篇云「鏡明見人之醜，而人扢以玄錫，摩以白旃」，即用此篇之語，是其明證矣。○陳昌齊云：一本「鬢眉」上有「則」字。

〔五九〕【高注】以，用也。過，非也。

【用韻】「錫、益」錫部。

知者之所短，不若愚者之所脩〔一〕；賢者之所不足，不若衆人之有餘〔二〕。何以知其然？

夫宋畫吴冶，刻刑鏤法，亂脩曲出〔三〕，其爲微妙，堯、舜之聖不能及〔四〕。蔡之幼女，衛之稚質〔五〕，梱纂組，雜奇彩，抑黑質，揚赤文〔六〕，禹、湯之智不能逮〔七〕。夫天之所覆，地之所載，包於六合之内，託於宇宙之間，陰陽之所生，血氣之精〔八〕，含牙戴角，前爪後距，奮翼攫肆，蚑行蟯動之蟲，喜而合，怒而鬭〔九〕，見利而就，避害而去〔一〇〕，其情一也。雖所好惡，其與人無以異〔一一〕。然其爪牙雖利，筋骨雖彊，不免制於人者，知不能相通，才力不能相一也〔一二〕。各有其自然之勢〔一三〕，無稟受於外〔一四〕，故力竭功沮〔一五〕。夫鴈順風，以愛氣力，銜蘆而翔，以備矰弋〔一六〕。螘知爲垤，貛貉爲曲穴〔一七〕，虎豹有茂草，野彘有艽莦，槎櫛堀虚，連比以像宫室〔一八〕，陰以防雨〔一九〕，景以蔽日〔二〇〕，此亦鳥獸之所以知求合於其所利〔二一〕。今使人生於辟陋之國〔二二〕，長於窮櫚漏室之下，長無兄弟，少無父母，目未嘗見禮節〔二三〕，耳未嘗聞先古〔二四〕，獨守專室而不出門〔二五〕，使其性雖不愚，然其知者必寡矣〔二六〕。昔者蒼頡作書，容成造曆〔二七〕，胡曹爲衣〔二八〕，后稷耕稼〔二九〕，儀狄作酒〔三〇〕，奚仲爲車〔三一〕。此六人者，皆有神明之道，聖智之迹，故人作一事而遺後世，非能一人而獨兼有之。各悉其知，貴其所欲達〔三二〕，遂爲天下備〔三三〕。今使六子者易事，而明弗能見者何〔三四〕？萬物至衆，而知不足以奄之〔三五〕。周室以後，無六子之賢〔三六〕，而皆脩其業；當世之人，無一人之才，而知其六賢之道者何〔三七〕？教順施續，而知能流通〔三八〕。由此觀之，學不可已明矣〔三九〕。

今夫盲者，目不能別晝夜，分白黑，然而搏琴撫弦，參彈復徽，攫援摽拂，手若篾蒙，不失一弦〔四〇〕。使未嘗鼓瑟者〔四一〕，雖有離朱之明，攫掇之捷，猶不能屈伸其指〔四二〕，何則？服習積貫之所致〔四三〕。故弓待撽而後能調，劍待砥而後能利〔四四〕。玉堅無敵，鏤以爲獸，首尾成形，礛諸之功〔四五〕；木直中繩，楺以爲輪，其曲中規〔四六〕，隱括之力〔四七〕。唐碧堅忍之類，猶可刻鏤，（揉）以成器用〔四八〕，又況心意乎〔四九〕！且夫精神滑淖纖微〔五〇〕，倏忽變化，與物推移〔五一〕，雲蒸風行，在所設施〔五二〕。君子有能精摇摩監〔五三〕，砥礪其才，自試神明，覽物之博，通物之壅〔五四〕，觀始卒之端，見無外之境〔五五〕，以逍遥仿佯於塵埃之外〔五六〕，超然獨立，卓然離世〔五七〕，此聖人之所以游心。若此而不能，閑居静思，鼓琴讀書〔五八〕，追觀上古，及賢大夫〔五九〕，學問講辯，日以自娱〔六〇〕，蘇援世事，分白黑利害〔六一〕，籌策得失，以觀禍福〔六二〕，設儀立度，可以爲法則〔六三〕，窮道本末，究事之情〔六四〕，立是廢非，明示後人〔六五〕，死有遺業，生有榮名〔六六〕，如此者，人才之所能逮〔六七〕。然而莫能至焉者，偷慢懈惰，多不暇日之故〔六八〕。夫瘠地之民多有心者，勞也〔六九〕；沃地之民多不才者，饒也〔七〇〕。由此觀之，知人無務，不若愚而好學〔七一〕。自人君公卿至于庶人，不自彊而功成者，天下未之有也。詩云：「日就月將，學有緝熙于光明。」此之謂也〔七二〕。

校釋

〔一〕【高注】短，缺。脩，長。明有所不足，謂愚有所不昧也。

【版本】藏本「愚」下無「者」字，景宋本、茅本、汪本、張本、黄本、莊本、集解本有，今據補，餘本同藏本。藏本注「短」下有「謂」字，朱本、茅本、張本、黄本、莊本、集解本無，今據删，餘本同藏本。茅本、汪本注「愚」上無「謂」字，景宋本、王溥本、朱本、葉本、莊本、集解本同藏本。王溥本注「愚」作「慮」。藏本注「昧」作「逮」，朱本、莊本、集解本作「昧」，今據改，王溥本、茅本、葉本、汪本同藏本，景宋本作「遠」。

【箋釋】吴承仕云：「明有所不足」下「謂」字衍，應删。○馬宗霍云：注文「謂」字當在「明」字上，傳寫在「足」字下。「明有所不足，愚有所不昧」兩語，承正文知短愚脩而申之，故冠以「謂」字。「謂」猶「言」也。吴承仕以「謂」字爲衍文應删，非是。○雙棣按：馬説是。

〔二〕【高注】衆，凡也。

【箋釋】王念孫云：「有餘」上亦當有「所」字。

【用韻】「脩、餘」幽魚合韻。

〔三〕【高注】宋人之畫，吴人之冶，刻鏤刑法，亂理之文，脩飾之功，曲出於不意也。

【版本】藏本正文及注「冶」作「治」，景宋本（注誤作「治」）、王溥本、王鎣本、汪本、張本、吴本、黄本、莊本、集解本作「冶」，今據改，餘本同藏本。茅本、汪本、張本、黄本、莊本、集解本注「功」作「巧」，餘本同藏本。

【箋釋】章炳麟云：莊子田子方云：「宋元君將畫圖，衆史皆至，受揖而立，舐筆和墨，在外者半。有一史後至，儃儃然不趨，受揖不立，因之舍。公使人視之，則解衣般礴臝。君曰：『可矣，是真畫者也。』」此宋人善畫之證。○楊樹達云：「刑」當讀爲「型」，故與「法」爲對文。○于省吾云：如注説，則「亂脩」二字平列，有乖本義，亂脩與曲出對文，言所脩者亂，所出者曲，極言其文理之繁縟也。

〔四〕【高注】及，猶如也。

【箋釋】劉文典云：御覽七百五十引注「宋人之畫，吴人之冶」，「之」並作「工」，「及」下有「也」字。八百三十三所引同。

〔五〕【高注】蔡國，今南陽胡曲。衛，故在河内，後徙頓丘，今東陽郡。稚質，亦少女。

【版本】莊本、集解本注「胡」作「河」，景宋本、王溥本、朱本、葉本同藏本。

【箋釋】吴承仕云：地理志：「汝南郡，上蔡，故蔡國，後徙新蔡。」注言今南陽，非其地。河曲之名，亦所未憭。不審爲傳寫之譌，抑舊本故如是也。又案：注言後徙頓丘，今東陽郡。續郡國志東郡有頓丘縣。今注誤衍「陽」字，應删。（朱本「河曲」作「胡曲」，景宋本「河」亦作「胡」。尋管蔡世家，成王封度子胡於蔡，則「胡」字或爲蔡侯之名，上下並有奪文，故不可解。莊本作河，於義益遠。要之，此注自多譌奪，不能輒斷。

〔六〕【高注】梱，叩椓。纂，織組邪文，如今之短没黑耳，亦言其巧也。

【版本】莊本、集解本「黑」作「墨」，餘本同藏本。王溥本、王鎣本、葉本「梱」作「捆」，景宋本、朱本、茅本、汪本、張本、黄本、莊本、集解本同藏本。藏本注「椓」作「核」，王溥本、朱本、莊本、集解本作「椓」，今據改，餘本同藏本。

【箋釋】陶方琦云：孫奭孟子音義引許注：「捆，織也。」按：説文無捆字，惟稛下云：「豢束也。」孫氏引許君義，當屬淮南，故與高注正異。○劉文典云：御覽三百八十一引，無「梱」字、「雜」字，又引注作：「纂組，織組也。如今之綬也，没黑見赤，其工也。」○楊樹達云：説文糸部云：「紺，帛深青揚赤色。」此「揚」字義同。○雙棣按：孟子滕文公上「捆屨織席」，趙岐注：「捆，猶叩椓也。織屨欲使堅，故叩之也。」與高注同。

〔七〕【高注】言不能及二國之女巧也。

【用韻】「及、逮」緝月合韻。

〔八〕【用韻】「生、精」耕部。

〔九〕【高注】攫，搏也。肆，極。蚑，讀車跂之跂。蟯，讀饒多之饒。

【版本】集解本注兩「跂」字作「蚑」，景宋本、王溥本、朱本、葉本、莊本同藏本。

【箋釋】李哲明云：注「車跂」似不相屬，疑當爲「卓」，「卓跂並者，跂與企同，楚辭「登巑岏以長企兮」，注：「企，立也。」卓跂所謂如有所立卓爾也。○于省吾云：「肆，極」不詞，注說非是。「肆」應讀作「殺」，二字音近相假。詳呂氏春秋新證仲春紀「無肆掠」下，攫搏與殘殺二義並行。

〔一〇〕【用韻】「鬭、去」侯魚合韻。

〔一一〕【高注】一，同。人亦避害就利。有不相如，故言雖也。

【用韻】「惡、異」鐸職合韻。

〔一二〕【用韻】「彊、通」陽東合韻，「利、一」質部。

〔一三〕【高注】勢，力也。

〔一四〕【高注】無有學問，受謀慮於外，以益其思也。

【用韻】「勢、外」月部。

〔一五〕【高注】竭，盡也。沮，敗也。

〔一六〕【高注】未秀曰蘆，已秀曰葦。矰，矢。弋，繳。銜蘆，所以令繳不得截其翼也。

【箋釋】王念孫云：「順風」下本有「而飛」二字，與「銜蘆而翔」相對爲文。今本脱此二字，則與下文不對。藝文類聚鳥部中、白帖九十四、太平御覽羽族部四引此，並作「從風而飛，以愛氣力」，說苑說叢篇作「順風而飛，以助氣力」，皆其證。○鄭良樹云：王校是也。天中記五八引此，「順風」下亦有「而飛」二字，引「順」亦作「從」，與藝文類聚、白帖、太平御覽引合。○于大成云：事類賦注十九、陳師道歸雁詩任淵注引，亦有「而飛」二字，王校是也。崔豹古今注鳥獸第四：「雁自河北渡江南，瘦瘠能高飛，不畏矰繳。江南沃饒，每至還河北，體肥不能高飛，恐爲虞人所獲，嘗銜蘆，長數寸，以防矰繳焉。」文選蜀都賦劉淵林注曰：「銜蘆以御矰繳，令不得截其翼也。」

【用韻】「力、弋」職部。

〔一七〕【箋釋】陳昌齊云：「貛貉爲曲穴」，御覽作「貒知曲穴」。考廣韻引淮南子：「蜡知雨至。蜡蟲大如筆管，長三寸，代謂之猥狗，知天雨，則於草木下藏其身。」今本書無此文，疑舊在此處。○雙棣按：陳引廣韻在皆韻蜡字。所引淮南文「蜡蟲大如筆管」云云，恐非淮南正文，蓋注文也。

【用韻】「垤、穴」質部。

〔一八〕【箋釋】陶方琦云：文選蜀都賦注引許注「坒，相連也」。按：本書無坒字，疑許本「連比」作「連坒」，故云「坒，相連也」。說文土部：「坒，地相次比也。從土、比。」（廣雅：「坒，次也。」）許本作坒，正與高異。

〔一九〕【高注】防，衛也。

【用韻】「虚、雨」魚部。

〔二〇〕【高注】蔽，擁也。

【箋釋】王引之云：景即日之光，不得言「景以蔽日」。「景」當爲「晏」，字之誤也。繆稱篇「暉日知晏，陰諧知雨」，高注曰：「晏，無雲也。」（文選羽獵賦注引許注同。）説文：「晏，天清也。」又曰：「暜，星無雲也。」「暜」與「晏」通，字亦作「曣」，小雅角弓篇「見晛曰消」，韓詩作「曣晛聿消」，云：「曣晛，日出也。」荀子非相篇作「晏然聿消」。史記封禪書「至中山，曣温」，漢書郊祀志曣作晏，如淳曰：「三輔謂日出清濟爲晏。」韓子外儲説左篇曰：「雨霽日出，視之晏陰之間。」晏與陰正相對，故曰「陰以防雨，晏以蔽日」。言穴居之獸，陰則有以防雨，晴則有以蔽日也。

〔二一〕【用韻】「室、日、利」質部。

〔二二〕【高注】辟，遠。陋，鄙小也。

〔二三〕【用韻】「弟、節」脂質通韻。

〔二四〕【高注】先古，謂聖賢之道也。

〔二五〕【高注】專室，小室。

【箋釋】王念孫云：「門」下當有「户」字。「不出門户」與「獨守專室」相對爲文，且户與下、母、古、寡爲韻，（下讀若户。寡讀若古。母，合韻音莫補反。並見唐韻正。）若無户字，則失其韻矣。

〔二六〕【用韻】「下、母、古、户、寡」魚之合韻。

〔二七〕【高注】容成，黄帝臣，造作曆，知日月星辰之行度。【版本】藏本注「臣」作「時」，景宋本、茅本、汪本、張本、黄本、莊本、集解本作「臣」，今據改，餘本同藏本。

【箋釋】陳昌齊云：「蒼頡」句當在「容成」句之下，此以「書、稼、車」爲韻。

〔二八〕【高注】易曰：「黄帝垂衣裳。」胡曹亦黄帝臣也。

【箋釋】雙棣按：注引易見繫辭下。今本作「黄帝、堯、舜垂衣裳而天下治」。

〔二九〕【高注】詩曰：「播厥百穀。」

【箋釋】雙棣按：注引詩見小雅大田及周頌噫嘻、載芟、良耜。

【版本】茅本、汪本、張本、黄本、莊本、集解本無此注，餘本同藏本。

〔三〇〕【高注】見世本。

〔三一〕【高注】傳曰：「奚仲爲夏車正，封於薛也。」

【箋釋】雙棣按：吕氏春秋君守篇「奚仲作車」，高注云：「奚仲，黄帝之後，任姓也。傳曰：『爲夏車正，封於薛。』」左傳定公元年曰：「薛之皇祖奚仲，居薛以爲夏車正。」高注引傳蓋據此而成文。

【用韻】「書、稼、車」魚部。

〔三二〕【高注】達，通也。

〔三三〕【高注】備，猶用也。

〔三四〕【高注】見，猶知。言人各有所不能。

〔三五〕【版本】汪本、張本、黄本、莊本、集解本注「能」作「通」，餘本同藏本。

〔三六〕【高注】奄，蓋之也。

〔三七〕【高注】賢，才也。

〔三八〕【箋釋】王念孫云：「知其六賢之道」，「其」字涉上文「脩其業」而衍。

〔三九〕【高注】施，設。續，猶傳也。

【箋釋】楊樹達云：「順」讀爲「訓」。高訓施爲設，設續義不相承，其説非也。今按：施者，延也。禮記樂記注云：「施，延也。」下文云：「名施後世。」注亦云：「施，延也。」○馬宗霍云：順猶訓也，施猶延也。「教順施續」，言教訓延續也。廣雅釋詁一云：「訓，順也。」是順有訓義。書洪范篇「于帝其訓，是訓是行」。史記宋微子世家作「于帝其順，是順是行」。詩周頌烈文篇「四方其訓之」，左傳哀公二十六年作「四方其順之」。國語周語上「能導訓諸侯者」，史記魯世家作「能道順諸侯者」。皆訓、順通作之證。詩大雅旱麓篇「莫莫葛藟，施于條枚」，鄭箋云：「葛也，藟也，延蔓於木之條枚而茂盛。」是鄭君以延蔓釋施。吕氏春秋知分篇、韓詩外傳二引此詩並作「延於條枚」，又「施」通作「延」之證也。

〔四〇〕【高注】已，止也。

【用韻】「通、明」東陽合韻。

〔四〇〕【高注】參彈，并弦。復徽，上下手。攫援，掇。摽拂，敷。薎蒙，言其疾舉之皃。徽，讀維車之維。攫，讀「屈直木令句」、「欲句此木」之句。摽，讀刀摽之摽也。

【版本】藏本注「并」作「井」，王溥本、莊本、集解本作「并」，今據改，朱本、茅本、汪本、張本、黄本作「撫」，景宋本作「無」，葉本同藏本。藏本注「舉之皃」作「學之習」，王溥本、朱本作「舉之皃」，今據改，景宋本、葉本同藏本，餘本無此三字。

【箋釋】劉台拱云：注刀摽當作「鏢」，鏢，刀劍鞘下飾也，音飄。○雙棣按：「薎蒙」爲明母雙聲聯緜字，輕揚疾舉之義。史記司馬相如傳大人賦：「蔑蒙踊躍騰而狂趭。」集解引漢書音義曰：「蔑蒙，飛揚也。」後漢書張衡傳思玄賦「浮蔑蒙而上征」，注：「蔑蒙，氣也。」氣亦疾飛輕舉之物。此「手若薎蒙」，言手撫弦疾迅輕舉之皃。莊本等無「舉之皃」三字，則文義不完。藏本「學之習」爲「舉之皃」無疑。

〔四一〕【箋釋】俞樾云：「瑟」當作「琴」。上文云「然而搏琴撫弦」，此與相應，不容異文。

〔四二〕【高注】離朱，黄帝時人，明目，能見百步之外，秋毫之末。攫掇，亦黄帝時捷疾者也。

【箋釋】劉台拱云：攫掇，人間訓作捷剟。

〔四三〕【高注】謂上「不失一弦」。

【版本】茅本、汪本、張本、黄本、莊本無此注，餘本同藏本。

【箋釋】雙棣按：服習，猶熟習也。左傳僖公十五年云：「安其教訓，而服習其道。」賈誼新書保傅篇云：「夫開於道術，知義之指，則教之功也；若其服習積慣，則左右而已矣。」此服習積慣正同，蓋漢初常語。

〔四四〕【高注】撽，矯弓之材，讀曰敬。砥，礪石。

【用韻】「致、利」質部。

〔四五〕【高注】礛諸，治玉之石，詩云「他山之石，可以爲錯」是。礛，讀廉氏之廉。一曰濫也。

【版本】莊本、集解本注「錯」作「厝」，景宋本、王溥本、朱本、葉本同藏本。

【箋釋】雙棣按：注引詩見小雅鶴鳴。

〔四六〕【高注】規，員之也。

〔四七〕【版本】王鎣本、吴本、張本、黄本、莊本、集解本「隱」作「㯬」，景宋本、王溥本、朱本、茅本同藏本。

【箋釋】雙棣按：「隱」與「㯬」同。韓非子顯學「自直之箭，自圜之木，百世無有一，然而世皆乘車射禽者何也？隱括之道用也」，鹽鐵論大論「欲廢法以治，是猶不用隱栝斧斤，欲撓曲直枉也」，字皆作「隱」。荀子勸學作「㯬」。

〔四八〕【高注】唐碧，石似玉，皆堅鑽之物。

【版本】藏本「以」上有「揉」字，今據楊樹達校删，各本同藏本。

【箋釋】吴承仕云：唐卷子本玉篇石部砮字，注引作「唐砮堅力之類」，又引許叔重曰：「砮，堅也。」案：許本作「砮」，高本作「堅」，唯此一字爲異。玉篇引作「唐砮堅力」者，誤奪「碧」字，衍「堅」字，「力」即「忍」字之殘，此由傳寫失之。（許注訓砮爲堅，與説文略同。）○楊樹達云：「堅忍」文義不類，殆出後人妄改。唐卷子玉篇引作「唐砮堅力」，亦有誤文。余疑文當作「唐碧砮力」。知者：説文玉部云：「玪塾，石之次玉者。」「玪塾」或作「瑊玏」，司馬相如子虛賦云「瑊玏玄厲」是也。砮力即玪塾。淮南書閉口音字與開口音字多通，此以砮爲玪，正其比。力則塾玏之省字也。玪塾爲石之次玉者，與唐碧爲石似玉者正相類。淺人不知「砮力」之義，妄改爲「堅忍」耳。吴云「玉篇奪去碧字，衍堅字」，是也，至以「力」字爲誤，則失之。又按：玉可刻鏤而不可揉，「揉」字義不可通，此因上文「揉以爲輪」之「揉」字而衍。○于省吾云：忍與肕、韌、仞字通。管子地員篇「淖而不肕」，注：「肕，堅也。」易革初九「鞏用黄牛之革」，王注：「牛之革堅韌不可變。」詩將仲子「無折我樹檀」，傳：「檀，彊韌之木。」釋文：「韌，作忍。」是其證。

〔四九〕【用韻】「力、意」職部。

〔五〇〕【箋釋】劉台拱云：滑淖疑滒淖之誤。原道訓「甚淖而滒，甚纖而微」，兵略訓「滒淖纖微，無所不在」，作滒是。兵略訓又云：「夫能滑淖精微，貫金石，窮至遠。」疑亦滒淖之誤。若原道訓云：「夫水所以能成其至德於天下者，以其淖溺潤滑也。」别一義。

〔五一〕【高注】推移，猶轉易也。

〔五二〕【高注】施，用。

【用韻】「微、移、施」微歌合韻。

〔五三〕【版本】王溥本、王鎣本「摩」作「靡」，餘本同藏本。王溥本、王鎣本、朱本、葉本「監」作「覽」，餘本同藏本。

【箋釋】劉績云：要略注：「楚人謂精進爲精摇，靡小皆覽之。」○向承周云：要略作「精摇靡覽」，當是許、高之異。

〔五四〕【箋釋】楊樹達云：自試神明，文不可通。「試」當作「誠」，形近誤也。説苑建本篇云：「今人誠能砥礪其材，自誠其神明，睹物之應，通道之要。」即本淮南此文，字正作「誠」，是其證也。

〔五五〕【高注】所觀以遠。

【用韻】「明、壅、境」陽東合韻。

〔五六〕【高注】塵埃，猶窈冥也。

〔五七〕【高注】不羣於俗。

【用韻】「外、世」月部。

〔五八〕【箋釋】楊樹達云：「此聖人之所以游心，若此，而不能閑居静思，鼓琴讀書」云云，上下文義不相承接，文當有捝誤。説苑建本篇云：「卓然獨立，超然絶世，此上聖之所游神也。然晚世之人，莫能閑居心思，鼓琴讀書。」即本此文。疑此文亦當有「然晚世之人」五字。○雙棣按：楊説非也。「此聖人之所以游心」，是結上之語。「若此而不能」，乃承上啟下之詞，下文謂人才所能及者，非謂聖人也。然則，「若此而不能，閑居静思，鼓琴讀書」，「閑」上當有「則」，今本捝去，則語勢不貫。

〔五九〕【版本】王溥本、王鎣本、吴本「賢」下有「士」字，餘本同藏本。

【箋釋】陶鴻慶云：及，蓋「友」字之誤。與上句文義相對。下云「學問講辯」，承此二句言。○楊樹達云：「及」字無義，字當作「友」，「及」與「友」形近致誤耳。説苑建本篇云：「追觀上古，友賢大夫。」字正作「友」，是其證也。

〔六〇〕【高注】講論辯別然否，自娱樂。

【版本】王溥本、王鎣本、吴本「辯」作「辨」，餘本同藏本。

【箋釋】陳昌齊云：「辨」當作「辯」。

【用韻】「書、夫、娱」魚部。

〔六一〕【高注】蘇，猶索。援，别。分别白黑，知利害之所在。

【箋釋】王念孫云：「分白黑利害」，本作「分别白黑」，（高注中「分别白黑」四字，即本於正文。）「白黑」下本無「利害」二字，今作「分白黑利害」者，「分」下脱去「别」字，遂不成句，後人以高注云「知利害之所在」，因加「利害」二字以足句耳。高注云「分别白黑，知利害之所在」，此是因正文而申言之，謂分别白黑，則可以知利害之所在，非正文内本有「利害」二字也。有白黑斯有得失，有得失斯有禍福，故云「分别白黑，籌策得失，以觀禍福」。禍福即高注所云利害也。若此句先言利害，則下文不必更言禍福矣。蘇援世事，分别白黑，籌策得失，皆相對爲句。若云「分白黑利害」，則句法參差矣。且此段以「書、夫、娱」爲韻，「黑、福」爲韻，若云「分白黑利害」，則失其韻矣。○吴闓生與王説同。○吴承仕云：「援，别」。「别」當爲「引」。援訓爲引，經傳之常詁。今作「别」者，引、别形近，又涉下文「分别」字而誤。○楊樹達云：索引世事，文不可通，高注非是。説苑建本篇云「疏遠世事」，字作「疏遠」，文義較明。蓋淮南假「蘇」爲「疏」，假「援」爲「遠」，而劉子政用本字易其文也。上文云「逍遥仿佯於塵埃之外，超然獨立，卓然離世」，正此所謂疏遠世事也。○雙棣按：王、吴説是。句當作「分别白黑」，「利害」爲衍文。又楊讀蘇援爲疏遠，謂疏遠世事正上文「逍遥仿佯於塵埃之外，超然獨立，卓然離世」之義，恐非是。上文「逍遥仿佯」云云乃謂「聖人之所以游心」，此文則謂「若此而不能」者，即非聖人也，二者不可相混。「蘇援世事，分白黑利害」相承爲義，則「蘇」依高注，乃探求之義。「援」字當訓爲引，吴説是。此「援引」之訓，孫詒讓墨子閒詁云：「謂引彼以例此。」然則此「援」字，即今之類比之義。蘇援世事，謂探求類比世間事物。

〔六二〕【高注】籌策。常事曰視，非常曰觀。

【版本】藏本注「曰視」上無「常事」二字，王溥本注有，今據補，景宋本、朱本、葉本、莊本、集解本同藏本。王溥本注無「籌策」二字。

【箋釋】陶鴻慶云：高注「曰視」上當有「常事」二字。「常事曰視，非常曰觀」，本春秋隱五年穀梁傳文。高氏引之以證正文觀字之義也。「籌策」下亦當有注，而傳寫脱之。○向承周云：「視」無「籌策」之訓，此本作「常事曰視，非常曰觀」。因釋「觀」字，連及「視」字，以見觀之重於視，非爲上句「籌策」作解也。校者因上句正文言「籌策得失」，遂肊改注文「常事」二字爲「籌策」以合之，而不知其不可通也。原道篇「五色之變，不可勝觀也」，注「常事曰視，非常曰觀」，亦釋觀字而連及視字，與此同例，宜據以訂正。○何寧云：「籌策」乃以策訓籌，大藏音義三十七引淮南子云：「策，籌也。」即此處注文。下文「著於憲法」，高注：「憲，法也。」以「法」訓「憲」，猶此以「策」訓「籌」也。○雙棣按：陶、向説是，高注吕氏春秋仲春紀亦云「常事曰視」。

〔六三〕【箋釋】向承周云：「可以爲法則」，説苑無「可」字，當據删。○于大成與向説同。

【用韻】「黑、福、則」職部。

〔六四〕【高注】窮，盡也。究，極也。

〔六五〕【高注】是，善也。非，惡也。

〔六六〕【高注】遺，餘。功，業。榮，寵也。

【箋釋】于大成云：注「功業」二字誤到，「業」字出正文，「功」字爲訓釋。○何寧與于説同。

【用韻】「情、人、名」耕真合韻。

〔六七〕【高注】逮，及也。

〔六八〕【高注】偷，薄。慢，易。薄易之人，懈惰於庶幾，多言己不暇日而不學，推此故也。

【版本】藏本注「己」作「而」，王溥本、朱本、莊本、集解本作「己」，今據改，景宋本、葉本同藏本。

【箋釋】俞樾云：「不」字衍文。「多暇日」者，謂其人偷慢懈墮而不學，故多暇日也。今衍不字，失其指矣。荀子脩身篇曰：「其爲人也多暇日者，其出人也不遠矣。」即淮南所本。○陶方琦云：大藏音義四十五引許注：「媮，薄也。」按：此本舊訓，或高承用許注。説文作「媮，巧黠也」，與淮南注作「媮」同。○馬宗霍云：正文「不」字非衍，不猶無也。偷慢懈惰之人，翫歲而愒日，多無暇以從事於學，故莫能至也。高云「多言己不暇日而不學」，意亦猶是，惟增「言己」二字於「多」字下，以足成其意，謂若輩多藉口己無暇日也。俞校非是。○何寧與馬説同。

〔六九〕【高注】心，向義之心也。

〔七〇〕【高注】饒，逸也。

【用韻】「勞、饒」宵部。

〔七一〕【箋釋】馬宗霍云：知與愚對，讀爲智。務，猶事也。言知人無所事，不若愚人之好學也。○王叔岷云：「知人無務」文不成義，「人」當作「而」，涉下文「自人君公卿至於庶人」而誤也。「知而無務」與「愚而好學」對言。

〔七二〕【高注】詩頌敬之篇，言爲善者，日有所成就，月有所奉行，當學之是明，此勉學之謂也。

【用韻】「將、明」陽部。

名可務立，功可彊成〔一〕，故君子積志委正，以趣明師〔二〕，勵節亢高，以絶世俗〔三〕。何以明之？

昔者南榮疇，恥聖道之獨亡於己，身淬霜露，敕蹻趹，跋涉山川，冒蒙荊棘〔四〕，百舍重（跰）〔趼〕，不敢休息〔五〕，南見老聃，受教一言〔六〕，精神曉泠，鈍聞條達〔七〕，欣然七日不食，如饗太牢〔八〕。是以明照四海，名施後世〔九〕，達略天地〔一〇〕，察分秋毫〔一一〕，稱譽葉語，至今不休〔一二〕。此所謂名可彊立者〔一三〕。

吴與楚戰〔一四〕，莫囂大心撫其御之手曰：「今日距彊敵，犯白刃，蒙矢石〔一五〕，戰而身死，卒勝民治，全我社稷，可以庶幾乎〔一六〕？」遂入不返，決腹斷頭，不旋踵運軌而死〔一七〕。申包胥竭筋力以赴嚴敵，伏尸流血，不過一卒之才〔一八〕，不如約身卑辭，求救於諸侯〔一九〕。於是乃贏糧跣走，跋涉谷行〔二〇〕，上峭山，赴深谿，游川水〔二一〕，犯津關，獵蒙籠，蹷沙石，蹠達膝，曾繭重胝，七日七夜，至於秦庭〔二二〕。鶴跱而不食，晝吟宵哭，面若死灰，顔色黴黑〔二三〕，涕流交集，以見秦王〔二四〕，曰：「吴爲封豨脩蛇，蠶食上國，虐始於楚〔二五〕。寡君失社稷，越在草茅〔二六〕，百姓離散，夫婦男女不遑啟處〔二七〕，使下臣告急。」秦王乃發車千乘，步卒七萬，屬之子虎〔二八〕，踰塞而東〔二九〕，擊吴濁水之上，果大破之，以存楚國〔三〇〕。烈藏廟堂，著於憲法。此功之可彊成者也〔三一〕。

夫七尺之形，心致憂愁勞苦，膚知痛疾寒暑，人情一也〔三二〕。聖人知時之難得，務之可趣也，苦身勞形，焦心怖肝，不避煩難，不違危殆〔三三〕。蓋聞子發之戰〔三四〕，進如激矢，合如雷電，解如風雨，員之中規〔三五〕，方之中矩，破敵陷陳，莫能壅御，澤戰必克〔三六〕，攻城必下〔三七〕。彼非輕身而樂死，務在於前，遺利於後，故名立而不墮〔三八〕。此自强而成功者也〔三九〕。

是故田者不强，囷倉不盈〔四〇〕；官御不厲，心意不精〔四一〕；將相不强，功烈不成〔四二〕；侯王懈惰，後世無名〔四三〕。詩云：「我馬唯騏，六轡如絲〔四四〕，載馳載驅，周爰諮謨。」以言人之有所務也〔四五〕。

校釋

〔一〕【高注】務，事也。彊，勉也。

【箋釋】楊樹達云：「務立」與「彊成」爲對文，務亦彊也。説文攴部云：「敄，彊也。」淮南以務爲敄耳。文子精誠篇云：「名可强立。」以强爲務，亦可證此務字之義。

〔二〕【高注】師，所以取法則。

〔三〕【高注】不羣於衆也。

〔四〕【高注】淬，浴。欶，猶著。蹻，履。趹，趣。不從蹊遂曰跋涉，故觸犯荊棘。南，姓；榮疇，字。蓋魯人也。

【版本】藏本正文及注「榮」作「筞」，景宋本、王鎣本、汪本、張本、黄本、莊本、集解本作「榮」，今據改，王溥本、朱本、葉本同藏本，茅本、葉本作「策」。

【箋釋】王念孫云：「欶蹻趹」，「趹」下本有「步」字。趹步，疾行也。（説文：「趹，馬行皃。」又：「赽，踶也。」廣雅：「駃，奔也。」史記張儀傳「探前趹後，蹄間三尋」，索隱曰：「言馬之走勢疾也。」莊子齊物論「麋鹿見之決驟」，崔譔曰：「疾走不顧爲決。」趹、赽、駃、決，並字異而義同。）故注訓趹爲趨。莊子庚桑楚釋文引此，正作「欶蹻趹步」，今本脱去步字，則文不成義。且自「身淬霜露」以下，皆以四字爲句，又以「露、步」爲韻，「棘、息」爲韻。脱去「步」字，則句既不協，而韻又不諧矣。〇陶方琦云：唐本玉篇水部引許注：「冒犯霜露也。」按廣韻「淬」下亦云「犯也」，即本許注。又：唐本玉篇絲部引淮南作「緪履趹步」，引許注：「緪，欶也。趹，疾也。」按：二注文異，正文亦殊。説文：「揯，引急也。」此緪訓欶，義同揯字。〇雙棣按：莊子及漢書古今人表字俱作「榮」，藏本「筞」字（筞爲策之俗字。）當是誤字。又：庚桑楚成玄英疏云：「姓南榮，名趎。」與高注異。似以成疏爲是。庚桑楚篇南榮趎自稱皆云趎，不云榮趎，可爲證。（古今人表「南榮疇」，師古曰：「即南榮趎也。」）

〔五〕【高注】百里一舍。趼，足胝生。

【版本】藏本正文及注「趼」誤作「跰」，據王念孫校改作「趼」，各本同藏本。

【箋釋】王念孫云：「重跰」當爲「重趼」，字之誤也。（高注同。）趼，讀若繭。莊子天道篇「百舍重趼而不敢息」，釋文：「趼，古顯反，司馬云：胝也。許慎云：足指約中斷傷爲趼。」所引許注，即此篇「重趼」之注也。司馬訓趼爲胝，與高注「足生胝」同義。（生胝二字，各本誤倒，今乙正。）劉晝新論惜時篇云：「南榮之訪道，重趼而不休。」即用此篇之文，則「跰」爲「趼」之誤明矣。「趼」字亦作「繭」，賈子勸學篇云「南榮跦百舍重繭而不敢久息」是也。宋策「墨子百舍重繭」，高彼注云：「重繭，累胝也。」亦與此注同義。○陶方琦云：莊子大宗師釋文引司馬注：「病不能行，故趼躚。」趼，古顯反，高作「跰」，誤文。高當作「繭」。上文「足重繭而不休息」，下文又云「曾繭重胝」，（宋策：「墨子聞之，重繭百舍。」後漢書段熲傳注：「繭，足下傷起，形如繭也。」）故高以胝訓。當是高本作「繭」，許本作趼也。此乃後人因許本改。○王叔岷云：王校是也。卷子本玉篇糸部引「跰」正作「趼」。劉子新論文武篇：「墨子救宋，重趼而行。」亦可證「跰」字之誤。

【用韻】「棘、息」職部。

〔六〕【高注】老聃，老子，字伯陽，楚苦縣賴鄉曲里人。今陳國東瀨鄉有祠存。據在魯南，故曰南見老子聃。一言，道合也。

【箋釋】蔣禮鴻云：注「曲」下當有「仁」字。史記老莊申韓列傳：「老子者，楚苦縣厲鄉曲仁里人也。」「厲、賴」古同聲通用。

〔七〕【高注】曉，明。泠，猶了。鈍聞，猶鈍惛。

【箋釋】王念孫云：「聞」當作「閔」，閔與惛聲相近，故高注云：「鈍閔猶鈍惛。」方言曰：「頓愍，惛也。江湘之間謂之頓愍。」文子精誠篇作「屯閔條達」，並與鈍閔同。○陶方琦云：一切經音義十四引許注：「泠然，解悟之意也。」按：泠同聆。齊俗訓「所居聆聆」，許注：「聆聆，意曉解也。」○于省吾云：王説非是。金文聞字通作䎽，與惛字通。詳晏子春秋問上第七「荊楚惛憂」下。䎽通惛，並諧昏聲也。○蔣禮鴻云：鈍聞即童蒙之轉。鈍聞條達，若云茅塞頓開也。

〔八〕【高注】丈夫七日不食則斃，故以七日爲極。三牲具曰太牢也。

【版本】景宋本「然」作「若」，餘本同藏本。莊本、集解本注「丈夫」至「爲極」在上文「七日不食」下，景宋本、王溥本、朱本、茅本、葉本、汪本同藏本。

【箋釋】王引之云：「七日不食」上當有「若」字。如，讀爲而。言聞老聃之言，若七日不食而饗太牢也。賈子云：「南榮趎既遇老聃，見教一言，若飢十日而得太牢。」是其證。文子精誠篇襲用此文，而改之曰「勤苦七日不食，如享太牢」，失其指矣。○于大成云：王校非也。景宋本「然」作「若」，「若」字以義同通用作「然」，非「然」下別有「若」字也。文子作「勤苦」，即「欣若」之譌，益足證文不當作「欣然若」。○何寧云：錢祚熙云：「文子『勤苦』句誤，與下章亦不相屬。」按：錢説是。苦字即「若」字之誤。後人以「欣苦」不詞，又改「欣」爲「勤」耳。○雙棣按：景宋本「然」作「若」，王校當是。「欣然若」，後人誤以爲「欣然」與「欣若」義同，故删其一，道藏本等删「若」字，景宋本删「然」字，二者合校，始見出端倪。

〔九〕【高注】施，延也。

〔一〇〕【高注】達，通也。略，猶數也。

【版本】莊本、集解本注「通」上有「猶」字。

【箋釋】馬宗霍云：本文「達略天地」當作「略達天地」，注文亦當先略後達。高訓「略」爲「數」，數即術數之數。略達天地，言其術通天地也。此與上文「明照四海，名施後世」、下文「察分秋毫」詞例一律。皆上名詞，下動詞。今本正文「略達」二字傳寫誤倒，並注文亦先後互易，遂與上下文不相爲儷矣。

〔一一〕【高注】察，明。

〔一二〕【高注】葉，世。言榮疇見稱譽，世傳相語，至今不止。

【版本】藏本注「榮」作「策」，景宋本、莊本、集解本作「榮」，今據改，王溥本、朱本、葉本同藏本。茅本、汪本作「策」。

【箋釋】王念孫云：「葉」當爲「蕐」。俗書「蕐」字作「華」，與「葉」相似而誤。蕐，榮也。「稱譽蕐語，至今不休」，言榮名常在人口也。高所見本已誤作「葉」，故訓葉爲世。文子正作「稱譽華語」。○于省吾云：王説殊誤，注訓葉爲世，是也。金文「葉」作「枼」，弓鎛：「至於枼，曰武靈成。」言至於後世曰武靈成也。儔兒鑄：「後民是語。」言以此語告後民也。注謂世傳相語，其説不可易也。

【用韻】「牢、休」幽部。

〔一三〕【箋釋】俞樾云：「彊立」本作「務立」。上文「名可務立，功可彊成」，高注曰：「務，事也。」然則此亦當言「務立」。今作「彊立」者，乃後人據文子精誠篇改之。不知彼上文云「名可强立，功可强成」，與此文本不相同，不得據彼以改此也。

〔一四〕【高注】吳王闔閭與楚昭王戰於百舉。

【版本】景宋本注「百」作「伯」，王溥本、茅本、汪本作「栢」，莊本、集解本作「柏」，朱本、葉本同藏本。

〔一五〕【高注】莫，大也。囂，衆也。主大衆之官，楚卿大夫。大心，楚成得臣子玉之孫。彊敵，謂吴。蒙，冒。石，矢弩也，一曰發石也。

【版本】藏本注「心」上無「大」字，王溥本、莊本、集解本有「大」字，今據補，景宋本、朱本、葉本同藏本。藏本注「子玉」之玉作「王」，景宋本、莊本、集解本作「玉」，今據改，王溥本、朱本同藏本，餘本無注。藏本注「彊」下無「敵」字，王溥本、朱本、莊本、集解本有「敵」字，今據補，景宋本、葉本同藏本。

【箋釋】莊逵吉云：錢別駕曰：莫囂即莫敖。能矢石者，漢時謂之厥張士。厥，發石。張，挾弓也。春秋傳曰「旝動而鼓發石」是也。

〔一六〕【高注】庶幾得安。

【箋釋】俞樾云：「治」字衍文，本作「卒勝民全」。此時但求民之全，不當計其治不治也。後人誤以「全」字屬下句讀，故妄增「治」字耳。楚策作「社稷其庶幾乎」，無「全」字，然則此「全」字上屬無疑。○馬宗霍云：孟子萬章上「父母使舜完廩」，趙岐注云：「完，治也。」吕氏春秋振亂篇「欲民之治也」，高氏彼注云：「治，整也。」是「治」有完整之義。本文「卒勝民治」者，言士卒獲勝，民得完整也。完整即無損失之意。「治」字似非衍文，俞氏以爲後人妄增，未必碻。

〔一七〕【高注】言入吴不旋踵回軌而死。勇，然不如申包胥之功也。

【版本】藏本注「回」字作「因」，王溥本、朱本、莊本、集解本作「回」，今據改，景宋本、茅本、葉本、汪本同藏本。

【箋釋】王紹蘭云：吴、楚柏舉之戰，在定公四年。據左氏傳説此事云：「左司馬戌敗吴師于雍澨，傷。謂其臣曰：『誰能免吾首？』吴句卑布裳，刭而裹之，藏其身，而以其首免。」與此文「決腹斷頭」相似，無莫囂大心戰死之事。莫囂即莫敖，楚官名。或昭王時自有名大心者，爲莫敖之官，死於柏舉之戰，其軼事見於它説。淮南博采舊聞，正可補傳文所未備。高注乃以大心爲楚成得臣子玉之孫。考左氏僖二十八年傳云：「初，楚子玉自爲瓊弁玉纓，夢河神謂己：『畀余。』弗致也。大心與子西使榮黄諫。」杜注：「大心，子玉之子。」傳又謂之孫伯，即大心，子玉之子也。三十三年傳謂之大孫伯，文五年傳謂之成大心。計自僖二十八年（據傳稱「初，楚子玉」，是追述之辭，則大心使榮黄諫，其事且在僖二十八年前矣。）至定四年，中隔文、宣、成、襄、昭五世，共一百二十七年。當其使榮黃諫子玉時，最少亦得一二十歲。柏舉之役，成大心已一百三四十許人，安得有距彊敵，犯白刃，蒙矢石，遂入不返之事，且又未聞其官莫敖也，高氏之言，斯爲不敏矣。○于大成云：楚策一「頭」作「脰」。○雙棣按：旋踵運軌對文。旋、運義同。天文篇「運之以斗」，高誘注：「運，旋。」此高以「回軌」爲注，回亦旋也，楚辭離騷「回朕車以復路兮」王逸注：「回，旋也。」運、旋、回皆回轉之義。説文：「回，轉也。」玉篇：「回，回轉也。」

〔一八〕【高注】在車曰士，步曰卒。而此者，一人之功也。

【版本】王溥本、莊本、集解本注「而」作「如」，景宋本、朱本、葉本同藏本。

〔一九〕【高注】申包胥，楚大夫，與伍子胥友者。子胥之亡，謂申包胥曰：「我必覆楚國。」申包胥曰：「子能覆之，我必興之。」及昭王敗於伯舉，奔隨，申包胥如秦乞師，故曰「不如求救於諸侯」。

【版本】藏本注「必覆」作「心腹」，王溥本、茅本、汪本、莊本、集解本作「必覆」，今據改，景宋本作「心復」，朱本作「心覆」，葉本同藏本。藏本注「覆之」作「復之」，王溥本、朱本、茅本、汪本、莊本、集解本作「覆之」，今據改，景宋本、葉本同藏本。藏本注「興」作「與」，景宋本、王溥本、茅本、汪本、莊本、集解本作「興」，今據改，朱本、葉本同藏本。莊本、集解本注「伯」作「柏」。

【箋釋】俞樾云：「竭筋力」以下，皆申包胥之言也。「申包胥」下當有「曰吾」二字，而今脱之。楚策曰：「棼冒勃蘇曰：吾被堅執鋭，赴强敵而死，此猶一卒也，不若奔諸侯。」是其明證。

【用韻】「才、辭、侯」之侯合韻。

〔二〇〕【高注】羸，裹，一曰囊。跣走，不及著履。不從蹊隧爲跋涉。

【版本】藏本注無「從」字，朱本、茅本有「從」字，今據補，景宋本、王溥本、葉本、莊本、集解本同藏本。莊本、集解本注「隧」作「遂」。

【箋釋】吴承仕云：朱本注「不」下有「從」字，是也。上文跋涉山川，注云：「不從蹊遂曰跋涉。」是其證。○向承周云：「跋涉谷行」本作「道涉谷行」。道，由也，從也。涉谷，地名。謂由涉谷行也。史記魏世家曰：「伐楚，道涉谷，行三千里而攻冥阸之塞。」劉伯莊音義曰：「秦兵向楚有兩道，涉谷是西道，河外是東道。」索隱云：「涉谷是往楚之險路。」據此則包胥由楚至秦，從涉谷行，宜也。下文云：「赴深谿，游川水。」若作「谷行」而訓爲行於谷中，於文爲複矣。寫者不知涉谷爲地名，又習見「跋涉」連文而改「道」爲「跋」，失其恉矣。（上文俞氏讀爲「沿行」，並謂此亦當作「沿行」，肊説不可從。）又高氏於上文「跋涉山川」注云：「不從蹊遂曰跋涉。」則此不當重出，疑亦後人所增。○蔣禮鴻云：「谷」當作「谷」，郤字從此得聲，此即與「郤」通。莊子養生主篇「批大郤」釋文：「崔、李云：『閒也。』」又達生篇：「其神無郤，物奚自入焉？」郤，釋文去逆反，成玄英疏：「曾無閒郤，故世俗事物何從而入於靈府哉？」郤即隙，閒郤即閒隙。然則「谷行」即「郤行」，亦即閒行也。○雙棣按：向説當是。史記魏世家作「道涉山谷」，黄丕烈謂「山」字衍，向删「山」字是。戰國策魏策三亦有此言，「伐楚，道涉而谷，行三十里，而攻危隘之塞」，黄云：「策文亦本作『道涉谷』，衍『而』字。道，猶行也。」鮑本據史記改「而」爲「山」。不知「山」

亦衍文。馬王堆漢墓帛書戰國縱横家書十六云：「伐楚，道涉谷，行三千里而攻冥戹(阸)之塞，所行甚遠，所攻甚難，秦有(又)不敢。」可證史記之「山」、魏策之「而」皆是衍文，字作「涉谷」無疑。

〔二〕【高注】峭山，高山。深谿，大壑。游，渡。自楚至秦，所經由也。

【版本】藏本注「游」作「遊」，景宋本、莊本、集解本作「游」，今據改，王溥本、王鎣本、朱本、茅本同藏本。

〔三〕【高注】犯，觸。觸津關則踐獵蒙籠之山。一曰：葛藟所蒙籠，言非人所由。蹷，僵。蹠，足。達，穿。幽通賦曰「申重繭以存荊」是也。

【版本】王溥本、王鎣本、朱本、汪本、張本、吴本、黄本、莊本、集解本「獵」作「躐」，餘本同藏本。藏本注「踐」作「捲」，王溥本、朱本、莊本、集解本作「踐」，今據改，茅本、葉本、汪本同藏本，景宋本作「倦」。汪本、莊本、集解本注「獵」作「躐」，景宋本、茅本、葉本同藏本，王溥本、朱本無此字。藏本注「是」作「者」，景宋本、茅本、汪本、莊本、集解本作「是」，今據改，王溥本、朱本、葉本同藏本。

【箋釋】王念孫云：「膝」下缺一字，楚策作「蹠穿膝暴」。又：蹷訓爲僵，雖本説文，而此「蹷」字則非其義。蹷者，蹋也。謂足蹋沙石也。蹷或作蹶，説文作⿺走厥，云「蹠也」，(主術篇注曰：「蹠，蹈也。」楚辭九章注：「蹠，踐也。」文選舞賦注引許慎淮南子注曰：「蹠，蹋也。」)吕氏春秋知化篇「子胥兩袪高蹶而出於廷」，高注曰：「蹶，蹈也。」司馬相如上林賦「蹷石闕」，郭璞曰：「蹷，蹋也。」漢書申屠嘉傳「材官蹶張」，如淳曰：「材官之多力，能腳蹋彊弩張之，故曰蹶張。」是足蹋謂之蹷也。申包胥跋涉谷行，故足蹋沙石而蹠爲之穿。若訓蹷爲僵，則與上下文不相貫注矣。

○雙棣按：「獵」與「躐」通。詩齊風南山毛傳云「衡獵之，從獵之」，孔疏：「在田逐禽謂之獵，則獵是行步踐履之名。」荀子議兵篇「不獵禾稼」，楊倞注：「獵與躐同，踐也。」

〔三〕【高注】鶴跱，跱立。言不動不食，黴黑其面色，欲速得秦救也。

【版本】王溥本、王鎣本、汪本、張本、黃本、莊本「黑」作「墨」，景宋本、朱本、茅本、葉本、集解本同藏本。藏本注上「跱」字作「峙」，葉本、莊本、集解本作「跱」，今據改，餘本同藏本。茅本、汪本、莊本、集解本注「立」下有「貌」字，景宋本、王溥本、朱本、葉本同藏本。藏本注「得」作「則」，景宋本、朱本、莊本、集解本作「得」，今據改，茅本、葉本、汪本同藏本。

【箋釋】楊樹達云：鶴之臥亦直立不動，故云鶴跱。

【用韻】「食、灰、黑」職之通韻。

〔四〕【高注】秦王，秦哀公也。

【版本】景宋本、茅本、汪本、張本、吳本、黃本、莊本、集解本「流」作「液」，餘本同藏本。

【箋釋】陳昌齊云：「涕流」當作「涕淚」，形近而誤也。○于大成云：「流」字誤，當如景宋本作「液」。○何寧云：「液」字乃「流」字之誤。「交集」乃涕流之狀，不言流而言交集，則於詞不當。

○雙棣按：藏本作「流」字不誤。何説是也。

〔二五〕【高注】封，脩，皆大。豨、蛇，喻貪。蠶食，盡無餘。上國，中國。虐，害。始，先。言將以次至秦也。

【箋釋】吴承仕云：文選李斯上書注引高誘淮南注曰：「蠶食，無餘也。」無「盡」字。

〔二六〕【高注】寡君，昭王。越，遠，在於隨矣。

【版本】葉本、莊本、集解本注「於」作「于」。

〔二七〕【高注】遑，暇也。啟，跪也。處，安。

【箋釋】雙棣按：詩小雅四牡「王事靡盬，不遑啟處」，毛傳：「啟，跪。處，居也。」此「處」亦當訓「居」。

【用韻】「楚、茅、女、處」魚幽合韻。

〔二八〕【高注】秦大夫子車鍼虎。傳曰「率車五百乘以救楚」，凡三萬七千五百人。此曰千乘，步卒七萬，不合也。

【版本】藏本注「率」作「卒」，景宋本、茅本、莊本、集解本作「率」，今據改，王溥本、朱本、葉本同藏本。藏本注下「百」字作「伯」，景宋本、王溥本、茅本、汪本、莊本、集解本作「百」，今據改，朱本、葉本同藏本。藏本注「此」作「比」，各本皆作「此」，今據改。莊本、集解本注下「曰」作「云」。

【箋釋】王紹蘭云：左傳定公五年：「申包胥以秦師至，秦子蒲、子虎帥車五百乘以救楚。」又文六年傳:「秦伯任好卒,以子車氏之三子奄息、仲行、鍼虎爲殉。」是子車鍼虎殉穆公而葬矣。徧考書傳,未聞其死而復生也。且自文六年至定五年,計一百十七年,當殉葬時,最少亦得二十歲,則秦師救楚之年,鍼虎已百三十七歲。可知子虎非鍼虎也。

〔二九〕【高注】塞,函谷。一曰:武關塞也。

〔三〇〕【高注】濁水,蓋江水。傳曰:「敗吴于公壻之谿。」公壻之谿,楚地。

【版本】藏本「大」作「不」,除景宋本同藏本外,各本皆作「大」,今據改。藏本注下「谿」字作「溪」,王溥本、葉本、莊本、集解本作「谿」,今據改,景宋本、朱本、茅本同藏本。

〔三一〕【高注】烈,功。憲,法也。

〔三二〕【高注】一,同也。

【版本】張本、黄本、莊本、集解本「致」作「知」,餘本同藏本。藏本「膚」下有「之」字,王溥本、王鎣本、茅本、汪本、張本、吴本、黄本、莊本、集解本無「之」字,今據删,餘本同藏本。汪本、張本、黄本、莊本、集解本「痛疾」作「疾痛」,餘本同藏本。

【用韻】「苦、暑」魚部。

〔三三〕【高注】怖肝,猶戒懼。

【版本】藏本「務」下無「之」字,景宋本有「之」字,今據補,餘本同藏本。藏本注「怖」字作「佈」,景宋本、王溥本、王鎣本、朱本、莊本、集解本作「怖」,今據改。

〔三四〕【箋釋】陳昌齊云：别本「務」下有「之」字，「怖」作「沸」。

〔三五〕【高注】子發，楚威王之將也。

【版本】莊本、集解本注無「之」字，「也」字。

〔三六〕【版本】藏本「規」字壞缺，各本皆作「規」，今據正。

〔三七〕【高注】克，勝也。

【用韻】「雨、矩、御、下」魚部。

〔三八〕【高注】名，武勇寧國之名。墮，廢也。

【版本】藏本注「勇」作「中」，王溥本、朱本作「勇」，今據改，景宋本、茅本、葉本、汪本、莊本、集解本同藏本。

〔三九〕【高注】成，猶立也。

〔四〇〕【高注】强，力也。

〔四一〕【高注】精，專。

【箋釋】黄暉云：論衡命禄篇「官御同才」，吴承仕云：「官」作「宦」。曲禮：「宦學事師。」鄭注：「學或爲御。」仲任言「宦御」者，其所見曲禮與鄭見或本正同。暉按，吴説是。淮南脩務篇「官御不厲」，蓋「官」亦「宦」之誤。○裘錫圭説與吴、黄説同。○楊棟云：「官」當爲「宦」，形近而訛。周家臺秦簡日書云：「斗乘軫，門有客，所言者宦御若行者也。」整理者注釋：「『宦御』指任官。」孔家坡漢簡日書天牢篇有「居官宦御」，整理者注釋：「居官、宦御，任官。」宦御即做官。

〔四二〕【高注】烈，業也。

〔四三〕【高注】世，猶身也。

【箋釋】莊逵吉云：京房易有「世應」，郭璞洞林以爲「身」，是「世，身也」之證。○于大成云：「後」當爲「没」，草書形近之誤也。論語衛靈公「君子疾没世而名不稱焉」，（亦見史伯夷傳。）史孔子世家「君子病没世而名不稱焉」，法言問神「君子病没世而無名」，中論考僞「仲尼惡没世而名不稱」，趙岐孟子章旨「恥没世而無聞焉」，皆與此文義同。高注「世猶身也」，是「没世」即「没身」也。楚辭惜往日「卒没身而絶名兮」，古文苑揚雄太玄賦「疾身没而名滅」，義亦與此文同。蓋皆本於論語也。史記續龜策傳、文子精誠篇正作「没世無名」。（朱弁本、寶曆本如此，俗本亦誤「後世」矣。）

【用韻】「盈、精、成、名」耕部。

〔四四〕【高注】詩（云）小雅皇皇者華之篇。六轡，四馬。如絲，言調匀也。

【版本】藏本注「詩」下有「云」字，據于大成校删。藏本注「匀」作「勿」，景宋本、王溥本、朱本、莊本、集解本作「匀」，今據改，葉本同藏本。

【箋釋】于大成云：注「詩云」「云」字涉正文而衍。俶真篇「詩云：采采卷耳」云云，高注「詩周南卷耳篇也」，本篇上文「詩云：日就月將」云云，高注「詩頌敬之篇」，注例並同。集證本删去

「云」字，是也。○雙棣按：于説是，據其説删注「云」字。

【用韻】「騏、絲」之部。

〔四五〕【高注】諮難曰謨。言當馳驅以忠信往謨難，事之不自專己，慎之至，乃聖人之務也。

【版本】藏本注「曰謨」作「也誤」，景宋本、王溥本作「曰謨」，今據改，朱本作「也謨」，莊本、集解本作「也詩」，葉本同藏本。

【箋釋】陳昌齊云：「謨」當作「謀」。○吴承仕云：注景宋本是也。左傳襄四年：「咨難爲謀。」此注正用彼文。本既誤「曰」爲「也」，淺人又改「謨」爲「詩」，則幾於妄作矣。又案：「不自專己」上，「之」字衍，當删。

【用韻】「驅、謨」侯魚合韻。

通於物者不可驚以怪〔一〕，喻於道者不可動以奇〔二〕，察於辭者不可燿以名〔三〕，審於形者不可遯以狀〔四〕。世俗之人，多尊古而賤今，故爲道者必託之於神農、黄帝而後能入説〔五〕。亂世闇主，高遠其所從來，因而貴之〔六〕。爲學者，蔽於論而尊其所聞，相與危坐而稱之，正領而誦之，此見是非之分不明〔七〕。

夫無規矩，雖奚仲不能以定方圓；無準繩，雖魯般不能以定曲直〔八〕。是故鍾子期死而伯牙絶弦破琴，知世莫賞也〔九〕。惠施死而莊子寢説言，見世莫可爲語者也〔一〇〕。夫項託七歲爲孔子師，孔子有以聽其言也。以年之少爲閭丈人説，救敲不給，何道之能明也〔一一〕！

昔者，謝子見於秦惠王，惠王説之。以問唐姑梁，唐姑梁曰：「謝子，山東辯士，固權説以取少主〔一二〕。」惠王因藏怒而待之。後日復見，逆而弗聽也〔一三〕。非其説異也，所以聽者易〔一四〕。夫以徵爲羽，非絃之罪〔一五〕；以甘爲苦，非味之過〔一六〕。楚人有烹猴而召其鄰人，以爲狗羹也而甘之〔一七〕。後聞其猴也，據地而吐之，盡寫其食。此未始知味者也〔一八〕。邯鄲師有出新曲者，託之李奇〔一九〕，諸人皆爭學之〔二〇〕。後知其非也，而皆棄其曲。此未始知音者也〔二一〕。鄙人有得玉璞者，喜其狀，以爲寶而藏之〔二二〕。以示人，人以爲石也，因而棄之。此未始知玉者也。

故有符於中，則貴是而同今古〔二三〕；無以聽其説，則所從來者遠而貴之耳〔二四〕。此和氏之所以泣血於荊山之下〔二五〕。今劍或絶側羸文，齧缺卷銋，而稱以頃襄之劍，則貴人爭帶之〔二六〕；琴或撥剌枉橈，闊解漏越，而稱以楚莊之琴，則側室爭鼓之〔二七〕。苗山之鋌，羊頭之銷，雖水斷龍舟，陸剸兕甲，莫之服帶〔二八〕；山桐之琴，澗梓之腹，雖鳴廉隅脩營唐牙，莫之鼓也〔二九〕。通人則不然。服劍者期於銛利，而不期於墨陽、莫邪〔三〇〕；乘馬者期於千里，而不期於驊騮、緑耳〔三一〕；鼓琴者期於鳴廉脩營，而不期於濫脇、號鍾〔三二〕；誦詩書者期於通道略物，而不期於洪範、商頌〔三三〕。聖人見是非，若白黑之於目辯〔三四〕，清濁之於耳聽〔三五〕。衆人則不然〔三六〕。中無主以受之，譬若遺腹子之上隴，以禮哭泣之，而無所歸心〔三七〕。故夫孿子之相似者，唯其母能知之〔三八〕；玉石之相類者，唯良工能識之〔三九〕；書傳之微者，唯聖人能論之〔四〇〕。

今取新聖人書，名之孔墨，則弟子句指而受者必衆矣〔四一〕。故美人者，非必西施之種；通士者，不必孔墨之類。曉然意有所通於物，故作書以喻意，以爲知者也〔四二〕。誠得清白之士，執玄鑑於心，照物明白，不爲古今易意〔四三〕，攄書明指以示之〔四四〕，雖闔棺亦不恨矣〔四五〕。昔晉平公令官爲鍾，鍾成而示師曠，師曠曰：「鍾音不調〔四六〕。」平公曰：「寡人以示工，工皆以爲調，而以爲不調，何也〔四七〕？」師曠曰：「使後世無知音者則已，若有知音者，必知鍾之不調。」故師曠之欲善調鍾也，以爲後之有知音者也〔四八〕。

校釋

〔一〕【高注】通，達。言怪物不能驚之也。

〔二〕【版本】藏本無「以」字，除景宋本同藏本外，各本皆有「以」字，今據補。

【高注】喻，明。非常曰奇。

【用韻】「怪、奇」之歌合韻。

〔三〕【高注】燿，眩。名，虛實之名也。

〔四〕【高注】遯，欺也。狀，貌也。

【用韻】「名、狀」耕陽合韻。

〔五〕【高注】說，言也。言爲二聖所作，乃能入其說於人，人乃用之。

〔六〕【用韻】「說、貴」月物合韻。

〔七〕【高注】誦之，喻若影之隨形，響之應聲。效言之，不知其理，故曰不明也。

【用韻】「稱、誦、明」蒸東陽合韻。

〔八〕【用韻】「繩、直」蒸職通韻。

〔九〕【高注】鍾，官氏。子，通稱。期，名。達於音律。伯牙，楚人，睹世無有知音若子期者，故絕弦破其琴也。

【版本】藏本注上「期」字作「其」，除葉本同藏本外，各本皆作「期」，今據改。藏本注「子期」下無「者」字，茅本、汪本、張本、莊本、集解本有「者」字，今據補，景宋本、王溥本、朱本、葉本同藏本。

【箋釋】劉台拱云：說苑談叢篇作「世莫可爲鼓也」，「鼓」與下文「語」爲韻，蓋淮南本文如是。今本作「世莫賞也」，意淺而言不文，疑後人所改。○蔣超伯云：鍾期一作中期，秦策「中期推琴而對」，韓非子同。○于大成云：呂氏春秋本味篇高注止作「鍾，氏」，無「官」字。○雙棣按：呂氏春秋本味篇云：「鍾子期死，伯牙破琴絕弦，終身不復鼓琴，以爲世無足復爲鼓琴者。」此當爲淮南所本。劉氏謂「世莫賞也」當作「世莫可爲鼓也」，似是。呂覽謂「世無足復爲鼓琴者」，下文言莊子事，亦謂世莫可爲語者也。今作「世莫賞也」，則與文義不合。

〔一〇〕【高注】惠施，宋人，仕於梁，爲惠王相。莊子，名周，宋蒙縣人，作書三十三篇，爲道家之言也。

【版本】莊本、集解本注上「三」作「二」，景宋本、王溥本、朱本、茅本、葉本、汪本同藏本。

【箋釋】吴承仕云：藝文志：莊子五十二篇。經典釋文序録：「崔譔注二十七篇。向秀注二十六篇。司馬彪注五十二篇，内有解説三篇。郭象注三十三篇。」此注稱二十三篇並不合。朱本、景宋本作三十三篇，與序録所述郭注本同。然許、高皆漢人，所見不必與郭象適相應。疑「廿、卅」形近而誤，未知孰是。○馬宗霍云：説文云「寢，臥也」，引申之爲息，爲止，爲藏。寢與寖同，「寖，藏也」，見廣雅釋詁四。寢猶息也，見文選永明九年策秀才文李善注。寢猶止也，見大戴記曾子制言上盧辯注。本文「寢」字亦取引申之義。「寢説言」謂止而不言也。○王叔岷云：三十三篇亦非此注之舊。高注呂氏春秋必己篇云：「莊子，名周，宋之蒙人也，著書五十二篇，名之曰莊子。」（與漢志所稱五十二篇適合。）其注淮南，亦必相同。蓋此注本作「作書五十二篇」，後人見郭象本莊子僅三十三篇，因妄改此注與之相應，不知三十三篇，乃郭象删定之本，漢人所見莊子，焉有三十三篇者哉！補遺云：「言」上當有「不」字，「而莊子寢説不言」與上「而伯牙絶弦破琴」文正相耦。説苑説叢篇「言」上正有「不」字。又案：「爲語」猶「與語」，説苑「爲」正作「與」。○雙棣按：景宋本、道藏本及王溥本等各明刊本注均作「三十三篇」，二十三篇者，始於莊刻本。蓋莊本誤「三」爲「二」也。然「三十三」亦當如王説作「五十二」，呂覽、淮南，一人之注，不得爲二。

〔二〕【高注】閭，里。敲，横。丈人，長老。年少爲之説事，老人敲其頭，自救不暇，何能明道也。

【版本】茅本、汪本、張本、黄本、莊本、集解本注「長老」下有「之稱」二字，景宋本、王溥本、朱本、葉本同藏本。王溥本注「横」作「樀」，朱本作「樌」，餘本同藏本。

【箋釋】吴承仕云：注文當作「敲，横擿也」。説文：「敲，横擿也。」左氏釋文説同。此本「横」下誤奪「擿」字。朱本作「樌也」，「樌」即「擿」字之譌，又誤奪「横」字。兩本互勘，則誤文可定也。○何寧云：注「老人敲其頭」，字當作「毃」。説文：「毃，擊頭也。」

〔三〕【高注】謝，姓也。子，通稱也。唐，姓，名姑梁，秦大夫。言謝子，辯士也，常發其巧説以取少主之權。少主，謝子之君。一曰：謂惠王。惠王，秦孝公之子也。

【箋釋】劉台拱云：謝子，説苑雜言篇作祁射子。唐姑梁，呂氏春秋去宥篇作唐姑果，説苑作唐姑。「權説」當作「奮説」，此涉注而誤。注云「發其巧説」，此解「奮」字也。「以取少主之權」，此解「取」字也。若作「權説」則文義不相應矣。呂氏春秋作「奮於説以取少主」，是也。○王引之與劉説同。○金其源云：春秋繁露玉英：「權，譎也。」廣雅釋詁：「譎，欺也。」呂覽順説「臣勿得也」注：「得猶取也。」左傳哀公二十四年「得太子適郢」注：「得相親悦也。」此謂常以欺人之説取親悦於少主也。○于大成云：「固」乃「奮」字之誤。「奮」壞爲「田」，後人因改爲「固」字耳。

春秋繁露玉英：「權，譎也。」權說者，譎詐之說也。故高注爲巧說。高注「發其巧說」，正釋「奮權說」三字，又加「之權」以足義耳。

〔一三〕【高注】聽，猶說是也。

〔一四〕【高注】易，革也。

【箋釋】劉台拱云：「易」下脫「也」字。

【用韻】「異、易」職錫合韻。

〔一五〕【高注】罪在聽也。

〔一六〕【高注】過在嘗也。

【用韻】「羽、苦」魚部，「罪、過」微歌合韻。

〔一七〕【高注】召，猶請也。

【箋釋】王念孫云：「鄰人」下當更有「鄰人」二字，今本脫去，則文義不明。北堂書鈔酒食部三，初學記器物部，太平御覽飲食部十九、獸部二十二引此，並疊「鄰人」二字。○劉文典云：「烹猴」下當有「者」字。御覽八百六十一、九百十引，並作「烹猴者」，是其證。又案：召，御覽九百十引作「紿」，又有注云：「徒亥切。」則「紿」當非誤字。惟八百六十一引，字仍作「召」，與今本合。疑一本作「紿」，一本作「召」也。○于大成云：北堂書鈔，初學記，萬卷精華十七、十八引「烹猴」下亦有「者」字。劉說當作「烹猴者」是也。意林、萬卷精華引亦疊「鄰人」二字，王說「鄰人」當疊，亦是也。○雙棣按：御覽所引注「徒亥切」當爲後人所爲。

〔一八〕【高注】喻以惠王初説謝子，唐姑梁間之，因藏怒也。

【版本】藏本注「間」作「聞」，景宋本、茅本、汪本、莊本、集解本作「間」，今據改，朱本、葉本同藏本，王溥本無「間之」二字，「唐姑梁」上有「問於」二字。

【箋釋】王念孫云：盡寫其食，亦當依初學記、太平御覽引，作「盡寫其所食」。○于大成云：王説是也。萬卷精華十七引亦作「盡寫其所食」。

〔一九〕【高注】師，樂師，瞽也。出，猶作也。新曲，非雅樂也。李奇，古之名倡也。

【箋釋】陶方琦云：御覽五百六十五引許注：「李奇，趙之善樂者也。」意林引，作「趙之善音者」。新論正賞篇「趙人有曲者，託以伯牙之聲，世人競習之」，即用此事，指爲趙人，與許説合。

〔二〇〕【高注】諸，衆也。

〔二一〕【高注】知非李奇所作而皆棄之，故未始知音也。

【版本】藏本注無「音」字，王溥本、莊本、集解本有「音」字，今據補，景宋本、朱本、葉本同藏本。

【箋釋】劉績云：知音者但論其曲之美，而不論其人古今，若爲李奇作則學之，樂師作則棄之，是論人也，故曰不知音。後仿此。○雙棣按：依文例，注「故」下當有「曰」字。

〔二二〕【高注】鄙人，小人。

【用韻】「狀、藏」陽部。

〔二三〕【高注】符，驗。驗者，有明也。是，實也。言中心能明實是者則貴之，古今一也，故曰同也。

〔二四〕【高注】言無中心明驗，無以聽人説之是否，但見其言遠古之事，便珍貴之耳。近世之事，有可貴者亦不貴之也。

【版本】王溥本注「否」作「非」，餘本同藏本。藏本注「亦」下有「有」字，王溥本無「有」字，今據删，餘本同藏本。

【箋釋】劉績云：符謂凡事未來，我固知而與之符合也。言凡物若本知其理，則但貴是者，而不論其古今，若不知其理，則不能擇是而貴古賤今也。○雙棣按：此謂無以聽其説，則所從來者遠而貴之，而近世之事，有可貴者亦不貴之。「亦」下有「有」字則文義不明。劉績删「有」字是，今從之。

〔二五〕【高注】荊人和氏得美玉之璞於荊山之下，獻楚武王，武王以爲石，刖其右趾。及文王即位，復獻之，如是，乃泣血，證之爲寶。文王曰：「先王輕於刖足而重剖石。」遂爲剖之，畢如和言，因號爲和氏之璧也。

【版本】景宋本、王溥本、朱本注「右」作「左」，葉本、莊本、集解本同藏本。莊本、集解本注「趾」作「足」，景宋本、王溥本、朱本、葉本同藏本。王溥本注無「及」字，「復獻之」上有「文王以爲石刖其右趾及成王即位又獻之」十七字，下「文王」作「成王」，景宋本、朱本、葉本、莊本、集解本同藏本。莊本、集解本「畢」作「果」，景宋本、王溥本、朱本、葉本同藏本。

【箋釋】雙棣按：覽冥篇高注卞和獻玉璞於武王、文王、成王，此只言武王、文王，劉績補成王，以與覽冥注合。參覽冥篇八八〇頁注〔二四〕。又按：爾雅釋言：「趾，足也。」趾，古作「止」，即足形。作腳趾解，蓋魏、晉以後事。莊誤以趾之爲「腳趾」而改爲足，非是。

【用韻】「古、耳、下」魚之合韻。

〔二六〕【高注】絶無側，贏無文，鬊缺卷鉅，鈍弊無刃。託之爲楚頃襄王所服劍，故貴人慕而争帶之。一説：頃襄王，善爲劍人名。鉅，讀豐年之稔也。

【版本】藏本「人」作「之」，除景宋本同藏本外，各本皆作「人」，今據改。藏本注「缺」作「齒」，景宋本作「缺」，今據改，餘本同藏本。藏本注「讀豐年」三字作「鎖犀」，王溥本、朱本、莊本、集解本作「讀豐年」，今據改，景宋本作「鑽犀」，葉本同藏本。

【箋釋】吴承仕云：注一説以頃襄爲人名，則不得有「王」字，明矣。「王」字蓋涉上文而衍。〇于省吾云：注文「齒」字，景宋本作「缺」，是也。莊本亦誤作齒。鉅與卷義相仿，卷鉅猶言捲曲。廣雅釋詁：「鉅，拳也。」又：「拳，曲也。」

〔二七〕【高注】撥剌，不正。枉撓，曲弱。闊解，壞。漏越，音聲散。託之爲楚莊王琴，則側室之寵人争鼓之也。側室，或作廟堂也。

【版本】藏本「側」上無「則」字，王溥本、王鎣本、葉本、吴本有「則」字，今據補，餘本同藏本。

【箋釋】劉台拱云：左桓二年傳「卿置側室」，杜注：「側室，衆子也。」此側室即指卿大夫言，方與上文貴人相合。○俞樾云：「側室」二字無義。高注曰：「側室，或作廟堂也。」廟堂亦無義。疑本作「則尚士争鼓之」，尚與上通，尚士即上士也。考工記桃氏爲劍，弓人爲弓，並有「上士服之」之文，故此言琴鋌，亦曰「上士鼓之」也。上文曰「今劍或絶側羸文，齧缺卷銋，而稱以頃襄之劍，則貴人争帶之」，兩文相對，此曰「則上士争鼓之」，猶彼曰「則貴人争帶之」也。因叚尚爲上，而「尚士」二字誤合爲「堂」字，淺人因改「則」爲「廟」字，高所據或本是「則」字，遂改「堂」字爲「室」字，而加人旁於則字之左，高所據本是也。○孫詒讓云：後泰族訓「朱弦漏越」，許注云：「漏，穿。越，琴瑟兩頭也。」與此注異，許義爲允。禮記樂記云：「清廟之瑟，朱弦而疏越。」鄭注云：「越，瑟底孔也，畫疏之使聲遲也。」此云「漏越」，亦猶疏越也。○何寧云：琴之制，肩下底中有長方孔曰龍池，尾前底中有長方孔曰鳳沼，池、沼統稱爲越。樂記鄭注以越爲瑟底孔，琴亦如之，許、高注義不明。

〔二八〕【高注】苗山，楚山，利金所出。羊頭之銷，白羊子刀。雖有利用，無所稱託，故無人服帶也。

【箋釋】王念孫云：「鋌」當爲「鋋」，字之誤也。鋋音挺。説文：「鋋，銅鐵樸也。」文選七命注引此篇「苗山之鋋」，（七發注同。）羊頭之銷」，又引許慎注曰：「鋋，銅鐵樸也。（高注：「苗山，楚山，利金所出。」義與許同。）銷，生鐵也。」是其證。○劉台拱云：銷，思約反，音削。○陶方琦云：文選張協七命注引許注：「鋋，銅鐵樸也。銷，生鐵也。」按：説文：「鋋，銅鐵樸也。」與注淮南訓正同。論衡率性篇：「世稱利劍有千金之價，其本鋋，山中之恒鐵也。」玄應曰（衆經音義十一）：「鋌，銅鐵之璞，未成器用者也。」皆與許義合。説文金部：「銷，鑠金也。」非此義。當是鐃字。説文：「鐃，鐵文也。」次於鋌字篆下，即依淮南舊文，知許本當作鐃也。又：大藏音義二十九引許注云：「鋌者，金銀銅鐵等未成器鑄作片名曰鋌。」按：此或别一解也。○楊樹達云：此承上文説帶劍之事，「服」當讀爲「佩」。古音服與佩同。下文服劍者期於銛利，「服」亦當讀爲「佩」。○于省吾云：王説與許注合，但鋌爲銅鐵樸，銷爲生鐵，銅鐵樸與生鐵，安能水斷龍舟、陸剸兕甲乎？且高注自與許説異。高本謂利金所出，可以爲鋋。又謂羊頭之銷，白羊子刀，不訓生鐵明矣。鋋字不誤。説文：「鋋，小矛也。」漢書司馬相如傳「鋋猛氏」注：「鋋，鐵把短矛也。」墨子備城門「大鋋前長尺。」此就鋋之大者言之耳。劉台拱謂銷同削，是也。周禮考工記築氏爲削，馬注：「偃曲却刃也。」本經「無所錯其剞劂削鋸」注：「削，兩刃句刀也。」曲禮金工疏：「削，書刀也。」按：近世所發現之商周古刀，有小而稍曲者，似貨刀，秉末有作羊頭形者，即此所謂羊頭之銷也。此言苗山之矛，羊頭之刀，其刃雖利而非著名之器。故下云「雖水斷龍舟，陸剸兕甲，莫之服帶」，高注云：「雖有利用，無所稱託，故無人服帶也。」是高本謂因莫之稱託，故無人服帶，非謂銅鐵樸與生鐵之不可服帶也。○于大成云：玉海百五十一引「鋋」亦作「鋌」，是許本如此。高本當作「鋋」，與許不合。詳于説。○雙棣按：文選七命注引淮南作「水斷龍髯」。

〔二九〕【高注】伐山桐以爲琴，谿澗之梓以爲腹。言其鳴，音聲有廉隅、脩營，音清涼，聲和調。唐猶堂。營，讀營正急之營也。

【版本】藏本「梓」誤作「子」，各本皆作「梓」，今據改。張本、黃本、莊本、集解本無「隅」字，餘本同藏本。藏本缺「莫之鼓也」四字，除景宋本同藏本，各本皆有此四字，今據補。張本、黃本、莊本、集解本注無「言其」二字，無「鳴」下「音」字，餘本皆同藏本。

【箋釋】金其源云：國策中山「趙倉唐」，漢書古今人表作「趙倉堂」，是「唐、堂」古通。韓詩外傳「孔子學琴於師堂」，文選七發「使師堂操暢，伯牙爲之歌」，則唐謂師堂，牙謂伯牙也。○蔣禮鴻云：金説是也。枚叔與淮南同時，同以堂牙爲善琴之人。○雙棣按：金、蔣説恐非是。此云山桐之琴，澗梓之腹，即使聲音廉隅、脩營，一般人亦無人鼓奏，與上文苗山之鋋，羊頭之銷，即使水斷龍舟、陸剸兕甲，一般人亦無人佩帶，皆因其無所稱託。下文云「通人則不然，服劍者期於銛利，鼓琴者期於廉隅脩營，求其實而不務其名」。若唐牙謂師堂、伯牙善琴之人，則乃通人之列，不得謂「雖鳴廉隅脩營，莫之鼓也」。然唐牙何謂，尚待考。

〔三〇〕【高注】通人，通於事類。不然，不如衆人貴遠慕聲，不期得銛利而已。墨陽、莫邪，美劍名也。

【版本】張本、黃本、集解本「銛」作「恬」，餘本同藏本。莊本、集解本注「通人」至「慕聲」，在上文「不然」下，景宋本、王溥本、葉本同藏本。莊本、集解本注無「不期得銛利而已」七字，景宋本、王溥本、葉本同藏本。

【箋釋】梁玉繩云：史記蘇秦傳索隱：「淮南子云：『服劍者貴於剡利，而不期於墨陽莫邪。』則墨陽匠名也。」鹽鐵論論勇篇「楚、鄭之棠谿、墨陽」，張之象注引許慎曰：「二者皆利劍名。或曰皆地名，出美劍者也。」○陶方琦云：宋蘇頌校淮南題序引許本「恬」作「錟」。按：蘇氏曰：「許本多用叚借，以恬爲惔。」索隱十八引淮南作「期於錟利」，知許本作「錟」，後人因别本改也。「恬」字亦當作「銛」。（史記「錟戈在後」，亦借爲銛利字。）

〔三一〕【箋釋】于大成云：呂氏春秋察今篇「良劍期乎斷，不期乎鏌鋣；良馬期乎千里，不期乎驥驁」，淮南文義本之。

【用韻】「邪、耳」魚之合韻。

〔三二〕【高注】濫脇，音不和。號鍾，高聲，非耳所及也。

【箋釋】劉績云：皆古琴名。梁元帝纂要以爲齊威公琴是也。作「藍脅」。○王念孫云：劉説是也。「濫」與「藍」古字通。廣雅：「藍脅、號鍾，琴名也。」楚辭九歎「破伯牙之號鍾兮」，王注云：「號鍾，琴名。」馬融長笛賦亦云：「若絙瑟促柱，號鍾高調。」宋書樂志云：「齊桓曰號鍾，楚莊曰繞梁。」事出傅玄琴賦。○雙棣按：劉、王謂濫脇、號鍾爲琴名，是。上二句「不期於墨陽、莫邪」，「不期於驊騮、緑耳」，墨陽、莫邪，驊騮、緑耳，皆名詞，此亦當爲名詞，高注非。又按：「鳴廉」當爲「廉隅」。上文「雖鳴廉隅、脩營」，高注：「言其鳴，音聲有廉隅、脩營，音清涼，聲和調。」廉隅、脩營狀聲音之純正優美。此「鳴廉」蓋涉上文而誤。

〔三三〕【高注】略，達；物，事也。頌，或作容。

【箋釋】莊逵吉云：周禮「和容」，杜子春讀作「和頌」。攷古容貌字作頌，容納字作容，實兩分。今則通用之也。

【用韻】「鍾、頌」東部。

〔三四〕【高注】辯，別也。

【版本】景宋本、王溥本、吴本、莊本、集解本正文及注「辯」作「辨」，餘本同藏本。

【箋釋】雙棣按：「辯」與「辨」通。

〔三五〕【高注】清，商也。濁，宫也。

【箋釋】于大成云：後漢書朱浮傳注、班固傳注引作「若白黑之別於目，清濁之形於耳」，或是別本。今本注云「辯，別也」，出「辯」字，知所據本固與章懷引異。

〔三六〕【高注】然，如是也。

〔三七〕【高注】目不識父之顔，心不哀也。

【版本】藏本注「目」作「自」，莊本、集解本作「目」，今據改，餘本同藏本。

〔三八〕【高注】知，獨別也。

【版本】葉本、莊本、集解本「孿」作「攣」，餘本同藏本。

【箋釋】劉績云：孿，主患切，雙生子也。○劉台拱云：盧校各本作「孿」，音涮。以水涮壺之涮。○顧廣圻云：注當作「知猶別也」。○于大成云：韓策三「夫孿子之相似者，唯其母知之而已」，此文本之。吕氏春秋疑似篇亦云「夫孿子之相似者，其母常識之，知之審也」。注文「獨」字誤，字當爲「猶」。説林篇及吕氏春秋有始覽高注並云「知，猶别也」。

〔三九〕【高注】卞和是也。

【用韻】「類、識」物職合韻。

〔四〇〕【高注】微，妙。論，敘也。

【箋釋】何寧云：注「敘」當爲「知」，字之誤也。其母能知之，良工能識之，聖人能論之，義皆相近。齊俗、説山高注皆云：「論，知也。」

【用韻】「微、論」微文通韻。

〔四一〕【高注】眩於孔墨之名而或，不知其實非孔墨所作也。

【箋釋】李哲明云：句指者，蓋恭謹之狀，説苑君道篇「北面拘指，逡巡而退以求臣，則師傅之材至矣」，即此義。○雙棣按：李説是。劉台拱校説苑亦謂「拘指」即此之「句指」，鹽鐵論刺議云：「僕雖不敏，亦當傾耳下風，攝齊句指，受業於君子之塗矣。」「句指」義與此同，亦謹敬之謂也。又：注「或」字與「惑」同。

〔四二〕【高注】喻，明也。作書者以明古今傳代之事，以爲知者施也。

【箋釋】王念孫云：如高注，則「喻意」當作「喻事」，「知者」下當有「施」字。施，設也。言作書以明事，爲後之知己者設也。下又云：「故師曠之欲善調鍾也，以爲後之知音者也。」（「以爲後之知音者」,與「以爲知者施」同意,各本「知音」上有「有」字,因上文「若有知音者」而衍。吕氏春秋長見篇作「以爲後世之知音者也」,無「有」字。)注曰:「喻上句作書爲知者施也。」(各本「知者」作「知音」,因正文知音而誤。)則正文有「施」字明矣。今本「喻事」作「喻意」,涉上句「意」字而誤。「知者」下脱「施」字,則文義不明。○陶鴻慶云:正文兩「意」字語氣相承,下文云「不爲古今易意」,亦承此言。若易「喻意」爲「喻事」,則上下文意不融貫矣。物亦事也。本書凡言「物」,高注悉解爲「事」。此注云「古今傳代之事」,正謂意有所通於古今之事也。王説失之拘泥。又按:以爲知者也,「也」即「施」之壞字。○楊樹達云:「意」字是。此承上句「意有所通於物」之「意」字爲文,高注乃泛説之,王氏據以改本文,大謬。又高注云「以爲智者施」,乃增字以訓説本文,非正文本有「施」字。泰族篇云:「故高山深林,非爲虎豹也;大木茂枝,非爲飛鳥也;流源千里,淵深百仞,非爲蛟龍也。」諸句並無「施」字,豈皆文義不明乎?

〔四三〕【高注】玄,水也。鑑,鏡也。皆以自見。能自易,故能見物,言反易也。

【版本】景宋本、茅本、汪本、張本、吴本、黄本、莊本、集解本「清白」作「清明」,餘本同藏本。

【箋釋】吴承仕云:注文「能自易」以下十一字,語不可解。疑當作「能自見,故能見物,不反易也」。

〔四四〕【高注】攄,舒也。指,書。

【版本】莊本、集解本此注在下文「恨矣」下。莊本、集解本注「舒」作「抒」,王溥本、朱本、葉本、茅本、汪本同藏本。

〔四五〕【高注】朝聞道，夕死可矣，何恨之有乎？

【箋釋】陶鴻慶云：此承上文「誠得清明之士，執玄鑑於心，照物明白，不爲古今易意」而言，得如此之人，而以書指示之，則作書者雖死不恨，所謂得一知己，可以不恨也，故上云「以爲知者施」。高注云：「朝聞道，夕死可矣，何恨之有。」指爲學者言，殊失其旨。

〔四六〕【高注】平公，晉悼公之子彪。師曠識音，故知其不調也。

【版本】藏本「師曠」二字不重，景宋本、茅本、汪本、張本、黄本、莊本、集解本重「師曠」，今據補，餘本同藏本。

〔四七〕【高注】而，汝也。

【版本】藏本注「汝」下有「言」字，朱本、茅本、汪本、張本、黄本、莊本、集解本無「言」字，今據删，餘本同藏本。

〔四八〕【高注】喻上句作書爲知音施也。

【版本】王溥本、王鎣本、葉本、吴本「後」下有「世」字，餘本同藏本。

三代與我同行，五伯與我齊智〔一〕。彼獨有聖智之實，我曾無有閭里之聞、窮巷之知者何〔二〕？彼并身而立節，我誕謾而悠忽〔三〕。今夫毛嬙、西施〔四〕，天下之美人，若使之銜腐鼠〔五〕，蒙蝟皮，衣豹裘，帶死蛇〔六〕，則布衣韋帶之人，過者莫不左右睥睨而掩鼻〔七〕。嘗試使之施芳澤，正娥眉，設笄珥，衣阿錫，曳齊紈〔八〕，粉白黛黑，佩玉環，揄步〔九〕，雜芝若，籠蒙目視〔一〇〕，冶由笑，目流眺〔一一〕，口曾撓，奇牙出，⿰酉獻酺搖〔一二〕，則雖王公大人，有嚴志頡頏之行者，無不憚悇癢心而悅其色矣〔一三〕。今以中人之才，蒙愚惑之智，被汙辱之行，無本業所脩，方術所務，焉得無有睥[睨](面)[而]掩鼻之容哉〔一四〕！

今鼓舞者〔一五〕，繞身若環〔一六〕，曾撓摩地，扶於猗那，動容轉曲〔一七〕，便媚擬神〔一八〕，身若秋葯被風〔一九〕，髮若結旌〔二〇〕，騁馳若騖〔二一〕。木熙者，舉梧檟，據句枉〔二二〕，蝯自縱，好茂葉〔二三〕，龍夭矯，燕枝拘〔二四〕，援豐條，舞扶疏〔二五〕，龍從鳥集，搏援攫肆，蔑蒙踊躍〔二六〕。且夫觀者莫不爲之損心酸足〔二七〕，彼乃始徐行微笑，被衣脩擢〔二八〕。夫鼓舞者非柔縱〔二九〕，而木熙者非眇勁〔三〇〕，淹浸漬漸靡使然也〔三一〕。

是故生木之長，莫見其益，有時而脩〔三二〕；砥礪䃺監，莫見其損，有時而薄〔三三〕。藜藿之生，蝡蝡然，日加數寸，不可以爲櫨棟〔三四〕；楩柟豫章之生也，七年而後知，故可以爲棺舟〔三五〕。夫事有易成者名小，難成者功大。君子脩美，雖未有利，福將在後至〔三六〕。故詩云：「日就月將，學有緝熙于光明。」此之謂也〔三七〕。

校釋

〔一〕【高注】我，謂作書者。

【版本】藏本注無「者」字，茅本、汪本、莊本、集解本有「者」字，今據補，景宋本、王溥本、朱本、葉本同藏本。

〔二〕【高注】曾，則也。我則無聲名宣聞於閭里，窮巷之人無有知我之賢，何故也？

【版本】藏本「聞」上「之」字作「氣」，除景宋本同藏本外，各本皆作「之」，（蔣刊道藏輯要本亦作「之」。）今據改。

【箋釋】劉績云：賈誼新書作「舜獨有賢聖之名，君子之實」。

〔三〕【高注】彼謂三代、五伯。并身同行，而五伯也立節；我謂誕謾倨傲，悠悠忽遊蕩輕物。

【版本】王溥本、黄本、莊本、集解本注「悠」字不重，景宋本、茅本、汪本、張本同藏本。

【箋釋】劉績云：新書作「然則舜僶俛而加志，我儃優而弗省耳」。○雙棣按：注下「謂」字恐有誤。「彼并身而立節，我誕謾而悠忽」乃自答上「彼獨有聖智之實，我曾無有閭里之聞、窮巷之知者何」之問，爲並列句。注文「并身同行，而五伯也立節」釋上一句，以下釋下一句。我因誕謾倨傲，悠悠忽遊蕩輕物，故無閭里之聞、窮巷之知，「謂」字似當作「則」，語氣始順。此蓋涉上「彼謂」之「謂」而誤。

【用韻】「節、忽」質物合韻。

〔四〕【版本】王鎣本、茅本、汪本、張本、吴本、黄本、莊本、集解本「牆」作「嬙」，餘本同藏本。

〔五〕【版本】藏本「之」作「人」，王溥本、王鎣本、朱本、葉本、汪本、張本、吴本、黄本、莊本、集解本作「之」，今據改，餘本同藏本。

〔六〕【箋釋】向承周云：此言西子蒙不潔。腐鼠、蝟皮、死蛇，固不潔物也，而豹裘則非不潔物。「豹」字當作「豞」，即「狗」之異體。校者不識，以爲「豹」字之誤，而肊改之。説林篇「豹裘而雜，不若狐裘而粹」，是豹裘且貴於狐裘矣，豈腐鼠、蝟皮、死蛇之比乎！

【用韻】「皮、蛇」歌部。

〔七〕【高注】言雖有美姿，人惡聞其臭，故睥睨掩其鼻。孟子曰「西子之蒙不潔，則人皆掩鼻而過之」是也。

【版本】藏本注「惡」作「忍」，王溥本、莊本、集解本作「惡」，（蔣刊道藏輯要本亦作「惡」。）今據改，景宋本作「恐」，葉本同藏本。藏本注「西子」作「西施」，景宋本、王溥本、莊本、集解本作「子」，今據改，葉本同藏本。藏本注「潔」作「中」，景宋本、王溥本、葉本、莊本、集解本作「潔」，（蔣刊道藏輯要本亦作「潔」。）今據改。莊本、集解本注下「掩」下有「其」字，景宋本、王溥本、葉本同藏本。

【箋釋】于大成云：玄應音義八兩引此文，皆作「左頓右倪」。説文「頓，傾首也」，正用淮南此文義，則此文許本作「左頓右倪」。○雙棣按：注引孟子曰見孟子離婁下。今本孟子「掩」下亦無「其」字，莊本乃妄增。

〔八〕【高注】笄，婦人首飾。珥，瑱。阿，細縠。錫，細布。紈，素，齊所出。

【版本】藏本注「縠」作「穀」，景宋本、茅本、莊本、集解本作「縠」。（蔣刊道藏輯要本亦作「縠」。）今據改，餘本同藏本。藏本注「齊」作「脇」，除葉本同藏本外，各本皆作「齊」，今據改。

【箋釋】劉家立云：史記司馬相如傳「被阿錫」，集解引漢書音義云：「阿，細繒也。」正義云：「東阿出繒。」○雙棣按：阿本大陵，細縠或細繒義，當爲無本字之假借。列子周穆王篇張湛注與高注同。王念孫讀書雜志李斯列傳「阿縞之衣」云：「阿爲細繒之名，阿字或作絅。」廣雅釋器：「絅，練也。」玉篇：「絅，細繒也。」「絅」當爲「阿」之後起專字。又「錫」當通「緆」，說文：「緆，細布也。」

〔九〕【高注】體搖動，撓足行。

【箋釋】劉績云：七發作「揄流波」，注：「揄，引也。引流水自潔。」○王念孫云：說文：「揄，引也。」「揄步」之間脫去一字。自「佩玉環」以下皆三字爲句，此獨兩字，則與上下不協。新書勸學篇作「揄鋏陂」，（今本「揄」誤作「榆」，辯見賈子。）亦三字爲句也。○于鬯云：佩玉環揄步，五字讀成一句，義亦可通。而姚廣文云：「步」下有奪字，當作「揄步搖」，與「佩玉環」爲對。鬯謂如姚說，則下文「搖」字可即移在此。下文口曾撓奇，牙出䶩酺，各四字句，䶩酺下不合有「搖」

字，且高注亦不釋彼「搖」字。○雙棣按：于讀與高注不合，當以讀三字句爲是，「揄步」脱一字。

〔一〇〕【高注】雜，佩。芝若，香草。籠蒙，猶妙昏。目，視也。

【版本】王溥本、茅本、汪本、張本、黄本、莊本、集解本注「妙」作「眇」，餘本同藏本。汪本、張本、黄本、莊本、集解本注無「昏」字，景宋本、茅本作「民」，朱本、葉本同藏本。

【箋釋】劉績云：列子「雜芷若」，則「芝」當作「芷」。衍「目」字。○王念孫云：「籠蒙目視」四字，文不成義，且與上下句不協。劉績云衍「目」字。案：此當衍「視」字。高注「目，視也」，則正文作「籠蒙目」明矣。（今本「目」下有「視」字，即涉注文而誤。）廣雅亦云：「目，視也。」史記項羽紀曰「范增數目項王」是也。籠蒙目，即籠蒙視，與「冶由笑」相對爲文。賈子作「風蚩視」。（今本風蚩誤作蚩蛩。）風蚩，籠蒙，語之轉耳。○孫詒讓云：注「籠蒙，猶眇。目，視也」，宋本「眇」作「妙瞀」。案：妙瞀即法言先知篇之眇緜也，李注云：「眇緜，遠視。」莊本「妙」作「眇」，亦通，挩「瞀」字則非。○雙棣按：王謂正文衍「視」字，有「目」字，恐非。如此，則與下句「目流眺」相複。劉績謂正文衍「目」字，當是。不惟正文衍「目」字，高注「目」字亦是衍文。注當作「心籠蒙，猶妙昏視也」。王引賈子，見新書勸學篇，所述與淮南正同。亦作「風蚩視」。（依王校。）劉師培謂「風蚩視」即「籠蒙視」。荀子富國篇：「譬之是猶使處女嬰寶珠，佩寶玉，負戴黄金，而遇中山之盜也，雖爲之逢蒙視，詘要橈膕，君盧屋妾，由將不足以免也。」作「逢蒙視」。盧文弨云：「逢蒙視，言不敢正視也。」郝懿行云：「逢蒙，疊韻字也，微視之貌。」籠蒙、風蚩、逢蒙，同一詞之不同寫法。又禮玉藻「雜帶君朱緑」，注：「雜，飾也。」飾亦佩也。

〔二〕【高注】冶由笑，巧笑。詩云「巧笑倩兮」是也。流眺，精眄。詩云「美目盼兮」是也。

【版本】藏本注「由」作「猶」，莊本、集解本作「由」，今據改，餘本同藏本。莊本、集解本注兩「云」字作「曰」，景宋本、王溥本、朱本、葉本同藏本。茅本、汪本、張本、黄本、莊本、集解本注「精」作「睛」，餘本同藏本。藏本「眄」作「盼」，景宋本作「眄」，今據改，餘本同藏本。

【箋釋】雙棣按：「冶由」爲喻母雙聲聯緜字，妖媚之義。此指笑貌，即巧媚之笑貌。木華海賦「眇藋冶夷」，李善注：「冶夷，妖媚之貌。」冶夷與冶由同。又注「精盼」，「精」古「睛」字；「盼」當爲「眄」，説文：「眄，目徧合也。一曰邪視也。」注引詩見衛風碩人，今本「美目盼兮」，阮元校勘記云：「唐石經盼作盼，毛本同。案盼字是也。」

〔三〕【高注】曾，則也。撓，弱也。口則弱撓，冒若將笑，故好齒出。詩云「齒如瓠犀」是也。䶢䶣，頰邊文，婦人之媚也。

【版本】王溥本注「冒」作「謂」，景宋本作「冐」，餘本同藏本。

【箋釋】于鬯云：「口」疑「足」之壞文。撓奇，蓋物名，亦單稱撓，下文「曾撓摩地」是也。云摩地，明指足言矣。撓奇者，蓋如今女人鞋下用木底。曾之言層也，謂重木底也。與史記貨殖傳言跕屣屣相類，姚廣文云：撓同蹺，或作蹻。然則如今優人扮女著蹻乎？今蹻在鞋内，此似在鞋外，故云摩地。○雙棣按：于説無據，不可從。注引詩見衛風碩人。

【用韻】「笑、眺、撓、搖」宵部。

〔一三〕【高注】憛悇，貪欲。癢心，煩悶也。憛悇，讀慘探之探也。

【版本】藏本正文及注「憛」作「憚」，景宋本作「憛」，今據改，餘本同藏本。藏本注「讀」上有「探」字，「慘探」作「慘尊」，今據莊本、集解本改正，景宋本、王溥本、朱本、葉本同藏本。

【箋釋】莊逵吉云：錢別駕云：「憚」讀「探」，必非「憚」字。據楚辭及馮衍賦，應作「憛悇」爲是。形之譌耳。○王念孫云：錢謂「憚」當作「憛」是也。然楚辭七諫「心悇憛而煩冤兮」，王注云：「悇憛，憂愁貌。」後漢書馮衍傳「終悇憛而洞疑」，李賢注引廣蒼云：「悇憛，禍福未定也。」皆與高注「貪欲」之義不同。唯賈子勸學篇「孰能無悇憛養心」，義與此同。廣韻「悇，抽據切。憛悇，愛也」，義蓋本於淮南。○顧廣圻云：宋本「憛」未誤「憚」。○金其源云：竊謂憚不必讀「探」，亦非「憛」譌。廣雅釋詁：「憚，驚也。」説文無悇字，而於悆字下云：「周書『王有疾不悆』，悆，喜也。」今周書作「王有疾弗豫」，釋文云：「豫，本又作忬。」禮曲禮「予一人」注：「予、余古今字。」是悆即悇字。憚悇者，驚喜也。癢心者，文選射雉賦「徒心煩而伎癢」，注：「有伎藝欲逞，曰伎癢。」謂驚喜其色，甚慕之而煩悶，若有伎欲呈者然也。○王叔岷云：錢説是也。記纂淵海六十引「憚」正作「憛」。○雙棣按：説文云：「悆，嘾也。」段注：「嘾者含深也。含深者，欲之甚也。嘾憛、悆悇皆古今字。」並引此文及賈誼新書以證之。段及王、顧説是。

〔一四〕【版本】藏本「睨」作「面」，無「而」字，今據劉家立、呂傳元校改，各本同藏本。

【箋釋】劉家立云：「睥面」二字，義不可通，上文「莫不左右睥睨而掩鼻」，此處亦應作「睥睨」以應上文。此乃寫者之誤也。○楊樹達云：「睥面」，「面」不可通，劉家立據上文改「面」作「睨」是也。○吕傳元云：此文義不可通。「睥」下當脱「睨」字，「面」當爲「而」字。此承上文「左右睥睨而掩鼻」言也。○蔣禮鴻與劉、楊説同。

〔一五〕【高注】鼓舞或作鄭舞。鄭者，鄭袖，楚懷王之幸姬，善譎攻舞，因名鄭舞。一説鄭重攻舞也。

【箋釋】劉績云：許昌宫賦「婉轉鼓側，蜲蛇丹庭，王怒大釋，謂邪睨鼓下，伉音赴節」，即鼓舞是也。

〔一六〕【高注】車輪倒也。

【版本】藏本注「輪」作「錀」，各本皆作「輪」，今據改。

〔一七〕【高注】曾撓摩地，鼓車平解。扶轉，周旋。更曲意更爲之。

【版本】王溥本、王鎣本、朱本、汪本、張本、吴本、黄本、莊本、集解本「於」作「旋」，景宋本、茅本同藏本，葉本作「于」。莊本、集解本此注在下文「擬神」下。

【箋釋】劉績云：轉，更也，曲竟更爲之。○王念孫云：高注傳寫脱誤。當作「扶於，周旋也。轉，更也，曲竟更爲之」。今本脱去「於」字，兩「也」字，「轉」字誤在「周旋」上，「竟」字又誤作「意」，遂致文不成義。正文内「扶於」二字，各本多誤作「扶旋」。（旋字即涉注文而誤。）唯道藏本、茅本不誤。扶於猗那，皆疊韻也。若作「扶旋」，則失其讀矣。史記司馬相如傳「扶輿猗靡」，集解引郭璞曰：「淮南所謂『曾折摩地，扶輿猗委』也。」扶輿即扶於。（相如傳又云「垂條扶於」。）太平御覽樂部十二引此正作「扶於」，又引高注曰：「轉，更也。曲竟更爲之。」是其證。○楚辭九懷「登羊角兮扶輿」，洪興祖補注引此亦作「扶於」，而莊刻乃從諸本作「扶旋」，謬矣。章炳麟云：扶即蟠。天文志：「奢爲扶。」鄭氏注：「扶當爲蟠。」吕覽爲欲篇之「扶木」，錢曉徵謂即蟠木。此「扶」亦同矣。

【用韻】「地、那」歌部。

〔一八〕【高注】擬，象也。

【箋釋】王念孫云：「媚」當爲「娟」，「媚」字與「娟」相似而誤。楚辭大招「豐肉微骨，體便娟只」，王注云：「便娟，好貌也。」「便娟」亦疊韻，若作「便媚」，則失其讀矣。後漢書文苑傳注及太平御覽引此，並作「便娟」。

〔一九〕【高注】葯，白芷，香草。被風，言其弱。

〔二〇〕【高注】屈而復舒。

【用韻】「神、旌」真耕合韻。

〔二一〕【高注】騁馳，言其疾也。

【箋釋】莊逵吉云：太平御覽「鶩」作「驚」。○王念孫云：「鶩」當作「驚」。高注「言其疾也」正釋「若驚」二字。（今本「言其疾」上有「騁馳」二字，此涉正文而衍。）張衡西京賦説舞曰「紛縱體而迅赴，若驚鶴之羣罷」是也。「鶩、騖」字相近，因誤爲「騖」。（莊子知北遊篇注「理未動而志已鶩」，釋文：「鶩，本亦作騖。」）騖與騁馳同義，若云騁馳若騖，則是騁馳若騁馳矣。且「地、那」爲韻，（地，古讀若陀，說見唐韻正。）「神、旌、鶩」爲韻，（此以真耕通爲一韻，周易、楚辭及老、莊諸子多如此。）若作「騖」，則失其韻矣。太平御覽引此正作「騁馳若鶩」。

〔二〕【高注】熙，戲。舉，援也。梧，桐；檟，梓；皆大木也。句枉，曲枝也。枉或作掘也。

【箋釋】蔣超伯云：高注「熙，戲」，與地形、說山兩注並同。熙字於說文又作嫛，謂悅樂也。○吳闓生云：「掘」字是。掘、葉韻。○雙棣按：論衡自紀篇云：「建武三年充生，爲小兒，與儕倫遨戲，不好狎侮。儕倫好掩雀、捕蟬、戲錢、林熙，充獨不肯。」其「林熙」與此「木熙」義同，即攀援樹木遊戲之一種。

〔三〕【高注】言舞者若蝯，不復踐地，好上茂木之枝葉。

〔四〕【高注】言纘蘊若蟠龍。燕枝拘，言其著樹如燕附枝也。

【箋釋】楊樹達云：高說枝拘之義難通。今按「枝拘」當作「積椒」，形聲並近而誤。說文云：「積，多小意而止也。」「椒，積椒也。」「積椒」連語，與上句「夭矯」爲對文，高說如燕附枝，則與上句不對矣。○于省吾云：注說乃臆解，不可從。「枝拘」即「積椒」。廣韻：「積，曲枝果也。」「椒，曲枝果也。」亦作「枳椇」。禮記明堂位「殷以椇」注：「椇之言枳椇也，謂曲橈之也。」按：木之曲枝爲積椒，故引申義爲屈曲之義。「龍夭矯」與「燕枝拘」對文，言其舞之姿勢，如龍蟠夭矯，燕飛屈曲也。

〔二五〕【高注】援，持。持大條，以木舞。扶疏，槃跚。

【版本】藏本注「跚」作「踋」，各本皆作「跚」，今據改。茅本、汪本、張本、黄本、莊本、集解本注「跚」下有「貌」字，餘本同藏本。

【箋釋】向承周云：注以扶疏爲槃跚貌，蓋一音之轉。然此以扶疏與豐條對文，高注非也。説文「扶」下云：「扶疏，四布也。」

【用韻】「矯、條」宵幽合韻，「拘、疏」侯魚合韻。

〔二六〕【高注】言其舞體如龍附雲，如鳥集山。持捷大極其巧。蔑蒙踊躍，明其疾也。

【箋釋】于鬯云：姚廣文云：「援當作捷，涉上文援豐條之援而誤。注但云搏捷，並無援字。可據以訂正。」鬯謂援義亦可通，姚説未知是否。○雙棣按：注「持捷大極其巧」，以下「蔑蒙踊躍」例之，當作「搏捷攫肆，言其巧也」。

〔二七〕【高注】觀者見其微妙危險，皆爲之損動中心，酸酢其足也。

【箋釋】王念孫云：「且」當爲「則」，字之誤也。「則夫」二字承上「今鼓舞者」以下二十一句而言。上文云「則布衣韋帶之人，莫不左右睥睨而掩鼻」，又云「則雖王公大人，有嚴志頡頏之行者，無不憛悇癢心而悦其色矣」，語意並與此同。

〔二八〕【高注】彼，彼舞者，更復徐行小笑，被倡衣，脩擢舞，爲後曲也。

【版本】茅本、汪本、張本、黄本、莊本、集解本注不重「彼」字，景宋本、王溥本、朱本、葉本同藏本。

【箋釋】吴承仕云：朱本重「彼」字是也。詮言篇：「直己而足物。」注云：「己，己山也。」此爲傳注通例，誤奪其一，失之遠矣。又案：擢爲舞羽，字亦作翳，作掉，作翟，此作擢，並聲近通借。

〔二九〕【高注】言非其人生自柔弱屈句委縱也。

【版本】藏本無「舞」字，除景宋本同藏本外，各本皆有，今據補。

〔三〇〕【高注】眇，絶。言其非能自有絶眇之强力也。

【版本】藏本注「能」下有「也」字，王溥本、茅本、汪本、張本、黄本、莊本、集解本無，今據删，餘本同藏本。藏本注下「眇」字作「妙」，景宋本、茅本、汪本、張本、黄本、莊本、集解本作「眇」，今據改，餘本同藏本。

【箋釋】王念孫云：高訓眇爲絶，而以眇勁爲絶妙之强力，於義未安。今案：「眇勁」與「柔縱」相對爲文，眇讀爲訬。訬勁猶輕勁也。上文曰：「越人有重遲者，而人謂之訬。」高彼注曰：「訬，輕利急疾。（舊本脱「疾」字。）訬讀燕人言躁操善趍者謂之訬同也。」後漢書馬融傳「或輕訬趬悍」，李賢注：「訬，輕捷也。」文選吴都賦「輕訬之客」，李善曰：「高誘淮南子注曰：訬，輕利急疾也。訬音眇。」是「訬、眇」同聲而通用也。○吴承仕云：眇絶之訓，於古無徵。疑「絶」當爲「緜」，俗書或作「綿」，故轉寫爲「絶」矣。緜，聯微也。眇亦訓微，緜眇聲近義通，故得爲連語，亦可互訓。文言眇勁者，謂其强力聯緜不絶耳。各本並誤緜爲絶，訓義正相反，失之遠矣。

【用韻】「縱、勁」東耕合韻。

〔二一〕【高注】淹，久。浸，漬。漸於教久，使之柔縱眇勁，靡教化使之然也。

【箋釋】王念孫云：「漬」字涉注文而衍，淹浸、漸靡，皆兩字連讀，不當有「漬」字，且注訓淹爲久，浸爲漬，則正文無「漬」字明矣。○雙棣按：注「靡」當在「漸」字下，「漸靡」連文。

〔二二〕【高注】長者，令長之長。

【箋釋】吴承仕云：生木之長，猶言生長成遂，不得訓爲令長，其理至明。疑注當云：「長，讀令長之長。」（者字或音字之譌。）作音非釋義也。又案：本文上言長，下言脩，則生木之長，不得更作「脩」，可知也。高誘序曰：「淮南以父諱長，其所著長字皆曰脩。」今尋淮南書，凡長短對文，皆曰脩，而長大、長養、長老、長幼諸文，並不改長爲脩。疑長短、長幼，彼時讀音已殊，故不涉諱限歟？○黄侃云：高注正爲淮南不辟父諱而發。蓋長字自有端、定兩讀，作端紐讀，故可以不避也。

〔二三〕【高注】有時，積時，言非一日。教化亦然也。

【版本】王鎣本「礛」作「磨」。莊本、集解本「監」作「堅」，王鎣本作「鑑」，餘本同藏本。

〔二四〕【高注】加，猶益也。櫨，屋也。

【箋釋】王念孫云：「藜藿」當爲「藜藋（徒弔切）」，字之誤也。藋即今所謂灰藋也。爾雅「拜，蔏藋」，郭注曰：「蒴藋似藜。」昭十六年左傳曰「斬其蓬蒿藜藋」，莊子徐無鬼篇曰「藜藋柱乎鼪鼬之逕」是也。藜藋皆生於不治之地，其高過人，故曰「蟔蟔然日加數寸」。若藋爲豆葉，豆之高不及三尺，斯不得言日加數寸矣。藜藋皆一莖直上，形似樹而質不堅，故曰不可以爲櫨棟，若藋則非其類矣。太平御覽木部六引作「藜藋」，亦傳寫之誤。百卉部藋下引此，正作「藜藋」。後人多聞「藜藿」，寡聞「藜藋」，故諸書中「藜藋」字多誤爲「藜藿」。說見史記仲尼弟子傳。○俞樾云：高注曰：「櫨，屋也。」然則正文及注並當作「廬」。漢書食貨志注曰：「廬，田中屋也。」故高注訓廬爲屋。以爲廬棟，猶曰以爲屋棟。說山篇曰：「郢人有買屋棟者。」彼云「屋棟」，此云「廬棟」，其義一也。因棟字從木，遂並「廬」字亦誤從木作「櫨」。櫨者，柱上栿也。若果是櫨字，何得以屋訓之？本經篇「標株欂櫨」，高注曰：「櫨，柱上栿。」即梁上短柱也。然則高氏非不知柱上栿之義，何以於此篇必變其說乎？且以文義言之，日加數寸，言其長也。屋棟之木，必取其長。若櫨，則短柱耳，以方木爲之，其形如斗，故亦謂之斗拱，非必長木乃可爲之，何取於日加數寸者乎？○于大成云：王校是也。爾雅翼六藋下引此，亦作「藜藋」。

〔三五〕【高注】知，猶覺，覺其大也。

【版本】藏本「楩」作「梗」，景宋本、王溥本、王鎣本、朱本、汪本、張本、吴本、黄本、莊本、集解本作「楩」，今據改，餘本同藏本。

【箋釋】陶方琦云：文選養生論注引許注，「豫章，與枕木相似，須七年乃可別。」按：文選注引淮南正文，又引延叔堅注云云。「叔堅」即「叔重」之譌，後人因東漢有延篤，字叔堅，遂增入延字。（孫氏問經輯本以謂延篤有淮南注，皆誤也。）郭義恭廣志（御覽引）：「豫章生七年外始辨，凡木似豫章，故待七年始分別。」與許説合。○劉文典云：七年而後知，文選注、藝文類聚八十八引，並作「七年可知」。（史記司馬相如傳集解亦云：「生七年乃可知也。」）○于大成云：此文非許注，乃延注也。○雙棣按：史記司馬相如傳正義引活人云：「豫，今之枕木也；章，今之樟木也。二木生至七年，枕樟乃可分別。」

〔三六〕【高注】美，善也。

【箋釋】陶鴻慶云：既言至，又言在，殊累於辭，「在」即「至」字之誤而衍也。○吴闓生云：「在」字衍。此一作「在後」，一作「後至」，而誤合之。

【用韻】「美、利、至」脂質通韻。

〔三七〕【高注】已説在上章也。

【版本】汪本、張本、黄本、莊本、集解本「于」作「於」，餘本同藏本。藏本注「上」作「二」，景宋本、莊本、集解本作「上」，今據改，王溥本同藏本，朱本作「一」。

【用韻】「將、明」陽部。

淮南子校釋卷第二十

泰族訓〔一〕

天設日月，列星辰，調陰陽，張四時，日以暴之，夜以息之，風以乾之，雨露以濡之。其生物也，莫見其所養而物長〔二〕；其殺物也，莫見其所喪而物亡，此之謂神明〔三〕。聖人象之，故其起福也，不見其所由而福起〔四〕；其除禍也，不見其所以而禍除〔五〕。遠之則邇，延之則疎〔六〕；稽之弗得，察之不虚；日計無筭，歲計有餘〔七〕。夫濕之至也，莫見其形，而炭已重矣；風之至也，莫見其象，而木已動矣〔八〕；日之行也，不見其移，騏驥倍日而馳，草木爲之靡，縣烽未轉〔九〕，而日在其前〔一〇〕。故天之且風，草木未動而鳥已翔矣〔一一〕；其且雨也，陰曀未集而魚已噞矣〔一二〕；以陰陽之氣相動也〔一三〕。故寒暑燥濕，以類相從；聲響疾徐，以音相應也〔一四〕。故易曰：「鳴鶴在陰，其子和之〔一五〕。」

高宗諒闇，三年不言，四海之内，寂然無聲，一言，聲然大動天下〔一六〕，是以天心呿唫者也〔一七〕。故一動其本而百枝皆應，若春雨之灌萬物也，渾然而流，沛然而施，無地而不澍，無物而不生。故聖人者，懷天心，聲然能動化天下者也。故精誠感於内，形氣動於天〔一八〕，則景星見，黄龍下，祥鳳至〔一九〕，醴泉出〔二〇〕，嘉穀生，河不滿溢，海不溶波〔二一〕。故詩云：「懷柔百神，及河嶠岳〔二二〕。」逆天暴物，則日月薄蝕，五星失行，四時干乖〔二三〕，晝冥宵光，山崩川涸，冬雷夏霜〔二四〕。詩曰：「正月繁霜，我心憂傷〔二五〕。」天之與人有以相通也。故國危亡而天文變，世惑亂而虹蜺見，萬物有以相連，精祲有以相蕩也〔二六〕。

校釋

〔一〕【許注】泰言古今之道，萬物之指，族於一理，明其所謂也。

【版本】茅本、汪本、莊本、集解本注有「故曰泰族」四字，餘本同藏本。

【箋釋】曾國藩云：族，聚也。羣道衆妙之所聚萃也。泰族者，聚而又聚者也。始之又始曰泰始，一之又一曰泰一，伯之前有伯曰泰伯，極之上有極曰泰極，以及泰山、泰廟、泰壇、泰折，皆尊之之稱。

〔二〕【用韻】「養、長」陽部。

〔三〕【用韻】「喪、亡、明」陽部。

〔四〕【用韻】「福、起」職之通韻。

〔五〕【箋釋】于大成云：尸子貴言篇云：「天地之道，莫見其所以長物而物長；莫見其所以亡物而物亡。聖人之道亦然。其興福也，人莫之見而福興矣；其除禍也，人莫之知而禍除矣。故曰神人。」◯雙棣按：「所由」、「所以」當互易，「以」與「起」皆之部爲韻，「由」與「除」幽魚合韻，蓋傳寫譌誤。文子精誠篇正作「不見其所以而福起」，「不見其所由而禍除」。

【用韻】「禍、除」歌魚合韻。

〔六〕【箋釋】王念孫云：「延」字當作「近」。覽冥篇作「近之則遠」，（「遠」字當據此正作「疏」。）字作「近」，文子精誠篇正作「近之即疏」。

〔七〕【版本】茅本、汪本、張本、黄本、莊本、集解本「筭」作「算」，餘本同藏本。

【箋釋】王叔岷云：「無算」本作「不足」。此淺人妄改之也。「日計不足，歲計有餘」謂無近功，而有遠效也。既言「日計無算」，何待言「歲計有餘」邪？文子精誠篇「無算」正作「不足」。莊子庚桑楚篇「今吾日計之而不足，歲計之而有餘」，（又見亢倉子全道篇。）即此文所本。本書俶真篇亦云「是故日計之不足，而歲計之有餘」。◯何寧與王説同。◯雙棣按：王謂「無算」當作「不足」，當是。莊子成疏云：「蓋賢聖之人，與四時合度，無近功故日計不足，有遠德故歲計有餘。」又「筭、算」古字通。

【用韻】「疎、虛、餘」魚部。

〔八〕【箋釋】雙棣按：説文：「濕，水，出東郡東武陽，入海。」此即漯水，讀他合切。淮南之「濕」當讀爲「溼」，朱駿聲説文通訓定聲：「濕，假借爲溼。」説文：「溼，幽溼也。」素問生氣通天論「秋傷於溼」，王冰注：「溼，謂地溼氣也。」「夫濕之至也，莫見其形，而炭已重也」，正謂溼氣也。

【用韻】「重、動」東部。

〔九〕【許注】縣𤐫，邊候見虜舉𤐫，轉相受，行道里最疾者。

【箋釋】劉文典云：「縣𤐫未轉」，御覽八百九十六引，作「懸峰未薄」，又引注云：「懸峰，馬蹄下雞舌也。」與今注迥殊，疑許、高之異也。

〔一〇〕【箋釋】于大成云：説文「𤐫，𤐫燧，候表也，邊有警則舉火」，與今注正同，知今本是許注。御覽所引，事類賦注二十一亦引之，與此文、義並異，當高注也。御覽、事類賦注引「移」下有「也」字，「靡」上有「之」字，「前」下有「矣」字。上下文結語並有「也」字。又此文本之呂氏春秋別類篇，彼云「驥驁緑耳背日而西走，至乎夕，則日在其前矣」。

【用韻】「移、馳、靡」歌部，「轉、前」元部。

〔一一〕【許注】鳥巢居，知風也。

〔一二〕【許注】魚潛居，知雨也。

【版本】藏本「曀」作「⿰目壹」，景宋本、朱本、茅本、汪本、張本、吴本、黄本、莊本、集解本作「曀」，今據改，餘本同藏本。藏本注「也」作「矣」，景宋本、王溥本、茅本、葉本、汪本、張本、吴本、黄本、莊本、集解本作「也」，今據改。

【箋釋】雙棣按：説文云：「曀，陰而風也。」爾雅釋天：「陰而風爲曀。」此上文已單言風，此則言雨，陰曀當謂陰雲也。釋名釋天：「曀，翳也。言雲氣掩翳日光使不明也。」詩邶風終風「終風且曀，不日有曀」，陳奂傳疏：「曀，亦陰也。」

〔一三〕【用韻】「翔、動」陽東合韻。

〔一四〕【用韻】「從、應」東蒸合韻。

〔一五〕【箋釋】雙棣按：引易見中孚卦。

〔一六〕【箋釋】俞樾云：「聲然」二字，文不成義。「聲」當作「罄」，涉上文「四海之内寂然無聲」而誤也。周書太子晉篇「師曠罄然又稱曰」，孔注曰：「罄然，自嚴整也。」是其義也。下文「故聖人者，懷天心，聲然能動化天下者也」，「聲然」亦「罄然」之誤。能，讀爲而。○楊樹達云：如俞説，一言罄然爲一言嚴整，文豈可通乎！愚謂「聲」當爲「謦」之誤字。説文言部云：「謦，欬也。」莊子徐無鬼云：「又況昆弟親戚之謦欬其側者乎！」釋文引李注云：「謦欬喻言笑也。」謦欬爲言笑，故淮南言謦然，文義正相貫串。○馬宗霍云：俞説非也。周書述師曠對言於太子晉，則彼罄然之「罄」，當讀爲磬折之「磬」。左氏僖公二十六年傳「室如縣罄」，陸德明釋文云：「罄亦作磬。」是「罄」與「磬」通之證。禮記曲禮上「立如齊」，鄭玄注云：「磬且聽也。」孔穎達疏曰：「磬者，謂屈身如磬之折殺。」周書「罄然」，正狀師曠對言時屈身恭謹之貌。孔晁所謂「自嚴肅」者，亦謂自肅其容以示敬於尊者耳。與淮南本文「聲然」之義相去絶遠。尋李鼎祚周易集解離卦六五爻辭下引虞翻注云：「震爲聲。」頤卦彖傳李氏自解亦云：「震，聲也。」震既爲聲，故聲亦有震義。説文「聲」雖訓「音」，而如聲威、聲勢之聲，莫不涵震驚之意。余謂本文「聲然」亦當取義於震。一言聲然，猶言一言震然。震則動，故下文云「大動天下」，又云「聲然能動化天下者也」，俞氏於上下文之聲然皆以爲罄然之誤，疏矣。震與振同。荀子正論篇云：「通達之屬，莫不振動從服，以化順之。」可與淮南「動化天下」之語相參。○雙棣按：此「聲」當與「驚」通，聲、驚皆古韻耕部，疊韻通借。説文：「驚，馬駭也。」引申之，有驚駭、震驚之義。如詩大雅常武：「如雷如霆，徐方震驚。」再引申，則有驚動、震動之義。如莊子達生篇：「今汝飾智以驚愚。」成疏：「汝光飾心智，驚動愚俗。」李白猛虎行：「戰鼓驚山欲傾倒。」即驚動、震動之義。此處高宗三年不言，突然一言，自使天下震驚、震動，於情理亦合。

〔一七〕【箋釋】李哲明云：呿唫謂開閉，吕覽重言篇「君呿而不唫」，注：「呿，開；唫，閉也。」

〔一八〕【用韻】「内、天」物真合韻。

〔一九〕【箋釋】雙棣按：「祥鳳」疑當作「祥風」，字之誤也。孝經援神契云：「德至八方，則祥風至。」禮稽命徵云：「出號令合民心，則祥風至。」均作祥風。本書要略篇云：「故景星見，祥風至。」字正作「祥風」，許慎注「風不鳴條」亦正訓「祥風」。論衡是應篇「祥風」亦誤作「翔鳳」。文子精誠篇作「鳳凰」，則尤謬。

〔二〇〕【箋釋】雙棣按：爾雅釋天云：「甘露時降，萬物以嘉，謂之醴泉。」邢昺疏引尸子仁意篇：「甘雨時降，萬物以嘉，高者不少，下者不多，此之謂醴泉。」此醴泉謂甘露、甘雨。禮記禮運云：「故天降膏露，地出醴泉。」白虎通封禪篇云：「醴泉者，美泉也，狀若醴酒，可以養老。」此謂若醴酒之泉水。蓋古有此二説。此云「醴泉出」，似當指泉水而言。

〔二一〕【箋釋】楊樹達云：説文：「溶，水盛也。」「溶」疑當讀爲「涌」。説文云：「涌，滕也。」○馬宗霍云：文選楊雄甘泉賦「溶方皇於西清」，李善注云：「溶，盛貌也。」「海不溶波」，猶言海波不盛也。○于大成云：楊説是也。文子精誠篇「溶」正作「涌」。

〔二二〕【版本】張本、黄本、莊本、集解本「岳」作「嶽」，餘本同藏本。

【箋釋】雙棣按：引詩見周頌時邁。今本「嶠」作「喬」，「岳」作「嶽」。毛傳：「喬，高也。」釋文：「嶽，本亦作岳，同。」

〔二三〕【版本】藏本「干」誤作「千」，除景宋本、朱本、葉本同藏本外，各本均作「干」，今據改。景宋本「乖」作「乘」。

【箋釋】蔣禮鴻云：干乖，宋本作「千乘」。今案當作「干乘」。四時干乘，與上句「五星失行」相對。作「干乖」、「千乘」，則皆不對矣。○于大成云：「千」當爲「干」，「乖」當爲「乘」。干者，亂也。乘者，陵也。文子正作「四時干乘」。○何寧與于、蔣説同，云：干乖不詞，「乖」當爲「乘」，字之誤也。周語「晉不知乘」，韋注：「乘，陵也。」説文：「干，犯也。」「四時干乘」，謂陰陽陵犯也。景宋本正作「干乘」。文子精誠篇襲此文作「四時相乘」。是其證。○雙棣按：文以作「干乖」爲是。説林「不得相干」高注：「干，亂也。」後漢書班固傳「懸象暗而恒文乖」，李賢注：「乖，謂失於常度也。」此云「干乖」，謂四時不正而紊亂。

〔二四〕【用韻】「行、光、霜」陽部。

〔二五〕【箋釋】雙棣按：引詩見小雅正月。

【用韻】「霜、傷」陽部。

〔二六〕【許注】精祲，氣之侵入者也。

【版本】莊本注「入」作「人」，餘本同藏本。

【箋釋】楊樹達云：連，疑「運」字之誤。〇雙棣按：精祲謂陰陽災害之氣，漢書匡衡傳「精祲有以相盪，善惡有以相推」，顔注：「祲謂陰陽氣相浸漸以成災祥者也。」

【用韻】「變、見、蕩」元陽合韻。

故神明之事，不可以智巧爲也，不可以筋力致也。天地所包，陰陽所嘔〔一〕，雨露所濡，以生萬物，瑶碧玉珠，翡翠玳瑁〔二〕，文彩明朗，潤澤若濡，摩而不玩〔三〕，久而不渝，奚仲不能旅〔四〕，魯般不能造，此之謂大巧〔五〕。宋人有以象爲其君爲楮葉者〔六〕，三年而成，莖柯豪芒，鋒殺顔澤〔七〕，亂之楮葉之中而不可知也〔八〕。列子曰：「使天地三年而成一葉，則萬物之有葉者寡矣。」夫天地之施化也，嘔之而生，吹之而落，豈此契契哉〔九〕！故凡可度者，小也；可數者，少也〔一〇〕。至大非度之所能及也，至衆非數之所能領也。故九州不可頃畝也，八極不可道里也，大山不可丈尺也〔一一〕，江海不可斗斛也〔一二〕。故大人者，與天地合德，日月合明，與鬼神合靈，與四時合信〔一三〕。故聖人懷天氣，抱天心〔一四〕，執中含和，不下廟堂而衍四海〔一五〕，變習易俗，民化而遷善，若性諸己，能以神化也〔一六〕。詩云：「神之聽之，終和且平〔一七〕。」夫鬼神，視之無形，聽之無聲，然而郊天[地]〔一八〕，望山川，禱祠而求福，雩兑而請雨〔一九〕，卜筮而決事〔二〇〕。詩云：「神之格思，不可度思，矧可射思〔二一〕！」此之謂也。

校釋

〔一〕【箋釋】楊樹達云：「嘔」當讀作「欨」。説文云：「欨，吹也。」○雙棣按：楊説恐非。下文云：「夫天地之施化也，嘔之而生，吹之而落。」此嘔若釋吹，豈不成吹之而生，吹之而落矣！嘔當釋爲吐，左傳哀公二年：「簡子曰：吾伏弢嘔血，鼓音不衰。」杜注：「嘔，吐也。」

〔二〕【版本】藏本「生」上「以」字錯在「濡」字上，今據景宋本乙正，王溥本、王鎣本、茅本、汪本、張本、吴本、黄本、莊本、集解本無「以」字，張本、黄本、莊本、集解本「生」上有「化」字，朱本、葉本同藏本。

【箋釋】王念孫云：道藏本「雨露所以濡生萬物」，本作「雨露所濡，以生萬殊」，「瑶碧玉珠」本在

「翡翠瑇瑁」之下。道藏本「濡以」二字誤倒，「萬殊」誤作「萬物」，「悲翠瑇瑁」又誤在「瑤碧玉珠」之下。案：「雨露所濡」爲句，「以生萬殊」爲句，如藏本，則失其句矣。且此段以「嘔、濡、殊、珠、濡、渝」爲韻，如藏本，則失其韻矣。劉本作「雨露所濡，生萬物」，又脱去「以」字。漢魏叢書本乃於「生萬物」上妄加「化」字，而莊本從之，斯爲謬矣。太平御覽工藝部九引此，正作「雨露所濡，以生萬殊，翡翠瑇瑁，瑤碧玉珠」。○顧廣圻云：宋本「濡以」未誤倒。

〔三〕【箋釋】劉台拱云：玩同刓，音五丸反。史記酈生陸賈列傳「爲人刻印，刓而不能授」，漢書作玩。○馬宗霍云：「玩」蓋「刓」之借字。刓引申之，則猶損也，缺也。淮南本文承「瑤碧玉珠翡翠玳瑁」言之，謂諸物皆天地所生，色澤文彩，成之自然，雖摩弄之而不缺損也。與下句「久而不渝」意正相儷。史記、漢書「刓、玩」正互用。

〔四〕【許注】旅，部旅也。

【箋釋】俞樾云：「旅」字無義，疑「放」字之誤。廣雅釋詁：「放，效也。」言天地所生者，雖奚仲不能放效之，雖魯般不能造作之也。高注曰「旅，部旅也」，其所據本已誤。○金其源云：孔子家語子貢問：「旅樹而反坫。」注：「旅，施也。」謂奚仲不能施工也。○何寧云：俞説似是。御覽七百五十二引淮南此文，「旅」正作「放」。注疑當作「放即效也」，亦形近而譌。○雙棣按：畢沅採摭墨子佚文有「神明之事，不可以智巧爲也，不可以功力致也，天地所包，陰陽所嘔，雨露所濡，以生萬殊，翡翠玳瑁碧玉珠，文采明朗澤若濡，摩而不玩，久而不渝，奚仲不能放，魯般弗能造，此之大巧。」孫詒讓謂此淮南子泰族訓文。畢沅所採本，抑御覽乎？然與御覽所引，亦不盡同。畢引「功力」御覽作「筋力」，引「奚仲不能放」，御覽仍作「奚仲不能旅」。俞樾疑「旅」爲「放」字之誤，畢沅所引已作「放」，抑其有據乎？抑其自改乎？然畢説是也。

〔五〕【用韻】「嘔、濡、珠、濡、渝」侯部，「造、巧」幽部。

〔六〕【許注】象，象牙也。

【箋釋】雙棣按：列子説符「象」作「玉」，韓子喻老同此作「象」。

〔七〕【箋釋】劉文典云：「莖柯豪芒，鋒殺顏澤」，疑當爲「豐殺莖柯，豪芒繁澤」。韓非子喻老正作「豐殺莖柯，毫芒繁澤」。列子説符作「鋒殺莖柯，毫芒繁澤」，是其證也。鋒，當依韓非子作「豐」，淮南、列子作「鋒」，皆聲之誤。豐殺猶言肥瘦也。◎楊樹達云：「鋒」蓋假爲「豐」，「豐」與「殺」爲對文，禮記禮器云：「禮不同，不豐不殺。」是也。◎于省吾云：「鋒」與「豐」乃音謁。道應「豐上而殺下」，是豐殺古人成語。

〔八〕【版本】藏本「葉」作「華」，張本、黄本、莊本、集解本作「葉」，今據改，餘本同藏本。

【箋釋】雙棣按：韓非子、列子並作「葉」，本書華、葉多互譌。脩務篇「稱譽華語」，「華」誤作「葉」，此「葉」又誤作「華」，今改。

〔九〕【箋釋】馬宗霍云：詩小雅大東「契契寤歎」，即本文「契契」所出。毛傳云：「契契，憂苦也。」此之契契，蓋爲勤苦之貌，言天地施化，純任自然，必不若是也。

〔一〇〕【用韻】「小、少」宵部。

〔一一〕【版本】各本「大」均作「太」。

【箋釋】雙棣按：記纂淵海論議部十一引亦作「大」，與藏本同。

〔一二〕【用韻】「畝、里」之部，「尺、斛」鐸屋合韻。

〔一三〕【版本】藏本「鬼」上無「與」字，景宋本有，今據補，餘本同藏本。

【箋釋】王念孫云：此用乾文言語也。「日月、鬼神」上並脱「與」字。文子精誠篇正作「與日月合明，與鬼神合靈」。○顧廣圻云：與鬼神合靈，宋本「與」字未脱。

〔一四〕【箋釋】俞樾云：文子精誠篇作「懷天心，抱地氣」，是也。上文云「故聖人者懷天心」，則此文亦當作「懷天心」矣。「懷天心」之文既與文子同，則下句亦當作「抱地氣」矣，傳寫誤耳。上文「故聖人者懷天心」下，疑亦當有「抱地氣」三字。今闕此句，文義不備。○楊樹達云：俞説非也。要略云：「懷天氣，抱天心。」與此文正同。知非有誤字矣。文子襲用淮南之文多改竄，凡文可兩通者，即不當據彼以改此。○蔣禮鴻與楊説同。

〔一五〕【箋釋】王念孫云：文選東都賦注引此，作「不下廟堂而行於四海」，於義爲長。文子精誠篇亦作「不下堂而行四海」。○于省吾云：作「而行四海」是也。石鼓文「佳舟以行之」，「行」亦作「衎」，與「衍」相似，故易譌。

〔一六〕【版本】王溥本、王鎣本、葉本、吴本無「也」字，餘本同藏本。

【箋釋】于省吾云：「性、生」古字通，金文「性」字通作「生」，文子精誠性作出，義相仿，可證此文之不應讀如字也。

〔一七〕【箋釋】雙棣按：引詩見小雅伐木。

【用韻】「聽、平」耕部。

〔一八〕【版本】藏本「天」下無「地」字，劉家立集證本有，今據補，各本同藏本。

【箋釋】雙棣按：集證「天」下沾「地」字，是，今從之。陸賈新語無爲篇云：「周公制作禮樂，郊天地，望山川，師旅不設，刑格法懸，而四海之内，奉供來臻。」亦作「郊天地，望山川」，「天」下有「地」字。後漢書祭祀志上劉昭注引黄圖元始儀云：「天子親郊天地，先祖配天，先妣配地，陰陽之别。」亦「郊天地」連文。南齊書禮志上云：「故冬至祀天於圓丘，夏至祭地於方澤。」魏書樂志云：「冬至祭天於南郊圓丘，夏至祭地於北郊方澤。」「望」爲祭祀山川之名，書舜典云：「望于山川。」正義云：「望者，遥望而祭山川也。」

〔一九〕【許注】兑，説也。

【版本】張本、黄本、莊本無注，餘本同藏本。

【箋釋】章炳麟云：説文祝下云：「一曰從兑省。易曰：『兑爲口，爲巫。』」「兑」與「説」古字通。周禮大祝：「掌六祈以同鬼神示，六曰説。」注：「以辭責之。董仲舒救日食祝曰：炤炤大明，瀸滅無光，奈何以陰侵陽，以卑侵尊，是之謂説也。」又云：「攻説用幣而已。」疏：「謂天災有幣無牲。」然則兑即説也。使巫祝以口説神，謂之兑，亦謂之説。旱乃天災，故有幣無牲也。春秋繁露求雨篇：「祝曰：昊天生五穀以養人，今五穀病旱，恐不成實，敬進清酒膊脯，再拜請雨，雨幸大澍。」此雩之辭也。若説則以辭責之，其所責或是句龍、后稷等，若五帝則不得責也，其責之辭則亡矣。○何寧云：「郊天」下集證本沾「地」字，是也。「郊天地，望山川」對文。詩周頌「昊天有成命，郊祀天地也」。蓋古者，冬至祀天於南郊，夏至祀地於北郊，作「郊天」則於文不備，且不對矣。

〔一〇〕【用韻】「神、形、聲」真耕合韻，「福、雨、事」職魚之合韻。

〔一一〕【箋釋】雙棣按：引詩見大雅抑。

【用韻】「格、度、射」鐸部。

天致其高，地致其厚，月照其夜，日照其晝〔一〕，陰陽化，列星朗，非有道而物自然〔二〕。故陰陽四時，非生萬物也；雨露時降，非養草木也；神明接，陰陽和，而萬物生矣。故高山深林，非爲虎豹也；大木茂枝，非爲飛鳥也；流源千里，淵深百仞，非爲蛟龍也〔三〕。致其高崇，成其廣大，山居木棲，巢枝穴藏〔四〕，水潛陸行，各得其所寧焉〔五〕。

夫大生小，多生少，天之道也〔六〕。故丘阜不能生雲雨，滎水不能生魚鼈者，小也〔七〕。牛馬之氣蒸生蟣虱，蟣虱之氣蒸不能生牛馬〔八〕。故化生於外，非生於内也〔九〕。夫蛟龍伏寢於淵，而卵剖於陵〔一〇〕；騰蛇雄鳴於上風，雌鳴於下風，而化成形，精之至也〔一一〕。故聖人養心，莫善於誠，至誠而能動化矣。

今夫道者，藏精於内，棲神於心，静漠恬淡，訟繆胸中〔一二〕，邪氣無所留滯，四枝節族，毛蒸理泄〔一三〕，則機樞調利，百脉九竅，莫不順比〔一四〕。其所居神者，得其位也，豈節柎而毛脩之哉〔一五〕！聖主在上位〔一六〕，廓然無形，寂然無聲，官府若無事，朝廷若無人，無隱士，無軼民〔一七〕，無勞役，無冤刑〔一八〕。四海之内，莫不仰上之德，象主之指〔一九〕；夷狄之國，重譯而至〔二〇〕。非户辨而家説之也〔二一〕，推其誠心，施之天下而已矣。詩曰：「惠此中國，以綏四方〔二二〕。」内順而外寧矣。大王亶父處邠〔二三〕，狄人攻之，杖策而去，百姓携幼扶老，負釜甑，踰梁山而國乎岐周，非令之所能召也〔二四〕。秦穆公爲野人食駿馬肉之傷也，飲之美酒；韓之戰，以其死力報，非券之所[能]責也〔二五〕。密子治亶父〔二六〕，巫馬期往觀化焉，見夜漁者得小即釋之，非刑之所能禁也。孔子爲魯司寇，道不拾遺，市買不豫賈〔二七〕，田漁皆讓長〔二八〕，而斑白不戴負〔二九〕，非法之所能致也。夫矢之所以射遠貫牢者，弩力也〔三〇〕；其所以中的剖微者，(正)[人]心也〔三一〕。賞善罰暴者，政令也；其所以能行者，精誠也〔三二〕。故弩雖强不能獨中，令雖明不能獨行〔三三〕，必自精氣所以與之施道〔三四〕。故攄道以被民，而民弗從者，誠心弗施也〔三五〕。

天地四時，非生萬物也，神明接，陰陽和，而萬物生之〔三六〕。

校釋

〔一〕【用韻】「厚、晝」侯部。

〔二〕【版本】藏本「朗」作「期」，景宋本同藏本，餘本均作「朗」，今據改。王溥本、王鎣本、朱本、葉本、汪本、張本、吴本、黄本「非有」作「正其」，茅本「非」作「正」，莊本、集解本「有」作「其」，景宋本同藏本。

【箋釋】王念孫云：下三句本作「列星朗，陰陽化，非有爲焉，正其道而物自然」。自「天致其高」，至「列星朗」，是説天地日月星，而「陰陽化」一句，則總承上文言之。今本「列星朗」句在後，則失其次矣。且「厚、晝」爲韻，「化、焉、然」爲韻。（化字古音在歌部，焉、然二字在元部。歌元二部，古或相通。陳風東門之枌篇以「差、原、麻、娑」爲韻，小雅桑扈篇以「翰、憲、難、那」爲韻，隰桑篇以「阿、難、何」爲韻。逸周書時訓篇「鳴鳥猶鳴，國有訛言；虎不始交，將帥不和；荔挺不生，卿士專權」，莊子天運篇「孰隆施是，孰居無事，淫樂而勸是」，淮南詮言篇「爲善則觀，爲不善則議，觀則生責，議則生患」，説林篇「百梅足以爲百人酸，一梅不足以爲一人和」，泰族篇「其美在和，其失在權，水火金木土穀異物而皆任，規矩權衡準繩異形而皆施，丹青膠漆不同而皆用，各有所適，物各有宜」，皆其證也。「差、施、議、宜」四字，古在歌部，説見唐韻正。）若「列星朗」句在後，則失其韻矣。「非有爲焉，正其道而物自然」者，然，成也。（廣雅：「然，成也。」）大戴禮武王踐阼篇「毋曰胡殘，其禍將然」，謂其禍將成也。莊子繕性篇「莫之爲而常自然」，謂常自成也。楚辭遠遊「無滑而魂兮，彼將自然」，謂彼將自成也。又見下。）言天地陰陽非有所爲，但正其道，而萬物自成也。原道篇云：「萬物固以自然，（以與已同。）聖人又何事焉！」語意正與此同。下文云：「故陰陽四時，非生萬物也；雨露時降，非養草木也；神明接，陰陽和，而萬物生矣。」即此所謂「非有爲焉，正其道而物自然」也。道藏本「非有」下脱「爲焉正其」四字，則文不成義。劉本作「正其道而物自然」，無「非有爲焉」四字，亦非。（若本無「非有爲焉」四字，則藏本不得有「非有」二字矣。主術篇曰：「是故繩正於上，木直於下，非有事焉，所緣以脩者然也。」語意正與此同。）莊本作「非其道而物自然」，則其謬益甚。文子精誠篇作「列星朗，陰陽和，非有爲焉，正其道而物自然」，是其明證矣。（和字亦與焉、然爲韻。）

〔三〕【箋釋】王念孫云：太平御覽鱗介部二引此，「流源」作「源流」，「淵深」作「深淵」，是也。源流者，有源之流，原道篇云「源流泉浡，沖而徐盈」是也。今作「流源」，則文不成義。「深淵」與「源流」相對爲文，猶上文言「高山深林」、「大木茂枝」也，今作「淵深」，則與上文不類矣。○楊樹達云：「蛟龍」疑當作「龍蛟」，淺人以書傳通言「蛟龍」，故妄乙之耳。此文以「豹、鳥、蛟」爲韻，作「蛟龍」則失其韻矣。（古音鳥在幽部，與豪部合韻。）○雙棣按：王説「流源」當作「源流」，是。然謂「淵深」當作「深淵」則非。「源流」對「淵深」，而非對「深淵」。「源、淵」皆爲名詞，「流、深」爲動詞、形容詞，「源流千里，淵深百仞」，千里、百仞爲「流、深」之賓語。若作「深淵」，則既不對亦不辭矣。又楊説是，「蛟龍」當作「龍蛟」，采以入韻。

【用韻】「豹、鳥、蛟」宵幽合韻。

〔四〕【箋釋】俞樾云：「枝」乃「攱」字之誤。巢攱、穴藏，相對成義。史記梁孝王世家索隱引通俗文曰：「高置立攱棚曰攱閣。」即此攱字之義。巢高故言攱，穴深故言藏。

〔五〕【版本】藏本「水」作「冰」，王溥本、王鎣本、朱本、葉本、汪本、張本、吴本、黄本、莊本、集解本作「水」，今據改，景宋本、茅本同藏本。王溥本、王鎣本、葉本、吴本「寧」作「安」，餘本同藏本。

【用韻】「藏、行、寧」陽耕合韻。

〔六〕【用韻】「小、少」宵部。

〔七〕【版本】藏本「滎」作「榮」，景宋本、茅本、吴本、集解本作「滎」，今據改，王溥本、葉本作「榮」，王鎣本、朱本、汪本、張本、黄本、莊本作「涔」。

【箋釋】王念孫云：滎水，小水也。説文：「滎，絶小水也。」韓詩外傳曰：「滎澤之水，無吞舟之魚。」漢書楊雄傳「梁弱水之濎濴兮」，服虔曰：「昆侖之東有弱水，度之若濎濴耳。」師古曰：「濎濴，小水之皃。」濴與滎同。道藏本、劉本皆作「滎」，太平御覽鱗介部四引此同。朱本改「滎」爲「涔」，而莊本從之，斯爲謬矣。（朱本不知滎爲小水，而誤以爲禹貢「熒波既豬」之熒，故妄改之。）

〔八〕【箋釋】劉家立云：上文大生小，多生少，故魚鼈句下曰「小也」，此蟣蝨句下亦應有「少也」二字，方足以結束上文，今本脱去，則文義不完。○劉文典云：御覽九百五十一引，「蟣蝨之氣」下無「蒸」字。○吉城云：説文「烝，火氣上行也」，國語周語「陽氣俱蒸」，此「氣蒸」二字連文之證。兩「氣蒸」當連文。○于大成云：御覽引下「蒸」字未奪，劉氏失檢。吕氏春秋諭大篇高注引此文二「蒸」字並作「烝」，正用本字。今本作「蒸」，當出後人所改。

〔九〕【用韻】「外、内」月物合韻。

〔一〇〕【許注】蛟龍，鼈屬也。乳於陵而伏於淵，其卵自孕也。

【版本】藏本「剖」作「割」，景宋本作「剖」，今據改，餘本同藏本。

【箋釋】王念孫云：「割」當作「剖」，字之誤也。剖謂破卵而出也。原道篇「羽者嫗伏」，高注曰：「嫗伏，以氣剖卵也。」文選海賦「剖卵成禽」，李善曰：「剖，猶破也。」初學記鱗介部、白帖九十五、太平御覽鱗介部二引此並作「卵剖」。開元占經龍魚蟲蛇占引作「卵孚」，又引許慎注曰：「孚，謂卵自孚也。」孚、剖聲相近，故高注曰「蛟龍乳於陵，而伏於淵，其卵自孚也。」（今本「自孚」作「自孕」，此後人妄改之也。說文：「孕，裹子也。」「孚，卵孚也。」其義迥殊。一切經音義二引通俗文曰：「卵化曰孚。」淮南人間篇曰：「夫鴻鵠之未孚於卵也，一指蔑之，則靡而無形矣。」）○劉台拱、顧廣圻與王説同。○陶方琦云：史記集解一百二十八、開元占經一百二十引許注：「蛟龍，龍屬也。」按：史記龜筴傳「明月之珠，蚗龍伏之」，徐廣引許注作蚗龍，索隱謂蚗應作蛟。說文：「蛟，龍屬也。」漢書武帝紀注引許君說：「蛟，龍屬也。」今注「蛟龍」不誤，「鼉」乃「龍」之誤文。又占經引許注：「孚，謂卵自孚也。」（今本作「自孕」，「孕」乃「孚」字。）占經引乃約文，其全文，今本是也。○王叔岷云：合璧事類別集六三引「割」作「剖」。爾雅翼三一、三二、天中記引「割」亦作「剖」。

〔二〕【版本】景宋本、茅本、汪本、張本、吴本、黄本、莊本、集解本「騰」作「螣」，餘本同藏本。

【箋釋】劉文典云：螣蛇，藝文類聚九十六引，作「騰蛇」。○雙棣按：「螣」與「騰」通。荀子勸學：「螣蛇無足而飛。」韓非子難勢：「飛龍乘雲，騰蛇遊霧。」或作螣，或作騰。

〔三〕【許注】訟，容也。繆，静也。

【版本】莊本「漠」作「莫」，餘本同藏本。藏本「繆」作「謬」（注作翏），景宋本、茅本、汪本、張本、黄本、莊本、集解本作「繆」，今據改，餘本同藏本（王溥本注作「謬」，葉本作「膠」，朱本同藏本）。景宋本「胸」作「匈」。

【箋釋】王引之云：高所見本作「訟」，故訓爲容。訟容，古同聲也，其實「訟」乃「説」字之誤。説，古悦字。繆與穆同，（各本繆作謬，左畔言字因上訟字而誤。）穆亦和悦也。大雅烝民箋曰：「穆，和也。」管子君臣篇「穆君之色」，尹知章曰：「穆，猶悦也。」説繆胸中者，所謂不改其樂也。文子精誠篇正作「悦穆胷中」。○陶方琦云：唐本玉篇絲部引許注：「訟，容也；繆，静也。」

【用韻】「心、中」侵冬合韻。

〔一三〕【箋釋】向承周云：「理」當作「裡」（裏），形聲相近而誤。毛與表（表從毛聲）通，「毛蒸裡泄」，猶言外蒸内泄也。詩「不屬於毛，不罹於裏」，假毛爲表與此同，毛、裏對舉亦與此同。○楊樹達云：「族」讀爲「腠」。節謂關節，腠謂腠理。毛蒸理泄，謂毛孔腠理有所蒸發。○雙棣按：此「族」似即莊子養生主「每至於族」之「族」，郭象注：「交錯聚結爲族。」成玄英疏：「節骨交聚磐結之處，名爲族也。」

【用韻】「滯、泄」月部。

〔一四〕【版本】莊本「脉」作「脈」，餘本同藏本。

【箋釋】雙棣按：莫不順比，順比義近，比亦順也。荀子儒效「比中而行之」，王念孫雜志云：「比，順也。」新書傅職：「色不比順。」馬王堆漢墓帛書經法六分：「下比順，不敢敝其上。」皆「比順」連文。

【用韻】「利、比」質脂通韻。

〔一五〕【版本】張本、黄本、莊本、集解本「柎」作「拊」，餘本同藏本。

【箋釋】雙棣按：「柎」與「拊」通。管子輕重戊「父老柎枝而論」，集校引李哲明云：「柎者，拊之借字。」

〔一六〕【版本】藏本「上」下無「位」字，景宋本、茅本、黄本「上」下有「位」字，今據補，王溥本、王鎣本、朱本、葉本、吴本、莊本、集解本同藏本，汪本空缺。

【箋釋】劉文典云：羣書治要引，「主」作「王」。○雙棣按：「上」下當有「位」字，羣書治要引有「位」，今據景宋本等補。

〔一七〕【版本】茅本、汪本、張本、黄本「士」作「人」，餘本同藏本。

【箋釋】楊樹達云：説文云：「佚，佚民也。」此假軼爲佚。○馬宗霍與楊説同。○何寧云：「事」當作「吏」，與人對舉。「事」古字與「吏」形近而誤。新語至德篇「君子之爲治也，塊然若無事，寂然若無聲，官府若無吏，亭落若無人，閭里不訟於巷，老幼不愁於庭」，即淮南所本。○雙棣按：何謂「事」當作「吏」，不可從。文子亦作「官府若無事，朝廷若無人」，默希子注：「无苛政，无佞人。」「无苛政」正釋「官府若無事」。不得據新語校淮南。新語至德篇校注引宋翔鳳云：「治要『吏』作『人』。」唐晏云：「意林作『事』。」新語亦有作「事」者。

〔一八〕【用韻】「事、士」之部，「形、聲、人、民、刑」耕真合韻。

〔一九〕【箋釋】劉家立云：「象主」二字，義不可通。文子精誠篇作「上之象，主之指」，於義爲長。○于大成云：文子文與淮南同，朱弁注云「聖人在上，天下皆服其清静之德，效其無欲之指也」，是其義也。廣雅釋詁三「象，效也」，故朱弁以「效」字訓「象」。○雙棣按：象，法也。「象主之指」謂以主之指爲法也。書舜典「象以典刑」，孔傳：「象，法也。」管子君臣上「是故能象其道於國家」，尹知章注：「象，法也。」

〔二〇〕【用韻】「德、國」職部，「指、至」脂質通韻。

〔二一〕【版本】王鎣本、汪本、張本、吴本、黄本、莊本、集解本「辨」作「辯」，餘本同藏本。

【箋釋】劉文典云：羣書治要引，辯作辨。「辨、辯」古通用。

〔二二〕【箋釋】雙棣按：引詩見大雅民勞。

〔二三〕【版本】汪本、張本、黄本、莊本、集解本「大」作「太」，餘本同藏本。

〔二四〕【版本】王溥本、王鎣本、朱本、吴本「召」作「招」，餘本同藏本。

〔二五〕【許注】券，契也。

【版本】藏本「所」下無「能」字，據王念孫校補，各本同藏本。

【箋釋】王念孫云：「責」上脱「能」字，上文云「非令之所能召也」，下文云「非刑之所能禁也」、「非法之所能致也」，是其證。○于大成云：喻林六十二引此「責」上正有「能」字。

〔二六〕【箋釋】劉文典云：羣書治要引，「密」作「季」，「亶」作「單」。○王叔岷云：「密」當爲「宓」，「季」當爲「孚」。孚、宓聲近，故可通用。○雙棣按：吕氏春秋察賢、韓非子外儲説左上、史記仲尼弟子列傳、説苑政理、孔子家語亦作「單」，吕氏春秋具備及本書道應均作「亶」。「單、亶」古通。

〔二七〕【箋釋】王念孫云：「買」字即「賈」字誤而衍者也。市不豫賈，謂市鬻物者，不高其價，以相誑豫，（誑豫，見周官司寇。）非謂買者也。荀子儒效篇作「魯之鬻牛馬者不豫賈」，淮南覽冥篇及史記循吏傳並云「市不豫賈」。多一「買」字，則文不成義，且與上句不對矣。○雙棣按：王説是。説苑反質篇云：「徒師沼治魏而市無豫賈，郄辛治陽而道不拾遺。」亦「市無豫賈」與「道不拾遺」對文，無「買」字。

〔二八〕【許注】讓長，分別長者得多。

【版本】藏本注無「讓」字，莊本、集解本有，今據補，景宋本、王溥本、朱本、葉本同藏本。

【箋釋】陶方琦云：羣書治要引許注：「長者得多。」按：治要引佚上四字。

【用韻】「賈、長」魚陽通韻。

〔二九〕【許注】斑白，頭有白髮。

【版本】景宋本、王溥本、王鎣本、汪本、張本、黄本「斑」作「班」，莊本、集解本作「辬」，朱本、茅本、葉本同藏本。景宋本、王溥本、葉本注「斑」作「班」，莊本、集解本作「辬」，朱本同藏本。

【箋釋】陶方琦云：羣書治要引許注：「斑白，頭有白髮。」按：説文：「辬，駁文也。」「皤，老人頭白也。」「𩬆，須髮半白也。」○雙棣按：禮王制云：「斑白不提挈。」祭義云：「斑白者不以其任行乎道路。」孟子梁惠王上「頒白者不負戴於道路矣」，字作「頒白」，義同。

〔三〇〕【箋釋】劉文典云：羣書治要引「牢」作「堅」。○雙棣按：長短經卷三文下引，「牢」亦作「堅」。

〔三一〕【版本】藏本「人心」作「正心」，今據王念孫校改，各本同藏本。

【箋釋】王念孫云：「正心」本作「人心」，「人心」與「弩力」相對爲文。今作「正心」者，後人妄改之耳。羣書治要及太平御覽工藝部二引此，並作「人心」。○劉文典云：王氏謂「正心」當作「人心」，是也。唐武后所造「人」字作「𤯔」，形與「正」字相似，傳寫遂誤爲「正」矣。古書「人」字多有譌爲

「正」者，皆由當時寫本致誤也。○雙棣按：長短經卷三文下引，「正」亦作「人」。

〔二二〕【用韻】「牢、微」幽微合韻。

〔二三〕【箋釋】雙棣按：上句云「夫矢之所以射遠貫牢者，弩力也；其所以中的剖微者，人心也」，此以上句例之，「賞善罰暴者」上當有脱文，疑爲「人之所以」四字。

〔二三〕【用韻】「令、誠」耕部。

〔二三〕【用韻】「强、明、行」陽部。

〔二四〕【箋釋】劉文典云：羣書治要引，「自」作「有」。

〔二五〕【箋釋】劉文典云：羣書治要引，「攄」作「總」。○王叔岷云：文子亦作「總」。○何寧云：漢書司馬相如傳封禪書「攄之無窮」，師古曰：「攄，布也。」攄道猶施道。治要引作「總道」，非。

〔二六〕【箋釋】何寧云：此與上文不當重出，疑是讀者所約書，以明上下文義之承接，故致寫者誤入耳。

聖人之治天下，非易民性也。拊循其所有而滌蕩之〔一〕，故因則大，化則細矣〔二〕。禹鑿龍門，闢伊闕，決江濬河，東注之海，因水之流也。后稷墾草發菑〔三〕，糞土樹穀，使五種各得其宜，因地之勢也〔四〕。湯、武革車三百乘，甲卒三千人，討暴亂，制夏、商，因民之欲也。故能因則無敵於天下矣。

夫物有以自然，而後人事有治也。故良匠不能斲金，巧冶不能鑠木，金之勢不可斲，而木之性不可鑠也。埏埴而爲器，窬木而爲舟〔五〕，鑠鐵而爲刃〔六〕，鑄金而爲鍾，因其可也。駕馬服牛，令雞司夜，令狗守門，因其然也。民有好色之性，故有大婚之禮；有飲食之性，故有大饗之誼〔七〕；有喜樂之性，故有鍾鼓筦絃之音；有悲哀之性，故有衰絰哭踊之節〔八〕。故先王之制法也，因民之所好而爲之節文者也。因其好色而制婚姻之禮，故男女有別；因其喜音而正雅、頌之聲，故風俗不流；因其寧家室、樂妻子，教之以順〔九〕，故父子有親；因其喜朋友而教之以悌，故長幼有序。然後脩朝聘以明貴賤，饗飲習射以明長幼〔一〇〕，時搜振旅以習用兵也〔一一〕，入學庠序以脩人倫。此皆人之所有於性，而聖人之所匠成也〔一二〕。

故無其性，不可教訓〔一三〕；有其性，無其養，不能遵道〔一四〕。繭之性爲絲，然非得工女煮以熱湯而抽其統紀，則不能成絲〔一五〕。卵之化爲雛，非慈雌嘔煖覆伏，累日積久，則不能爲雛。人之性有仁義之資，非聖王爲之法度而教導之，則不可使鄉方〔一六〕。故先王之教也，因其所喜以勸善，因其所惡以禁姦〔一七〕，故刑罰不用而威行如流，政令約省而化燿如神〔一八〕。故因其性，則天下聽從；拂其性，則法縣而不用〔一九〕。

校　釋

〔一〕【版本】張本、黄本、莊本、集解本「柎」作「拊」，餘本同藏本。

【箋釋】王念孫云：「滌蕩」與「條暢」同，文子作「條暢」。

【用韻】「性、蕩」耕陽合韻。

〔二〕【許注】能循，則必大也；化而欲作，則小矣。

【箋釋】王念孫云：「化」字義不可通，「化」當爲「作」，字之誤也。（「作」字本爲「㑅」，與「化」相似而誤。）聖人順民性而條暢之，所謂因也。反是則爲作矣。原道篇曰：「任一人之能，不足以治三畝之宅也。循道理之數，因天地之自然，則六合不足均也。」故曰：「因則大，作則細矣。」高注本作「能循，則必大也；欲作，則小矣」，今本「欲作」上有「化而」二字，則後人依已誤之正文加之耳。文子道原篇作「因即大，作即細」，自然篇作「因即大，作即小」，皆其證。呂氏春秋君守篇曰：「作者擾，因者平。」任數篇曰：「爲則擾矣，因則静矣。」語意略與此同。○陶方琦云：羣書治要引許注：「能循，則必大也；欲作，則小矣。」按：今本「化」字當爲「作」，文子亦云「作則細」。説文：「細，𢼸也。」「小，物之𢼸也。」○于省吾云：王説非是。「化、爲」古字通。書堯典：「平秩南訛。」僞傳：「訛，化也。」史記五帝本紀作「便程南爲」，（汲古閣本作「南譌」。）漢書王莽傳作「以勸南僞」。按：「僞、爲」字通，古籍習見，不煩舉證。詩正月「民之訛言」，説文作「民之譌言」。方言三：「譌，化也。」是化可讀爲，其證至顯。「化則細」即「爲則細」，「爲」與「作」義同。呂氏春秋任數「爲則擾矣，因則静矣」，可爲「化、爲」之證。注文「化而欲作」，即「爲而欲作」。王氏改「化」爲「作」，則注之「作而欲作」爲不詞，遂不得不删「化而」二字矣。○王叔岷云：王説非也。長短經是非篇引孟子云：「天道因則大，化則細。因也者，因人之情也。」羣書治要引慎子因循篇云：「天道因則大，化則細。因也者，因人之情也，人莫不自爲也，化而使之爲我，則莫可得而用矣。」並淮南所本。慎子所言「化則細」之意甚明，則化必非誤字，亦非不可通。老子云：「化而欲作，吾將鎮之以無名之樸。」即許注「化而欲作」四字所本，則「化而」二字必非後人臆加。許氏既據老子以釋正文，是所見本之作「化則細」明矣。文子「化」之作「作」，乃作僞者所改。吕氏春秋自以「作、因」、「爲、因」對文，亦不必與此强同。○向承周、何寧與王叔岷說同。

〔三〕【箋釋】楊樹達云：說文：「菑，不耕田也。」

〔四〕【箋釋】雙棣按：五種即五穀，吕氏春秋季秋「舉五種之要」，禮月令、淮南時則作「五穀」。

〔五〕【箋釋】劉文典云：御覽七百五十二引，「窬」作「刳」。

〔六〕【版本】景宋本「刃」作「刀」，餘本同藏本。

〔七〕【箋釋】楊樹達云：「誼」假爲「義」。義即今禮儀之儀字，儀與禮文異而義同。

【用韻】「禮、誼」脂歌合韻。

〔八〕【版本】王溥本、王鎣本、吴本「經」作「麻」，葉本誤作「經」，餘本同藏本。

〔九〕【箋釋】劉文典云：羣書治要引，「順」作「孝」。○馬宗霍云：「教之以順」，「教」上疑脱「而」字。上文「因其好色而制婚姻之禮，因其喜音而正雅頌之聲」，下文「因其喜朋友而教之以悌」，句例相同，皆以一「而」字爲轉語，則本句當有「而」字可知。羣書治要所引已與今本同，蓋傳寫奪失舊矣。又「順」字治要引作「孝」，案下句云「故父子有親」，則似作「孝」爲長。廣雅釋詁一云：「悌，順也。」若作「順」，則與下文「悌」字義複。且「孝」次以「悌」，亦恒語也。

〔一〇〕【箋釋】王念孫云：「饗」當爲「鄉」，字之誤也。經解、射義並云：「鄉飲酒之禮，所以明長幼之序。」是其證。羣書治要引此，正作「鄉飲」。

〔一一〕【許注】搜，簡車馬也。出曰治兵，入曰振旅也。

【版本】藏本注「旅」誤爲「拃」，景宋本、王溥本、朱本、茅本、汪本、張本、黄本、莊本、集解本作「旅」，今據改，葉本作「作」。

【箋釋】陶方琦云：羣書治要引許注：「蒐，簡車馬也。」按：經傳多作「蒐」，亦作「獀」。齊語：「春以獀振旅。」○馬宗霍云：羣書治要引此文，「搜」作「蒐」，「兵」下無「也」字。以上下句例之，則「也」字疑誤衍。文選陸士衡辯亡論上「蒐三王之樂」，李善注云：「蒐與搜古字通。」經傳多用「蒐」字。爾雅釋詁「蒐，聚也」，公羊昭公八年傳「蒐者何？簡車徒也」。詩召南騶虞序「蒐田以時」，皆是。

〔一二〕【版本】王溥本、王鎣本「聖人之所」下有「以」字，餘本同藏本。王鎣本、朱本「匠」作「曲」，餘本同藏本。

【用韻】「性、成」耕部。

〔三〕【版本】藏本「故」下無「無」字，各本均有「無」字，今據補。

〔四〕【用韻】「性、訓」耕文合韻。

〔四〕【版本】王溥本、王鎣本、葉本「養」作「資」，餘本同藏本。

〔五〕【用韻】「性、養」耕陽合韻。

〔五〕【用韻】「絲、紀、絲」之部。

〔六〕【版本】王溥本、王鎣本、吴本「王」作「主」，汪本、張本、黄本、莊本、集解本作「人」，景宋本、朱本、茅本、葉本同藏本。王溥本、王鎣本、吴本「鄉」作「向」，餘本同藏本。

〔七〕【用韻】「善、姦」元部。

〔八〕【版本】王溥本、王鎣本、吴本「約省」作「省約」，餘本同藏本。

〔九〕【用韻】「從、用」東部。

昔者，五帝三王之蒞政施教，必用參五。何謂參五？仰取象於天，俯取度於地，中取法於人〔一〕。乃立明堂之朝，行明堂之令〔二〕，以調陰陽之氣，而和四時之節，以辟疾病之菑〔三〕。俯視地理，以制度量，察陵陸水澤肥墽高下之宜〔四〕，立事生財，以除饑寒之患〔五〕。中考乎人德，以制禮樂，行仁義之道，以治人倫而除暴亂之禍〔六〕。乃澄列金木水火土之性〔七〕，故立父子之親而成家〔八〕；别清濁五音六律相生之數，以立君臣之義而成國〔九〕；察四時季孟之序，以立長幼之禮而成官〔一〇〕。此之謂參。制君臣之義，父子之親，夫婦之辨，長幼之序，朋友之際。此之謂五〔一一〕。乃裂地而州之，分職而治之，築城而居之，割宅而異之，分財而衣食之，立大學而教誨之，夙興夜寐而勞力之〔一二〕，此治之紀綱也〔一三〕。然得其人則舉，失其人則廢。堯治天下，政教平，德潤洽，在位七十載，乃求所屬天下之統，令四岳揚側陋〔一四〕。四岳舉舜而薦之堯，堯乃妻以二女，以觀其内〔一五〕；任以百官，以觀其外〔一六〕；既入大麓，烈風雷雨而不迷〔一七〕，乃屬以九子〔一八〕，贈以昭華之玉〔一九〕，而傳天下焉。以爲雖有法度，而朱弗能統也〔二〇〕。

校　釋

〔一〕【用韻】「天、人」真部。

〔二〕【許注】明堂，布令之宫，有十二月之政令也。

【版本】景宋本注「布令」作「布政」，餘本同藏本。

【箋釋】吴承仕云：景宋本作「布政之宫」，御覽六百二十四引注與景宋本同。○蔣禮鴻云：「乃立」上脱「仰□天□」一句。上文提綱三句曰「仰取象於天，俯取度於地，中取法於人」。下文三節分疏，其二節之首，曰「俯視地理」，曰「中考乎人德」，則此有脱句可知。

〔三〕【版本】王溥本、王鎣本、茅本、汪本、張本、吴本、黄本、莊本、集解本「而」作「以」，葉本「而」下有

「以」字，景宋本、朱本同藏本。

【箋釋】王念孫云：「疾病」本作「疾疹」，而後人改爲「疾病」也。（太平御覽治道部五引此已誤。）文子上禮篇作「疾疢之災」，是其證。

【用韻】「氣、節」物質合韻。

〔四〕【箋釋】劉文典云：御覽六百二十四引，作「察山陵水澤肥墝高下之宜」。○楊樹達云：説文：「墽，磽也。」○雙棣按：脩務「相土地宜燥濕肥墝高下」，亦作「墝」，「墽、墝」古音相同而義通。

〔五〕【版本】王溥本、王鎣本、葉本、吴本「立」上有「以」字，餘本同藏本。景宋本、王溥本、王鎣本、莊本、集解本「饑」作「飢」，餘本同藏本。

〔六〕【用韻】「患、禍」元歌通韻。

〔七〕【許注】澄，清也。

〔八〕【箋釋】王念孫云：故立父子之親，當爲「以立父子之親」，與下文相對。文子上禮篇正作「以立」。○俞樾云：「故立」當從文子上禮篇作「以立」。「木水」二字傳寫誤倒，當作「水木」，蓋金、水、木、火、土，相生之序，故本之以立父子之親也。

〔九〕【箋釋】王念孫云：清濁五音，當依文子作「五音清濁」。

〔一〇〕【箋釋】陶鴻慶云：季孟，當從文子上禮篇作「孟仲季」。

〔一一〕【箋釋】馬宗霍云：孟子滕文公上「契爲司徒，教以人倫，父子有親，君臣有義，夫婦有别，長幼有敘，朋友有信」，淮南此文可與相參。此作「夫婦之辨」，「辨」猶「別」也。此作「長幼之序」，「序」與「敘」同。此不作「朋友之信」而易「信」爲「際」者，「際」猶「交」也。朋友之際，即禮記中庸所謂「朋友之交」也。

〔二〕【箋釋】劉台拱云：勞力，即勞來，「來」字有「力」音。○馬宗霍云：「勞力」猶「勞來」也。孟子滕文公上：「放勳曰勞之來之。」爾雅釋詁：「勞、來，勤也。」詩大雅下武「昭茲來許」，鄭箋云：「來，勤也。」烝民「威儀是力」，鄭箋云：「力猶勤也。」周禮秋官大司寇「上功糾力」，鄭玄注云：「力，勤力。」是勞、來、力三字同義。來、力雙聲。古音又同在之部。故或曰勞來，或曰勞力，其義一也。本文夙興夜寐而勞力之，蓋謂早夜勤於民事也。史記周本紀「武王曰：『日夜勞來，定我西土。』」「夙夜勞力」與「日夜勞來」正同。又案：説文力部云：「勑，勞勑也。從力，來聲。」然則本字當作「勑」，今作「來」者從其聲，作「力」者從其形，皆「勑」之省借字。經典多作「勞來」，作「勞力」者惟見於此。○于大成云：「割宅而異之」，吕氏春秋觀表篇「隔宅而異之」，疑此文「割」當从彼文作「隔」。

【用韻】「治、異、食、誨、力」之職通韻。

〔三〕【版本】汪本、張本、黄本、莊本、集解本「紀綱」作「綱紀」，餘本同藏本。藏本「也」字作「已」，王溥本、王鎣本、朱本、葉本、張本、吴本、黄本、莊本、集解本作「也」，今據改，餘本同藏本。

〔四〕【版本】藏本「在」下無「位」字，各本皆有「位」字，今據補。

【箋釋】雙棣按：書堯典云「帝曰咨四岳」，孔傳云：「四岳即羲和之四子，分掌四岳之諸侯，故稱焉。」堯典又云：「明明揚側陋。」孔傳云：「堯知子不肖，有禪位之志，故明舉明人在側陋者，廣求賢也。」孔疏云：「側陋者，僻側淺陋之處，意言不問貴賤，有人則舉，是令朝臣廣求賢人也。」

〔一五〕【許注】二女，娥皇、女英。

〔一六〕【用韻】「內、外」物月合韻。

〔一七〕【許注】林屬於山曰麓。堯使舜入林麓之中，遭大風雨不迷也。

【版本】藏本注「之中」作「去」，景宋本、茅本、汪本、莊本、集解本作「之中」，今據改，王溥本、朱本、葉本同藏本。汪本注「不迷」上有「而」字。

【箋釋】于大成云：許君解「麓」字，本僖公十四年穀梁傳，是以「麓」爲「林麓」字，此古文家説也。伏生、史遷、王充、馬融、鄭玄、應劭皆然（唯鄭玄大傳則用今文家説）。今傳僞孔傳則訓「麓」爲「録」，當是今文家説，桓譚、王肅（皆見藝文類聚四十八引）並同。淮南既云「既入大麓」，則亦同古文説也。以下數句並本尚書大傳。

〔一八〕【許注】堯有九男。

〔一九〕【許注】昭華，玉名。

【版本】藏本正文及注「玉」作「王」，景宋本、朱本、茅本、汪本、張本、黄本、莊本、集解本作「玉」，今據改，餘本同藏本。莊本、集解本此注在下文「而傳天下焉」下。

〔二〇〕【許注】朱，堯子也。

【版本】莊本正文及注「朱」作「絑」，各本均同藏本。王溥本注「堯子」下有「丹朱」二字，景宋本、朱本、葉本、莊本、集解本同藏本。

夫物未嘗有張而不弛、成而不毁者也〔一〕。唯聖人能盛而不衰，盈而不虧〔二〕。神農之初作琴也，以歸神；及其淫也，反其天心〔三〕。夔之初作樂也〔四〕，皆合六律而調五音，以通八風〔五〕；及其衰也，以沉湎淫康，不顧政治，至於滅亡〔六〕。蒼頡之初作書也〔七〕，以辯治百官，領理萬事，愚者得以不忘，智者得以志遠〔八〕；至其衰也，爲姦刻僞書，以解有罪，以殺不辜〔九〕。湯之初作囿也，以奉宗廟鮮犞之具〔一〇〕，簡士卒，習射御，以戒不虞〔一一〕；及至其衰也，馳騁獵射，以奪民時，罷民之力〔一二〕。堯之舉禹、契、后稷、臯陶，政教平，姦宄息，獄訟止而衣食足，賢者勸善而不肖者懷其德〔一三〕；及至其末，朋黨比周，各推其與〔一四〕，廢公趍私，外内相推舉〔一五〕，姦人在朝而賢者隱處〔一六〕。故易之失也卦，書之失也敷，樂之失也淫，詩之失也辟，禮之失也責，春秋之失也刺〔一七〕。

天地之道，極則反，盈則損〔一八〕。五色雖朗，有時而渝；茂木豐草，有時而落；物有降殺，不得自若〔一九〕。故聖人事窮而更爲，法弊而改制〔二〇〕，非樂變古易常也，將以救敗扶衰，黜淫濟非〔二〕，以調天地之氣，順萬物之宜也。聖人天覆地載，日月照，陰陽調，四時化，萬物不同，無故無新，無疏無親，故能法天〔三〕。

校釋

〔一〕【用韻】「弛、毁」歌微合韻。

〔二〕【用韻】「衰、虧」微歌合韻。

〔三〕【箋釋】王念孫云：此文本作「神農之初作琴也，以歸神杜淫，反其天心；（白虎通義曰：「琴者，禁也，所以禁止淫邪，正人心也。」琴操曰：「昔伏羲氏作琴，所以御邪僻，防心淫，以脩身理性，反其天真也。」）及其衰也，流而不反，淫而好色，至於亡國。」「流而不反」正對「反其天心」言之，「淫而好色」正對「杜淫」言之。下文曰：「夔之初作樂也，皆合六律而調五音，以通八風，及其衰也，以沉湎淫康，不顧政治，至於滅亡。」句法皆與此相對。此以「淫、心」爲韻，「色、國」爲韻，下文以「音、風」爲韻，（風字古音在侵部，説見唐韻正。）「康、亡」爲韻。文子上禮篇作「聖人之初作樂也，以歸神杜淫，反其天心，至其衰也，流而不反，淫而好色，（今本此下有「不顧正法，流及後世」八字，蓋後人所加，羣書治要引文子無此八字。）至於亡國。」是其明證矣。文選長笛賦注引上三句云：「神農之初作瑟，（瑟字與今本不合，所引蓋許慎本。）以歸神反望，及其天心。」「杜淫」作「反望」，「反其」作「及其」，皆傳寫之誤。（反望之反蓋涉下「反其天心」而誤。淫望、反及皆以形近而誤。）而句法正與文子同。若今本則錯脱不成文理，且失其韻矣。

【用韻】「琴、淫、心」侵部。

〔四〕【許注】夔，堯典樂臣也。

【版本】莊本、集解本注「臣」作「官」，景宋本、王溥本、朱本、葉本同藏本。

〔五〕【用韻】「音、風」侵部。

〔六〕【用韻】「康、亡」陽部。

〔七〕【版本】藏本「書」下無「也」字，王溥本、王鎣本、葉本、吴本有「也」字，今據補，餘本同藏本。

【箋釋】雙棣按：藏本「書」下脱「也」字，則與上下文不一例，上文「神農之初作琴也」，「夔之初作樂也」，下文「湯之初作囿也」，皆有「也」字，今據王溥本等補。

〔八〕【箋釋】王念孫云：「志遠」本作「志事」，以書記事，無分於遠近，不當獨言志遠。後人以兩「事」字重出，故改「志事」爲「志遠」耳。不知古人之文，不嫌於複，且兩「事」字自爲韻，（上下文皆用韻。）若作「志遠」，則失其韻矣。文子正作「智者以記事」。◎雙棣按：「遠」字不誤。若作「事」，則「志事」與「不忘」相複，智者與愚者豈不掍同矣。

【用韻】「忘、遠」陽元合韻。

〔九〕【箋釋】楊樹達云：解謂解挩。

【用韻】「衰、罪」微部，「書、辜」魚部。

〔一〇〕【許注】生肉爲鮮，乾肉爲犞。

【箋釋】何寧云：説文無「犞」字，當是「犒」字之誤，「犒」蓋「槁」之俗字。字亦作「薧」，周禮天官庖人「凡其死生鱻薧之物」，鄭司農云：「鱻謂生肉，薧謂乾肉。」天官𣀮人「辨魚物爲鱻薧」，鄭注：「鱻，生也。薧，乾也。薧本又作槁。」

〔一一〕【用韻】「御、虞」魚部。

〔一二〕【版本】王溥本、王鎣本、吴本「及」下無「至」字，餘本同藏本。

【箋釋】王念孫云：「罷民之力」，當作「以罷民力」，與上句相對爲文。上文「以解有罪，以殺不辜」，與此文同一例。文子正作「以罷民力」。○劉文典云：初學記居處部引，作「馳騁游獵，以奪人之時，勞人之力」。○鄭良樹云：無「至」字是。上文或言「至」，或言「及」。天中記十五引此亦作「及其衰也」。○于大成云：鄭説是也。初學記二十四引亦無「至」字。

【用韻】「時、力」之職通韻。

〔一三〕【用韻】「息、德」職部。

〔一四〕【版本】藏本「與」作「興」，除葉本同藏本外，各本均作「與」，今據改。朱本此下有注：「與，謂黨與也。」

〔一五〕【版本】王溥本、王鎣本、葉本、吴本、莊本、集解本「外内」作「内外」，餘本同藏本。

【箋釋】王念孫云：「内外相推舉」，句法與上下文不協。且「推」字與上文「各推其與」相複，蓋衍文也。文子無「推」字。

〔一六〕【用韻】「與、舉、處」魚部。

〔一七〕【箋釋】王念孫云：此六句，非淮南原文，乃後人取詮言篇文附入，而加以增改者也。下文云「故易之失鬼，樂之失淫，詩之失愚，書之失拘，禮之失忮，春秋之失訾」，與此六句相距不過數行，而或前後重出，或彼此參差，其不可信一也。下文「易之失鬼」六句，高氏皆有注，而此獨無注，若原文有此六句，不應注於後而不注於前，其不可信二也。太平御覽學記二所引，有下「易之失鬼」六句，而無此六句，其不可信三也。

【用韻】「辟、責、刺」錫部。

〔一八〕【用韻】「反、損」元文合韻。

〔一九〕【版本】茅本、汪本、張本、黄本、莊本、集解本「降」作「隆」，餘本同藏本。

【箋釋】雙棣按：「降」與「隆」古通用，隆由降得聲，皆在冬部。下文「不待衝降而拔」，「衝降」亦作「衝隆」。

【用韻】「落、若」鐸部。

〔二〇〕【用韻】「爲、制」歌月通韻。

〔二一〕【箋釋】于鬯云：濟當訓止。天文訓高注云：「濟，止也。」或謂當讀爲擠，説文手部云：「擠，排也。」○何寧云：于説是也。時則篇「三月春風不濟」，高注亦云：「濟，止也。」又通「霽」，霽亦止也。爾雅釋天：「濟謂之霽。」郭注：「今南陽人謂雨止爲霽。」韓詩外傳五第九章作「絀繆淪非」。絀、黜古通用。

〔二〕【用韻】「衰、非」微部。

〔三〕【用韻】「新、親、天」真部。

天不一時，地不一利，人不一事，是以緒業不得不多端，趍行不得不殊方〔一〕。五行異氣而皆適調〔二〕，六藝異科而皆同道〔三〕。温惠柔良者，詩之風也〔四〕；淳龐敦厚者，書之教也〔五〕；清明條達者，易之義也；恭儉尊讓者，禮之爲也〔六〕；寬裕簡易者，樂之化也〔七〕；刺幾辯義者，春秋之靡也〔八〕。故易之失鬼〔九〕，樂之失淫〔一〇〕，詩之失愚〔一一〕，書之失拘〔一二〕，禮之失忮〔一三〕，春秋之失訾〔一四〕。六者，聖人兼用而財制之〔一五〕。失本則亂，得本則治，其美在調，其失在權〔一六〕。水火金木土穀，異物而皆任；規矩權衡準繩，異形而皆施；丹青膠漆不同而皆用，各有所適，物各有宜〔一七〕。輪員輿方〔一八〕，轅從衡横〔一九〕，勢施便也。驂欲馳，服欲步〔二〇〕，帶不猒新，鉤不猒故，處地宜也〔二一〕。關鴡興於鳥，而君子美之，爲其雌雄之不乖居也〔二二〕；鹿鳴興於獸，君子大之，取其見食而相呼也〔二三〕；泓之戰，軍敗君獲〔二四〕，而春秋大之，取其不鼓不成列也；宋伯姬坐燒而死〔二五〕，春秋大之，取其不踰禮而行也。成功立事，豈足多哉！方指所言，而取一槩焉爾〔二六〕。王喬、赤松去塵埃之間，離羣慝之紛〔二七〕，吸陰陽之和，食天地之精，呼而出故，吸而入新〔二八〕，蹀虚輕舉，乘雲遊霧，可謂養性矣〔二九〕，而未可謂孝子也；周公誅管叔、蔡叔，以平國弭亂，可謂忠臣也，而未可謂弟也〔三〇〕；湯放桀，武王誅紂〔三一〕，以爲天下去殘除賊，可謂惠君，而未可謂忠臣矣；樂羊攻中山，未能下，中山烹其子，而食之以示威，可謂良將，而未可謂慈父也。故可乎可，而不可乎不可；不可乎不可，而可乎可。舜、許由異行而皆聖，伊尹、伯夷異道而皆仁，箕子、比干異趍而皆賢〔三二〕。故用兵者，或輕或重，或貪或廉，此四者相反而不可一無也。輕者欲發，重者欲止，貪者欲取，廉者不利非其有〔三三〕。故勇者可令進鬬，而不可令持牢〔三四〕；重者可令埴固，而不可令凌敵；貪者可令進取，而不可令守職；廉者可令守分，而不可令進取；信者可令持約，而不可令應變。五者相反，聖人兼用而財使之〔三五〕。

夫天地不包一物，陰陽不生一類〔三六〕，海不讓水潦以成其大〔三七〕，山不讓土石以成其高。夫守一隅而遺萬方，取一物而棄其餘，則所得者鮮，而所治者淺矣〔三八〕。

校釋

〔一〕【用韻】「時、事」之部，「端、方」元陽合韻。

〔二〕【箋釋】莊逵吉云：太平御覽作「而皆和」，無「適調」字。

〔三〕【箋釋】莊逵吉云：太平御覽無「同」字。○王念孫云：此二句本作「五行異氣而皆和，六藝異科而皆通」。因「和」誤爲「調」，「通」誤爲「道」，後人遂於「道」上加「同」字，又於「調」上加「適」字，以成對句，而不知其謬也。太平御覽學部二引作「五行異氣而皆和，六藝異科而皆道」，「道」字雖誤，而「和」字不誤，且上句無「適」字，下句無「同」字。舊本北堂書鈔藝文部一引此，正作「五行異氣而皆和，六藝異科而皆通」。

【用韻】「調、道」幽部。

〔四〕【箋釋】劉文典云：初學記文部引，作「溫惠淳良，詩教也」。御覽六百八引，「柔」亦作「淳」。

〔五〕【版本】景宋本「龐」作「庬」，餘本同藏本。

【箋釋】劉文典云：淳龐，書鈔引作「純厖」。

【用韻】「厚、教」侯宵合韻。

〔六〕【箋釋】吴闓生云：「尊」讀撙節之「撙」，御覽作「揖讓」，蓋臆改也。○楊樹達云：「尊」當讀爲「剸」。説文：「剸，減也。」類書作「揖」，不知「尊」爲假字，疑其不可通而改之耳。○馬宗霍云：

禮記曲禮上「是以君子恭敬撙節退讓以明禮」。疑即此文所本。説文無「撙」字。錢大昕云：「撙當爲⿰尊刂。説文：『⿰尊刂，減也。』」段玉裁云：「⿰尊刂、撙古今字，蓋隸變也。」然則此文作「尊」，蓋又「⿰尊刂」之省借字也。荀子不苟篇「恭敬繜屈」，仲尼篇「恭敬而僔」，繜、僔義皆與「⿰尊刂」同，可與淮南互參。

〔七〕【箋釋】莊逵吉云：太平御覽「裕」作「和」。

〔八〕【箋釋】劉文典云：御覽引「幾」作「譏」，「義」作「議」。○蔣禮鴻云：「靡」讀作「微」，古聲同也。荀子勸學篇：「春秋之微也。」杜預春秋經傳集解序：「微而婉。」是其義。○雙棣按：刺幾，即刺譏，史記平原君虞卿列傳云：「以刺譏國家得失，世傳之曰虞氏春秋。」亦作譏刺。漢書梅福傳「京兆尹王章素忠直，譏刺鳳，爲鳳所誅。」「義、議」亦字通。靡，猶爲也。

【用韻】「義、爲、化、靡」歌部。

〔九〕【許注】易以氣定吉凶，故鬼也。

〔一〇〕【許注】樂變至於鄭聲，淫也。

〔一一〕【許注】詩人怒，怒近愚也。

【箋釋】莊逵吉云：怒，疑當作「怨」。○顧廣圻云：「怒怒」疑當作「怨思」。

〔一二〕【許注】書有典謨之制，拘以法也。

【用韻】「愚、拘」侯部。

〔一三〕【許注】禮尊尊卑卑，尊不下卑，故忮也。

【箋釋】莊逵吉云：太平御覽「忮」作「亂」。○雙棣按：齊俗篇云：「今世之爲禮者，恭敬而忮。」許注云：「忮，害也。」此「忮」當與彼同。

〔一四〕【許注】春秋貶絶不避王人，書人之過，相訾也。

【箋釋】劉文典云：御覽引此六句，「失」下皆有「也」字。

【用韻】「忮、訾」支部。

〔一五〕【箋釋】馬宗霍云：「財」與「裁」同，古字通用。易泰卦象傳「后以財成天地之道」，釋文云：「財，荀本作裁。」漢書律曆志下引易亦作「裁」。又管子心術篇「聖人因而財之」，尹知章注云：「財同裁字訓。」皆其證。廣雅釋言云：「裁，制也。」然則「裁制」連文，蓋亦複語。○何寧與馬説同。

〔一六〕【箋釋】王念孫云：「調」當作「和」，「和、權」與下「施、宜」爲韻，（和施宜在歌部，權在元部，歌元二部古或相通。）若作「調」，則失其韻矣。文子上禮篇正作「其美在和，其失在權」。

〔一七〕【用韻】「施、宜」歌部。

〔一八〕【版本】汪本、吴本、張本、黄本、莊本、集解本「員」作「圓」，餘本同藏本。

〔一九〕【用韻】「方、横」陽部。

〔二〇〕【許注】驂，騑。服，車中馬也。

〔二一〕【版本】張本、黄本、莊本、集解本注「中」下有「央」字，餘本同藏本。

〔二二〕【版本】王溥本、張本、吴本、黄本、莊本、集解本「猒」作「厭」，餘本同藏本。

【用韻】「步、故」鐸魚通韻。

〔二三〕【箋釋】王念孫云：「乖」當爲「乘」，字之誤也。（羅願爾雅翼引此已誤。）乘者，匹也。言雌雄有別，不匹居也。廣雅曰：「雙、耦、匹、乘，二也。」月令「乃合累牛騰馬」，鄭注曰：「累、騰，皆乘匹之名。」家語好生篇曰：「關雎興於鳥，而君子美之，取其雌雄之有別。」毛詩傳亦云：「雎鳩摯而有別。」（鄭箋曰：「摯之言至也。謂王雎之鳥，雌雄情意至，然而有別。」戴先生毛鄭詩考正曰：「案：古字鷙通用摯，夏小正『鷹始摯』，曲禮『前有摯獸』，是其證。春秋傳郯子言少皞以鳥名官，雎鳩氏，司馬也。說曰：『鷙而有別，故爲司馬，主法制。』義本毛詩，不得如箋所云明矣。」念孫謹案：淮南說林篇「神龍不匹，猛獸不羣，鷙鳥不雙」，義與毛詩同。）有別即此所云不乘居也。漢張超誚青衣賦亦曰：「感彼關雎，性不雙侣。」列女傳仁智傳曰：「夫雎鳩之鳥，猶未嘗見其乘居而匹處也。」（張華鷦鷯賦云：「繁滋族類，乘居匹游。」）此尤其明證矣。○吴汝綸與王說同。

〔二四〕【箋釋】王叔岷云：「見」疑本作「㝵」。㝵，古得字。家語好生篇、劉子適才篇「見」並作「得」，是其證。

【用韻】「居、呼」魚部。

〔二四〕【許注】宋襄公與楚戰於泓，楚人敗之，襄公獲也。

【版本】茅本、汪本、張本、黄本、莊本、集解本注「獲」字在下「襄公」上，無「也」字，餘本同藏本。

【箋釋】金其源云：公羊昭公二十三年傳：「君死於位曰滅，生得曰獲。」是襄公曾爲楚生得矣。然左傳曰「公傷股」，穀梁傳曰「則兵敗而身傷焉」，史記「襄公傷股」，皆言傷，無言獲者。此其言獲何？廣雅釋詁：「獲，辱也。」謂受傷股之辱，非謂生得之獲也。○于大成云：事在春秋僖二十二年，亦見史宋世家、韓子外儲説左上。

〔二五〕【許注】伯姬，宋共公夫人。夜失火，待傅母，不至不下堂，而及火死之也。

【箋釋】于大成云：事在春秋襄公三十年，亦見漢五行志、列女貞順傳。

〔二六〕【用韻】「言、焉」元部。

〔二七〕【許注】慝，惡也。

【箋釋】劉文典云：文選左太沖招隱詩注引，「慝」作「物」。

【用韻】「間、紛」元文合韻。

〔二八〕【用韻】「精、新」真耕合韻。

〔二九〕【版本】張本、黄本、莊本、集解本「遊」作「游」。

【箋釋】陶鴻慶云：「乘雲游霧」，當作「游霧乘雲」。「雲」與上文「紛、精、新」爲韻。

【用韻】「故、舉、霧」魚侯合韻。

〔三〇〕【箋釋】王念孫云：此當作「可謂忠臣矣，而未可謂弟弟也」。上文云「可謂養性矣，而未可謂孝子也」，是其證。○孫詒讓云：當作「而未可謂悌弟也」，與上下文「未可謂孝子」、「未可謂忠臣」、「未可謂慈父」文例同。

〔三一〕【版本】張本、黄本、莊本、集解本「誅」作「伐」，餘本同藏本。

〔三二〕【用韻】「聖、仁、賢」耕真合韻。

〔三三〕【用韻】「止、有」之部。

〔三四〕【版本】藏本上「令」誤作「貪」，除景宋本同藏本外，各本皆作「令」，今據改。

【箋釋】俞樾云：「勇者」當作「輕者」。上文云：「故用兵者，或輕或重，或貪或廉，此四者相反，而不可一無也。輕者欲發，重者欲止，貪者欲取，廉者不利非其有。」然則此承上文而言，亦當以輕、重、貪、廉並舉，其本作「輕者」明矣。淺人不尋上下文理，見有「進鬭」之文，妄改爲「勇者」，非其舊也。

〔三五〕【版本】王溥本、王鎣本、朱本、汪本、吴本「財」作「材」，餘本同藏本。

【箋釋】俞樾云：上言四者，而下言五者，義亦可疑，且輕與重反，貪與廉反，所謂「四者相反」也。信，則與何者相反乎？乃云「五者相反」，義不可通。疑「信者可令持約，而不可令應變」十二字，淺人竄入，淮南本無此句，「五者」亦作「四者」，與上文相應。因竄入「信者」句，遂改「四」爲「五」以合之，而不悟其不可通耳。

〔三六〕【箋釋】于大成云：呂氏春秋貴公篇曰「陰陽之和不長一類，甘露時雨不私一物」，淮南文義本之。

【用韻】「物、類」物部。

〔三七〕【箋釋】劉文典云：藝文類聚八、白帖六引，並作「海不讓水積，以成其大」。○雙棣按：「水潦」與下文「土石」爲對文，若作「積」，則不對矣。或「石」亦爲一動詞，方可。

〔三八〕【用韻】「鮮、淺」元部。

治大者，道不可以小；地廣者，制不可以狹；位高者，事不可以煩〔一〕；民衆者，教不可以苛〔二〕。夫事碎，難治也；法煩，難行也；求多，難贍也〔三〕。寸而度之，至丈必差；銖而稱之，至石必過〔四〕。石秤丈量，徑而寡失；簡絲數米，煩而不察〔五〕。故大較易爲智，曲辯難爲慧〔六〕。故無益於治而有益於煩者，聖人不爲；無益於用而有益於費者，智者弗行也。故功不厭約，事不厭省，求不厭寡〔七〕。功約，易成也〔八〕；事省，易治也〔九〕；求寡，易贍也〔一〇〕。衆易之，於以任人，易矣。孔子曰：「小辯破言，小利破義，小義破道，小見不達，達必簡〔一一〕。」

河以逶蛇故能遠，山以陵遲故能高，陰陽無爲故能和，道以優遊故能化〔一二〕。夫徹於一事，察於一辭，審於一技〔一三〕，可以曲說而未可廣應也〔一四〕。蓼菜成行，甂甌有𦺇〔一五〕，秤薪而爨，數米而炊，可以治小而未可以治大也〔一六〕。員中規，方中矩，動成獸，止成文，可以愉舞，而不可以陳軍〔一七〕。滌盃而食，洗爵而飲，盥而後饋，可以養少，而不可以饗衆〔一八〕。

今夫祭者，屠割烹殺，剥狗燒豕，調平五味者，庖也；陳簠簋〔一九〕，列樽俎，設籩豆者，祝也〔二〇〕；齊明盛服，淵默而不言，神之所依者，尸也〔二一〕。宰、祝雖不能，尸不越樽俎而代之〔二二〕。故張瑟者，小絃急而大絃緩〔二三〕；立事者，賤者勞而貴者逸〔二四〕。舜爲天子，彈五絃之琴，誦南風之詩，而天下治〔二五〕。周公肴臑不收於前〔二六〕，鍾鼓不解於縣〔二七〕，而四夷服。趙政晝決獄而夜理書〔二八〕，御史冠蓋接於郡縣〔二九〕，覆稽趍留，戍五嶺以備越〔三〇〕，築脩城以守胡，然姦邪萌生，盗賊羣居〔三一〕，事愈煩而亂愈生。故法者，治之具也，而非所以爲治也，而猶弓矢，中之具，而非所以中也〔三二〕。黄帝曰：「芒芒昧昧，因天之威，與元同氣〔三三〕。」故同氣者帝，同義者王，同力者霸，無一焉者亡〔三四〕。故人主有伐國之志，邑犬羣嘷〔三五〕，雄雞夜鳴，庫兵動而戎馬驚〔三六〕。今日解怨偃兵，家老甘臥，巷無聚人，妖菑不生，非法之應也，精氣之動也〔三七〕。故不言而信，不施而仁〔三八〕，不怒而威，是以天心動化者也〔三九〕。施而仁，言而信〔四〇〕，怒而威，是以精誠感之者也。施而不仁，言而不信〔四一〕，怒而不威，是以外貌爲之者也。故有道以統之，法雖少，足以化矣；無道以行之〔四二〕，法雖衆，足以亂矣〔四三〕。

校釋

〔一〕【版本】藏本「可」下無「以」字，各本皆有「以」字，今據補。

〔二〕【版本】藏本「苛」作「苟」，除景宋本同藏本外，各本皆作「苛」，今據改。

【用韻】「煩、苛」元歌通韻。

〔三〕【版本】莊本、集解本「贍」作「澹」，餘本同藏本。

【箋釋】何寧云：「事碎」當作「事煩」，「法煩」當作「法苛」。「事煩難治」承上文「事不可以煩」言之，「法苛難行」承上文「教不可以苛」言之，如今本則錯亂不相承矣。文子上仁篇正作「事煩難治，法苛難行」。

〔四〕【用韻】「差、過」歌部。

〔五〕【許注】言事當因大法，如簡閱絲數米，則煩而無功也。

【版本】王溥本注「功」上有「成」字，餘本同藏本。

【箋釋】雙棣按：注「簡」字疑衍。正文作「簡絲數米，煩而不察」，此注「如閱絲數米，則煩而無功也」，以「閱」釋「簡」。廣雅釋言：「簡，閱也。」周禮地官遂大夫「簡稼器」鄭玄注：「簡，猶閱也。」「閱」亦「數」也，廣雅釋詁四：「閱，數也。」左傳襄公九年「商人閱其禍敗之舋」杜預注：「閱，猶數也。」

〔六〕【版本】景宋本「慧」作「惠」，餘本同藏本。

【箋釋】雙棣按：大較猶大體、大略也，從大處著眼而不計瑣苛也。

【用韻】「失、察、慧」質月合韻。

〔七〕【版本】王溥本、王鎣本、吴本、張本、黄本、莊本、集解本三「猒」字並作「厭」，餘本同藏本。

〔八〕【用韻】「功、成」東耕合韻。

〔九〕【用韻】「事、治」之部。

〔一〇〕【版本】莊本、集解本「贍」作「澹」，餘本同藏本。

〔一一〕【版本】王溥本、王鎣本、朱本、汪本、張本、吴本、黄本、莊本、集解本下「義」作「藝」，餘本同藏本。藏本「必」上「達」字不重，王溥本、王鎣本、朱本、汪本、吴本「達」字重，今據補，餘本同藏本。

【箋釋】王念孫云：「必簡」上當更有「達」字，此言見大者達，達則必簡，猶樂記言「大樂必易，大禮必簡」也。文子上仁篇作「道小必不通，通則必簡」，是其證。○俞樾云：「小」上當有「道」字，因涉上句「小藝破道」，兩「道」字適相連，寫者止於上句「道」字下作二小畫以識之，而遂脱去也。「見」乃「則」字之誤。「則」字闕壞，只存左旁之貝，因誤爲「見」矣。「達」下當更有「達」字，亦因止作二小畫而脱去也。其文本曰：「道小則不達，達必簡。」文子上仁篇作「道小必不通，通則必簡」，與此文小異而義同。若如今本，則不成文理矣。○于大成云：王、俞説「達」下更有「達」字，是也。劉績本已補入，王鎣本從之矣。俞氏謂「小見」上當有「道」字，「見」當作「則」，殆非。「見」疑即「道」字闕壞而誤。王、俞所補「達」字下當更有「道」字。此文本作「小道不達，達道必簡」，大戴記小辯篇作「道小不通，通道必簡」。彼云「道小不通」，此云「小道不達」；彼云「通道必簡」，此云「達道必簡」，一也。又文子作「通必簡」，無「則」字，王、俞引並誤。

【用韻】「言、義、達、簡」元歌月通韻。

〔二〕【版本】汪本、張本、吴本、黄本、莊本、集解本「遊」作「游」，餘本同藏本。

【箋釋】王念孫云：「陰陽無爲故能和」，後人所加也。此以河之逶蛇，山之陵遲，喻道之優游，若加入「陰陽無爲」二句，則與「逶蛇」、「陵遲」、「優游」之義，咸不相比附矣。且「陰陽無爲」與「河以逶蛇」三句句法亦屬參差。太平御覽地部二十六引淮南無此二句，説苑説叢篇、文子上仁篇並同。○鄭良樹云：王校是也。天中記九引淮南此節，亦無「陰陽無爲，故能和」二句。○于大成云：事類賦注六引此，亦無「陰陽無爲，故能和」句。

【用韻】「遠、和、化」元歌通韻。

〔三〕【版本】藏本「技」作「枝」，王溥本、王鎣本、朱本、茅本、汪本、張本、吴本、黄本、莊本、集解本作「技」，今據改，景宋本作「投」，葉本同藏本。

〔四〕【箋釋】王叔岷云：「未可」下當有「以」字，下文「可以治小，而未可以治大也」，「可以愉舞，而不可以陳軍」，「可以養少，而不可以養衆」，並與此句法同。文子正有「以」字。繆稱篇：「可與曲說，未可與廣應也。」與猶以也。

【用韻】「事、辭、應」之蒸通韻。

〔一五〕【版本】茅本、張本、黄本「䓣」作「是」，餘本同藏本。

【箋釋】劉績云：甂，補玄切，小盆，大口而卑小。詮言篇作「瓶甌有堤」，堤謂瓶甌下案也。○于省吾云：「䓣、堤」字通。詮言篇「瓶甌有堤」注：「堤，瓶甌下安也。」○馬宗霍云：「䓣」，蓋「堤」字同聲之借。甂甌有堤，猶言甂甌有坐也。今人放置器物，欲其安穩，亦多爲坐以承之，俗或作「座」。在漢則謂之「堤」耳。又：「安」字與「案」通。「瓶甌下安」者，即瓶甌下案也。説文木部云：「案，几屬。」几案亦可以承器物，以此義釋「堤」亦通。○雙棣按：于、馬謂「䓣」與詮言篇「堤」同，是也。郭店楚簡語叢四有「三銙一䓣」，或謂「銙」爲「瓶甌」之屬，「䓣」與此文同，爲器物之底座，是也。

〔一六〕【版本】景宋本「秤」作「稱」，餘本同藏本。

【用韻】「爨、炊、大」元歌月通韻。

〔一七〕【箋釋】劉文典云：御覽三百七引，「愉舞」作「諭衆」。○于省吾云：詮言：「員之中規，方之中矩，行成獸，止成文，可以將少，而不可以將衆。」文義與此相仿。俞樾謂彼文「獸」爲「獻」之誤，訓「獻」爲「賢」，殊爲未允。俶真「是故文章成獸」，又「龍蛇虎豹，曲成文章」。漢龍氏竟「刻畫奇守成文章」，守、獸字通。（詳呂氏春秋新證君守篇。）石鼓文：「□徒如章」，謂徒屬之行次如文章也。然則行成獸者，謂獸毛有文理，與「止成文」相對爲義，不應別爲之説也。◎于大成云：「愉」借爲「喻」，「愉舞」謂比喻舞蹈也。此文之義，謂方員則合規矩，動止則成文理，如此但能比喻舞蹈，然不可以施於軍陳也。齊俗篇云「瞽師之放意相物寫神愈舞而形乎弦者」，彼「愈舞」即此文之「愉舞」也。若作「諭衆」則義不可通。

【用韻】「文、軍」文部。

〔一八〕【版本】藏本「饗」上有「養」字，景宋本、王溥本、王鎣本、朱本、茅本、汪本、張本、吴本、黄本、莊本、集解本無「養」字，今據删，葉本同藏本。王溥本、王鎣本、吴本「饗」上無「以」字。

〔一九〕【許注】器方中者爲簠，圓中者爲簋也。

〔二〇〕【用韻】「簋、俎、豆」幽魚侯合韻，「庖、祝」幽覺通韻。

〔二一〕【用韻】「依、尸」微脂合韻。

〔二二〕【版本】藏本「代」誤作「伐」，除葉本同藏本外，各本皆作「代」，今據改。

【用韻】「能、代」之部。

〔二三〕【版本】王溥本、王鎣本、葉本、吴本「瑟」作「琴」，餘本同藏本。

【箋釋】王念孫云：「急」當作「絙」，高注云：「絙，急也。」今本依文子改爲「小弦急」，並删去高注矣。藝文類聚治政部上、文選長笛賦注引此，並作「小弦絙」，又引高注「絙，急也」，足正今本之謬。

〔二四〕【箋釋】楊樹達云：「立」當讀爲「涖」。說詳道應篇。

〔二五〕【用韻】「子、詩、治」之部。

〔二六〕【版本】藏本「收」作「牧」，各本皆作「收」，今據改。

〔二七〕【用韻】「前、懸」元部。

〔二八〕【許注】趙政，秦始皇帝。

【版本】景宋本「決獄」下無「而」字，餘本同藏本。

【箋釋】劉文典云：藝文類聚引，趙政作嬴秦政。○于大成云：藝文類聚五十二、太平御覽六百三十六、六百三十九引並無「而」字。漢書刑法志作「秦始皇晝斷獄，夜理書」，亦無「而」字。○雙棣按：類聚引作「正」，不作「政」，劉氏失檢。又引注曰：「正，秦始皇帝名也。」

〔二九〕【箋釋】劉文典云：「接於郡縣」，藝文類聚引作「相接於道」。

〔三〇〕【箋釋】劉文典云：藝文類聚引注云：「五嶺：鐔城之嶺，九疑之塞，番禺之都，南野之界，射干之水。」○蔣禮鴻云：類聚引注「射干」當作「餘干」，見人間篇。○于大成云：永興所引，當是高注，其注本人間篇爲說。今許本人間篇作「九嶷」，與說文合；而高注引作「九疑」，與原道篇合。依人間篇，「射干」當爲「餘干」，許彼注云「餘干在豫章」，今江西有餘干縣，即漢餘干縣，明、清屬饒州府，民初屬潯陽道，正與許注合，則類聚所引誤也。又史記、漢書張耳陳餘列傳載耳、餘至諸縣説其豪傑，謂秦「北有（漢書作「爲」）長城之役，南有五嶺之伐」，服虔、小顏説五嶺不同，吴仁傑以爲五嶺即人間篇五軍所伐，與高氏同。

〔三一〕【用韻】「胡、居」魚部。

〔三二〕【箋釋】王念孫云：「而猶」當爲「亦猶」。隸書「而」、「亦」下半相似，故「亦」誤爲「而」。（趙策「趙雖不能守，亦不至失六城」，舊本「亦」誤作「而」。）○王叔岷謂「而、亦」同義，無煩改字。

〔三三〕【用韻】「昧、氣」物部。

〔三四〕【用韻】「王、亡」陽部。

〔三五〕【許注】伐國，逆天之行，則時必有大禍。

【箋釋】吴承仕云：注「大禍」，「大」當爲「犬」。邑犬羣嘷，即犬禍之事也。五行志云：「犬，兵革失衆之占。」如淳曰：「犬吠守，似兵革。」此注義與彼近。異苑云：「隆安初，吴郡治下，狗常夜吠。狗有限而吠聲甚衆，無幾，有孫恩之亂。」是其事。○于大成云：吴説是也。覽冥篇「犬羣嘷而入淵」，高注云「一説：言犬禍也」，高注中「一説」，多有許注，彼「一説」與此同，則許義也，正作「犬禍」。

〔三六〕【許注】戎馬，兵馬也。雞夜鳴而兵馬起，氣之感動也。

【用韻】「鳴、驚」耕部。

〔三七〕【用韻】「人、生」真耕合韻，「應、動」蒸東合韻。

〔三八〕【用韻】「信、仁」真部。

〔三九〕【箋釋】俞樾云：「天心動化」，本作「無心動化」。因「無」字作「无」，故誤爲「天」耳。文子上仁篇亦作「天心」，誤與此同。而精誠篇曰：「一言而大動天下，是以無心動化者也。」「無」字不誤，可據以訂正上仁篇，即可以正淮南子矣。○楊樹達云：「以無心動化」，文不可通。俞校謬也。本篇上文及要略並云：「懷天氣，抱天心」，則「天心」爲淮南慣用之語，決非誤字。又上文云：「一言聲然大動天下，是以天心呿唫者也。」句例正與此同，可以爲證。文子精誠篇作「無」者，乃「天」之形近誤字。俞氏不求文義之安，乃欲以文子精誠篇之誤文訂淮南子及文子不誤之文，謬矣。○王叔岷云：俞說非也。「天心動化」，與上文「芒芒昧昧，因天之威，與元同氣」，義正相應。上文「一言而大動天下，是以天心呿唫者也」，又云「故聖人者，懷天心聲然能動化天下者也」，並可證此文作「天心」不誤。文子精誠篇「一言而大動天下，是以无心動化者也」，即鈔襲上文。「无心」乃「天心」之誤。○蔣禮鴻與楊說同。○劉殿爵云：俞氏謂文子精誠篇作「无心動化者也」，亦未深考。道藏各本及四部叢刊景宋本文子，其實均作「天心」，無作「無心」者，只武英殿聚珍版文子纘義誤作「無心」，殊不可爲據。○于大成云：漢伍被對淮南王曰「臣聞聰者聽於無聲，明者見於未形，故聖人萬舉而萬全，文王壹動而功顯萬世，列爲三王，所謂因天心以動作者也」。「因天心以動作」，即此「天心動化」。（作、化同義。）文子精誠篇古本皆作「天心」，自說郛本已下，若子彙、墨海金壺、守山閣諸本乃誤作「無心」者。

〔四〇〕【用韻】「仁、信」真部。

〔四一〕【用韻】「仁、信」真部。

〔四二〕【版本】王溥本、王鎣本、吳本「行」作「統」，餘本同藏本。

〔四三〕【用韻】「化、亂」歌元通韻。

治身，太上養神，其次養形〔一〕。治國，太上養化，其次正法。神清志平，百節皆寧〔二〕，養性之本也〔三〕；肥肌膚，充腸腹，供嗜欲，養生之末也。民交讓争處卑，委利争受寡，力事争就勞，日化上遷善而不知其所以然，此治之上也〔四〕。利賞而勸善，畏刑而不爲非，法令正於上而百姓服於下，此治之末也〔五〕。上世養本而下世事末，此太平之所以不起也。夫欲治之主不世出，而可與興治之臣不萬一〔六〕，以[不]萬一求不世出，此所以千歲不一會也〔七〕。

水之性，淖以清，窮谷之汙，生以青苔〔八〕，不治其性也〔九〕。掘其所流而深之，茨其所決而高之〔一〇〕，使得循勢而行，乘衰而流〔一一〕，雖有腐髊流漸，弗能汙也〔一二〕。其性非異也，通之與不通也。風俗猶此也。誠決其善志，防其邪心，啟其善道，塞其姦路，與同出一道，則民性可善而風俗可美也。所以貴扁鵲者，非貴其隨病而調藥，貴其摩息脉血，知病之所從生也〔一三〕。所以貴聖人者，非貴隨罪而鑒刑也，貴其知亂之所由起也〔一四〕。若不脩其風俗，而縱之淫辟，乃隨之以刑，繩之以法，雖殘賊天下，弗能禁也〔一五〕。

校釋

〔一〕【用韻】「身、神、形」真耕合韻。

〔二〕【用韻】「平、寧」耕部。

〔三〕【箋釋】于鬯云：「性」當讀爲「生」。下文云「養生之末也」。此用「性」字，下用「生」字，文異而義同。

〔四〕【箋釋】王念孫云：「治之上」，當爲「治之本」，對下文「治之末」而言。上文養性之本、養性之末，即其證。今作「治之上」者，涉上文「治國太上養化」而誤，文子下德篇正作「治之本」。○何寧與王說同。

〔五〕【版本】藏本「末」作「未」，除景宋本同藏本外，各本皆作「末」，今據改。

〔六〕【箋釋】俞樾云：「興」字衍文，蓋即「與」字之誤而衍者。高誘注吕氏春秋觀世篇引此文曰：「欲治之君不世出，可與治之臣不萬一。」是其明證。文子下德篇亦無「興」字。

〔七〕【用韻】「出、一」物質合韻。

【版本】藏本下「不萬一」脱「不」字，今據王念孫校補，各本同藏本。

【箋釋】王念孫云：「以萬一求不世出」，當作「以不萬一求不世出」。「不萬一」三字即承上句言之，文子下德篇作「以不世出求不萬一」，吕氏春秋觀世篇注引淮南作「以不萬一待不世出」，皆其證。

〔八〕【許注】青苔，水垢也。

【箋釋】劉文典云：文選張景陽雜詩注引，作「窮谷之汚，生以蒼苔」，又引高注：「蒼苔，水衣也。」○楊樹達云：説文水部云：「小池爲汚。」又艸部云：「菭，水青衣也。」今通作苔。○于大成云：文選謝玄暉直中書省詩注引亦作「蒼苔」，又謝希逸月賦注亦引高注同張雜詩注，則高本作「蒼苔」也。藝文類聚八十二、御覽一千引仍作「青苔」，以説文之訓證之，今本的是許本。依説文，許君此注似亦當作「水衣」。高本「水衣」，義因於許也。

〔九〕【用韻】「汚、苔」魚之合韻，「性、清、性」耕部。

〔一〇〕【許注】茨，積土填滿也。

【版本】藏本注「填」作「塡」，景宋本、王溥本、朱本、莊本、集解本作「填」，今據改，茅本、汪本、張本、黄本作「埴」，葉本同藏本。莊本、集解本注「滿」下有「之」字，餘本同藏本。

【箋釋】莊逵吉云：太平御覽「掘」上有「若」字。○楊樹達云：如許注，則「茨」乃假爲「垐」，説文土部云：「垐，以土增大道上。」此蓋以聲類同通假耳。○馬宗霍與楊説同。○雙棣按：廣雅釋詁一：「茨，積也。」王念孫云：小雅甫田毛傳：「茨，積。」釋名：「茨，次也，次比草爲之也。」是積之義也。「蒼、垐」義並與「茨」同。

〔一〕【許注】衰，下也。

【箋釋】王引之云：「衰」與「下」義不相近，「衰」當爲「衺」，字之誤也。説文：「窊，污衺下也。」字通作邪。史記滑稽傳「污邪滿車」，集解引司馬彪曰：「污邪下地田也。」故高注訓衺爲下。○俞樾云：衰乃等衰之衰。水之從高流下，必有次弟，故曰「乘衰而流」。高注訓衰爲下，未得。王氏引之因以「衰」爲「衺」之誤字，更非矣。

〔二〕【許注】腐髊，骨也。澌，水也。

【箋釋】莊逵吉云：太平御覽「澌」作「凘」，「凘」字爲是。○楊樹達云：字當從仌作「凘」。説文仌部云：「凘，流冰也。」楚辭九歌云：「流澌紛兮將來下。」文云流澌，正與此同。王注云：「澌，解冰。」此注「水」字乃「冰」字之誤。○雙棣按：楊説非是。流澌與腐髊不相類。呂氏春秋孟春「揜骼霾髊」，高誘注：「白骨曰骼，有肉曰髊。」且下文云「弗能汙也」，腐髊可使水汙，流冰豈能使水汙乎？御覽引作「凘」，論衡四諱篇云：「出見負豕於塗，腐澌於溝，不以爲凶。」黄暉注：「澌，死人也。」實知篇云：「溝有流壍，澤有枯骨。」孫詒讓云：「壍當作澌。四諱篇云：『出見負豕於塗，腐澌於溝。』（淮南子泰族訓：『雖有腐髊流澌，弗能汙也。』莊逵吉據御覽校改澌爲凘，與此誤同。）」禮記曲禮下「庶人曰死」，鄭注云：「死之言澌也，精神澌盡也。」釋文云：「澌，本又作𣩵。」孔穎達疏云：「死，澌也。」然則改「澌」爲「凘」而釋爲死尸，於文義可通。

〔三〕【許注】言人之喘息，脉之，病可知。

【版本】景宋本「知」下「病」字作「疾」，餘本同藏本。莊本正文及注「脉」作「脈」，餘本同藏本。

【箋釋】馬宗霍云：説文手部云：「摩，一指按也。」脈即衇之或體。説文𠂢部云：「衇，血理分衺行體中者。」本文「摩息」，謂按其息；「脈血」，謂脈其血，脈作動詞用。人之一呼一吸爲一息，脈與息相應。醫者切脈，以息爲准。故注謂「人之喘息，脈之，病可知」也。桓寬鹽鐵論輕重篇云：「扁鵲撫息脈而知疾所由生。」撫猶摩也。疑即本之淮南。○雙棣按：「脈血」之説，未見於古籍。鹽鐵論「撫息脈」無「血」字，淮南「血」字疑衍，或爲「而」字形近之誤。

〔四〕【箋釋】王叔岷云：「非貴」下當有「其」字。上文「所以貴扁鵲者，非貴其隨病而調藥，貴其摩息脈血，知病之所從生也」，與此句法一律。文子下德篇正有「其」字。

〔五〕【版本】藏本「以法」作「法法」，王溥本、王鎣本、朱本、吴本作「以法」，今據改，茅本、汪本、張本、黄本、莊本作「以法法」，景宋本、葉本、集解本同藏本。

【箋釋】王念孫云：「繩之法法」，文不成義，當依劉本作「繩之以法」。茅本作「繩之以法，法雖殘賊天下」，以次「法」字屬下讀，亦非。（莊本同。）文子下德篇作「棄之以法，隨之以刑，雖殘賊天下，不能禁其姦矣」，則劉本是也。

禹以夏王，桀以夏亡；湯以殷王，紂以殷亡〔一〕；非法度不存也，紀綱不張，風俗壞也〔二〕。三代之法不亡而世不治者，無三代之智也〔三〕。六律具存而莫能聽者，無師曠之耳也〔四〕。故法雖在，必待聖而後治〔五〕；律雖具，必待耳而後聽。故國之所以存者，非以有法也，以有賢人也；其所以亡者，非以無法也，以無聖人也〔六〕。

晉獻公欲伐虞，宫之奇存焉，爲之寢不安席，食不甘味，而不敢加兵焉。賂以寶玉駿馬，宫之奇諫而不聽，言而不用，越疆而去〔七〕。荀息伐之，兵不血刃，抱寶牽馬而去〔八〕。故守不待渠壍而固，攻不待衝降而拔〔九〕，得賢之與失賢也。故臧武仲以其智存魯，而天下莫能亡也〔一〇〕；璩伯玉以其仁寧衛，而天下莫能危也〔一一〕。易曰：「豐其屋，蔀其家，窺其户，闃其無人〔一二〕。」無人者，非無衆庶也，言無聖人以統理之也。

民無廉耻，不可治也〔一三〕；非脩禮義，廉耻不立。民不知禮義，法弗能正也；非崇善廢醜，不向禮義〔一四〕。無法不可以爲治也，不知禮義不可以行法。法能殺不孝者，而不能使人爲孔曾之行〔一五〕；法能刑竊盜者，而不能使人爲伯夷之廉〔一六〕。孔子弟子七十，養徒三千人，皆入孝出悌〔一七〕，言爲文章，行爲儀表，教之所成也〔一八〕。墨子服役者百八十人，皆可使赴火蹈刃，死不還踵，化之所致也。夫刻肌膚，鑱皮革，被創流血，至難也，然越爲之，以求榮也〔一九〕。聖王在上，明好惡以示之，經誹譽以導之〔二〇〕，親賢而進之，賤不肖而退之，無被創流血之苦〔二一〕，而有高世尊顯之名，民孰不從？

古者法設而不犯，刑錯而不用，非可刑而不刑也。百工維時，庶績咸熙，禮義脩而任賢得也〔二二〕。故舉天下之高以爲三公，一國之高以爲九卿，一縣之高以爲二十七大夫，一鄉之高以爲八十一元士〔二三〕。故知過萬人者謂之英〔二四〕，千人者謂之俊，百人者謂之豪，十人者謂之傑。明於天道，察於地理，通於人情，大足以容衆，德足以懷遠，信足以一異，知足以知變者〔二五〕，人之英也。德足以教化，行足以隱義〔二六〕，仁足以得衆，明足以照下者，人之俊也。行足以爲儀表，知足以決嫌疑，廉可以分財〔二七〕，信可使守約〔二八〕，作事可法，出言可道者，人之豪也。守職而不廢，處義而不比，見難不苟免，見利不苟得者〔二九〕，人之傑也。英俊豪傑，各以小大之材處其位，得其宜，由本流末，以重制輕，上唱而民和，上動而下隨，四海之內，一心同歸，背貪鄙而向義理〔三〇〕；其於化民也，若風之搖草木，無之而不靡〔三一〕。

今使愚教知〔三二〕，使不肖臨賢，雖嚴刑罰，民弗從也。小不能制大，弱不能使强也〔三三〕。故聖主者舉賢以立功，不肖主舉其所與同〔三四〕。文王舉太公望、召公奭而王，桓公任管仲、隰朋而霸，此舉賢以立功也〔三五〕。夫差用太宰嚭而滅，秦任李斯、趙高而亡，此舉所與同〔三六〕。故觀其所舉而治亂可見也，察其黨與而賢不肖可論也〔三七〕。

校釋

〔一〕【用韻】「王、亡、王、亡」陽部。

〔二〕【箋釋】劉文典云：御覽六百二十四引，「張」下有「而」字。

〔三〕【箋釋】何寧云：「智」當作「聖」，字之誤也。此承上文「所以貴聖人者」言之，若作「無三代之智」，則是貴智而非貴聖也，非其恉也。下文「法雖在，必待聖而後治；律雖具，必待耳而後聽」，正與此反覆申言貴聖之義。「必待耳而後聽」，承「無師曠之耳」；「必待聖而後治」承「無三代之聖」。「智」字之誤明矣。

〔四〕【用韻】「治、智、耳」之支合韻。

〔五〕【用韻】「在、治」之部。

〔六〕【版本】藏本「以亡」作「士」，王溥本、王鎣本、茅本、汪本、張本、吴本、黄本、莊本、集解本作「以亡」，今據改，景宋本、朱本、葉本無「以」字。汪本、張本、黄本、莊本、集解本「聖」作「賢」，餘本同藏本。

【箋釋】劉文典云：御覽六百二十四引，作「以無聖人也」。◎雙棣按：景宋本、道藏本皆作「聖」，作「聖」字是。上「賢」字亦當作「聖」，以與下一律。

〔七〕【版本】藏本「疆」作「彊」，各本皆作「疆」，今據改。

〔八〕【箋釋】王念孫云：「去」當爲「至」，此涉上文「越疆而去」而誤。僖二年公羊傳正作「虞公抱寶牽馬而至」。○雙棣按：王説未必是。公羊傳作「至」，其抱寶牽馬之主體爲虞公，此爲荀息，作「至」反不合。吕氏春秋權勳作「荀息操璧牽馬而報」。韓非子十過篇作「荀息牽馬操璧而報獻公」。

〔九〕【箋釋】于鬯云：姚廣文云：「降當隆字之誤。氾論訓『晚世之兵，隆衝以攻』，衝隆、隆衝，順倒一也。注云：『隆，高也。衝，所以臨敵城，衝突壞之。』隆音轉如臨。詩皇矣篇『與爾臨衝』，韓詩作隆衝。毛傳云：『臨，臨車也；衝，衝車也。』蓋臨車在上臨下，衝車從旁衝突，皆攻城之具也。兵略訓云：『不待衝隆雲梯而城拔。』是此文確證。」鬯謂姚訓蓋是，但謂「降」爲「隆」之誤，非也，隆即諧降聲，「降」即可讀爲「隆」。

〔一〇〕【用韻】「魯、亡」魚陽通韻。

〔一一〕【用韻】「衛、危」月歌通韻。

〔一二〕【版本】景宋本、莊本、集解本「閴」作「闃」，餘本同藏本。

【箋釋】雙棣按：引易見豐卦，「閴」爲「闃」之異體。

〔一三〕【用韻】「家、户」魚部。

〔一四〕【用韻】「恥、治」之部。

【版本】藏本「不」作「而」，王溥本、王鎣本、茅本、汪本、張本、吴本、黄本、莊本、集解本作「不」，今據改，景宋本、朱本、葉本同藏本。

〔一五〕【版本】藏本「曾」作「魯」，各本皆作「曾」，今據改。

【箋釋】于大成云：治要引亦作「不向禮義」，文子上禮篇同。

【箋釋】馬宗霍云：羣書治要引此文「孔曾」作「孔墨」。下文孔子、墨子並舉，則似以作「孔墨」爲是。校者或以此當舉孝者以對不孝者，而曾子有孝稱，故易「墨」爲「曾」耳。〇王叔岷與馬說同。

〔一六〕【用韻】「孝、盜」宵部，「行、廉」陽談合韻。

〔一七〕【版本】王溥本、王鎣本、吴本「悌」作「弟」，餘本同藏本。

〔一八〕【版本】景宋本「所」下有「以」字，王溥本、王鎣本脱「所」字，餘本同藏本。

〔一九〕【許注】越人以箴刺皮爲龍文，所以爲尊榮之也。

【箋釋】王念孫云：「越」下脱「人」字，高注「越人以箴刺皮」，即其證。羣書治要引此，正作「越人」。〇陶方琦云：羣書治要引許注：「越人以箴刺其皮，爲龍文。」按：即越人鬋髮文身之説。原道訓「鬋髮文身」，高注：「文身，刻畫其體，納墨其中，爲蛟龍之狀。」義亦相同。又：大藏音義六十二引許注：「鍼刺也。」按：大藏音義引乃約文。

〔二〇〕【版本】藏本「導」作「尊」，王溥本、王鎣本、朱本、茅本、汪本、張本、吴本、黄本、莊本、集解本作「導」，今據改，景宋本、葉本同藏本。

〔二一〕【箋釋】劉文典云：羣書治要引，「苦」作「患」。

〔二二〕【版本】王溥本、王鎣本、汪本、張本、吴本、黄本、集解本「得」作「德」，餘本同藏本。

【箋釋】雙棣按：得與德通，本書習見。

〔二三〕【用韻】「時、熙、得」之職通韻。

〔二四〕【用韻】「公、卿」東陽合韻，「夫、士」魚之合韻。

〔二五〕【版本】王溥本、王鎣本、茅本、汪本、張本、吴本、黄本、莊本、集解本「知」作「智」，餘本同藏本。

〔二六〕【用韻】「遠、變」元部。

〔二七〕【箋釋】馬宗霍云：爾雅釋言「隱，占也」，郭璞注云：「隱，度。」邢昺疏申之曰：「占者視兆以知吉凶也。必先隱度，故曰隱占也。」是則隱者有先事而度之意。文選崔瑗座右銘「隱心而後動」，蔡邕郭有道碑「隱括足以矯時」，李善注引劉熙孟子注云：「隱，度也。」又管子禁藏篇「下觀不及者，自隱也」，尹知章注云：「隱，度。」皆與郭合。本文隱字亦當訓度。由先事而度之意引申之，則凡事之闇合者亦得謂之隱。然則「行足以隱義」者，猶言行足以闇合於義耳。又案左傳昭公二十八年「心能制義曰度」，孔穎達疏曰：「心能制斷時事使合於義，是爲善揆度也。言預度未來之事皆得中也。」余謂有諸内而後形諸外，行能度義，正緣心能制義而然。所制在心，是之謂隱。

【用韻】「化、義」歌部。

〔二八〕【版本】汪本、張本、黄本、莊本、集解本「可以」作「足以」，餘本同藏本。

【用韻】「疑、財」之部。

〔二八〕【版本】王溥本、王鎣本「使」作「以」，餘本同藏本。

〔二九〕【用韻】「廢、免」月元通韻。

〔三〇〕【箋釋】王念孫云：「義理」本作「仁義」，此後人妄改之也。貪則不義，鄙則不仁，「貪鄙」與「仁義」正相反。（本經篇曰：「毁譽仁鄙不立。」齊俗篇曰：「仁鄙在時不在行。」漢書董仲舒傳曰：「或夭或壽，或仁或鄙。」）故曰「背貪鄙而向仁義」，若作義理，則失其指矣。且義與和、隨、靡爲韻，（義、隨、靡三字，古音皆在歌部，説見唐韻正。）若作「義理」，則失其韻矣。文子上禮篇正作「背貪鄙，嚮仁義」。◯何寧云：「義理」當爲「禮義」。蓋「禮義」誤倒作「義禮」，因改作「義理」耳。上文凡五舉「禮義」，以申言法必因禮義而後行。此云「背貪鄙而向禮義」，正與上文正反相承，即以總束上文，不得忽言仁義也。

〔三一〕【箋釋】馬宗霍云：之猶往也，靡猶偃也，無之而不靡，猶言無所往而不偃也。論語顔淵篇云「君子之德風，小人之德草，草上之風必偃。」何晏集解引孔注：「偃，仆也，加草以風，無不仆者，猶民之化於上。」淮南本文正言化民，而以風摇草木爲喻，蓋即本於論語。

【用韻】「内、歸」物微通韻，「傑、宜、末、和、隨、義、靡」月歌通韻。

〔三二〕【版本】藏本「知」作「之」，景宋本、茅本、汪本、張本、吴本、黄本、莊本、集解本作「知」，今據改，王溥本、王鎣本、朱本作「智」，葉本同藏本。

〔三三〕【用韻】「從、强」東陽合韻。

〔三四〕【用韻】「功、同」東部。

〔三五〕【用韻】「王、霸」陽鐸通韻。

〔三六〕【箋釋】劉文典云：羣書治要引，「同」下有「也」字。

【用韻】「功、同」東部。

〔三七〕【用韻】「舉、與」魚部，「見、論」元文合韻。

夫聖人之屈者，以求伸也；枉者，以求直也。故雖出邪辟之道，行幽昧之塗，將欲以直大道，成大功〔一〕，猶出林之中不得直道，拯溺之人不得不濡足也〔二〕。伊尹憂天下之不治，調和五味，負鼎俎而行〔三〕，五就桀，五就湯〔四〕，將欲以濁爲清，以危爲寧也〔五〕。周公股肱周室，輔翼成王，管叔、蔡叔奉公子禄父而欲爲亂，周公誅之以定天下，緣不得已也。管子憂周室之卑，諸侯之力征，夷狄伐中國，民不得寧處，故蒙恥辱而不死，將欲以憂夷狄之患，平夷狄之亂也〔六〕。孔子欲行王道，東西南北七十説而無所偶，故因衛夫人、彌子瑕而欲通其道〔七〕。此皆欲平險除穢，由冥冥至炤炤，動於權而統於善者也。夫觀逐者於其反也，而觀行者於其終也〔八〕。故舜放弟，周公殺兄，猶之爲仁也；文公樹米〔九〕，曾子架羊〔一〇〕，猶之爲知也〔一一〕。

當今之世，醜必託善以自爲解，邪必蒙正以自爲辟〔一三〕，遊不論國，仕不擇官，行不辟汙，曰「伊尹之道也〔一三〕」。分別争財，親戚兄弟搆怨，骨肉相賊〔一四〕，曰「周公之義也」。行無廉恥，辱而不死〔一五〕，曰「管子之趍也〔一六〕」。行貨賂，趣勢門，立私廢公，比周而取容〔一七〕，曰「孔子之術也」。此使君子小人紛然殽亂〔一八〕，莫知其是非者也。故百川並流，不注海者不爲川谷〔一九〕；趨行蹐馳〔二〇〕，不歸善者不爲君子。故善言歸乎可行，善行歸乎仁義。田子方、段干木輕爵禄而重其身，不以欲傷生，不以利累形〔二一〕；李克竭股肱之力，領理百官，輯穆萬民，使其君生無廢事，死無遺憂，此異行而歸於善者〔二二〕。張儀、蘇秦家無常居，身無定君〔二三〕，約從衡之事，爲傾覆之謀〔二四〕，濁亂天下，橈滑諸侯〔二五〕，使百姓不遑啟居〔二六〕，或從或横，或合衆弱，或輔富强〔二七〕，此異行而歸於醜者也。故君子之過也，猶日月之蝕，何害於明？小人之可也，猶狗之晝吠，鴟之夜見，何益於善〔二八〕！

夫知者不妄發〔二九〕，擇善而爲之，計義而行之，故事成而功足賴也，身死而名足稱也〔三〇〕。雖有知能，必以仁義爲之本，然後可立也。知能蹐馳〔三一〕，百事並行，聖人一以仁義爲之準繩，中之者謂之君子，弗中者謂之小人。君子雖死亡，其名不滅；小人雖得勢，其罪不除〔三二〕。使人左據天下之圖而右刎喉〔三三〕，愚者不爲也。身貴於天下也〔三四〕。死君親之難，視死若歸，義重於身也。天下，大利也，比之身則小；身，所重也，比之義則輕〔三五〕；義，所全也。詩曰：「愷悌君子，求福不回。」言以信義爲準繩也〔三六〕。

校釋

〔一〕【箋釋】王念孫云：羣書治要引此，「直」作「興」，是也。興大道，成大功，文義正相比附，今作直大道者，涉下文「不得直道」而誤。

〔二〕【版本】朱本「出」作「山」，餘本同藏本。景宋本、朱本「拯」作「極」，餘本同藏本。

〔三〕【許注】伊尹七十説湯而不用，於是負鼎俎，調五味，僅然後得用。

〔四〕【用韻】「行、湯」陽部。

〔五〕【用韻】「清、寧」耕部。

〔六〕【版本】王溥本「亂」下無「也」字，餘本同藏本。

【箋釋】陶鴻慶云：「憂夷狄之患」，當作「憂中國之患」。上文云「管子憂周室之卑，諸侯力征，夷狄伐中國，民不得寧處」，此即承上而言。要略篇云：「桓公憂中國之患，苦夷狄之亂。」是其明證。○劉家立與陶説同。○馬宗霍云：説文：「憂，和之行也。」「惪，愁也。」經傳皆假「憂」爲「惪」。本文「將欲以憂夷狄之患」，「憂」上有「欲以」二字，不可訓愁，當用憂和本義。和有寬緩之意，言將欲以和緩夷狄之患。○雙棣按：馬説迂曲，似以陶説爲長。

【用韻】「患、亂」元部。

〔七〕【許注】衛夫人，衛靈公夫人南子也。彌子瑕，衛之嬖臣。

〔八〕【箋釋】陶鴻慶云：「反」字無義，當爲「及」字之誤。列子説符篇「利出者實及」，俞氏云「及當爲反」，即二字互誤之例。廣雅釋詁一：「及，至也。」晏子春秋内篇云：「嬰聞之，爲者常成，行者常至。」義與此近。

〔九〕【許注】文公，晉文公也。樹米而欲生之。

【箋釋】劉文典云：御覽八百二十三引，「樹」作「種」。○王叔岷云：劉子新論觀量篇亦作「種」。○鄭良樹云：藝文類聚二十一引此「樹」亦作「種」。○于大成云：萬卷精華二引「樹」亦作「種」，新語輔政篇、説苑雜言篇、世説尤悔篇注並同。唯許注既言「樹米」，或所據本自作「樹」，不與諸書同，書敘指南十七引此亦作「樹」。

〔一〇〕【許注】架，連架，所以備知也。

【箋釋】楊樹達云：新語輔政篇、説苑雜言篇並有此語。孫詒讓札迻校説苑云：「架爲迦之假字。説文辵部云：『迦，迦互，令不得行也。』管子戒篇云：『東郭有狗嘊嘊，旦暮欲齧我猳而不使也。』尹注猳作枷，云：『謂以木連狗。』後漢書馬融傳廣成頌云：『枷天狗。』蓋枷者，以木連繫畜獸，使不得觸逸之名，故高訓爲連架。架羊猶枷狗矣。」按：孫説至碻，注文「備知」，「知」字蓋誤。○向承周云：「知」乃「失」字之誤。

〔一一〕【版本】王溥本、王鎣本、汪本「知」作「智」，餘本同藏本。

【用韻】「弟、米」脂部，「兄、羊」陽部。

〔二〕【箋釋】王念孫云：「辟」字義不可通，當是「辭」字之誤。（「辭」或作「辤」，與「辟」相似。）自爲辭，猶自爲解耳。○劉文典云：「辟」叚爲「譬」。「託善以自爲解」，「蒙正以自爲譬」，相對爲文，義亦正相對。説文言部：「譬，諭也。」徐鍇曰：「猶匹也，匹而諭之也。」王氏欲改字釋之，非。

【用韻】「解、辟」支錫通韻。

〔三〕【箋釋】雙棣按：「論」與「掄」通，選擇也。國語齊語「論比其材」，韋注：「論，擇也。」荀子王霸「君者，論一相」，楊倞注：「論，選擇也。」此「遊不論國」，與「仕不擇官」相對，論猶擇明矣。

〔四〕【箋釋】劉家立云：「兄弟」二字，乃誤衍也。親戚構怨，骨肉相賊，兩句相對爲文，骨肉即指兄弟而言，何須複出也！

【用韻】「財、賊」之職通韻。

〔五〕【用韻】「恥、死」之脂合韻。

〔六〕【用韻】「義、趍」歌部。

〔七〕【用韻】「公、容」東部。

〔八〕【版本】張本、黄本、莊本、集解本「殽」作「淆」，餘本同藏本。

〔九〕【箋釋】俞樾云：既云「百川」，則不得又云「不爲川」，「川」字衍文也。後人因下句云「不爲君子」，故妄增「川」字，使字數相當耳。文子上義篇正作「不注海者不爲谷」。○何寧云：爾雅：

「水注谿曰谷。」蔡邕月令章句：「衆流注海曰川。」曰「川谷」，蓋以別於谿谷，無「川」字義不可通。

〔二〇〕【版本】王溥本、王鎣本、茅本、汪本、張本、吴本、黄本、莊本、集解本「踳」作「蹐」，景宋本、朱本、葉本同藏本。

【箋釋】王念孫云：踳與舛同。説文云楊雄作舛字如此。莊子天下篇「其道舛駁」，文選魏都賦注引作「踳駁」，又引司馬彪注曰：「踳與舛同。」踳馳，謂相背而馳也。俶真篇曰：「二者代謝舛馳。」説山篇曰：「分流舛馳。」玉篇引作「僢馳」。氾論篇曰：「見聞舛馳於外。」法言敘曰：「諸子各以其知舛馳。」「舛、踳、僢」，字異而義同。道藏本作「踳」，各本皆誤作蹋蹐之「蹐」，而莊本從之，斯爲謬矣。又下文「知能踳馳」，各本皆誤作「蹐」。

〔二一〕【用韻】「身、生、形」真耕合韻。

〔二二〕【許注】田子方、段干木、李克，皆魏文侯臣，故皆歸於善。

〔二三〕【用韻】「秦、君」真文合韻。

〔二四〕【版本】王溥本「衡」作「横」，餘本同藏本。

【箋釋】雙棣按，衡、横字通，下文或用「横」，或用「衡」。

【用韻】「事、謀」之部。

〔二五〕【版本】除葉本同藏本外，各本「橈」皆作「撓」。

【箋釋】雙棣按：「橈」與「撓」通。易説卦：「橈萬物者，莫疾乎風。」史記韓長孺列傳：「犯上禁，橈明法。」「橈」皆與「撓」通。

〔二六〕【用韻】「侯、居」侯魚合韻。

〔二七〕【用韻】「横、强」陽部。

〔二八〕【用韻】「可、吠、見、善」歌月元通韻。

〔二九〕【箋釋】王念孫云：「夫知者不妄發」，羣書治要引作「夫知者不妄爲，勇者不妄發」，是也。下文「擇善而爲之」及「事成而功足賴」，皆承「知者不妄爲」而言，「計義而行之」及「身死而名足稱」，皆承「勇者不妄發」而言。今本脱「爲」字及「勇者不妄」四字，（此因兩不妄相亂，故寫者誤脱之。）則與下文不合，説苑説叢篇亦云：「夫智者不妄爲，勇者不妄發。」（今本「發」誤作「殺」。）○王叔岷云：王説是也。文子作「故智者不妄爲，勇者不妄發」（今本「發」亦誤作「殺」。）亦其證。

〔三〇〕【用韻】「行、稱」陽耕合韻。

〔三一〕【版本】王溥本、王鎣本、茅本、汪本、張本、吴本、黄本、莊本、集解本「踣」作「蹐」，景宋本、朱本、葉本同藏本。

【箋釋】王念孫云：踣與舛同，各本皆誤作「蹐」。

〔三二〕【用韻】「滅、勢」月部，「亡、除」陽魚通韻。

〔三三〕【版本】藏本「刎」作「吻」，各本皆作「刎」，今據改。

【箋釋】俞樾云：「刎」下當有「其」字。文子上義篇作「左手據天下之圖而右手刎其喉」。○劉文典云：俞説是也。「右」下當有「手」字，本書精神篇正作「右手刎其喉」。吕氏春秋不侵篇、知分篇高注，後漢書仲長統傳，世説新語文學篇注同。○王叔岷云：吕氏春秋知分篇注引此作「左手據天下之圖，右手刎其喉，愚夫弗爲」，後漢書馬融傳同。則今本非僅「刎」下脱「其」字而已。御覽四七四引韓詩外傳云：「左手據天下之圖，右手刎其頸，愚者不爲也。」後漢書仲長統傳：「夫左手據天下之圖，右手刎其喉，愚者猶知難之，況明智君子哉？」並可證今本此文「左」下脱「手」字，「刎」下脱「其」字。○雙棣按：左、右即指左手、右手，不必更有「手」字。下文云「武王左操黄鉞，右執白旄」，吕氏春秋不苟篇「武王左釋白羽，右釋黄鉞」，皆以左、右指左手、右手，而不更有「手」字。

〔三四〕【箋釋】劉文典云：「身」當爲「生」，字之誤也。本書精神篇、吕氏春秋知分篇高注、世説新語文學篇注，字並作「生」，是其證。○雙棣按：「身」字不誤，下文「死君親之難，視死若歸，義重於身也」，正承此「身貴於天下也」而言，「天下大利也，比之身則小；身所重也，比之義則輕」則又承上「身」義爲説，若此作「生」，則不合矣。吕氏春秋知分篇引蓋據精神篇，不必與此同也。

〔三五〕【版本】莊本、集解本「所」作「之」，餘本同藏本。

【箋釋】俞樾云：「身之重也」，本作「身（句），所重也」，與「天下（句），大利也」一律，涉上下句兩言「比之」而誤。文子上義篇作「身之所重也，比之仁義則輕」，「所」字不誤，「之」字亦涉上下句而衍。○陶鴻慶云：「身之重也」不誤，其上當更有「身，所重也」四字，屬上二句爲義，與「義，所全也」相對，其文云：「天下大利也，比之身則小，身，所重也。」言身重於天下，故天下爲小也。又云：「身之重也，比之義則輕，義，所全也。」言義所以全身，故身爲輕也。六句文相對，而義亦相承，傳寫脱去「身，所重也」一句，則上二句之意不完，而「義，所全也」四字爲贅語矣。漢魏叢書本作「身，所重也」，而脱去「身之重也」一句，可與此互證。

〔三六〕【箋釋】陶鴻慶云：信義，當爲「仁義」。上文云「聖人一以仁義爲之準繩」，是其證。○王叔岷云：陶説是也。文子正作「仁義」。

欲成霸王之業者，必得勝者也〔一〕；能得勝者，必强者也〔二〕；能强者，必用人力者也；能用人力者，必得人心者也；能得人心者，必自得者也。故心者，身之本也；身者，國之本也。未有得己而失人者也，未有失己而得人者也。故爲治之本，務在寧民；寧民之本，在於足用；足用之本，在於勿奪時；勿奪時之本，在於省事〔三〕；省事之本，在於節用；節用之本，在於反性〔四〕。未有能摇其本而静其末，濁其源而清其流者也。故知性之情者，不務性之所無以爲；知命之情者，不憂命之所無奈何〔五〕。故不高宫室者，非愛木也；不大鍾鼎者，非愛金也。直行性命之情，而制度可以爲萬民儀。今目悦五色〔六〕，口嚼滋味，耳淫五聲，七竅交爭，以害其性〔七〕，日引邪欲而澆其身夫調，身弗能治，奈天下何〔八〕？故自養得其節，則養民得其心矣〔九〕。

所謂有天下者，非謂其履勢位，受傳籍，稱尊號也。言運天下之力而得天下之心。紂之地，左東海，右流沙，前交阯〔一〇〕，後幽都，師起容關，至浦水，士億有餘萬，然皆倒矢而射，傍戟而戰〔一一〕。武王左操黄鉞，右執白旄以麾之〔一二〕，則瓦解而走，遂土崩而下〔一三〕。紂有南面之名，而無一人之德〔一四〕，此失天下也〔一五〕。故桀、紂不爲王，湯、武不爲放〔一六〕。周處酆鎬之地，方不過百里〔一七〕，而誓紂牧之野，入據殷國，朝成湯之廟，表商容之閭，封比干之墓，解箕子之囚，乃折枹毁鼓〔一八〕，偃五兵，縱牛馬，挺肕而朝天下〔一九〕，百姓謌謳而樂之，諸侯執禽而朝之〔二〇〕，得民心也。闔閭伐楚，五戰入郢，燒高府之粟，破九龍之鍾〔二一〕，鞭荊平王之墓〔二二〕，舍昭王之宫〔二三〕；昭王奔隨，百姓父兄携幼扶老而隨之，乃相率而爲致勇之寇，皆方面奮臂而爲之鬬〔二四〕。當此之時，無將卒以行列之，各致其死〔二五〕，却吴兵，復楚地。靈王作章華之臺〔二六〕，發乾谿之役〔二七〕，外内搔動，百姓罷弊，弃疾乘民之怨而立公子比〔二八〕，百姓放臂而去之，餓於乾谿，食莽飲水〔二九〕，枕塊而死〔三〇〕。楚國山川不變，土地不易，民性不殊，昭王則相率而殉之，靈王則倍畔而去之，得民之與失民也。故天子得道，守在四夷；天子失道，守在諸侯。諸侯得道，守在四鄰；諸侯失道，守在四境〔三一〕。故湯處亳七十里，文王處酆百里，皆令行禁止於天下〔三二〕。周之衰也，戎伐凡伯于楚丘以歸〔三三〕。故得道則以百里之地令於諸侯，失道則以天下之大畏於冀州〔三四〕。故曰無恃其不吾奪也，恃吾不可奪。行可奪之道，而非篡弒之行，無益於持天下矣〔三五〕。

校釋

〔一〕【箋釋】王念孫云：「欲成霸王之業」，「欲」亦當爲「能」。言必得勝者而後能成霸王之業也。下文四「能」字，皆與此文同一例。若云欲成霸王之業，則與下句不合，且與下文不類矣。詮言篇「能成霸王者，必得勝者也」以下八句，並與此同，是其證。

〔二〕【版本】藏本「勝」下脱「者」字，茅本、汪本、張本、黄本、莊本、集解本有「者」字，今據補，餘本同藏本。

〔三〕【用韻】「時、事」之部。

〔四〕【箋釋】王念孫云：「節用」皆當爲「節欲」，此因上文「足用」而誤也。文子下德篇作「節用」，亦後人以誤本淮南改之。齊俗篇云「治欲者，不以欲，以性」，又云「欲節事寡」，故曰「省事之本，在於節欲，節欲之本，在於反性」。今本節欲作節用，則非其指矣。詮言篇云：「省事之本，在於節欲；節欲之本，在於反性。」以上八句，皆與此同。齊民要術引此，亦作「節欲」，又引注云：「節，止；欲，貪。」此皆其明證矣。（或謂齊民要術所引爲詮言篇文，非也。案詮言篇「節欲之本，在於反性」下有「反性之本，在於去載」二句，而無「未有能搖其本而靜其末」二句。今要術引「節欲之本，在於反性」下，即繼以「未有能搖其本」云云，是所引乃泰族篇文，非詮言篇文也。）○王叔岷云：齊民要術種穀引此有注：反其所受於天之正性也。

〔五〕【用韻】「用、性」東耕合韻。

〔六〕【用韻】「爲、何」歌部。

〔七〕【版本】藏本「今」作「令」，王溥本、王鎣本、朱本、茅本、汪本、張本、吴本、黄本、莊本、集解本作「今」，今據改，景宋本、葉本同藏本。

〔八〕【用韻】「聲、争、性」耕部。

〔八〕【箋釋】王念孫云：「日引邪欲而澆其身夫調」，本作「日引邪欲而澆其天和」，即原道所云「以欲滑和」也。文子下德篇作「日引邪欲，竭其天和，身且不能治，奈天下何」，是其明證矣。今本「澆其」下衍「身」字，（因下文而衍。）「天」誤爲「夫」，「和」誤爲「調」，遂致文不成義。且「聲、争、性」爲韻，「和、何」爲韻，若作「調」，則失其韻矣。○王叔岷云：「調身不能治」，文不成義，此本作「夫調身弗能，奈治天下何」，調猶治也，「奈治」二字誤倒，舊遂妄以「治」字屬上絶句矣。文子作「身且不能治，奈治天下何」，「身且不能治」，猶此言「調身弗能」也。○何寧云：王念孫謂「夫調」當爲「天和」，上衍「身」字。竊謂「天和」上「身」字非衍文，蓋「且」字之誤，當在「弗能」上。且、身形近，又涉上「身」字而誤，後人遂移之「澆其」下，以「日引邪欲而澆其身」絶句耳。

文子下德篇作「身且弗能治」，是其證。

〔九〕【版本】藏本「自」作「日」，各本皆作「自」，今據改。

〔一〇〕【用韻】「海、趾」之部。

〔一一〕【箋釋】于省吾云：「傍」字不詞，「傍」應讀「方」。古籍傍旁同用，儀禮士喪禮「牢中旁寸」注：「今文旁作方。」書堯典「共工方鳩僝功」，史記五帝紀「方」作「旁」，是其證。孟子梁惠王「方命虐民」注：「方猶逆也。」按「方命」即「背命」，方與背一聲之轉，故訓爲逆。書堯典「方命圮族」，史記五帝紀「方」作「負」。廣雅釋詁：「背，負也。」背通偝，禮記明堂位「天子負斧依」注：「負之言偝也。」釋文：「偝，本又作背。」方戟而戰，猶言背戟而戰。上言倒矢而射，倒與方互文耳。○于大成云：于省吾說是也，帝王世紀正作「倒戈而戰」。

【用韻】「闕、萬、戰」元部。

〔一二〕【版本】藏本「武王」二字作「主」，茅本、汪本、張本、吴本、黄本、莊本、集解本作「武王」，今據改；景宋本作「武左」，朱本作「王」，王溥本、王鎣本、葉本同藏本。

【箋釋】劉績云：「主」疑當作「武王」。○莊逵吉云：太平御覽「以」作「而」。○于大成云：後漢公孫述傳注、蔡邕傳注引「以」亦作「而」。○雙棣按：作「武王」是。景宋本「武左」，「左」字涉下「左」字而誤。

〔一三〕【箋釋】莊逵吉云：太平御覽「下」作「亡」。

【用韻】「鉞、麾」月歌通韻，「走、下」侯魚合韻。

〔一四〕【箋釋】王念孫云：「德」本作「譽」。「無一人之譽」，謂無一人稱譽之也。此言紂失人心，故雖有南面之名，而實無一人之譽，「譽」與「名」相對爲文。後人改爲「無一人之德」，則文不成義矣。太平御覽皇王部八引此，正作「無一人之譽」，文子下德篇同。御覽皇王部七又引譙周法訓云：「桀、紂雖有天子之位，而無一人之譽。」

〔一五〕【箋釋】陶鴻慶云：「此失天下也」當作「此失天下之心也」。上文云：「言運天下之力，而得天下之心。」下文云：「百姓謳謳而樂之，諸侯執禽而朝之，得民心也。」是其證。

〔一六〕【用韻】「王、放」陽部。

〔一七〕【箋釋】王念孫云：「酆鎬」下衍「之」字。此以「周處酆鎬」爲句，「地方不過百里」爲句，兩句中不當有「之」字。呂氏春秋疑似篇亦以「周宅酆鎬」爲句。○何寧云：「之」字非衍，下當有「間」字。「地方不過百里」以面積言，故曰「之間」也。要略篇「文王處岐周之間，地方不過百里」，氾論篇同。又説苑襍言篇「文王處酆，武王處鎬，酆鎬之間，百乘之地」，皆其證。

〔一八〕【版本】藏本「枹」作「抱」，王溥本、王鎣本、葉本、汪本、張本、吴本、黄本、莊本、集解本作「枹」，今據改，餘本同藏本。

【箋釋】雙棣按：「解箕子之囚」，道應篇作「柴箕子之門」，許注：「紂死，箕子亡之朝鮮，舊居空，故柴護之。」呂氏春秋慎大篇作「靖箕子之宮」，高注：「以箕子避亂，佯狂而犇，故清浄其宮以異之也。」此二義相近。本書主術篇作「解箕子之囚」，與本篇同。高注「武王伐紂，赦其囚執，問以洪範，封之於朝鮮」，則與注呂覽異。本篇許慎無注。箕子之事，説法不同，淮南蓋兼而記之。

〔一九〕【版本】王鎣本、茅本、汪本、張本、吴本、黄本、莊本、集解本「挺朒」作「搢笏」，景宋本作「挺⿱勿目」，朱本作「挺笏」，王溥本、葉本同藏本。

【箋釋】劉績云：「挺笏」，一作「搢笏」。○王念孫云：道藏本、劉本「搢笏」作「挺朒」。案：「朒」當爲「曶」。曶，古笏字也。皋陶謨「在治忽」，鄭本作「曶」，注云：「曶者，笏也。臣見君所秉，書思對命者也。君亦有焉。」（見史記夏本紀集解。）穆天子傳曰：「天子搢曶。」今作「朒」者，曶變爲「昒」，又誤爲「朒」耳。「挺」當爲「捷」。隸書「捷」字或作「揵」，（凡從疌、從建之字多相亂，説見漢書「捷之江」下。）形與「挺」相似，因誤爲「挺」。（説苑説叢篇「猿得木而捷，魚得水而騖」，續史記孝武紀「薦紳之屬」，索隱：「薦音搢，搢，捷也。」今本「捷」字並誤作「挺」。）捷與插同，言插笏而朝天下也。小雅鴛鴦篇「戢其左翼」，韓詩曰：「戢，捷也，捷其噣於左也。」士冠禮注：「扱柶於醴中。」鄉射禮注：「搢，插也。」大射儀注：「搢，扱也。」内則注：「搢，猶扱也。」釋文「插、扱」二字並作「捷」。管子小匡篇「管仲詘纓捷衽」，字並與插同。捷曶猶搢笏也。後人不知「挺」爲「捷」之誤，而改「挺」爲「搢」，義則是而文則非矣。○顧廣圻云：宋本「曶」未誤「朒」。○雙棣按：景宋本作「⿱勿目」，蓋「曶」字之誤，顧氏謂宋本作「曶」，恐失檢。

【用韻】「野、間、鼓、馬、下」魚部。

〔二〇〕【用韻】「樂、朝」藥宵通韻。

〔二一〕【許注】楚爲九龍之簴以縣鍾也。

【箋釋】陶方琦云：御覽五百七十五引許注：「刻虡爲九龍，以縣鍾也。」按：御覽爲約文，當從今本。御覽又引賈子云：「毀十龍之鍾。」張華博物志：「子胥伐楚，燔其府庫，破其九龍之鍾。」藝文類聚鼎類引淮南「破九龍之鼎」，又引高注曰：「刻九龍於鼎，以爲名，言大鼎。」與此又異，乃許、高之別也。禮明堂位「夏后氏之龍簨虡」，鄭注：「飾簨以鱗屬，又于龍上刻畫之爲重牙。」與許正合。

〔二二〕【許注】荊平王殺子胥之父，故鞭其墓以復讎。

【箋釋】王念孫云：「荊平王」之「王」後人所加，「燒高府之粟」以下皆五字爲句，「荊平」下加「王」字則累於詞矣。呂氏春秋胥時篇「鞭荊平之墳」，亦無「王」字。○于大成云：王説誤也。藝文類聚七十三引作「鞭平王之墓」，則「荊」字後人所加，「王」字本有也。上文既云「闔閭伐楚，五戰入郢」，則此不須言「荊」。「荊」字涉許注「荊平王殺子胥之父」而誤衍。賈子耳痺篇云：「毀十龍之鍾，（「十」字誤。）撻平王之墓，昭王失國而犇。」「平王」字正與此同。至王氏援呂氏春秋文爲證，尤爲無理。彼云九戰九勝，追北千里，昭王出奔隨，遂有郢，親射王宮，鞭荊平之墳三百。」五戰入郢，本定四年左傳，賈子同。呂氏作九戰，與此異。知當援賈子以證此，而不得援吕氏也。鞭墓事亦見穀梁傳。○雙棣按：于説似是。此云昭王、靈王皆不冠以「荆楚」字，獨「平王」冠以「荆」，則不類。且有類聚、賈子之文相佐證。至如吕氏文，「鞭荆平之墳三百」，高注：「平王，恭王之子棄疾也，後改名熊居，聽費無忌之讒，殺伍子胥父兄，故子胥射其宫，鞭其墳也。」高注不出「荆平」，而出「平王」，蓋吕氏正文亦當作「平王」也。吕氏文「昭王出奔隨」，「昭」上不冠「荆」字，下文「鞭荆平之墳」，更不當有「荆」字矣。

〔三〕【許注】吴之入楚，君舍乎君室，大夫舍大夫室也。

【版本】莊本注下「室」字作「舍」，餘本同藏本。

【用韻】「鍾、宫」東冬合韻。

〔四〕【版本】王溥本、王鎣本、吴本「率」作「牽」，餘本同藏本。汪本、張本、黄本、莊本、集解本「面」作「命」，餘本同藏本。

【箋釋】王念孫云：此當作「乃相率致勇而爲之寇」，與下句相對爲文。各本「而爲」二字誤在「致勇」之上，則文不成義。「方面」與「奮臂」亦相對爲文，道藏本、劉本皆作「方面」，漢魏叢書本「面」誤爲「命」，而莊本從之，斯爲謬矣。○俞樾云：「乃相率而爲致勇之寇」，文不成義，當作「乃相率爲勇而致之寇」，與下句相對。致如致師之致，寇即謂吴人也，言致死於吴也。下文曰「各致其死，却吴兵，復楚地」，是其義也。王氏念孫改爲「相率致勇而爲之寇」，然百姓却敵，初非爲寇，於義不可通矣。○于鬯云：「方」蓋讀爲「放」，廣雅釋詁云：「放，效也。」然則「放命」

者，猶言效死也。道藏本「命」字作「面」，殊不可通。○馬宗霍云：此文不誤，王校非也。「相率而爲致勇之寇」者，「之」猶「於」也。「寇」斥吴人，吴人入寇於楚，故昭王奔隨。此謂百姓隨王出奔者，相率而爲致勇於吴寇也。「之」與「於」通，語詞恒見。下文「各致其死」，即承此「致勇」而言。若如王説，是謂百姓自爲之寇，理不可通矣。俞樾之訂王之非，而謂當作「乃相率爲勇而致之寇」，亦失原文之意，不可從。又案説文方部云「方，併船也」，引申之凡併謂之方，併與並同。此文方命猶並命也，百姓同仇，衆志赴敵，故曰並命。並命奮臂，與「相率致勇」義正相貫，若作「方面」，於義無取。○何寧云：「方」謂方直、方正也。方命猶云正直之名命。尚書堯典「方命圮族」，孔疏云：「好此方直之名命而行事。」此蓋謂吴人入寇，百姓出於衛國家、衛社稷，以堂堂正正之名，奮臂而爲之鬭也。○許建平云：王説是，于、馬説均誤。方面，並面也。「方面奮臂而爲之鬭」，意爲並排而立，舉臂而鬭，喻百姓衆志成城，爲昭王而戰。後文靈王不君，「百姓放臂而去之」，與此正相反爲言。「放」通「方」，放臂，並臂也。若釋「方面」爲放命、並命，則此「放臂」當作何解？

【用韻】「寇、鬭」侯部。

〔二五〕【箋釋】王念孫云：「卒」當作「率」，率與帥同。將帥所以統三軍，故無將帥則無行列。若卒，則即在行列之中，不得言無將卒以行列之也。隸書「率」或作「卛」，（見漢韓勑造孔廟禮器碑。）形與「卒」相似，故書傳中「率」字多誤爲「卒」。

〔二六〕【許注】靈王，楚君。

〔二七〕【許注】靈王伐徐以恐吴，次於乾谿也。

【版本】莊本、集解本注「徐」作「齊」，景宋本、王溥本、朱本、茅本、汪本同藏本。

【箋釋】吴承仕云：伐徐恐吴，與左氏昭十二年傳相應，莊本「徐」誤作「齊」，失之遠矣。

〔二八〕【許注】弃疾、比，皆靈王之兄弟。

【版本】藏本「比」上有「之」字，各本皆無，今據删。藏本注無「比」字，王溥本有「比」字，今據補，景宋本、朱本、茅本、葉本、汪本、張本、黄本同藏本，莊本、集解本作「公子比」。茅本、汪本、張本、黄本、莊本、集解本注無「皆」字，餘本同藏本。

【箋釋】雙棣按：楚共王有子五人，長爲康王，次爲靈王，再次爲公子比、公子黑肱，棄疾最幼，爲平王。

〔二九〕【許注】莽，草。

【箋釋】劉文典云：御覽果部十二菱條下引此文，作「百姓避而去之，乃食菱飲水，枕塊而死」。泰族篇乃許注本，此文注「莽，草也」，是許君所見本字正作「莽」。説文茻部「茻，衆艸也」，亦與此注正合。惟御覽引文在果部菱條下，則「菱」亦非誤字。此當是許本作「莽」，高本作「菱」耳。

○雙棣按：左傳昭公十二年云：「夏五月癸亥，王縊于芋尹申亥氏。」賈子大都篇作「遂死於乾谿芋尹申亥之井」。

〔三〇〕【用韻】「水、死」微脂合韻。

〔三一〕【箋釋】于大成云：左傳昭公二十三年「古者天子守在四夷；天子卑，守在諸侯。諸侯守在四鄰；諸侯卑，守在四境」，此文本之。

〔三二〕【用韻】「里、里、下」之魚合韻。

〔三三〕【許注】凡伯，周大夫，使於魯，而戎伐之楚丘。

【箋釋】于省吾云：今山東曹縣東南有楚丘亭，驫羌鐘「竈敓楚京」，楚京猶楚丘也。爾雅釋丘：「絶高爲之京。」○于大成云：文見春秋隱七年經。

【用韻】「衰、歸」微部。

〔三四〕【箋釋】馬宗霍云：禹貢「冀州既載」，鄭注云：「兩河間曰冀州。不書其界者，時帝都之，使若廣大然。」釋名釋州國云：「冀州，取地以爲名也。其地有險有易，帝王所都。亂則冀治，弱則冀强，荒則冀豐也。」穀粱桓公五年傳楊疏云：「蓋冀州者，天下之中州，自唐虞及夏殷皆都焉。則冀州是天子之常居。故鄒衍著書云：九州之内，名曰赤縣。赤縣之畿，從冀州而起。故後王雖不都冀州，亦得以冀州言之。」顧炎武云：「古者天子常居冀州，後人因之遂以冀州爲中國之號。」據此，則本文冀州蓋指王畿而言，不必實之以地。此謂天子失道，雖名有天下，實則在其畿内亦懷畏懼，惟恐失之也。

【用韻】「侯、州」侯幽合韻。

〔三五〕【版本】藏本「持」作「恃」，王溥本、王鎣本、朱本、葉本、汪本、張本、吴本、黄本、莊本、集解本作「持」，今據改，景宋本同藏本，茅本作「特」。

凡人之所以生者，衣與食也。今囚之冥室之中，雖養之以芻豢，衣之以綺繡，不能樂也，以目之無見，耳之無聞。穿隙穴，見雨零，則快然而嘆之〔一〕，況開户發牖，從冥冥見炤炤乎！從冥冥見炤炤〔二〕，猶尚肆然而喜，又況出室坐堂見日月光乎〔三〕！見日月光，曠然而樂，又況登太山〔四〕，履石封，以望八荒〔五〕，視天都若蓋，江河若帶，（又況）萬物在其間者乎〔六〕！其爲樂豈不大哉！且聾者耳形具而無能聞也，盲者目形存而無能見也。夫言者所以通己於人也，聞者所以通人於己也。瘖者不言，聾者不聞，既瘖且聾，人道不通〔七〕。故有瘖聾之病者，雖破家求醫，不顧其費。

豈獨形骸有瘖聾哉，心志亦有之〔八〕。夫指之拘也，莫不事申也；心之塞也，莫知務通也。不明於類也〔九〕。夫觀六藝之廣崇，窮道德之淵深，達乎無上，至乎無下，運乎無極，翔乎無形，廣於四海，崇於太山，富於江河，曠然而通，昭然而明，天地之間，無所繫戾〔一〇〕，其所以監觀，豈不大哉〔一一〕！人之所知者淺，而物變無窮，曩不知而今知之，非知益多也，問學之所加也〔一二〕。夫物常見則識之，嘗爲則能之，故因其患則造其備〔一三〕，犯其難則得其便〔一四〕。夫以一世之壽，而觀千歲之知，今古之論，雖未嘗更也，其道理素具，可不謂有術乎！人欲知高下而不能，教之用管準則説；欲知輕重而無以，予之權衡則喜〔一五〕；欲知遠近而不能，教之以金目則(射)快〔一六〕；又況知應無方而不窮哉〔一七〕！犯大難而不懾〔一八〕，見煩繆而不惑，晏然自得，其爲樂也，豈直一説之快哉〔一九〕！

夫道，有形者皆生焉，其爲親亦戚矣；享穀食氣者皆受焉，其爲君亦惠矣〔二〇〕；諸有智者皆學焉，其爲師亦博矣〔二一〕。射者數發不中，人教之以儀則喜矣，又況生儀者乎！人莫不知學之有益於己也，然而不能者，嬉戲害人也〔二二〕。人皆多以無用害有用，故知不博而日不足〔二三〕。以鑿觀池之力耕，則田野必辟矣；以積土山之高脩隄防〔二四〕，則水用必足矣；以食狗馬鴻鴈之費養士，則名譽必榮矣〔二五〕；以弋獵博弈之日誦詩讀書，[則]聞識必博矣〔二六〕。故不學之與學也，猶瘖聾之比於人也〔二七〕。

校釋

〔一〕【箋釋】王念孫云：「嘆」與「快然」義不相屬，快然而嘆之，當作「快然而笑」，衍「之」字。下文「肆然而喜」、「曠然而樂」，與此文同一例。俗書「笑」字作「咲」，「嘆」字作「嘆」，二形相似而誤。（文選求自試表注、太平御覽人事部百二十並引吕氏春秋愛士篇「繆公笑曰」，今本「笑」誤作

「歎」。）○何寧云：「之」乃「又」字之誤，「又」屬下讀。

〔二〕【版本】藏本無「見炤炤」三字，葉本、莊本、集解本有，今據補，王溥本、王鎣本、朱本、茅本、汪本、張本、吴本、黄本有「見炤炤」三字而無「從冥冥」三字，景宋本同藏本。

〔三〕【版本】藏本無「乎」字，除景宋本同藏本外，各本皆有「乎」字，今據補。

〔四〕【版本】張本、黄本、莊本、集解本「太」作「泰」，餘本同藏本。

〔五〕【箋釋】馬宗霍云：泰山爲古帝王封禪之地，封禪必立石山上，刻辭頌功德，明其得封也。其儀有金册石函金泥玉檢之封焉，故曰「登泰山履石封」。

〔六〕【版本】藏本「萬物」上衍「又況」二字，今據劉績、王念孫校删，各本同藏本。王溥本、王鎣本、葉本、吴本無「者」字，餘本同藏本。

【箋釋】劉績云：下「又況」二字衍。○王念孫云：下「又況」因上「又況」而衍。「萬物在其間」，即承上文言之，非有二義。

〔七〕【用韻】「蓋、帶」月部。

〔八〕【用韻】「聾、通」東部。

〔九〕【用韻】「哉、之」之部。

〔一〇〕【版本】王溥本、王鎣本「知」上有「不」字，下無「務」字，餘本同藏本。

【箋釋】楊樹達云：「拘」當讀爲「句」，曲也。孟子告子上篇云：「今有無名之指，屈而不伸，非疾痛害事也，如有能伸之者，則不遠秦楚之路，爲指之不若人也。指不若人則知惡之，心不若人則不知惡，此之謂不知類也。」此淮南文所本。曲屈義同。

〔一〇〕【箋釋】俞樾云：「繄戾」當爲「擊戾」，主術篇「曲得其宜，無所擊戾」是也。擊戾猶拂戾也。擊者，轂之叚字。○馬宗霍云：「繄」與「擊」通，「繄戾」猶「擊戾」也。擊戾義猶乖隔，無所擊戾，即無所乖隔也。上文云「曠然而通，昭然而明」，通明與乖隔義正相反，既通且明，則天地之間自無所乖隔也。○雙棣按：繄戾訓釋，可參主術篇一三六八頁注〔九〕。

〔一一〕【版本】景宋本「所」作「於」，餘本同藏本。

〔一二〕【用韻】「崇、深」冬侵合韻，「上、下」陽魚通韻，「極、海」職之通韻，「山、河」元歌通韻，「通、明」東陽合韻，「間、觀」元部。

〔一三〕【用韻】「多、加」歌部。

〔一三〕【箋釋】俞樾云：「因」乃「困」字之誤，言困於患難則造作其備也。與下句「犯其難則得其便」一律。○何寧云：俞説是也。氾論篇「故民迫其難則求其便，困其患則造其備」，是其證。

〔一四〕【用韻】「識、能、備」職之通韻，「難、便」元部。

〔一五〕【版本】王溥本、王鎣本、葉本、汪本、張本、吴本、黄本、莊本、集解本「權」上有「以」字，餘本同藏本。

【用韻】「以、喜」之部。

〔一六〕【許注】金目，深目，所以望遠近射準也。

【版本】藏本「快」上有「射」字，今據陳昌齊、劉台拱校删，景宋本、朱本、葉本同藏本，王溥本、王鎣本、茅本、汪本、張本、吳本、黄本、莊本、集解本作「快射」。

【箋釋】陳昌齊云：「則快」二字與「則説」、「則喜」相對爲文，「快」上不當有「射」字，蓋因高注「射準」而衍。下文「豈直一説之快哉」，正與此句相應。莊本依劉本作「快射」，亦非。○劉台拱云：「射」字衍。○朱駿聲云：金目，今時眼鏡之類。或曰借爲「深」，亦通。○金其源云：易蒙卦「見金夫」注：「陽爲金，一陽而二陰。」金目者，一目也。蓋射者取準，如木工審曲，祇用一目，故曰金目。而注以「深目」釋之者，山海經海外北經云：「深目國爲人一手一目。」殆因其國人皆一目而號深目，故以深目釋金目歟？

【用韻】「説、快」月部。

〔一七〕【箋釋】俞樾云：「知應無方而不窮哉」句，衍「知」字、「哉」字。應無方而不窮，犯大難而不懾，見煩繆而不惑，三句一律，皆蒙「又況」二字爲文。因涉上文「欲知高下」、「欲知輕重」、「欲知遠近」而誤衍「知」字，則與下二句不一律，遂於句末加「哉」字，使自爲句，而文義隔絶矣。○于鬯云：姚廣文云：「『快』句絶，上文曰『説』、曰『喜』，皆一字，何獨此二字，且二字連文無義。下文『射者數發不中』二十字當在『快』字下。『又況知應無方而不窮哉』十字當在下文『其爲師亦博矣』下，均係錯簡。『人教之以儀則喜』，『喜』字複，疑當爲『善』字之誤。」案：如姚説，但中多一

「射」字。○何寧云：姚説不可從，俞説亦非。删「射」字則原文自通，無煩臆改。

〔一八〕【版本】景宋本、王溥本、吴本「懾」作「攝」，餘本同藏本。

〔一九〕【用韻】「懾、惑、得、樂、快」盍職藥月合韻。

〔二〇〕【版本】藏本「惠」作「患」，王溥本、王鎣本、葉本、汪本、張本、吴本、黄本、莊本、集解本作「惠」，今據改，餘本同藏本。

〔二一〕【版本】藏本「博」作「傳」，景宋本、茅本、汪本、張本、黄本、莊本、集解本作「博」，今據改，餘本同藏本。

〔二二〕【用韻】「戚、惠、博」覺質鐸合韻。

〔二三〕【箋釋】王念孫云：「害人」本作「害之」，此涉上下文「人」字而誤。羣書治要及太平御覽學部一，引此並作「嬉戲害之也」。○于大成云：萬卷菁華三引，「人」亦作「之」，王校是也。

〔二四〕【版本】王溥本、王鎣本、茅本、葉本、汪本、張本、吴本、黄本、莊本、集解本「知」作「智」，景宋本、朱本同藏本。

〔二五〕【箋釋】雙棣按：「土山之高」，疑當作「高山之土」。上下文「以鑿……之力」、「以食……之費」，皆爲介賓結構，賓語之中心詞皆爲名詞，此處亦當是名詞。「以積高山之土脩隄防」，則與上下文一律矣。

〔二五〕【箋釋】陶鴻慶云：「食」乃「養」之壞字。○蔣禮鴻云：食即孟子「治於人者食人，治人者食於人」之「食」，不得謂「養」之壞字。

〔二六〕【版本】藏本「聞識」上無「則」字，據劉文典校補，各本同藏本。

【箋釋】劉文典云：「聞識」上敓「則」字。上文「則田野必辟矣」，「則水用必足矣」，「則名譽必榮矣」，句上並有「則」字。羣書治要引此文正作「則聞識必博矣」，尤其明證。御覽六百七引，作「則識必博矣」，雖敓「聞」字，「則」字尚存。○于大成云：萬卷精華引此文亦有「則」字，劉説是也。

【用韻】「辟、足、博」錫屋鐸合韻。

〔二七〕【箋釋】陶鴻慶云：「比於人」，當作「比於人道」。人道謂言、聞也。上文云「既瘖且聾，人道不通」，此文即與相承。

凡學者能明於天人之分〔一〕，通於治亂之本，澄心清意以存之〔二〕，見其終始，可謂知略矣。

天之所爲，禽獸草木；人之所爲，禮節制度〔三〕，搆而爲宫室，制而爲舟輿是也。治之所以爲本者，仁義也；所以爲末者，法度也。凡人之所以事生者，本也；其所以事死者，末也。本末，一體也；其兩愛之，性也〔四〕。先本後末謂之君子，以末害本謂之小人。君子與小人之性非異也，所在先後而已矣〔五〕。草木，洪者爲本而殺者爲末〔六〕；禽獸之性，大者爲首而小者爲尾。末大於本則折，尾大於要則不掉矣〔七〕。故食其口而百節肥，灌其本而枝葉美〔八〕，天地之性也。天地之生物也有本末〔九〕，其養物也有先後，人之於治也，豈得無終始哉〔一〇〕！

故仁義者，治之本也。今不知事脩其本，而務治其末，是釋其根而灌其枝也。且法之生也，以輔仁義；今重法而棄義，是貴其冠履而忘其頭足也〔一一〕。故仁義者，爲厚基者也，不益其厚而張其廣者毁，不廣其基而增其高者覆。趙政不增其德而累其高，故滅；知伯不行仁義而務廣地，故亡〔一二〕。其國語曰：「不大其棟，不能任重，重莫若國，棟莫若德〔一三〕。」國主之有民也，猶城之有基，木之有根，根深即本固，基美則上寧〔一四〕。五帝三王之道，天下之綱紀，治之儀表也。今商鞅之啟塞〔一五〕，申子之三符〔一六〕，韓非之孤憤〔一七〕，張儀、蘇秦之從衡〔一八〕，皆掇取之權，一切之術也〔一九〕，非治之大本，事之恒常，可博内而世傳者也〔二〇〕。子囊北而全楚，北不可以爲庸〔二一〕；弦高誕而存鄭，誕不可以爲常〔二二〕。今夫雅頌之聲，皆發於詞，本於情，故君臣以睦，父子以親〔二三〕。故韶夏之樂也，聲浸乎金石，潤乎草木〔二四〕，今取怨思之聲，施之於絃管〔二五〕，聞其音者，不淫則悲，淫則亂男女之辯〔二六〕，悲則感怨思之氣，豈所謂樂哉！趙王遷流於房陵〔二七〕，思故鄉，作爲山水之嘔〔二八〕，聞者莫不殞涕。荆軻西刺秦王〔二九〕，高漸離、宋意爲擊筑而謌於易水之上〔三〇〕，聞者莫不瞋目裂眦，髮植穿冠。因以此聲爲樂而人宗廟，豈古之所謂樂哉〔三一〕！故弁冕輅輿，可服而不可好也〔三二〕；大羹之和，可食而不可嗜也〔三三〕；朱絃漏越〔三四〕，一唱而三嘆，可聽而不可快也〔三五〕。故無聲者，正其可聽者也〔三六〕；其無味者，正其足味者也〔三七〕。吠聲清於耳，兼味快於口，非其貴也〔三八〕。故事不本於道德者，不可以爲儀；言不合乎先王者，不可以爲道；音不調乎雅頌者，不可以爲樂。故五子之言〔三九〕，所以便説掇取也，非天下之通義也。

校釋

〔一〕【版本】藏本「人」作「下」，王溥本、王鎣本、葉本、汪本、張本、吴本、黄本、莊本、集解本作「人」，今據改，餘本同藏本。

〔二〕【用韻】「分、本、存」文部。

〔三〕【用韻】「木、度」屋鐸合韻。

〔四〕【版本】藏本「性」上有「一」字，王溥本、王鎣本、葉本、吴本無「一」字，今據删，餘本同藏本。

【箋釋】王念孫云：下「一」字，因上「一」字而衍，此言本末兼愛，人性皆然。「性也」二字，與孟子「食、色，性也」同義。「性」上不當有「一」字。劉依文子上義篇删去「一」字，是也。

〔五〕【箋釋】劉台拱云：「所在」當倒。〇王念孫與劉説同。

〔六〕【箋釋】陶鴻慶云：「草木」下當有「之性」二字，與「禽獸之性」云云，皆承上「君子與小人之性」言之。○劉家立與陶説同。

〔七〕【箋釋】陶鴻慶云：「大者爲首」，當作「大者爲要」。下文云：「末大於本則折，尾大於要則不掉矣。」是其證。後人習見首尾字，不照下文而妄改之耳。○于大成云：左傳昭公十一年「末大必折，尾大不掉」，淮南此文本之。

〔八〕【用韻】「肥、美」微脂合韻。

〔九〕【箋釋】王念孫云：此本作「天地之性物也有本末」，「性」即「生」字也，（淮南書中「生」字多作「性」。）後人不識古字，乃於「天地之性」下加「也」字，又加「天地之生」四字，斯爲謬矣。上文「食其口而百節肥」二句，皆指人事言之，與「天地之生物」無涉，不得於「天地之性」下加「也」字以承上文也。○雙棣按：王説無謂。此未必是後人妄改。「食其口而百節肥，灌其本而枝葉美」，王謂此指人事言之，與天地生物無涉。食、灌確爲人事，然此所云：意在口食而百節肥，本灌而枝葉美，此乃自然之規律，亦即「天地之性也」，故此五字乃總「百節肥、枝葉美」之語，必不可少。「天地之生物也有本末」云云，乃過渡之語，下文始言治道。

〔一〇〕【箋釋】劉文典云：御覽六百二十四引，作「人之於治國也，豈得無終始」。

〔一一〕【用韻】「治、始」之部。

〔一二〕【箋釋】王念孫云：「義」上脱「仁」字。太平御覽治道部五引此已誤。上下文皆言「仁義」，無但言「義」者。

〔一二〕【版本】茅本、汪本、張本、吴本、黄本、莊本、集解本「知」作「智」，餘本同藏本。

〔一三〕【版本】藏本「楝」作「揀」，各本均作「楝」，今據改。藏本脱「國楝莫若」四字，除葉本同藏本外，各本皆不脱，今據補。

【箋釋】王念孫云：「亡」下本無「其」字，「故亡」爲句，「國語曰」爲句，後人誤以「故亡國」爲句，「語曰」爲句，因妄加「其」字耳。「不大其楝」四句，魯語文也。○何寧云：御覽六百二十四引於「亡」字絶句，無「其」字。

【用韻】「楝、重」東部，「國、德」職部。

〔一四〕【版本】茅本、汪本、張本、吴本、黄本、莊本、集解本「即」作「則」，餘本同藏本。

【箋釋】王念孫云：「本」當作「木」，上文「木之有根」即其證。○俞樾云：「根」即本也，不得云「根深則本固」，「本」乃「末」字之誤。上文云「草木洪者爲本，而殺者爲末」是也。後人習於根本之説，遂妄改爲「本」字，失其義矣。「根深則末固」，與下句「基美則上寧」一律。説文木部曰：「木上曰末。」然則末即木之上也。「末固」、「上寧」，文異而義同。王氏念孫據上文「猶城之有基，木之有根」，謂「本」當作「木」，然則下句「上」字亦當作「城」字矣。下句不言「城」，知此句亦不言「木」，王説非也。○楊樹達云：王説「本」當作「木」，是也。末爲木上，何固與不固之有！俞氏好標新異，遂不顧文義之安，疏矣。又按：「基美則上寧」，文當有脱誤。蓋此文以「城之有基，木之有根」喻國之有民，疑本當云「基美則城堅，民安則上寧」，文義始完。今本脱去五字，而云「基美則上寧」，則設喻之意既不完，亦與上句「根深則木固」文不相對，失其義矣。○于大成云：淮南書中無以「國主」連文者，藝文類聚八十八引吕氏春秋有此文，（今本無。竊疑歐陽所引上下數條，皆淮南文，非吕氏文也。）作「人之有民」。此文當作「人主之有民也」，今本淮南涉上而「人」誤爲「國」，歐引「人」下奪「主」耳。文子上義篇正作「人主之有民」，是其明證矣。

〔一五〕【許注】啟之以利，塞之以禁，商鞅之術也。

〔一六〕【許注】申不害治韓，有三符驗之術也。

〔一七〕【許注】韓非説孤生之憤志。【箋釋】楊樹達云：韓非書有孤憤篇，憤法術之士勢孤乏助也。許注難通，疑有誤文。○馬宗霍云：史記韓非傳「故作孤憤、五蠹、内外儲、説林、説難十餘萬言」，索隱云：「孤憤，憤其孤直不容於時也。」與許注可互參。

〔一八〕【許注】蘇秦合六國爲從，張儀説爲衡。

〔一九〕【箋釋】于省吾云：古言「一切」與今俗異，史記李斯傳「請一切逐客」，正義：「一切猶一例。」上言「今商鞅之啟塞，申子之三符，韓非之孤憤，張儀、蘇秦之從横」，下言「非治之大本、事之恒常」，故曰一例之術也。○于大成云：于氏所引正義，當爲索隱。正義于此文無注也。索隱曰：「一切猶一例。言盡逐之也。」○雙棣按：于説恐非。「一切」猶權宜也。戰國策秦策五云

「説有可以一切而使君富貴千萬歲」，鮑彪注：「一切，權宜也。」漢書平帝紀「吏在位二百石以上，一切滿秩如真」，顔師古注：「一切，權時之事，非經常也。」一切之術，即權宜之術，故下文云「非治之大本，事之恒常，可博内而世傳者也」。

〔二〇〕【版本】王溥本、王鎣本、朱本、茅本、葉本、汪本、張本、黄本、莊本、集解本「内」作「聞」，餘本同藏本。

〔二一〕【許注】子囊，楚大夫也。北，逐走。庸，常也。

【箋釋】顧廣圻云：「逐走」當作「遁走」。○何寧云：顧説是也。遁，古作遂。漢書匈奴傳贊「如其後嗣遂逃竄伏」，師古曰：「遂，古遁字。」班固敘傳「擕手遂秦」，師古曰：「遂，古遯字。」遯、遁同。遂與逐形似，因以致誤。

〔二二〕【用韻】「庸、常」東陽合韻。

〔二三〕【用韻】「聲、情、親」耕真合韻。

〔二四〕【用韻】「石、木」鐸屋合韻。

〔二五〕【版本】藏本「施之」誤倒，除朱本同藏本外，各本均不倒，今據乙正。

〔二六〕【版本】王溥本、王鎣本、汪本、吴本、莊本「辯」作「辨」，餘本同藏本。

〔二七〕【許注】秦滅趙，王遷之漢中房陵也。

【箋釋】劉文典云：文選恨賦注引高注：「秦滅趙，虜王遷，徙房陵。房陵在漢中。山木之嶇，歌曲也。」

〔二八〕【許注】山水之嘔，謳曲。

【版本】莊本正文及注「嘔」作「謳」，餘本同藏本。景宋本、莊本注「謳」作「歌」，餘本同藏本。

【箋釋】王念孫云：「山水」當爲「山木」，字之誤也。（高注同。）史記趙世家集解、正義及文選恨賦注引此，並作「山木」。○楊樹達云：嘔與謳同。○于大成云：文選枯樹賦注引，亦作「山木」，王校是也。唯史記正義未引此文，王氏失檢。恨賦注引高注「山木之嘔，歌曲也」，與今注同，故疑今注是高注闌入。

〔二九〕【許注】荊軻，燕人，太子丹之客也。丹怨秦王，故遣軻刺之也。

【版本】莊本、集解本此注在「易水之上」下，景宋本、王溥本、朱本、茅本、葉本、汪本同藏本。

【箋釋】于大成云：史記刺客列傳曰「荊軻者，衛人也。其先乃齊人，徙於衛」，則荊軻非燕人也。疑此注誤衍「人」字，注當云「燕太子丹之客也」。

〔三〇〕【許注】高漸離、宋意，皆太子丹之客也。筑曲二十一弦。易水，燕之南水也。

【箋釋】吴承仕云：水經易水注引高誘曰：「易水，逕故安城外東南流。」疑即此處注文。今泰族篇爲許慎注本，故校高注詳略有異。

〔三一〕【用韻】「廟、樂」宵藥通韻。

〔三二〕【許注】弁冕，冠也。

【用韻】「輿、好」魚幽合韻。

〔三三〕【許注】大羹不和五味。

【箋釋】劉家立云：「和」字應作「味」。「和」古作「咊」，與「味」相似，又涉注内「不和五味」而誤。不知注文係解「味」字，非解「和」字。下文「無味者，正其足味者也」正承此句而言，則本作「味」字明矣。

【用韻】「和、嗜」歌脂合韻。

〔三四〕【許注】朱弦，練絲。漏，穿。越，琴瑟兩頭也。

【箋釋】易順鼎云：一切經音義卷十九引許注：「漏，穿也。」按此篇乃許注本，今注即許注。漏即屚，説文尸部：「屚，屋穿水下也。」此亦訓漏爲穿，其義正同。

〔三五〕【箋釋】于大成云：吕氏春秋古樂篇「清廟之瑟，朱弦而疏越，一唱而三歎，有進乎音者矣」，此文本之。

【用韻】「越、嘆、快」月元通韻。

〔三六〕【用韻】「聲、聽」耕部。

〔三七〕【箋釋】于大成云：「無味」上「其」字，依淮南文例當删。

【用韻】「味、味」物部。

〔三八〕【箋釋】王念孫云：「吷聲清於耳」，義不可通，「吷」當爲「吙」，字之誤也。「吙」與「咬」同。張衡東京賦「咸池不齊度於𧏙咬」，薛綜曰「𧏙咬，淫聲也。」玉篇：「㕭，於交切，婬聲。」廣韻：「咬，於交切，淫聲。」是「㕭」與「咬」同，故曰㕭聲清於耳，非其貴也。

【用韻】「耳、口」之侯合韻。

〔三九〕【許注】五子，謂商鞅、申子、韓非、蘇秦、張儀也。

聖王之設政施教也，必察其終始；其縣法立儀，必原其本末；不苟以一事備一物而已矣〔一〕。見其造而思其功〔二〕，觀其源而知其流，故博施而不竭，彌久而不垢〔三〕。夫水出於山而入於海，稼生於田而藏於倉〔四〕，聖人見其所生，則知其所歸矣。故舜深藏黄金於嶄巖之山〔五〕，所以塞貪鄙之心也。儀狄爲酒，禹飲而甘之，遂疏儀狄而絶嗜酒〔六〕，所以遏流湎之行也。師延爲平公鼓朝謌北鄙之音〔七〕，師曠曰：「此亡國之樂也〔八〕。」大息而撫之〔九〕，所以防淫辟之風也。故民知書而德衰，知數而厚衰，知券契而信衰，知械機而空衰也〔一〇〕。巧詐藏於胸中〔一一〕，則純白不備，而神德不全矣。

瑟不鳴，而二十五絃各以其聲應〔一二〕；軸不運，而三十輻各以其力疾〔一三〕。絃有緩急小大然後成曲〔一四〕，車有勞軼動静而後能致遠〔一五〕。使有聲者，乃無聲者也；能致千里者，乃不動者也。故上下異道則治，同道則亂。

位高而道大者從〔二六〕，事大而道小者凶〔二七〕。故小快害義，小慧害道〔二八〕，小辯害治，苛削傷德〔二九〕。大政不險，故民易道〔三〇〕；至治寬裕，故下不相賊〔三一〕；至中復素，故民無匿情〔三二〕。商鞅爲秦立相坐之法〔三三〕，而百姓怨矣；吴起爲楚減爵禄之令〔三四〕，而功臣畔〔三五〕。商鞅之立法也，吴起之用兵也，天下之善者也。然商鞅以法亡秦〔三六〕，察於刀筆之跡而不知治亂之本也；吴起以兵弱楚，習於行陳之事而不知廟戰之權也〔三七〕。晉獻公之伐驪，得其女，非不善也，然而史蘇歎之〔三八〕，見其四世之被禍也。吴王夫差破齊艾陵，勝晉黄池，非不捷也〔三九〕，而子胥憂之，見其必擒於越也〔四〇〕。小白奔莒〔四一〕，重耳奔曹，非不困也，而鮑叔、咎犯隨而輔之，知其可與至於霸也〔四二〕。句踐棲於會稽，脩政不殆，謨慮不休，知禍之爲福也〔四三〕。襄子再勝而有憂色〔四四〕，畏福之爲禍也。故齊桓公亡汶陽之田而霸〔四五〕，知伯兼三晉之地而亡〔四六〕。聖人見禍福於重閉之内而慮患於九拂之外者也〔四七〕。

校釋

〔一〕【版本】王溥本、王鎣本、葉本「苟」作「可」，餘本同藏本。

【箋釋】陶鴻慶云：「備」字當在「一事」上，此承上察其終始、原其本末而言。故曰不苟以備一事一物已矣。事物對文，今本誤倒，則文不成義矣。

〔二〕【箋釋】楊樹達云：廣雅釋詁云：「造，始也。」

〔三〕【用韻】「流、垢」幽侯合韻。

〔四〕【版本】葉本、莊本、集解本「於」作「于」，餘本同藏本。

〔五〕【版本】藏本「嶄」作「蔪」，各本均作「嶄」，今據改。

〔六〕【版本】張本、黄本、莊本、集解本「嗜」作「旨」，餘本同藏本。

【箋釋】劉文典云：「疏」，疑本作「流」。北堂書鈔刑法部流刑條下引，作：「儀狄造酒，禹嘗而美之，曰：『後世必有以酒亡國者。』乃疏儀狄。」字雖作「疏」，然入刑法部流刑條下，實古本作「流」之證。今本及書鈔引文字仍作「疏」者，乃後人習聞禹疏儀狄之説而改之也。○王叔岷云：疏遠亦流刑之類，故書鈔引此文入流刑條下。若此文本作「流」，則書鈔既引入流刑條下，決不致更作「疏」矣。劉氏欲曲成己説，乃謂後人改「流」爲「疏」，妄甚！○于大成云：魏策二魯君謂梁王魏嬰曰「昔者帝女令儀狄作酒而美，進之禹，禹飲而甘之，遂疏儀狄，絶旨酒」，此文所本也。○何寧云：説文酉部：「酒，造也，吉凶所造也。古者，儀狄作酒醪，禹嘗之而美，遂疏儀狄。」今本及北堂書鈔引與説文合。書鈔入刑法部，偶誤耳。説林篇「盗跖見飴，曰可以黏牡」，入太平御覽獸部鼠類。書鈔誤與彼同。

〔七〕【許注】衛靈公宿於濮水之上，聞琴音，召師涓而寫之，蓋師延所爲紂作朝謌北鄙之音也。

【版本】莊本「延」作「涓」，餘本同藏本。

【箋釋】顧廣圻云：「師延」當依注作「師涓」，韓非子十過篇、史記樂書、論衡紀妖篇並作「涓」。○于大成云：此文疑許、高所據本有別。原道篇「耳聽朝歌北鄙靡靡之樂」，高注云：「紂使師涓作鄙邑靡靡之樂也，故師延爲晉平公歌之，師曠知之，曰：亡國之音也。」又「揚鄭衛之浩樂」，高注云：「鄭會晉平公，説新聲，使師延爲桑間濮上之樂。」是高自以師延爲衛靈樂師，而以師涓爲紂樂師。史記殷本紀謂紂「使師涓作新淫聲，北里之舞，靡靡之樂」，與高説合。御覽五百七十九引琴書亦云「師涓，紂之樂官也」，此文作「師延」，乃高本如此，後人以高本改許本，故文、注全不相應。許當作「師涓」，與韓子、史樂書、論衡相合。○雙棣按：史記殷本紀云：「（帝紂）於是使師涓作新淫聲，北里之舞，靡靡之樂。」漢書古今人表「師涓」亦與紂同時。與韓子、樂書不同。吕氏春秋長見篇「至於師涓而果知鐘之不調也」，則以師涓在平公、師曠之後。

〔八〕【許注】靈公進新聲平公，平公以問師曠，師曠曰：「紂與師延作靡靡之樂，紂亡，師延東走，自投濮水而死。得此音必於濮上也。」

【版本】藏本注「與」作「子」，王溥本作「與」，今據改，莊本作「以」，餘本同藏本。

【箋釋】雙棣按：未見紂子有名師延者，藏本「子」字疑爲「予」字之誤，子、予形近。「予」又爲「與」字之誤。予、與音近。韓非子十過篇、史記樂書皆作「與」。（顧廣圻謂「子」當爲「使」，原道篇高注「紂使師涓作鄙邑靡靡之樂」，正作「使」，然「師延」作「師涓」。）

〔九〕【箋釋】俞樾云：「撫」下脱「止」字，本作「大息而撫止之」。史記樂書作「師曠撫而止之」，韓非子十過篇作「師曠撫止之」，論衡紀妖篇作「曠撫而止之」，並有「止」字，是其證。

〔一〇〕【許注】空，質也。

【版本】王溥本、王鎣本、朱本、茅本、葉本、汪本、張本、吴本、黄本、莊本、集解本正文及注「空」作「實」，景宋本同藏本。

【箋釋】蔣禮鴻云：正文及注「實」字宋本皆作「空」，作「空」者是也。空與矼義同。莊子人間世篇「德厚信矼，未達人氣」，釋文云：「徐古江反，崔音控。簡文云：慤實貌。」莊子之「德厚信矼」，即此文之德厚信空也。空字重言則曰空空，吕氏春秋下賢篇「空空乎其不爲巧故也」，高注：「空空，慤也。」字又從心作悾悾，廣雅釋訓：「悾悾，誠也。」王氏疏證曰：「論語泰伯篇『悾悾而不信』，包咸注云：『悾悾，慤也。』大戴禮王言篇云：『大夫忠而士信，民敦，工朴，商慤，女憧，婦空空。』空與悾通。論語子罕篇『有鄙夫問於我，空空如也』，亦謂鄙夫以誠心來問也。故釋文云：『空空，鄭或作悾悾。』皇侃疏以空空爲無識，失之。」據此，空與矼，空空與悾悾，其義一也。許氏訓空爲質，質與誠慤亦一義。今淮南作「實」者，校者不達叚借之義而臆改之也。

○于大成云：「械機」二字當到。淮南書中，「機械」習見。原道篇「故機械之心藏於胸中，則純白不粹，神德不全」，高注「機械，巧詐也」，下文正作「巧詐藏於胸中，則純白不備，而神德不全矣」，高彼注正用此文爲説。又精神篇「機械知巧弗載於心」，又本經篇「機械詐僞莫藏於心」，又「設詐諝，懷機械巧故之心，而性失矣」，文義並同。文子微明篇正作「機械」。

〔一〕【版本】葉本、張本、黄本、莊本、集解本「於」作「于」，餘本同藏本。

〔二〕【版本】藏本「瑟」作「琴」，王溥本、王鎣本、葉本、吴本作「瑟」，今據改，餘本同藏本。【箋釋】王念孫云：劉本「琴」作「瑟」，與下文二十五弦合。文子微明篇亦作「瑟」。○鄭良樹云：王鎣本亦作瑟，蓋從劉本改。○于大成云：朱子語類一引亦作「瑟」。【用韻】「鳴、應」耕蒸合韻。

〔三〕【版本】莊本「運」誤作「連」，餘本同藏本。王溥本、王鎣本、朱本、茅本、葉本、汪本、張本、吴本、黄本、莊本、集解本「疾」作「旋」，景宋本同藏本。【用韻】「運、疾」文質合韻。

〔四〕【版本】王溥本、王鎣本、吴本「小大」作「大小」，餘本同藏本。【箋釋】王念孫云：「成曲」上當有「能」字，文子微明篇正作「然後能成曲」。

〔五〕【版本】張本、黄本、莊本、集解本「軼」作「逸」，餘本同藏本。【箋釋】焦竑云：「軼」讀爲「逸」。軼、逸通。○王念孫云：史記、漢書多以「軼」爲「逸」，道藏本、劉本皆作「軼」，漢魏叢書本改「軼」爲「逸」，而莊本從之，未達假借之義。

〔六〕【箋釋】馬宗霍云：從猶行也，夏小正「啬人不從」，戴氏傳曰：「不從者弗行。」廣雅釋詁一云：「從，行也。」是其證。

〔七〕【用韻】「從、凶」東部。

〔一八〕【箋釋】劉文典云：羣書治要引，「慧」作「惠」。「慧、惠」古通用。

【用韻】「義、道」歌幽合韻。

〔一九〕【版本】藏本「苛」作「苟」，王溥本、王鎣本、朱本、葉本、汪本、張本、吴本、黄本、莊本、集解本作「苛」，今據改，景宋本、茅本同藏本。

【箋釋】劉文典云：羣書治要引，「削」作「峭」。文子微明篇同。

【用韻】「治、德」之職通韻。

〔二〇〕【箋釋】劉文典云：羣書治要引，「道」作「遵」。◎雙棣按：文子微明篇作「導」，道、導字同。遵乃導字之誤。

〔二一〕【箋釋】王念孫云：「下不相賊」，「相」字後人所加，賊，害也。政寬則不爲民害，故曰「至治寬裕，則下不賊」。若云「下不相賊」，則非其指矣。文子微明篇作「至治優游，故下不賊」，是其證。

〔二二〕【版本】王溥本、王鎣本、朱本、葉本、汪本、張本、吴本、黄本、莊本、集解本「中」作「忠」，景宋本、茅本同藏本。

【箋釋】王念孫云：中與忠同，劉本依文子改「中」爲「忠」，而莊本從之，亦未達假借之義。又案：「民無匿情」，「情」字亦後人所加。「匿」與「慝」同。（齊俗篇曰「禮儀飾則生僞匿之士」，逸周書大戒篇曰「克禁淫謀，衆匿乃雍」，管子七法篇曰「百匿傷上威」，韓子主道篇曰「處其主之側，爲姦匿」，荀子樂論篇曰「亂世之文章匿而采」，字並與「慝」同。又管子明法篇「比周以相爲匿」，明法解「匿」作「慝」；韓詩外傳「仁義之匿，車馬之飾」，新序節士篇「匿」作「慝」；史記酷吏傳「上下相爲匿」，漢書「匿」作「慝」；後漢書班固傳典引「慝亡迴而不泯」，文選「慝」作「匿」。）言至忠復素，則民無姦慝也。後人誤以匿爲藏匿之匿，而於「匿」下加「情」字，則非其指矣。且「匿」與「賊」爲韻，若作「匿情」，則失其韻矣。羣書治要引此，作「至德樸素，則民無慝」，是其證。

〔二三〕【許注】相坐之法，一家有罪，三家坐之。

【版本】茅本、汪本、莊本、集解本此注在下文「怨矣」下，景宋本、王溥本、葉本同藏本。

〔二四〕【許注】減爵者，收減羣臣之爵禄。

【版本】茅本、汪本、莊本、集解本此注在下文「畔矣」下，景宋本、王溥本、葉本同藏本。

【箋釋】王引之云：「減爵禄之令」，本作「張減爵之令」。張，施也。施減爵之令也。秦策云「吴起爲楚悼損不急之官」，即此所謂減爵也。高注云「減爵者，收減羣臣之爵禄」，則正文作「減爵」明矣。道應篇載吴起之言曰：「將衰楚國之爵，而平其制禄。」蓋減爵則禄亦因之而減，故注言「收減羣臣之爵禄」，非正文内本有禄字也。張減爵之令，與立相坐之法，相對爲文。今本作減爵禄之令，則文不成義。此因高注而誤衍「禄」字，又脱去「張」字也。文子微明篇曰：「相坐之法立，則百姓怨；減爵之令張，則功臣叛。」語皆本於淮南。則此文本作「立相坐之法，張減爵之令」明矣。

〔二五〕【版本】王溥本、王鎣本、茅本、葉本、汪本、張本、吴本、黄本、莊本、集解本有「矣」字，景宋本、朱本同藏本。

〔二六〕【用韻】「怨、畔」元部。

〔二七〕【版本】莊本、集解本「以」作「之」，餘本同藏本。

〔二八〕【用韻】「本、權」文元合韻。

〔二九〕【許注】晉獻公得驪姬，使史蘇占之，史蘇曰：「俠以銜骨，齒牙爲禍也。」

【版本】王溥本注「俠」作「挾」，朱本作「侯」，景宋本、茅本、葉本、汪本、莊本、集解本同藏本。藏本注「銜」作「御」，景宋本、王溥本、茅本、汪本、莊本、集解本作「銜」，今據改，朱本、葉本同藏本。王溥本注「禍」作「猾」。

【箋釋】雙棣按：晉語一云：「史蘇占之曰：挾以銜骨，齒牙爲猾。」王溥本蓋據晉語改。

【用韻】「善、歎」元部。

〔二九〕【許注】軍之所獲爲捷。

〔三〇〕【用韻】「禍、越」歌月通韻。

〔三一〕【許注】小白，齊桓公也。

〔三二〕【用韻】「莒、輔、霸」魚鐸通韻。

〔三三〕【箋釋】孫志祖云：「殆」，與「怠」同。○蔣禮鴻云：「殆」讀作「怠」。商君書農戰篇：「故其民農者寡，游食者衆，則農者殆。農者殆，則土地荒。」意林引作「農者少而游食者衆，游食者衆則農怠，農怠則事荒。」作「怠」者，以本字易假借字也。賈誼新書道術篇：「志操精果謂之誠，反誠爲殆。」「殆」亦「怠」字之假借。

〔三四〕【許注】趙襄子再勝，謂伐狄，勝二邑也。

【用韻】「殆、福」之職通韻。

〔三五〕【許注】魯莊公使曹子劫桓公，取汶陽之田，桓公不背信，諸侯朝之也。

〔三六〕【版本】茅本、汪本、張本、吴本、黄本、莊本、集解本「知」作「智」，餘本同藏本。

【用韻】「霸、亡」鐸陽通韻。

〔三七〕【許注】九拂，九曲，是折投拂不見處也。

【版本】藏本注「折」作「晳」，景宋本、茅本、汪本、莊本、集解本作「折」，今據改，王溥本、朱本、葉本同藏本。

【箋釋】王念孫云：「禍」字因上文兩「禍」字而衍。見福於重閉之内，（此承上文鮑叔輔小白，咎犯輔重耳及句踐脩政於會稽言之。）慮患於九拂之外，（此承上文史蘇歎晳獻，子胥憂吴王及襄子再勝而有憂色言之。）相對爲文，則「福」字上不當有「禍」字。文子微明篇無「禍」字。○吴承仕云：「折投拂」三字連文，無義，疑「投」字衍。折拂，猶云曲戾，曲戾故不可見。

【用韻】「内、外」物月合韻。

原蠶一歲再收〔一〕，非不利也，然而王法禁之者，爲其殘桑也。離先稻熟，而農夫耨之〔二〕，不以小利傷大穫也〔三〕。家老異飯而食，殊器而享〔四〕，子婦跣而上堂，跪而斟羹〔五〕，非不費也，然而不可省者，爲其害義也。待媒而結言，聘納而取婦，初絻而親迎〔六〕，非不煩也，然而不可易者，所以防淫也。使民居處相司，有罪相覺，於以舉姦，非不掇也，然而傷和睦之心，而構仇讎之怨〔七〕。故事有鑿一孔而生百隙，樹一物而生萬葉者〔八〕。所鑿不足以爲便，而所開足以爲敗；所樹不足以爲利，而所生足以爲濊〔九〕。愚者或於小利，而忘其大害〔一〇〕。昌羊去蚤虱，而人弗庠者，爲其來蛉窮也〔一一〕。貍執鼠，而不可脱於庭者，爲搏雞也〔一二〕。故事有利於小而害於大，得於此而亡於彼者〔一三〕。

故行棊者，或食兩而路窮〔一四〕，或予踦而取勝〔一五〕。偷利不可以爲行，而知術可以爲法〔一六〕。故仁知，人材之美者也。所謂仁者，愛人也；所謂知者，知人也。愛人則無虐刑矣，知人則無亂政矣〔一七〕。治由文理，則無悖謬之事矣〔一八〕；刑不侵濫，則無暴虐之行矣。上無煩亂之治，下無怨望之心，則百殘除而中和作矣，此三代之所昌〔一九〕。故書曰：「能哲且惠，黎民懷之，何憂讙兜，何遷有苗〔二〇〕。」知伯有五過人之材〔二一〕，而不免於身死人手者，不愛人也；齊王建有三過人之巧〔二二〕，而身虜於秦者，不知賢也〔二三〕。故仁莫大於愛人，知莫大於知人。二者不立，雖察慧捷巧，劬禄疾力，不免於亂也〔二四〕。

校釋

〔一〕【許注】原，再也。

【版本】藏本正文及注「原」作「螈」，莊本、集解作「原」，今據改，餘本同藏本。

【箋釋】王念孫云：「收」本作「登」，此後人以意改之也。爾雅曰：「登，成也。」天文篇曰「蠶登」、「蠶不登」是也。爾雅翼引此作「收」，則所見本已誤。齊民要術、本草圖經及太平御覽資産部五、木部四引此，並作「登」。太平御覽木部又引注云：「登，成也。」是其證。○劉文典云：意林引，「收」作「熟」，「收」之爲誤字益明矣。○于大成云：事類賦注二十五、埤雅十一、萬卷菁華二引，「收」亦並作「登」。又案：周禮馬質「禁原蠶者」鄭注：「蠶與馬同氣，物莫能兩大，禁再蠶者，爲傷馬與？」全氏祖望有辯甚詳，見鮚埼亭集外編。鄭氏偶忘淮南，故其説不經。全氏辯之是矣，惜亦失引淮南爲證。○雙棣按：説文無「螈」字。「螈」爲「蠑螈」之「螈」。爾雅釋魚：「蠑螈，蜥蜴。」道藏本等作「螈」，莊逵吉改作「原」，當是。周禮夏官馬質：「禁原蠶者。」正作「原蠶」。鄭玄注云：「原，再也。」爾雅釋詁：「原，再也。」爲許、鄭注所本。齊民要術種桑柘引淮南子曰：「原蠶一歲再登。」亦作「原蠶」。種穀引氾勝之書：「薄田不能糞者，以原蠶矢雜禾種種之，則禾不蟲。」字亦作「原蠶」。「螈」乃後人妄加虫旁。

〔二〕【許注】稻米隨而生者爲離，與稻相似。耨之，爲其少實。

【箋釋】段玉裁云：疑離即秜，玉篇、廣韻「秜」皆力脂切，則音同也。古作「旅」，史、漢皆云「觜觿主葆旅事」，晉灼曰：「葆，采也。野生曰旅。」按：離、秜、旅一聲之轉，皆謂不種而自生者也。○陶方琦云：意林引許注：「稻米落地而生爲離稻。」按：意林引乃約文。説文秜字下云：「稻今年落，來年自生，謂之秜。」秜即離也。意林引作「落地」，與説文「今年落」正同。（御覽八百二十三引作「茢先稻孰」，注：「茢，稈。」）此高注，故與許注異。程徵君九穀考引高注作「蘺，水稗」。○吴承仕云：陶説近之。今注文「稻米隨而生」，當作「墮地而生」，字正作「陊」，落也。通作「墮」，轉譌爲「隨」，又奪「地」字，故語不可通。御覽引作「茢」，離、茢一聲之轉。注文「稈」，當爲「稗」，齊民要術水稻篇引作「蘺」，並引高誘曰：「蘺，水稗。」此高注佚文，足以證御覽傳寫之失。（洪焱祖注爾雅翼引高注與要術同，蓋轉録他書，非能親見高注本也。）○王叔岷云：齊民要術引「耨之」下有「者」字。今本脱「者」字，與上下文句法不一律，當補。○于大成云：御覽八百二十三、萬卷精華五引「之」下亦有「者」字。齊民要術引「耨」作「薅」，是也。説文「薅，拔田艸也。（大徐本作「拔去田艸」。）从蓐，好省聲」，呼毛反，今吾鄉猶謂拔草曰薅。「耨」字許書不收，木部有「槈」字，訓「薅器」，後人亦或作「鎒」。蓋依許書則名詞當作「槈」，動詞當作「薅」，後人並用「耨」字矣。

〔三〕【箋釋】于大成云：齊民要術、御覽八百二十三、萬卷精華引是高本，「傷」作「害」；意林、御覽八百三十九、爾雅翼二十四引仍作「傷」，與今許本同，許本作「傷」也。

【用韻】「熟、耨、穫」覺屋鐸合韻。

〔四〕【箋釋】劉文典云：羣書治要引「飯」作「糧」，「享」作「烹」。○王叔岷云：治要引「食」下、「享」下並有「之」字。

〔五〕【用韻】「享、堂、羹」陽部。

〔六〕【版本】王溥本、王鎣本、朱本、茅本、葉本、汪本、張本、吴本、黄本、莊本「初」作「紱」，景宋本、集解本同藏本。

【箋釋】王引之云：「絻」與「冕」同。「初」字義不可通，「初」當作「冠」。字書「冠」字左畔作「冗」，與「衣」相似，寸與刀相似，故「冠」誤爲「初」。冠，謂弁也。齊風甫田傳曰：「弁，冠也。」士昬禮「主人爵弁」，鄭注曰：「爵弁，玄冕之次，大夫以上親迎冕服。」是也。冠絻而親迎，兼貴賤言之。劉本改作「紱絻」，（諸本及莊本同。）則但有大夫以上，於義爲不備矣。且「紱」與「初」字不相似，若是「紱」字，無緣誤爲「初」也。○孫詒讓云：「初」當爲「袀」，形近而誤。袀絻者，謂玄衣而冕。禮記郊特牲説昬禮云：「玄冕齊戒。」又哀公問云：「冕而親迎。」「袀冕」即「玄冕」也。前齊俗訓云：「尸祝袀袨，大夫端冕。」注云：「袀，純服。」是其義也。（文選閒居賦李注引左傳服虔注云：「袀服，黑服也。」又引説文云：「袀服，玄服也。」今本説文衣部作「袗，玄服也」。）王校未碻。

〔七〕【版本】景宋本、王溥本、茅本、汪本、張本、吴本、黄本、莊本、集解本「搆」作「構」，餘本同藏本。

【箋釋】王念孫云：末二句當從羣書治要所引，作「然而不可行者，爲其傷和睦之心，而構仇讐之怨也」。今本「然而」下脱去「不可行者爲其」六字及「也」字，則語意不完，且與上五條不對矣。○蔣禮鴻云：掇者，捷疾也。脩務篇「攫掇之捷」高注曰：「攫掇亦黄帝時捷疾者也。」説文：「娺，疾悍也。」與此掇字聲義並同。

〔八〕【版本】景宋本「隟」作「隙」，餘本同藏本。

【箋釋】俞樾云：「生百隙」，本作「開百隙」，涉下句而誤也。下文曰：「所鑿不足以爲便，而所開足以爲敗。」是其證。

〔九〕【用韻】「敗、濊」月部。

〔一〇〕【版本】各本「或」作「惑」。

【箋釋】雙棣按：「或」即「惑」之古字。

【用韻】「利、害」質月合韻。

〔一一〕【箋釋】王念孫云：「庠」當爲「席」，字之誤也。昌羊，昌蒲也。蚙窮，蚰蜒也。（並見説林注。）言昌蒲能致蚰蜒，故人不以爲席也。太平御覽蟲豸部八引此，正作「席」。

〔一二〕【箋釋】雙棣按：「爲搏雞也」，「爲」下當有「其」字。上文「爲其來蚙窮也」，此當與之一例。

〔一三〕【用韻】「大、彼」月歌通韻。

〔一四〕【許注】行棊，謂大博也。

【箋釋】吴承仕云：「大博」當作「六博」，形近而譌。

〔一五〕【許注】予踦，予對家奇一棊也。

【版本】藏本注下「予」字作「子」，莊本、集解本作「予」，今據改，餘本同藏本。

【用韻】「窮、勝」冬蒸合韻。

〔一六〕【版本】茅本、汪本、張本、吴本、黄本、莊本、集解本「知」作「智」，餘本同藏本。張本、黄本、莊本、集解本「術」下有「不」字，餘本同藏本。

【箋釋】劉台拱云：「不」字衍。

〔一七〕【用韻】「刑、政」耕部。

〔一八〕【用韻】「理、事」之部。

〔一九〕【箋釋】王念孫云：此三代之所昌，當從羣書治要所引，作「此三代之所以昌也」。今本脱去「以」字、「也」字，則文義不明。

【用韻】「行、昌」陽部。

〔二〇〕【許注】讙兜、有苗，舜所放佞人也。

【版本】藏本注「舜」作「愛」，景宋本、王溥本、朱本、集解本作「舜」，今據改，葉本同藏本。茅本、汪本、張本、黄本、莊本無此注。藏本注「佞」下無「人」字，蔣刊道藏輯要本有「人」字，今據補，景宋本、王溥本、朱本、葉本、集解本同藏本。

【箋釋】吴承仕云：莊本奪此注，劉文典集解本奪「人」字。○雙棣按：引書，見皋陶謨。今本「黎民懷之」在「能哲且惠」上，「且」作「而」。「憂」、「遷」下並有「乎」字。

【用韻】「惠、懷」質微合韻，「兜、苗」侯宵合韻。

〔二〕【許注】知伯美鬚長大，一材也；射御足力，二材也；材藝畢給，三材也；巧文辯慧，四材也；强毅果敢，五材也。

【版本】茅本、汪本、張本、吴本、黄本、莊本、集解本正文及注「知」作「智」，餘本同藏本。茅本、汪本、張本、黄本、莊本、集解本注「鬚」作「鬍」，餘本同藏本。藏本注「畢」作「卑」，景宋本、王溥本、朱本、莊本、集解本作「畢」，今據改，餘本同藏本。藏本注「巧」作「功」，蔣刊道藏輯要本作「巧」，今據改，茅本、汪本、張本、黄本、莊本、集解本作「攻」，餘本同藏本。藏本注「文」作「又」，各本皆作「文」，今據改。

【箋釋】陶方琦云：羣書治要引許注，「攻文」作「巧文」。按：今注「攻文」乃「巧文」之誤。○吴承仕云：各本「巧文」誤作「攻文」，唯蜀刊道藏輯要本與治要引同。○馬宗霍云：羣書治要引注文「材藝畢給」作「伎藝畢極」，「攻文辯慧」作「巧文辯惠」。給猶足也，極猶至也，義並近。攻、巧形近，疑當作巧。蜀刊道藏輯要淮南二十八卷本注文「攻」正作「巧」，與治要引同。○何寧云：「鬍」當爲「鬚」，「材藝」當作「伎藝」，「攻文」當作「巧文」。國語晉語九「瑶之賢於人者五：美鬚長大則賢，射御足力則賢，伎藝畢給則賢，巧文辯惠則賢，彊毅果敢則賢」，此淮南及許注所本，是碻證。

〔三二〕【許注】力能引强，走先馳馬，超能越高。

【箋釋】陶方琦云：羣書治要引許注，與今注正同。

〔三三〕【許注】王建任用后勝之計，不用淳于越之言也。

【版本】藏本注「王建」作「二君」，景宋本作「王建」，今據改，王溥本、朱本、葉本同藏本，茅本、汪本、張本、黄本、莊本、集解本無此二字。藏本注「計」作「記」，除葉本同藏本外，各本皆作「計」，今據改。

【箋釋】陶方琦云：羣書治要引許注，「任用」上有「齊王建」三字，今本敓，應補。

【用韻】「人、賢」真部。

〔三四〕【箋釋】盧文弨云：「禄」當作「録」，或古人以音同得借用也。○蔣超伯云：劬録即荀子榮辱篇之軥録也。楊倞注：「軥與拘同，拘録謂自檢束。」非也。劬録、劬勞一音之轉，楚辭「劬勞而瘏瘁」，詩「母氏劬勞」，平聲爲勞，仄聲即録。劬或作絇，詩「赤舄几几」，毛傳：「几几，絇貌。」又通作瞿，詩「良士瞿瞿」。○于省吾云：荀子榮辱篇作「軥録疾力」，「軥録」與「劬禄」以音近相假，劬禄猶言劬勞。詳劉師培荀子斠補。○馬宗霍云：白虎通論制禄云：「禄者録也。」詩周南樛木孔疏引孝經援神契云：「禄者録也。」又秦風小戎毛傳「楘，歷録也」，釋文云：「歷録一本作歷禄。」周禮天官職幣「皆辨其物而奠其録」，鄭注：「故書録爲禄。」皆禄、録相通之證。本書主術篇「凡人之性，莫貴於仁，莫急於智，仁以爲質，智以行之，兩者爲本，而加之以勇力辯慧，捷疾劬録」，與此文意略同。彼正作「劬録」，又其本證也。「劬録」連文，猶言勤勞，劬與勤，録與勞，皆雙聲字，勤亦勞也。

淮南子校釋卷第二十一

要略〔一〕

夫作爲書論者，所以紀綱道德，經緯人事，上考之天，下揆之地，中通諸理。雖未能抽引玄妙之中才，繁然足以觀終始矣〔二〕。揔要舉凡，而語不剖判純樸，靡散大宗〔三〕，則爲人之惛惛然弗能知也〔四〕；故多爲之辭，博爲之説；又恐人之離本就末也〔五〕，故言道而不言事，則無以與世浮沉；言事而不言道，則無以與化遊息〔六〕。故著二十篇，有原道，有俶真，有天文，有地形，有時則，有覽冥，有精神，有本經，有主術，有繆稱，有齊俗，有道應，有氾論，有詮言，有兵略，有説山，有説林，有人間，有脩務，有泰族也〔七〕。

校釋

〔一〕【許注】凡鴻烈之書二十篇，略數其要，明其所指，序其微妙，論其大體。

【版本】莊本注「凡」作「作」，景宋本、王溥本、朱本、茅本、葉本、汪本、集解本同藏本。茅本、汪本、莊本、集解本注「大體」下，有「故曰要略」四字，餘本同藏本。

【箋釋】劉文典云：此篇宋本、道藏本並題作淮南鴻烈要略閒詁敘目，復無「因以題篇」字，其爲許慎注本無疑。○雙棣按：景宋本、道藏本題作淮南鴻烈要略閒詁，無「敘目」二字，劉氏小疏。

〔二〕【版本】藏本「抽」作「袖」，景宋本、茅本、汪本、張本、吴本、黄本、莊本、集解本作「抽」，今據改，餘本同藏本。

【箋釋】劉家立云：「才、哉」古字通。蔣氏通齋窺豹集曰：「尚書大傳引古大誓曰：『唯四月太子發上祭於畢，下至於盟津之上，乃告于司馬、司徒、司空，諸節允才。』允才即允哉，史記作信哉。又唐書曆書引顧命曰『惟四月才生魄』，是其證也。此外崔璞張平子碑『維帝念功，往才汝諧』，淮南要略『雖未能紬引玄妙之中才』，並是哉字。」○于省吾云：舊讀爲「雖未能抽引玄妙之中」句，非是。此應讀作「才」字絶句。「才、哉」音近字通。西周金文「哉」字皆以「才」爲之，詳尚書新證召誥篇。「哉」與上下文「德、事、理、矣」爲韻。漢代慣用此等句法，道應「吾猶未能之哉」，(「哉」原爲「在」，應讀爲「哉」。)説林「雖不能與終始哉」，人間「雖愉樂哉」，楊雄解嘲「雖其人之贍智哉」，語例相仿。○馬宗霍云：此「才」與哉同。説文：「哉，言之間也。從口，𢦏聲。」𢦏又從才得聲，故古即假「才」爲「哉」。敦煌唐寫本尚書釋文殘卷舜外典篇「鯀哉」作「鯀才」，「懋哉」作「懋才」，陸德明云：「古哉字作才。」又敦煌寫本及日本古寫本隸古定商書殘卷盤庚篇「往哉」之「哉」，亦作「才」。皆其證。今所傳尚書經文爲唐天寶間衛包改本，尚書釋文爲宋開寶間李竇、陳鄂等改本，故「才」皆作「哉」。然集韻云「哉，古作才」，蓋丁度猶據未改之尚書釋文以爲説也。淮南此文之「才」亦古文「哉」字之僅存者。○蔣禮鴻與劉、于、馬説同。○雙棣按：各家謂「才」與「哉」通，皆是也。又：吕氏春秋序意篇云：「凡十二紀者，所以紀治亂存亡也，所以知壽夭吉凶也。上揆之天，下驗之地，中審之人，若此則是非可不可無所遁矣。」此意與吕覽略同。

【用韻】「事、理、始」之部。

〔三〕【許注】純樸，太素也。大宗，事本也。

【箋釋】馬宗霍云：周禮秋官序官鄭注：「約，言語之約束。」漢書楊雄傳顔師古注：「凡，大指也。」然則「總要」者，總其約辭；「舉凡」者，舉其大指也。下文「睹凡得要」，與本文相應而義同。

〔四〕【版本】王溥本、王鎣本、朱本、茅本、葉本、汪本、張本、吴本、黄本、莊本、集解本「則」作「懼」，景宋本同藏本。

【箋釋】俞樾云：「爲」字涉下句「多爲之辭，博爲之説」而衍，本作「懼人之惛惛然弗能知也」，與下文「恐人之離本就末也」一律。衍一「爲」字，則文不成義。○雙棣按：此句「則」字爲連詞，承接上文，「爲」字爲動詞，其基本義爲作，然於具體語境中，可表示不同動作行爲，此處則含有「恐、懼」之義，亦即擔心之義。劉績不知，反改「則」字爲「懼」，致使「爲」字爲贅矣。

〔五〕【用韻】「説、末」月部。

〔六〕【版本】景宋本、汪本、張本、黄本、莊本、集解本「遊」作「游」，餘本同藏本。

【箋釋】雙棣按：「遊、游」字通。

〔七〕【版本】藏本「覽冥」作「冥覽」，各本皆作「覽冥」，卷六亦作「覽冥」，今據改。

【用韻】「真、形、冥、經」真耕合韻，「稱、應」蒸部，「言、山、間」元部，「務、族」侯屋通韻。

原道者，盧牟六合〔一〕，混沌萬物，象太一之容〔二〕，測窈冥之深〔三〕，以翔虚無之軫〔四〕。託小以苞大，守約以治廣，使人知先後之禍福，動静之利害。誠通其志，浩然可以大觀矣。欲一言而寤〔五〕，則尊天而保真〔六〕；欲再言而通，則賤物而貴身；欲參言而究，則外欲而反情〔七〕。執其大指，以内洽〔八〕五藏，瀸濇肌膚〔九〕，被服法則，而與之終身，所以應待萬方，覽耦〔一〇〕百變也，若轉丸掌中，足以自樂也。

俶真者，窮逐終始之化，嬴垀有無之精〔一一〕，離別萬物之變，合同死生之形〔一二〕，使人知遺物反己〔一三〕，審仁義之間，通同異之理，觀至德之統，知變化之紀，説符玄妙之中，通（迴）[迵]造化之母也〔一四〕。

天文者，所以和陰陽之氣，理日月之光，節開塞之時，列星辰之行，知逆順之變，避忌諱之殃，順時運之應，法五神之常，使人有以仰天承順，而不亂其常者也〔一五〕。

地形者，所以窮南北之脩，極東西之廣，經山陵之形，區川谷之居〔一六〕，明萬物之主，知生類之衆，列山淵之數，規遠近之路〔一七〕，使人通迵周備〔一八〕，不可動以物，不可驚以怪者也〔一九〕。

時則者，所以上因天時，下盡地力，據度行當〔二〇〕，合諸人則，形十二節〔二一〕，以爲法式，終而復始〔二二〕，轉於無極，因循倣依，以知禍福，操舍開塞，各有龍忌〔二三〕，發號施令，以時教期〔二四〕，使君人者知所以從事〔二五〕。

覽冥者，所以言至精之通九天也，至微之淪無形也，純粹之入至清也，昭昭之通冥冥也〔二六〕。乃始攬物引類，覽取撟掇〔二七〕，浸想宵類〔二八〕，物之可以喻意象形者，乃以穿通窘滯，決瀆壅塞〔二九〕，引人之意，繫之無極〔三〇〕，乃以明物類之感，同氣之應，陰陽之合，形埒之朕〔三一〕，所以令人遠觀博見者也。

精神者，所以原本人之所由生，而曉寤其形骸九竅，取象於天〔三二〕。合同其血氣，與雷霆風雨；比類其喜怒，與晝宵寒暑並明〔三三〕。審死生之分，別同異之跡，節動靜之機，以反其性命之宗，所以使人愛養其精神，撫靜其魂魄，不以物易己，而堅守虛無之宅者也〔三四〕。

本經者，所以明大聖之德，通維初之道，埒略衰世古今之變〔三五〕，以褒先聖之隆盛，而貶末世之曲政也〔三六〕。所以使人黜耳目之聰明，静精神之感動〔三七〕，樽流遁之觀〔三八〕，節養性之和，分帝王之操，列小大之差者也〔三九〕。

主術者，君人之事也，所以因作任督責，使羣臣各盡其能也〔四〇〕。明攝權操柄，以制羣下，提名〔四一〕責實，考之參伍，所以使人主秉數持要，不妄喜怒也〔四二〕。其數直施而正邪〔四三〕，外私而立公，使百官條通而輻湊，各務其業〔四四〕，人致其功，此主術之明也〔四五〕。

繆稱者，破碎道德之論，差次仁義之分，略雜人間之事，總同乎神明之德〔四六〕。假象取耦，以相譬喻，斷短爲節，以應小具〔四七〕，所以曲説攻論，應感而不匱者也〔四八〕。

齊俗者，所以一羣生之短脩，同九夷之風氣〔四九〕，通古今之論，貫萬物之理，財制禮義之宜，擘畫人事之終始者也〔五〇〕。

道應者，攬掇遂事之蹤，追觀往古之跡〔五一〕，察禍福利害之反，考驗乎老、莊之術，而以合得失之勢者也〔五二〕。

氾論者，所以箴縷縩繺之間〔五三〕，攕楔唲齵之郄也〔五四〕。接徑直施〔五五〕，以推本樸，而兆見得失之變，利病之反〔五六〕，所以使人不妄没於勢利，不誘惑於事態，有符曮晲〔五七〕，兼稽時世之變，而與化推移者也〔五八〕。

詮言者，所以譬類人事之指，解喻治亂之體也〔五九〕，差擇微言之眇，詮以至理之文，而補縫過失之闕者也〔六〇〕。

兵略者，所以明戰勝攻取之數，形機之勢，詐譎之變，體因循之道，操持後之論也〔六一〕。所以知戰陣分爭之非道不行也，知攻取堅守之非德不强也〔六二〕。誠明其意，進退左右，無所擊危〔六三〕，乘勢以爲資，清静以爲常，避實就虚，若驅羣羊，此所以言兵也〔六四〕。

説山、説林者，所以竅窕穿鑿百事之壅遏，而通行貫扃萬物之窒塞者也。假譬取象，異類殊形，以領理人之意，解墮結細，説捍摶囷〔六五〕，而以明事埒事者也〔六六〕。

人間者，所以觀禍福之變〔六七〕，察利害之反，鑽脉得失之跡，標舉終始之壇也〔六八〕。分別百事之微，敷陳存亡之機〔六九〕，使人知禍之爲福，亡之爲得，成之爲敗，利之爲害也〔七〇〕。誠喻至意，則有以傾側偃仰世俗之間，而無傷乎讒賊螫毒者也。

脩務者，所以爲人之於道未淹〔七一〕，味論未深〔七二〕，見其文辭，反之以清浄爲常，恬惔爲本〔七三〕，則懈墮分學，縱欲適情，欲以偷自佚，而塞於大道也〔七四〕。今夫狂者無憂，聖人亦無憂〔七五〕。聖人無憂，和以德也；狂者無憂，不知禍福也〔七六〕。故通而無爲也，與塞而無爲也同，其無爲則同，其所以無爲則異〔七七〕。故爲之浮稱流説，其所以能聽，所以使學者孳孳以自幾也〔七八〕。

泰族者，横八極，致高崇，上明三光，下和水土，經古今之道，治倫理之序〔七九〕，總萬方之指，而歸之一本，以經緯治道，紀綱王事。乃原心術，理情性，以館清平之靈〔八〇〕，澄澈神明之精〔八一〕，以與天和相嬰薄〔八二〕。所以覽五帝三王，懷天氣，抱天心，執中含和，德形於内，以君凝天地，發起陰陽，序四時，正流方〔八三〕，綏之斯寧，推之斯行，乃以陶冶萬物，遊化羣生，唱而和，動而隨，四海之内，一心同歸〔八四〕。故景星見〔八五〕，祥風至〔八六〕，黄龍下，鳳巢列樹，麟止郊野〔八七〕。德不内形，而行其法藉，用制度〔八八〕，神祇弗應，福祥不歸，四海弗賓〔八九〕，兆民弗化〔九〇〕。故德形於内，治之大本。此鴻烈之泰族也〔九一〕。

校釋

〔一〕【許注】盧牟，由規模也。

【版本】張本、黄本、莊本、集解本注「由」作「猶」，王溥本、朱本、茅本、葉本、汪本同藏本。

【箋釋】馬宗霍云：「盧牟」疑爲「矑眸」之借字。文選楊雄甘泉賦「玉女止所眺其清矑兮」，李善引服虔曰：「矑，目童子也。」漢書楊雄傳「矑」作「盧」。孟子離婁上「莫良於眸子」，趙岐注云：「眸子，目瞳子也。」劉熙釋名釋形體云：「童子或曰牟子。牟，冒也。」荀子非相「堯舜參牟子」，楊倞注云：「牟與眸同。」皆其證。「矑、眸、瞳」三字皆不見於説文，蓋後起言目之專字。古蓋假「盧、牟、童」爲之。是「盧牟」本爲「童子」之名，童子爲目之精。引申之，以目注視亦得被以此稱。本文「盧牟」連文，猶言明察也。明察六合，與下文「浩然可以大觀」相應，亦即原道本篇所謂「神託於秋毫之末而大宇宙之總」也。○雙棣按：「由」與「猶」通。

〔二〕【許注】太一之容，北極之氣合爲一體也。

【箋釋】雙棣按：注以「北極之氣合爲一體」釋「太一之容」，未詳所據。本篇爲「原道」，即闡發道之本原，故此文之「太一」即自然之元氣，亦即宇宙組成之精氣，或曰道。吕氏春秋大樂篇云：「太一出兩儀，兩儀出陰陽。」「萬物所出，造於太一，化於陰陽。」「道也者，至精也，不可爲形，不可爲名，强爲之，謂之太一。」孔子家語禮運篇「夫禮必本於太一」，王肅注：「太一者，元氣也。」

〔三〕【箋釋】劉文典云：文選辯命論注引，「窈」作「窅」。○何寧云：「窈」通「窅」。吕氏春秋論威篇「太一之容」，「窈冥之深」，「虚無之軫」，皆定語修飾結構，「太一之容」即道之形象。

「窅窅乎冥冥」，本書兵略篇作「窈窈冥冥」。

〔四〕【許注】軫，道畛也。

【箋釋】雙棣按：注當作「軫，畛也」，道乃衍文。「虚無之軫」爲道畛，非「軫」爲道畛也。説文：「軫，車後横木也。」「畛，井田間百也。」畛引申爲界域。此「軫」通「畛」，即界域之義。

〔五〕【許注】寤，覺。

【用韻】「深、軫」侵文合韻。

〔六〕【版本】藏本「則」上有「時」字，除景宋本、葉本同藏本外，各本均無「時」字，今據删。

〔七〕【版本】茅本、汪本、張本、吴本、黄本、莊本、集解本「欲」作「物」，餘本同藏本。

【箋釋】何寧云：原道訓：「聖人不以身役物，不以欲滑和。」「不以身役物」者，「賤物而貴身」也；「不以欲滑和」者，「外欲而反情」也。且物與身並舉，就實體言之；欲與情並舉，就精神言之。若作「外物」，則不類矣。鈔宋本、道藏本均作「外欲而反情」。

【用韻】「真、身、情」真耕合韻。

〔八〕【許注】洽，潤。

【版本】莊本、集解本此注在「五藏」下，景宋本、王溥本、朱本、葉本同藏本。

〔九〕【箋釋】陳昌齊云：「濇」疑「漬」字之譌。「漬」本作「賫」，凡從朿之字，隸或作「夾」，故「賫」或書作「瀆」，因譌而爲「濇」歟？○王念孫云：説文云：「濇，不滑也。」瀸濇二字，義不相屬，「濇」當爲「漬」，隸書「嗇」字或作「啬」，形與責相近，故「漬」誤爲「濇」。瀸漬與漸漬同。言内則浹洽於五藏，外則漸漬於肌膚也。説文曰：「瀸，漬也。」（廣雅同。）莊十七年公羊傳：「瀸者何？瀸，積也。」釋文：「積，本又作漬。」

〔一〇〕【許注】耦，通。

【版本】茅本、集解本注「通」下有「也」字。莊本注「通」作「近」。

【箋釋】吴承仕云：「近、通」於義並遠，疑字當作「遇」。遇變猶應變矣。釋名：「耦，遇也。」是其證。○馬宗霍云：書傳「耦」多通作「偶」，爾雅釋言云：「偶，合也。」本文「耦」字亦當訓合。「覽」者，「攬」之借字，莊子在宥「此攬乎三王之利」，釋文云：「攬，本作覽。」是「覽」與「攬」通之證。然則覽耦百變，即攬合百變也。

〔二〕【許注】嬴，繞帀也。埒，摩煩也。

【版本】藏本正文及注「埒」作「垺」，王鎣本、葉本及景宋本注作「埒」，今據改，餘本同藏本。茅本、汪本、張本、黄本、莊本、集解本注「摩」作「靡」，餘本同藏本。

【箋釋】莊逵吉云：垺，一本作「埒」。○陳昌齊云：「垺」當作「埒」。石臞云：「埒」與「捋」通。爾雅「強醜捋」，郭注云：「以腳自摩捋。」蓋訓捋爲摩，與此注同。○于省吾云：注説非是，莊謂「垺」一作「埒」是也。「嬴」乃「形」之音譌。「嬴、盈」古字通。左宣四年傳「伯嬴」，吕氏春秋知分注作「伯盈」。漢書地理志城陽國莒縣下，「故國盈姓，三十世爲楚所滅」。盈即嬴。易屯象傳「雷雨之動滿盈」，集解：「盈作形。」「形」之通「盈」，猶「嬴」之通「形」也。然則嬴埒即形埒。下文「而以明事埒事者也」注：「埒，兆朕也。」又下文「形埒之朕」，繆稱「道之有篇章形埒者」注：「形埒，兆朕也。」列子天瑞「易無形畤」，畤與埒通。形埒有無之精，言兆朕有無之精也。兆朕在有無之際，故有無之精以兆朕爲言也。○馬宗霍云：注訓嬴爲繞帀，則「嬴」蓋「羸」之借字。繞帀者，包裹之意。説文墺之古文作「𡋿」，與「垺」形極近。余疑本文「垺」字即「墺」之古文。墺從奥聲，亦通作「奥」。廣雅釋詁四云：「奥，藏也。」老子「萬物之奥」，河上公注同。是嬴垺者，猶言包藏也。包藏有無之精，與上文「窮逐終始之化」正相對。如此釋之，似較注説爲直捷。○蔣禮鴻云：正文及注「垺」字皆當作「捋」。廣韻：「捋，摩也。」注「靡煩也」，靡字宋本作「摩」，「摩」乃正字，「靡」則聲同假借字也。考工記鮑人「進而握之，欲其柔而滑也」注云：「謂親手煩撋之。」詩釋文引阮孝緒字略云：「煩撋猶捼莎也。」説文：「捼，摧也，一曰手相切摩也。」是摩煩皆捼莎之意，以注文證之，可知「坪」當作「捋」矣。

〔一二〕【版本】藏本「同」作「用」，景宋本、茅本、汪本、張本、吴本、黄本、莊本、集解本作「同」，今據改，餘本同藏本。

【用韻】「精、形」耕部。

〔一三〕【版本】藏本無「知」字，景宋本、王溥本、王鎣本、朱本、葉本、吴本有，今據補，餘本同藏本。

〔一四〕【許注】造化之母，元氣太一之初。

【版本】藏本「迥」作「迴」，依王念孫校改，各本同藏本。莊本、集解本注「初」作「神」，景宋本、王溥本、朱本、茅本、葉本、汪本同藏本。

【箋釋】王念孫云：「通迴」二字，義不相屬，「迴」當爲「迥」，（音洞。）字之誤也。迥亦通也。通迥造化之母，謂通乎造化之原也。吕氏春秋貴因篇（棣按：王氏「因」誤作「同」。）「禹通三江五湖，決伊闕，迥溝陸」，上德篇「迥乎天地」，高注並云：「迥，通也。」（今本「迥」字並誤作「迴」，辯見吕氏春秋。）史記倉公傳「臣意診其脈曰：迥風」。集解曰：「迥，音洞，言洞徹入四肢也。」迥、洞同音，故迥或作洞，俶真篇「通洞條達」，即通迥也。世人多見迴，少見迥，故「迥」誤爲「迴」。下文「使人通迥周備」，其字正作「迥」。（道藏本、劉本如是，他本皆誤作「迴」，而莊本從之，謬矣。）○吴承仕云：朱本、景宋本注「神」並作「初」，作初近之。造化之母，與玄妙之中，對文成義，「初」誤爲「神」，則義不相應矣。覽冥篇「以掌握之中，引類於太極之上」，注云：「太極，天地始形之時也。上，猶初也。」文義略與此同。（王念孫校「迴」爲「迥」，是也。）

〔一五〕【用韻】「已、理、紀、母」之部。

〔一六〕【用韻】「光、行、殃、常、常」陽部。

〔一七〕【箋釋】馬宗霍云：「經山陵」之「經」，讀如「經界」之「經」。孟子滕文公上「夫仁政必自經界始」，趙岐注云：「經亦略也。」説文「略，從田，各聲」，兼取各義，與畫同意。經山陵之形，猶言經畫山陵之形勢也。

〔一八〕【用韻】「主、數」侯部，「廣、居、路」陽魚鐸通韻。

〔一九〕【版本】王鎣本、茅本、汪本、張本、吴本、黄本、莊本、集解本「迥」作「迴」，餘本同藏本。

〔二〇〕【用韻】「備、怪」職之通韻。

〔二一〕【箋釋】馬宗霍云：「據度」之「度」，即時則本篇所謂繩準規衡矩權六者各有其度之度。守度不失，是謂「據度」。「行當」之「行」，即時則本篇所謂春夏秋冬四時各行其令之行。令不錯行，是謂「行當」。

〔二二〕【許注】一月爲人一節也。

【版本】景宋本、茅本、張本、黄本「形」作「刑」，餘本同藏本。朱本注有「故曰十二節」五字。

〔二二〕【許注】歲終十二月，從正月始也。

〔二三〕【許注】中國以鬼神之事日忌，北胡、南越皆謂之請龍。

【版本】景宋本注「事」作「士」，茅本、汪本、張本、黄本注無「事」字。

【箋釋】劉文典云：墨子貴義篇「子墨子北之齊，遇日者。日者曰『帝以今日殺黑龍於北方，而先生之色黑，不可以北』」云云，疑即此文所謂龍忌也。鬼谷子本經、陰符七術篇「盛神法五龍」，陶弘景注：「五龍，五行之龍也。」疑亦龍忌之類。注未晐。○楊樹達云：後漢書六十一周舉傳云：「太原一郡，舊俗以介子推焚骸，有龍忌之禁。」○劉盼遂云：「請龍」二字無義，「龍」當爲「靈」之借。張平子南都賦「赤靈解角」，李注：「赤靈，赤龍也。」蔡邕獨斷：「靈星，火星也，一曰龍星。」漢書郊祀志「立靈星祠」，顏注引張晏曰：「龍星左角曰天田，則農祥也。」此皆「龍」、「靈」通用之證。又按：詩周頌絲衣序：「高子曰：『靈星之尸也。』」風俗通：「辰之神爲靈星。」亦皆借「靈」爲「龍」。謂東宫蒼龍七宿，角亢氐房心尾箕也。故胡越語得轉靈爲龍，謂請靈爲請龍矣。靈者本泛言鬼神。（大戴禮、尸子、風俗通、楚辭注。）中國謂爲鬼神忌日，胡越謂之請靈，文義全同，惟聲轉作龍，因難知耳。墨子貴義篇：「子墨子北之齊，遇日者，曰帝以今日殺黑龍於北方，而先生之色黑，不可以北。」孫仲容閒詁引許君此注，説曰：「案墨子遇日者，以五色之龍定吉凶，疑即所謂龍忌。許氏請龍之説，未詳所出，恐非古術也。」孫氏蓋不知淮南龍忌之爲靈忌，請龍之爲請靈，故有是説，實則龍僅爲天地間神祇之一，未能代表諸神也。○于大成云：周舉傳注云「龍星，木之位也。心爲大火，懼火之盛，故爲之禁火」，此所謂龍忌也。後人誤於新序晉文公焚介山事，遂以寒食爲介推是日焚死，不知左氏、史記並無介推被焚之事也。荊楚歲時記辯之甚詳。景宋本注「士」當爲「亡」，困學紀聞十三引正如此，鬼神亡日故有忌也。然則帝殺黑龍也，介推焚死也，皆所謂鬼神亡日也。許君生於東漢，在新序既出之後，或亦用其説乎？集證本改「事」字作「亡」，是也。

〔二四〕【箋釋】俞樾云：期當讀爲惎。宣二年左傳「楚人惎之」，杜注曰：「惎，教也。」文選西京賦「人惎之謀」，薛綜注曰：「惎，教也。」是惎與教同義，故曰「以時教惎」。

〔二五〕【用韻】「時、力、則、式、始、塞、忌、期、事」之職通韻。

〔二六〕【用韻】「天、形、清、冥」真耕合韻。

〔二七〕【許注】撟，取也。掇，拾也。

【版本】藏本「物」字重，張本、黄本、莊本、集解本不重，今據删其一，餘本同藏本。景宋本正文及注「撟」作「橋」，餘本同藏本。

【箋釋】陶方琦云：大藏音義四十七引許注：「撟，取也。」按：注文盡同，益知繆稱至要略八篇碻爲許注。廣雅釋詁「撟，取也」，即本許注。

〔二八〕【許注】浸，微視也。宵，物似也。類，衆也。

【箋釋】楊樹達云：「宵」假爲「肖」，説文云：「肖，骨肉相似也。」○于省吾、吕傳元與楊説同。○

何寧云：楊、于説是也，而未盡也。「想」假爲「相」。注當作「浸想，微視也。宵，物似也。類，象也」。道應篇「相女童」，許注訓「相」爲「視」。此云浸想宵類，注但釋浸、釋宵、釋類，而不釋想，且浸無視義，是知注文「浸」下當有「想」字，而今本脱之也。廣雅釋詁：「肖、似、類，象也。」故此云「宵，物似也」，而「類」無「衆」義，「衆」當爲「象」，形似而譌。「宵類」即「肖象」。氾論篇「嫌疑肖象」，高注：「肖象，似也。」故此「宵類」連文。

〔二九〕【箋釋】楊樹達云：「窘滯」連文無義，「窘」疑當作「君」，形近誤也。「君」與「藴」古音近相通。説文云：「藴，積也。」下文云：「君凝大地。」「君」亦當爲「藴」。此云君滯，猶彼云君凝也。繆稱篇云：「發君而後快。」亦謂發藴而後快也。○蔣禮鴻云：決瀆當作決潰。莊子大宗師篇曰：「以死爲決疣潰癰。」是古人以決潰並言也。穿通、決潰對文，作決瀆則不相對矣。

〔三〇〕【用韻】「塞、意、極」職部。

〔三一〕【用韻】「感、應、朕」侵蒸合韻。

〔三二〕【版本】張本、黄本、莊本、集解本「於」作「與」，葉本作「于」，餘本同藏本。

【用韻】「生、天」耕真合韻。

〔三三〕【許注】宵，夜。

【箋釋】王念孫云：「並明」二字，後人所加也。與者如也。（廣雅：「與，如也。」司馬相如子虛賦「楚王之獵，孰與寡人乎」，郭璞曰：「與，猶如也。」漢書高帝紀「今某之業所就，孰與仲多」，顏師古曰：「與，如也。」案：古書多謂如曰與，詳見釋詞。）言血氣之相從，如雷霆風雨；喜怒之相反，如晝宵寒暑也。後人不知「與」之訓爲如，而讀「與雷霆風雨比類」爲一句，故又於「晝宵寒暑」下加「並明」二字，以成對文耳。不知「合同其血氣」，「比類其喜怒」，相對爲文。今以「比類」二字上屬爲句，而「其喜怒」三字自爲一句，則句法參差矣。「與雷霆風雨」，「與晝宵寒暑」，亦相對爲文，今加「並明」二字，則句法又參差矣。且此文以「生、天」爲韻，「雨、怒、暑」爲韻，今加「並明」二字，則失其韻矣。又案：「取象於天」爲句，「合同其血氣」爲句，漢魏叢書本改「於天」爲「與天」，（莊本同。）以與下兩「與」字相對，則又誤以「於天合同」爲句矣。皆由不知兩「與」字之訓爲「如」，故紛紛妄改耳。

〔三四〕【用韻】「雨、怒、暑」魚部。

【版本】王溥本、王鎣本「易」作「異」，餘本同藏本。

〔三五〕【用韻】「魄、宅」鐸部。

【箋釋】劉家立云：「衰世」二字疑是衍文，下文「以褒先聖之隆盛，而貶末世之曲政」，即承此言之，所謂「埒略古今之變」也。此二字即涉下文之「末世」而誤衍。○于省吾云：史記佞幸列傳「埒如韓嫣也」，集解引徐廣：「埒者，疇等之名。」左傳定公四年「封畛土略」，注：「略，界也。」文選吴都賦「故其經略」，劉注：「略，分界也。」埒爲疇等，略爲分界，是埒略即等差類别之義，亦猶下文「差次仁義之分」之「差次」也。

〔三六〕【版本】張本、黄本、莊本、集解本「聖」作「世」，餘本同藏本。

【用韻】「盛、政」耕部。

〔三七〕【許注】藏本無「静」字，景宋本有，今據補，餘本同藏本。

【箋釋】雙棣按：藏本脱一「静」字，上下句式不一，義亦不明，今據景宋本補。

〔三八〕【許注】樽，止也。流遁，披散也。

【版本】王溥本正文及注「樽」作「撙」，餘本同藏本。

【箋釋】楊樹達云：「樽」假爲「剸」。説文：「剸，減也。」經傳通作「撙」。禮記曲禮上篇云：「是以君子恭敬撙節退讓以明禮。」剸與節義近，故禮記以「剸節」連文，而此文以「剸節」爲對文也。許訓爲止，亦與節減義近。◎呂傳元與楊説同。◎雙棣按：楊説是。管子五輔篇「節飲食，撙衣服，則財用足」，亦以節、撙對言。又按：本經篇高注「流遁」云：「流，放也。遁，逸也。」

〔三九〕【用韻】「和、差」歌部。

〔四〇〕【箋釋】王念孫云：「因作任督責」，當作「因任督責」，謂因任其臣而督責其功也。今本「作」字即「任」字之誤而衍者耳。主術篇曰：「因循而任下，責成而不勞。」韓子揚摧篇曰：「因而任之，使自事之。」呂氏春秋知度篇曰：「因而不爲，責而不詔。」並與此「因任督責」同義。（莊子天道篇：「形名已明而因任次之。」）

【用韻】「事、能」之部。

〔四一〕【許注】提，挈也。

〔四二〕【用韻】「下、伍、怒」魚部。

〔四三〕【箋釋】雙棣按：直施與正邪意同，即使邪者正直。施亦邪也。下云「接徑直施」，許注：「施，邪。」

〔四四〕【版本】藏本「各」作「名」，王溥本、王鎣本、朱本、張本、吴本、黄本、莊本、集解本作「各」，（蔣刊道藏輯要本亦作「各」。）今據改，餘本同藏本。

〔四五〕【用韻】「公、功、明」東陽合韻。

〔四六〕【用韻】「論、分」文部，「事、德」之職通韻。

〔四七〕【用韻】「耦、喻、具」侯部。

〔四八〕【許注】匱，乏。

〔四九〕【箋釋】于省吾云：「攻」疑「巧」字之譌，「曲説」與「巧論」對文。泰族「智伯有五過人之材」注：「攻文辯慧。」治要「攻文」作「巧文」，是其證。○馬宗霍與于説同。

〔五〇〕【箋釋】王念孫云：「風氣」本作「風采」。文選魏都賦「壹八方而混同，極風采之異觀」，李善注：「淮南子曰：『同九夷之風采。』高誘曰：『風，俗也；采，事也。』」是其證。後人既改「風采」爲「風氣」，復删去高注以滅其跡，甚矣其妄也。且「采」與「理、始」爲韻，若作「氣」，則失其韻矣。○陳昌齊與王説同。○劉文典云：文選嘯賦注引作「通古今之風氣，以貫譚萬物之理」，「理」

下又有「譚猶著也」四字，疑是注語。要略乃許注本，文選注所引殆高本也。○何寧云：原本玉篇譚字引作「通古今之風氣，以貫譚方物之理」，野王案：「譚猶著也。」嘯賦注及玉篇引與今本異，而作「風氣」不殊，或高作「采」而許作「氣」也。

〔五〇〕【許注】擘，分。

【箋釋】雙棣按：此數句皆兩兩爲對文，「一羣生之短脩，同九夷之風采」，「通古今之論，貫萬物之理」，「財制禮義之宜，擘畫人事之終始」，「宜」下當奪一字。下云「使知舉錯取捨之宜適」，「宜適」連文，此「宜」下亦似當有「適」字。（氾論篇：「器械者，因時變而制宜適。」又云：「欲得宜適致固焉則難矣。」亦「宜適」連文。）又按：財與裁通，財制猶裁制也。

【用韻】「采、理、始」之部。

〔五一〕【箋釋】馬宗霍云：遂，成也。遂事之蹤，猶言成事之蹤也。已成謂之遂，故遂亦可訓往。楚辭天問篇「遂古之初」，王逸注：「遂，往也。」廣雅釋詁同。然則本文「遂事」亦可云「往事」。下文「往古」亦可云「遂古」也。

〔五二〕【用韻】「術、勢」物月合韻。

〔五三〕【許注】縩，綃煞也。

【版本】景宋本「縩」作「綴」，注「煞」作「殺」。

【箋釋】陶方琦云：唐本玉篇絲部引淮南作「所以鍼縷縩綷之間」，引許注：「縩，綃縠也。」按：

今注「殺」乃「縠」字之誤。廣韻十二曷繺下云：「縠也，見淮南子。」訓正合。〇楊樹達云：說文云：「幓，殘帛也。」縩與幓同。〇于省吾云：縩從祭聲，祭讀側賣切。縩繖當即今俗所謂縩衣繖衣之縩繖。縩繖平列，言縩繖綻裂也。〇馬宗霍云：縩繖二字皆不見於說文。漢書班倢伃傳有縩字。綷縩連文，以爲紈素之聲。顔師古因以衣聲釋之。廣韻黠韻以煞爲殺之俗體，怪韻云：「䊩，衣袝縫也。」集韻黠韻云：「䊩，衣縫餘。」駭韻又云：「纇䊩，衣破。䊩或作綴。」據此，則繖即綴字，綴有衣縫之義。尋詩召南羔羊「素絲五緎」、「素絲五縫」，毛傳云：「緎，縫也。縫言縫殺之大小得其制。」毛以縫殺釋縫，蓋古即假「殺」爲「綴」。然則許注訓縩爲綃煞者，疑當作「縩繖，綃煞也」。本連「縩繖」二字而釋之，傳寫「縩」下脱去「繖」字。以綃釋縩，綃亦紈素之類也。以煞釋繖，猶毛傳假「殺」爲「綴」也。綃煞疑即謂綃衣之縫。衣縫必有間，間者隙也。縷者線也。施箴線於縫中，故云「箴縷縩繖之間」矣。〇何寧云：陶氏引原本玉篇許注乃黎本，羅振玉本作「繺，綃殺也」。「殺」即「殺」之俗書。黎本「縠」乃「綴」之誤字，廣韻繺下云：「縠屬，出淮南子。」蓋淮南以綃爲繺，故廣韻云「縠屬」，非淮南注「煞」當爲「縠」也。陶氏以爲「煞」乃「縠」之誤文，謬矣。

〔五四〕【許注】攕，蒒也。楔，塞也。哯齵，錯梧也。

【版本】藏本正文及注「攕」作「攕」，朱本、茅本、葉本、汪本、張本、黄本、莊本、集解本作「攕」，今據改，景宋本作「櫼」，餘本同藏本。藏本正文及注「楔」作「揳」，景宋本作「楔」，今據改，餘本同藏本。景宋本注「茾」作「薛」，王溥本注「梧」作「誤」。

【箋釋】吴承仕云：文當作「櫼楔」，隸書手木多相亂，故致譌。説文：「櫼，楔也。」櫼楔哯齵之郄，謂以木札楔入哯齵而固著之，與上文箴縷繎繳，義正相配。注云「櫼，茾也」，茾當據景宋本作「薛」，「薛」即「榝」字假。考工記：「牙得，則無槷而固。」鄭司農云：「槷，榝也。」是其義。○馬宗霍云：「梧」通作「啎」，錯啎即不相值之意。説文無「哯」字，則「哯」蓋「齯」字之借。説文：「齯，老人齒。」「齵，齒不正也。」爾雅釋詁「黄髮齯齒」，郭璞注云：「齯齒，齒墮更生細者。」釋名釋長幼云：「齯，大齒落盡更生細者如小兒齒也。」考工記輪人「察其菑蚤不齵」，賈公彦疏：「人之牙齒參差謂之齵。」據此，是齒墮更生謂之齯，參差不正謂之齵。然則本文哯齵連文，即齒不整齊也。故許注以錯梧爲解矣。不整齊則有隙，郄與隙同。攕揳二字，許注訓攕爲茾，訓揳爲塞，（茾，景宋本作薛。）恐有誤文。説文無揳字，攕訓好手皃，義不相屬。又云：「櫼，楔也。」「楔，櫼也。」櫼楔互訓，則「攕揳」疑當作「櫼楔」，從木不從手。隸書偏旁木手多挸，蓋傳寫亂之。儀禮士喪禮、禮記檀弓上皆有楔齒之文，孔穎達禮記疏云：「楔，柱也。」淮南本文正以齒爲喻。許又訓塞，塞猶柱也。則字當從木益信。齒有隙，楔塞之，故云「櫼楔哯齵之郄」矣。上句取喻於衣縫，下句取喻於齒郄，蓋言氾論篇持論之密，無微不入，無孔不彌也。

〔五五〕【許注】施，邪。

〔五六〕【版本】藏本「反」作「文」，張本、黄本、莊本、集解本作「反」，今據改，餘本同藏本。

【用韻】「間、施、變、反」元歌合韻。

〔五七〕【箋釋】于省吾云：「曬」疑「晛」之借，「晛」係「睆」之譌。詩燕燕序「生子名完」，釋文：「完，字又作皃。」穀梁隱四年傳「君完」，釋文：「完，本又作皃。」是從完從皃形近易譌之證。詩凱風「晛睆黄鳥」傳：「晛睆，好貌。」晛睆亦作曣婉、燕婉，謰語形況無定字也。上稱不妄没於勢利，不誘惑於事態，故以有符晛睆言也。○馬宗霍云：曬晛二字不見於説文，玉篇有之。云：「曬，魚儉切，日行。」「晛，牛禮切，日跌也。」集韻云：「日躔謂之曬。」「晛，日昳。」案：日躔猶日行，日跌猶日昃。書無逸「自朝至於日中昃」，孔穎達云：「昃亦名昳，言日蹉跌而下。」玉篇訓「晛」爲「日跌」，即「日昳」也。然則「曬晛」連文，蓋狀日行之貌。日行不失次謂之曬晛。上文云「所以使人不妄没於勢利，不誘惑於事態」。案不没不惑，則持身有則，亦猶日行之有恆，故曰「有符曬晛」矣。

〔五八〕【版本】汪本、張本、黄本、莊本、集解本「世」作「勢」，餘本同藏本。

【用韻】「變、移」元歌通韻。

〔五九〕【箋釋】雙棣按：此言詮言一節，數語一貫，中間不得夾一「也」字，「也」字疑是衍文。

【用韻】「指、體」脂部。

〔六〇〕【版本】王溥本、王鎣本「闕」誤作「關」。

【箋釋】雙棣按：詩小雅吉日：「吉日庚午，既差我馬也。」毛傳：「差，擇也。」爾雅釋詁下：「差，擇也。」郭璞注：「差，選擇。」

〔六一〕【許注】持後者，不敢爲主而爲客也。

【箋釋】馬宗霍云：吕氏春秋不二篇「王廖貴先，兒良貴後」，高誘彼注云：「兒良作兵謀貴後。」是「持後」蓋兵家之略，亦猶兒良之貴後矣。

〔六二〕【用韻】「變、論」元文合韻。

〔六三〕【用韻】「行、强」陽部。

〔六四〕【版本】王溥本、王鎣本、朱本、茅本、汪本、張本、吴本、黄本、莊本、集解本「所」下有「失」字，餘本同藏本。

【箋釋】王念孫云：「無所擊危」者，「危」與「詭」同。（説林篇「尺寸雖齊，必有詭」，文子上德篇「詭」作「危」。漢書天文志「司詭星」，史記天官書作「司危星」。）擊詭，猶今人言違礙也。謂進退左右，無所違礙也。睽釋文曰：「詭，戾也。」（文選長笛賦「窾隆詭戾」，李善注：「詭戾，乖違貌。」）主術篇曰：「舉動廢置，曲得其宜，無所擊戾。」（又曰：「木擊折轊，水戾破舟。」）彼言「無所擊戾」，此言「無所擊詭」，其義一也。作危者，借字耳。劉績不解「無所擊危」之義，乃於「無所」下加「失」字，（諸本及莊本同。）讀「無所失」絶句，而以「擊危」二字下屬爲句，其失甚矣。

〔六五〕【版本】集解本「兵」下有「者」字，餘本同藏本。

【箋釋】劉文典云：文選晉紀總論注引，「兵」下有「者」字，與上下文一律，當據補。

【用韻】「意、右」職之通韻，「危、資」歌脂合韻，「常、羊、兵」陽部。

〔六五〕【許注】摶，圓也。困，芼也。

【版本】張本、黄本、莊本、集解本「懈」作「解」，餘本同藏本。藏本正文及注「摶」作「搏」，王溥本、王鎣本、朱本、茅本、葉本、汪本、張本、吴本、黄本、集解本作「摶」，今據改，餘本同藏本。

【箋釋】王念孫云：墮亦解也。廣雅：「墮，脱也。」論衡道虚篇曰：「龜之解甲，蛇之脱皮，鹿之墮角。」是墮與解、脱同義。易林噬嗑之小畜曰「關柝開啟，衿帶解墮」是也。「細」當爲「紐」，字之誤也。紐亦結也。楚辭九歎王注曰：「紐，結束也。」管子樞言篇曰「先生不約束，不結紐」是也。説與脱同。「捍」當爲「擇」，字之誤也。（隸書「擇」字或作「擇」，與「捍」相似，見漢成陽靈臺碑。）擇與釋同。墨子節葬篇曰：「爲而不已，操而不擇。」易林恒之蒙曰：「郊耕擇耜，有所疑止。」韓子五蠹篇：「布帛尋常，庸人不釋。」論衡非韓篇引韓子「釋」作「擇」，皆是也。脱、釋皆解也，摶困者，卷束之名。（考工記鮑人「卷而摶之」注：「鄭司農云：『摶讀爲縛，一如瑱之縛，謂卷縛韋革也。』」説文：「稛，豢束也。」稛與困聲近而義同。）解墮結紐，説擇摶困，其義一也。○吴承仕云：王説是也。注當作「摶，團也。（摶亦訓圜，然非此所宜施。）困，莙也。」團訓聚，莙訓結，與上結紐義同。本篇有莙凝天地之文，繆稱篇注，又訓莙爲結。（説並詳繆稱篇。）此困當訓莙之切證。「團」譌爲「圓」，形義尚不甚遠，「莙」字形壞作「芼」，則非深思不能得也。

〔六六〕【許注】埒，兆朕也。

【箋釋】王念孫云：「明事埒事」，下「事」字因上「事」字而衍。「明事埒」者，明百事之形埒以示人也。高注繆稱篇曰「形埒，兆朕也。」故此注亦曰「埒，兆朕也」。○劉家立云：王氏删去下「事」字是也。惟上文「以領理人之意」，義亦不可通，疑此「事」字本在「人」字之下，寫者誤衍於「事埒」字下。以領理人事之意，即所謂假譬取象，異類殊形，皆人事也。

〔六七〕【版本】藏本「所」作「是」，景宋本、茅本、汪本、張本、吴本、黄本、莊本、集解本作「所」，今據改，餘本同藏本。

〔六八〕【許注】標，末也。壇，場也。

【箋釋】俞樾云：高注曰「壇，場也」，然「終始」不當以壇場言，此注未得其義。「壇」當讀爲「嬗」。說文女部：「嬗，一曰傳也。」精神篇「以不同形相嬗也」，高注曰：「嬗，傳也。」「終始之嬗」，即終始之傳，作「壇」者，叚字也。○章炳麟云：「鑽」借爲「讚」。方言：「讚，解也。」周語：「土乃脈發。」注：「脈，理也。」凡文理爲理，理之亦爲理。讚謂解之也，脈謂理之也。○馬宗霍云：說文云：「壇，祭場也。」許君此注，亦謂祭之壇場。禮記祭法篇「遠廟爲祧，去祧爲壇，去壇爲墠」，鄭玄注云：「祧之言超也。超上去意也。封土曰壇，除地曰墠。」案墠即場也，爲場而後壇之。析言壇與場有别，綜言壇亦場也。推祭法之意，遠祖之廟，在應遷之例，壇場之設，遠廟之祭於是終，新廟之祭於是始。故淮南此文云標舉終始之壇矣。俞說雖可備參，未爲确論。○于大成云：俞說是也。唯末舉終始之傳，義仍不可通。標之訓末，固是本義，然此「標」字當讀爲

「幖」，説文「幖，幖識也」，謂幖舉終始之傳也。

〔六九〕【用韻】「變、反、壇」元部。

〔七〇〕【用韻】「微、機」微部。

〔七一〕【用韻】「福、得」職部，「敗、害」月部。

〔七二〕【版本】藏本「未」作「末」，除王溥本、王鎣本同藏本外，各本皆本「未」，今據改。

〔七三〕【用韻】「淹、深」談侵合韻。

〔七四〕【版本】張本、黄本、莊本、集解本「浄」作「静」，餘本同藏本。汪本、張本、黄本、莊本、集解本「惔」作「淡」，餘本同藏本。

〔七五〕【箋釋】陶鴻慶云：「分學」二字無義，「分」當爲「非」字之誤。脩務訓云：「世俗廢衰，而非學者多。」又云：「今以爲學者之有過而非學。」皆其證也。「欲以偷自佚」，「欲」字不當有，涉上句而衍。

〔七六〕【箋釋】陶鴻慶云：「狂者」與「聖人」誤倒。元文當作「聖人無憂，狂者亦無憂」，下文云「聖人無憂，和以德也；狂者無憂，不知禍福也」，即承此言。説山訓云：「聖人同死生，愚人亦同死生。聖人之同死生，通於分理；愚人之同死生，不知利害所在。」語意與此同。

〔七七〕【用韻】「德、福」職部。

〔七八〕【版本】藏本「則」下「同」字作「通」，王溥本、王鎣本、朱本、茅本、汪本、張本、吴本、黄本、莊本、集解本作「同」，（蔣刊道藏輯要本亦作「同」。）今據改，餘本同藏本。

【箋釋】王念孫云：「與塞而無爲也」下，不當有「同」字，此因下文「同」字而誤衍。○馬宗霍云：此文「通而無爲也，與塞而無爲也同」，是總冒句，言通塞本異，而異中有其同，同無爲之形也。「其無爲則同，其所以無爲則異」是分析句，即承上句同字而申之。言同中有其異，異爲之實也。古人行文自有此句例。王校未必是。○何寧云：王説是也。説山篇云「狂者東走，逐者亦東走，東走則同，所以東走則異」，與此同一句式，「狂者東走，逐者亦東走」下無「同」字。説林篇「湯放其主而有榮名，崔杼弑其君而被大謗，所爲之則同，其所以爲之則異」，句式亦略同，於前二句亦不總其同或異也。

〔七八〕【許注】幾，庶幾也。

【箋釋】于鬯云：「所以能聽」，「以」字涉下文而衍。「故爲之浮稱流説其所以能聽」十一字作一句讀，言諒其所能聽而稱説之也。有「以」字則義不通。○馬宗霍云：本文當讀「故爲之浮稱流説」句絶。「其所以能聽」，「其」猶「此」也，即指浮稱流説而言。「其」字直貫下文。能猶耐也，謂此所以使人耐聽也，此所以使學者孳孳以自幾也。「所以」二字疊出，加足行文語勢。

〔七九〕【用韻】「土、序」魚部。

〔八〇〕【許注】館，舍。

【版本】汪本、張本、黄本、莊本、集解本「情性」作「性情」，餘本同藏本。

〔八一〕【許注】澄，清也。澈澄，别清濁也。

【版本】汪本、張本、黄本、莊本（並注）、集解本（並注）「澈」作「徹」，餘本同藏本。

【用韻】「性、靈、精」耕部。

〔八二〕【許注】嬰，繞抱也。

【箋釋】馬宗霍云：説文女部云：「嬰，頸飾也。从女賏。」段玉裁曰：「貝部賏，頸飾也。嬰與賏，非一字，則解不應同。文選孫綽天台山賦『方解纓絡』，李引説文『嬰，繞也』。纓與嬰通；陸機赴洛中道作詩『世網嬰我身』，李引説文：『嬰，繞也。』唐初本可據。繞者，纏也。一切纏繞如賏之纏頸，故其字从賏。」段氏據李善所引説文訂正今本説文「嬰」下之解當作「繞也」。許君此注亦訓嬰爲「繞抱」，正與李引説文合，尤其本證，足以佐成段説。段王諸人皆以今本淮南純出高注，未知其中八篇爲許注。要略篇其一也。故段注説文未引及此。

〔八三〕【版本】藏本「正」上有「之」字，除景宋本、葉本同藏本外，各本均無，今據删。

〔八四〕【用韻】「陽、方、行、生」陽耕合韻，「和、隨」歌部，「内、歸」物微通韻。

〔八五〕【許注】景星，在月之旁，則助月之明也。

【箋釋】雙棣按：史記天官書云：「天精而見景星。景星者，德星也。其狀無常，常出於有道之國。」晉書天文志中云：「瑞星，一曰景星，如半月，生於晦朔，助月爲明。或曰，星大而中空。或曰，有三星，在赤方氣，與青方氣相連，黄星在赤方氣中，亦名德星。」王充論衡謂即爲五星。

是應篇云：「夫景星，或時五星也。古質不能推步五星，不知歲星、太白何如狀，見大星則謂景星矣。」

〔八六〕【許注】風不鳴條也。

【箋釋】雙棣按：風不鳴條，謂盛世之徵。鹽鐵論水旱篇云：「周公之時，風不鳴條，雨不破塊，旬而一雨，雨必以夜。」搜神記四云：「文王以太公爲灌壇令，期年，風不鳴條。」不鳴條之風，亦即祥風也。

〔八七〕【用韻】「下、野」魚部。

〔八八〕【版本】除景宋本同藏本外，各本「用」上均有「專」字。

【箋釋】何寧云：「專」字後人所加，疑「用」下當補「其」字。

〔八九〕【用韻】「籍、度」鐸部。

〔九〇〕【版本】張本、黄本、莊本、集解本「弗」作「不」，餘本同藏本。

〔九一〕【用韻】「歸、化」微歌合韻。

〔九二〕【許注】鴻，大也。烈，功也。凡二十篇總謂之鴻烈。

凡屬書者，所以窺道開塞，庶後世使知舉錯取捨之宜適，外與物接而不眩，内有以處神養氣，宴煬至和，而己自樂所受乎天地者也。故言道而不明終始，則不知所倣依；言終始而不明天地四時〔一〕，則不知所避諱；言天地四時而不引譬援類，則不識精微〔二〕；言至精而不原人之神氣〔三〕，則不知養生之機〔四〕；原人情而不言大聖之德，則不知五行之差；言帝道而不言君事〔五〕，則不知小大之衰〔六〕；言君事而不爲稱喻，則不知動静之宜；以稱喻而不言俗變〔七〕，則不知合同大指〔八〕；已言俗變而不言往事〔九〕，則不知道德之應；知道德而不知世曲，則無以耦萬方；知氾論而不知詮言，則無以從容〔一〇〕；通書文而不知兵指，則無以應卒；已知大略而不知譬諭〔一一〕，則無以推明事；知公道而不知人間，則無以應禍福；知人間而不知脩務，則無以使學者勸力。欲强省其辭，覽惣其要，弗曲行區入，則不足以窮道德之意。故著書二十篇，則天地之理究矣，人間之事接矣，帝王之道備矣〔一二〕。其言有小有巨，有微有粗，指奏卷異，各有爲語〔一三〕。

今專言道，則無不在焉，然而能得本知末者，其唯聖人也。今學者無聖人之才，而不爲詳説，則終身顛頓乎混溟之中，而不知覺寤乎昭明之術矣〔一四〕。今易之乾、坤足以窮道通意也，八卦可以識吉凶、知禍福矣〔一五〕，然而伏羲爲之六十四變〔一六〕，周室增以六爻〔一七〕，所以原測淑清之道，而攟逐萬物之祖也〔一八〕。夫五音之數，不過宫、商、角、徵、羽，然而五絃之琴不可鼓也〔一九〕，必有細大駕和，而後可以成曲〔二〇〕。今畫龍首，觀者不知其何獸也〔二一〕，具其形，則不疑矣。今謂之道則多，謂之物則少，謂之術則博，謂之事則淺。推之以論，則無可言者〔二二〕，所以爲學者，固欲致之不言而已也。

夫道論至深，故多爲之辭以抒其情；萬物至衆，故博爲之説以通其意。辭雖壇卷連漫，絞紛遠援〔二三〕，所以洮汰滌蕩至意〔二四〕，使之無凝竭底滯，捲握而不散也〔二五〕。夫江河之腐胔不可勝數，然祭者汲焉，大也〔二六〕。一盃酒白，蠅漬其中，匹夫弗嘗者，小也〔二七〕。誠通乎二十篇之論，睹凡得要〔二八〕，以通九野〔二九〕，徑十門〔三〇〕，外天地，捭山川〔三一〕，其於逍遥一世之間，宰匠萬物之形，亦優游矣。若然者，挾日月而不烑〔三二〕，潤萬物而不耗〔三三〕。曼兮洮兮，足以覽矣！藐兮浩浩曠曠兮，可以游矣〔三四〕。

校釋

〔一〕【用韻】「始、時」之部。

〔二〕【版本】莊本、集解本「識」作「知」，餘本同藏本。

〔三〕【用韻】「類、氣」物部。

〔四〕【用韻】「依、諱、微、機」微部。

〔五〕【用韻】「德、事」職之通韻。

〔六〕【箋釋】馬宗霍云：此衰謂等衰，等衰猶等次，言不知小大之等次也。

〔七〕【版本】除景宋本同藏本外，各本「稱」上「以」均作「言」。

〔八〕【用韻】「衰、宜、指」歌微脂合韻。

〔九〕【箋釋】雙棣按：「言」上「已」字，疑爲衍文，上下文例，言某某而不言某某，知某某而不知某某，「言、知」上皆無「已」字，（下文「已知大略而不知譬喻」，「已」亦疑衍。）此似亦不當有。

〔一〇〕【用韻】「應、方、容」蒸陽東合韻。

〔一一〕【箋釋】陳昌齊云：「大略」，别本作「兵略」。

〔一二〕【箋釋】雙棣按：爾雅釋言、説文：「究，窮也。」吕氏春秋孝行：「究於四海。」高注：「究，極也。」廣雅釋詁二：「接，徧也。」王氏疏證無説，淮南此處正與廣雅合。究、接、備三字義近，皆有窮盡、齊備之義。

〔一三〕【用韻】「事、福、力、意、備」之職通韻。

〔一四〕【用韻】「巨、粗、語」魚部。

〔一五〕【版本】藏本「顛」誤作「顛」，各本均作「顛」，今據改。

〔一六〕【箋釋】方光云：錢繹方言箋疏引淮南要略云：「終身顛頓乎混溟之中。」是頓爲惛亂也。

〔一七〕【用韻】「意、福」職部。

〔一八〕【許注】八八變爲六十四卦，伏羲示其象。

【箋釋】于大成云：周易正義論重卦之人，「凡有四説：王輔嗣等以爲伏羲重卦，鄭玄之徒以爲神農重卦，孫盛以爲夏禹重卦，史遷等以爲文王重卦」，而定以伏羲爲是，而失引淮南子。至朱震著漢上易傳乃引之。皮錫瑞謂「解經以最初之説爲主」，因定以史遷、揚雄、班固、王充之説謂文王重卦爲是，（經學通論一。）不知著於文字者，淮南更先於史遷也。若推其傳授淵源，以史公父談受易楊何，遂以史公用楊何之説；然則淮南之書二十篇，幾于字字本先秦書，具見于曾國藩、楊樹達、麥文郁、島田翰，此伏羲重卦之説，亦必有其本原。正義以伏羲爲是，是矣。

〔一七〕【許注】周室，謂文王也。

〔一八〕【箋釋】馬宗霍云：説文及玉篇、廣韻諸書皆無擵字，字彙補始收之，即引淮南此文爲據，謂擵與攈同。案：攈者攗之别體，説文手部云：「攗，拾也。」方言卷二云：「攗，取也。」拾、取與逐共文，義不可通。余疑「擵」蓋「窘」之借字。説文穴部云：「窘，迫也。」引申之義則爲窮。後漢書西羌傳李賢注「窘，窮也」，是其證。説文辵部云：「逐，追也。」然則「擵逐萬物之祖」者，猶言窮追萬物之祖也。窮追即遠溯之意。

【用韻】「道、祖」幽魚合韻。

〔一九〕【版本】藏本無「然」字，景宋本、茅本、汪本、張本、黄本、莊本、集解本有，今據補，餘本同藏本。

【用韻】「數、羽、鼓」侯魚合韻。

〔二〇〕【箋釋】馬宗霍云：詩小雅小東篇「終日七襄」，鄭箋云：「襄，駕也。」駕謂更其肆。」是襄駕之駕，又兼有「更」義。淮南本文，正謂細大之音，更互相和，而後成曲。故謂之「駕和」矣。駕和者，猶樂記所云「比音而樂之」也。楚辭大招篇「伏戲駕辯」，王逸注云：「伏戲氏作瑟，造駕辯之曲。」古曲以駕名，亦其旁證也。

〔二〕【用韻】「首、獸」幽部。

〔三〕【用韻】「淺、言」元部。

〔三〕【版本】景宋本、茅本、汪本、張本、黄本、吴本、莊本、集解本「僈」作「漫」，餘本同藏本。葉本、莊本、集解本「援」作「緩」，餘本同藏本。

【箋釋】李哲明云：此狀其辭之曲折而廣博也。壇卷連漫，亦可云連卷、壇漫。文選思玄賦注：「連卷，長回貌。」莊子馬蹄篇注：「澶漫，縱逸也。」澶即壇字，單言之云連卷、壇漫，絫言之則曰壇卷連漫，其義一也。〇馬宗霍云：「壇」通作「儃」。楚辭惜誓篇「儃回而不息」，王逸注云：「儃回，運轉也。」此之「壇卷」猶彼之「儃回」。又莊子田子方「儃儃然不趨」，釋文引李頤注云：「儃儃，舒閒之貌。」然則「壇卷」猶言「舒卷」也。〇雙棣按：壇卷爲疊韻聯緜字，不舒展之貌。莊子在宥云：「乃始臠卷傖囊而亂天下也。」釋文引司馬：「臠卷，不申舒之狀也。」釋名釋宮室云：「欒，攣也，其體上曲，攣卷然也。」臠卷、攣卷與此壇卷義同。

〔四〕【許注】洮汰，潤也。

【箋釋】陶方琦云：大藏音義九十二引許注：「汰，達也。」按：今注誤，當依大藏音義引文。汰，説文作「泰，滑也」，古文作夳。達即澾字。字林：「澾，滑也。」今注潤乃澾字之誤。〇易順鼎云：疑注本作「洮，潤；汰，達也」。説文水部：「汏，淅瀰也。從水，大聲。」此作汰，即汏字。洮汰本古語，通俗文：「淅米謂洮汰。」後漢書陳元傳注：「洮汰猶洗濯也。」此以達訓汰者，汰達疊韻字。○向承周云：注「澗」當作「瀾」。説文：「汏，淅瀾也。」○雙棣按：易、向説是。洮汰與滌蕩義近，謂滌除也。

〔二五〕【用韻】「優、援、滯、散」元月通韻。

〔二六〕【版本】藏本「焉」誤作「馬」，除葉本同藏本外，各本無均作「焉」，今據改。

〔二七〕【箋釋】王念孫云：一盃酒白，「白」字義不可通。藝文類聚器物部引此，「白」作「甘」，是也。言酒雖甘，而蠅漬其中，則人弗飲也。隸書「甘」字或作「曰」，與「白」相似而誤。○陳昌齊云：類聚「白蠅」作「甘蠅」。○俞樾云：「酒白」二字文不成義，疑本作「白酒」，而傳寫誤倒之。周官酒正職鄭注曰：「昔酒，今之酋久白酒。」然則「白酒」正漢時常語。藝文類聚引此，「白」作「甘」，蓋因已倒爲「酒白」，故臆改爲「甘」字，一盃酒甘，亦於義不安，未足據也。

〔二八〕【版本】藏本「睹」作「睹」，景宋本、王溥本、王鎣本、莊本、集解本作「睹」，今據改，餘本同藏本。

〔二九〕【許注】九野，八方中央也。

〔三〇〕【許注】八方上下也。

〔三一〕【許注】捭，屏去也。

【用韻】「門、川」文部。

〔三二〕【許注】挾，至也。烑，光也。

【箋釋】孫詒讓云：挾，當爲周挾之義。荀子禮論篇「方皇周挾」，楊注云：「挾，讀爲浹，帀也。」「宨」者，「窕」之借字。（二字聲類同。）本經訓高注云：「窕，不滿密也。」後文云「布之天下而不窕」，注云：「窕，緩也。」前俶真訓云「横扃天地之間而不窕」，氾論訓云「舒之天下而不窕」，荀子賦篇云「充盈大宇而不窕」，並與此文意相近。○吴承仕云：孫説近之。「宨」字不見於説文，宨光之義，亦無他證。然廣韻宵韻遥紐下，有宨字。注云：「光也。」集韻、類篇據收，疑即本之淮南注，蓋舊本如是，非傳寫之譌也。

〔三〕【用韻】「宨、秏」宵部。

〔四〕【版本】茅本、汪本、張本、吴本、黄本、莊本、集解本下「浩」字作「兮」，餘本同藏本。

【用韻】「覽、曠」談陽合韻，「洮、游」宵幽合韻。

文王之時，紂爲天子，賦歛無度，戮殺無止，康梁沉湎，宫中成市〔一〕，作爲炮格之刑〔二〕，刳諫者，剔孕婦，天下同心而苦之〔三〕。文王四世纍善〔四〕，脩德行義，處岐周之間，地方不過百里，天下二垂歸之〔五〕。文王欲以卑弱制强暴，以爲天下去殘除賊而成王道，故太公之謀生焉〔六〕。

文王業之而不卒，武王繼文王之業〔七〕，用太公之謀，悉索薄賦〔八〕，躬擐甲胄〔九〕，以伐無道，而討不義，誓師牧野，以踐天子之位。天下未定，海内未輯，武王欲昭文王之令德，使夷狄各以其賄來貢，遼遠未能至，故治三年之喪，殯文王於兩楹之間〔一〇〕，以俟遠方〔一一〕。武王立三年而崩，成王在襁褓之中〔一二〕，未能用事〔一三〕，蔡叔、管叔輔公子禄父〔一四〕，而欲爲亂。周公繼文王之業，持天子之政〔一五〕，以股肱周室，輔翼成王。懼爭道之不塞，臣下之危上也，故縱馬華山，放牛桃林，敗鼓折枹〔一六〕，搢笏而朝，以寧靜王室，鎮撫諸侯。成王既壯，能從政事，周公受封於魯，以此移風易俗。孔子脩成康之道，述周公之訓，以教七十子，使服其衣冠，脩其篇籍，故儒者之學生焉。

墨子學儒者之業，受孔子之術〔一七〕，以爲其禮煩擾而不悦〔一八〕，厚葬靡財而貧民，［久］服傷生而害事〔一九〕，故背周道而用夏政〔二〇〕。禹之時，天下大水，禹身執虆臿，以爲民先〔二一〕，剔河而道九岐〔二二〕，鑿江而通九路〔二三〕，辟五湖〔二四〕，而定東海〔二五〕。當此之時，燒不暇撌〔二六〕，濡不給扢〔二七〕，死陵者葬陵，死澤者葬澤，故節財、薄葬、閒服生焉〔二八〕。

齊桓公之時，天子卑弱，諸侯力征，南夷北狄，交伐中國，中國之不絶如綫〔二九〕。齊國之地，東負海而北鄣河〔三〇〕，地狹田少，而民多智巧〔三一〕。桓公憂中國之患，苦夷狄之亂〔三二〕，欲以存亡繼絶，崇天子之位，廣文武之業，故管子之書生焉。

齊景公内好聲色，外好狗馬，獵射亡歸，好色無辨〔三三〕，作爲路寢之臺〔三四〕，族鑄大鍾〔三五〕，撞之庭下，郊雉皆呴〔三六〕，一朝用三千鍾贛〔三七〕，梁丘據、子家噲導於左右〔三八〕，故晏子之諫生焉。

晚世之時，六國諸侯，谿異谷別，水絶山隔，各自治其境内，守其分地，握其權柄，擅其政令〔三九〕，下無方伯，上無天子，力征争權，勝者爲右，恃連與國〔四〇〕，約重致，剖信符，結遠援，以守其國家，持其社稷，故縱横脩短生焉〔四一〕。

申子者，韓昭釐之佐。韓，晉别國也，地墽民險〔四二〕，而介於大國之間；晉國之故禮未滅，韓國之新法重出；先君之令未收，後君之令又下；新故相反，前後相繆，百官背亂〔四三〕，不知所用，故刑名之書生焉。

秦國之俗，貪狼〔四四〕强力，寡義而趍利；可威以刑，而不可化以善；可勸以賞，而不可厲以名；被險而帶河，四塞以爲固，地利形便，畜積殷富；孝公欲以虎狼之勢而吞諸侯，故商鞅之法生焉。

若劉氏之書〔四五〕，觀天地之象，通古今之事〔四六〕，權事而立制，度形而施宜〔四七〕，原道〔德〕之心，合三王之風〔四八〕，以儲與扈治〔四九〕，玄眇之中，精摇靡覽〔五〇〕，棄其畛挈〔五一〕，斟其淑静，以統天下，理萬物，應變化，通殊類，非循一跡之路，守一隅之指，拘繫牽連於物，而不與世推移也〔五二〕。故置之尋常而不塞，布之天下而不窕〔五三〕。

校　釋

〔一〕【許注】康梁，耽樂也。沉湎，淫酒也。成市，言集者多。

【版本】汪本、張本、黄本、莊本、集解本「戮殺」作「殺戮」，餘本同藏本。

【箋釋】陳昌齊云：御覽「沉湎」作「流湎」。

〔二〕【版本】藏本「格」作「烙」，景宋本作「格」，今據改，餘本同藏本。

【箋釋】王引之云：此吕氏春秋過理篇所謂「肉圃爲格」也。後人多改「炮格」爲「炮烙」，段氏若膺嘗正其誤。（見盧氏鍾山札記。）○俞樾云：段氏玉裁謂「炮烙」本作「炮格」，云：「史記索隱引鄒庭云『烙，一音閣』。楊倞注荀子議兵篇云『烙，音古責反』。觀鄒、楊所音皆是『格』字無疑。鄭康成注周禮牛人云：『互，若今屠家縣肉格。』」段氏此説洵足訂正向來傳寫之誤。惟炮格似有二義，炮格爲刑具，一義也。爲飲食炊爨之事，别爲一義。○雙棣按：段、王、俞説皆是。日人松皐圓曰：「炮格本爲膰炙，後以爲刑具耳。」松皐圓説亦是。高誘於吕氏春秋過理「肉圃爲格」及順民「炮烙之刑」注均同，可證本爲一物，先用於炊爨，又用爲刑具耳。

〔三〕【用韻】「子、止、市、婦、苦」之魚合韻。

〔四〕【許注】太王、王季、文王、武王，凡四世也。

〔五〕【箋釋】莊逵吉云：御覽「垂」作「分」。○雙棣按：御覽作「分」誤，參道應篇一七一六頁注〔一〕。

〔六〕【許注】太公爲周陳陰符兵謀也。

【版本】藏本注「爲」作「謂」，景宋本、茅本、汪本、莊本、集解本作「爲」，今據改。王溥本、朱本、葉本同藏本。

〔七〕【箋釋】楊樹達云：廣雅釋詁云：「業，始也。」吕氏春秋下賢篇云：「文王造之而未遂。」此淮南語所本。高彼注云：「造，始也。」○馬宗霍云：爾雅釋詁云：「業，緒也。」廣雅釋詁一云：「業，始也。」「業之」之「業」義爲始，「卒」猶終也。文王業之而不卒，言文王始之而未終也。「繼業」之「業」義爲緒，「繼」猶承也。武王繼文王之業，言武王承文王之緒也。

〔八〕【許注】薄，少也。賦，兵也。

〔九〕【許注】擐，貫著也。

〔一〇〕【許注】殯，大斂也。兩楹，堂柱之間。賓主夾之。

【箋釋】于鬯云：周初用殷禮。

〔一一〕【用韻】「喪、方」陽部。

〔一二〕【箋釋】陳昌齊云：文選稽康哀憤詩注引，「在褓繈」上有「幼」字。○于大成云：有「幼」字是也。尚書金縢大傳「武王死，成王幼在襁褓，周公盛養成王，使召公奭爲傅，周公身居位，聽天下爲政，管叔疑周公」云云，即此事；大戴禮記保傅篇「昔者，周成王幼，在襁褓之中」，「成王」下並有「幼」字。○雙棣按：唐本玉篇糸部緥字下引淮南作「成王在繈緥之中」，與今本小異，然亦無「幼」字。

〔一三〕【用韻】「崩、事」蒸之通韻。

〔一四〕【許注】禄父，紂之兄子，周封之以爲殷後，使管、蔡監之也。

【箋釋】于鬯云：注高云「禄父，紂之兄子」，與史記管蔡世家言紂子不同，異聞也。

〔一五〕【箋釋】陶鴻慶云：此承上文武王崩，成王未能用事而言，「文王」當爲「文武」，蓋涉上「武王繼文王之業」之「文」而誤複也。下文云：「孔子脩成康之道，述周公之訓。」又云：「墨子學儒者之業，受孔子之術。」皆上下相承，此亦當兼「文武」言之。

〔一六〕【版本】藏本「枹」作「抱」，除景宋本同藏本外，各本皆作「枹」，（蔣刊道藏輯要本亦作「枹」。）今據改。

〔一七〕【箋釋】方光云：「學」當爲「非」，「受」當爲「薄」，墨子有非儒篇，且墨子學儒者之業，受孔子之術，於古無徵。夫已學其業，受其術，安有背馳如此者，其譌誤可知。

〔一八〕【許注】悦，易也。

【版本】莊本、集解本正文及注「悦」作「説」，餘本同藏本。

【箋釋】王念孫云：如注義，則「悦」當爲「侻」。（他活反。）本經篇「其行侻而順情」，彼注云：「侻，簡易也。」義與此注同。莊本改「悦」爲「説」，未達高氏之旨。○陳昌齊與王説同。

〔一九〕【版本】藏本無「久」字，據王念孫校補，各本同藏本。

【箋釋】王念孫云：「服傷生而害事」，文義未明，「服」上當有「久」字。厚葬、久服相對爲文。墨子節葬篇多言厚葬久喪，晏子春秋外篇「厚葬破民貧國，久喪遁哀費日」，皆淮南所本也。

〔二〇〕【用韻】「民、政」真耕合韻。

〔二一〕【版本】藏本「凾」作「垂」，景宋本作「凾」，今據改，餘本同藏本。

【箋釋】莊逵吉云：太平御覽「虆垂」作「畚插」爲是，此誤也。〇王念孫云：「垂」字誤，而「虆」字不誤。虆，謂盛土籠也。「垂」當爲「臿」，臿，今之鍬也。大雅緜傳云：「捄，虆也。」箋云：「築牆者捊聚壤土，盛之以虆，而投諸版中。」「虆」字或作「蔂」。説山篇「蔂成城」，高注云：「蔂，土籠也。」韓子五蠹篇「禹之王天下也，身執耒臿，以爲民先」，此即淮南所本。耒與虆聲相近，耒臿即虆臿也。孟子滕文公篇「蓋歸反虆梩而掩之」，趙注云：「虆梩，籠臿之屬，可以取土者也。」彼言虆梩，亦即此所謂虆臿也。（廣雅：「梩，臿也。」）管子山國軌篇「梩龍纍箕」，纍亦與虆同。太平御覽引此「虆」作「畚」，所見本異耳。不得據彼以改此也。「垂」者，「臿」之誤，非「插」之誤，俗書「臿」字或作「凾」，（見廣韻。）「垂」字或作「埀」，（見漢富春丞張君碑。）二形相似，故「臿」誤爲「垂」矣。〇顧廣圻云：宋本「凾」未誤「垂」。〇王叔岷云：王説是也。天中記十一引「虆垂」作「畚插」，與御覽同。玉海一二三、路史後紀十三引「垂」並作「臿」，宋本正作「凾」。庶物異名疏十三引「垂」亦作「臿」，惟説爲吕氏春秋文。〇鄭良樹云：永樂大典二一二六〇、天中記十引此「垂」並作「凾」，與宋本同。〇于大成云：王楨農書十三臿下引淮南子作「臿」，丹鉛雜録九引呂氏春秋，皆與景宋本合。書鈔八、御覽、（凡四引，三引作「鍤」，一引作「插」。）農書、天中記十一引作「畚臿」，與今本異。王氏謂乃所見本異，今本是許，則作「畚臿」者爲高本矣，則下文「剔河而道九岐」，御覽引作「疏河而導九支」，注「支，分」者，亦高本也。

〔二二〕【許注】剔，洩去也。九歧，河水播歧爲九，以入海也。

【版本】藏本正文「歧」作「岐」，景宋本作「歧」，今據改，餘本同藏本。各本注兩「歧」字作「岐」，景宋本同藏本。

【箋釋】陳昌齊云：御覽引，「禹之時」，「禹」作「堯」。「虆」作「畚」，「剔」作「疏」，「歧」作「支」，注云：「支，分。」○何寧云：御覽八十二引蓋異本，五百五十五引仍作「禹之時」。

〔二三〕【許注】江水通則爲九。

【版本】景宋本、莊本、集解本注「則」作「別」，王溥本、朱本、茅本、葉本、汪本同藏本。

〔二四〕【許注】使水辟人而相從也。

〔二五〕【用韻】「歧、海」支之合韻。

〔二六〕【許注】擯，排去也。

〔二七〕【許注】扢，拭也。

〔二八〕【版本】茅本、汪本、張本、吳本、黄本、莊本、集解本「閒」作「閑」，餘本同藏本。

【箋釋】王念孫云：「閒」與「簡」同。（莊子天運篇「食於苟簡之田」，釋文：「簡，司馬本作閒。」）

簡服，謂三月之服也。宋書禮志引尸子曰：「禹治爲喪法，使死於陵者葬於陵，死於澤者葬於澤，桐棺三寸，制喪三月。」是也。道藏本、劉本作「閒服」，他本「閒」字皆誤作「閑」，而莊本從之，謬矣。文選夏侯常侍誄注及路史後紀引此，並作「簡服」。

〔二九〕【許注】綫，細絲也。

【版本】藏本注「細」作「曰」，景宋本、王溥本、朱本、莊本、集解本作「細」，今據改，葉本同藏本。茅本、汪本、張本、黄本注作「綫線也」。

【箋釋】方光云：公羊傳僖公四年亦有此文，何休注：「綫，縫帛縷，以喻微也。」

〔三〇〕【版本】汪本、吴本、莊本、集解本「鄣」作「障」，景宋本、王溥本、王鎣本、朱本、葉本同藏本，茅本作「彰」，黄本作「漳」。

【用韻】「地、河」歌部。

〔三一〕【用韻】「少、巧」宵幽合韻。

〔三二〕【用韻】「患、亂」元部。

〔三三〕【許注】辨，別也。

【版本】景宋本「亡」作「忘」，餘本同藏本。汪本、張本、黄本（無注）、莊本、集解本正文及注「辨」作「辯」，餘本同藏本。

【箋釋】于鬯云：上文既言内好聲色，此不應復出「好色」字，且「好色無辨」，義亦不顯，疑「好」字本作「子女」二字，誤并爲一字，因衍「色」字。「子女無辨」者，謂男女無別也。○雙棣按：亡，通作忘，景宋本用本字。又此文「好色」二字不誤。「内好聲色，外好狗馬」为總言：「獵射亡歸，好色無辯」爲分説。「獵射」謂「好狗馬」，「好色」謂「好聲色」。「無辯」謂不别優劣而沈溺於其中。

〔三四〕【箋釋】方光云：莊子馬蹄篇「義臺路寢」，崔譔注：「義臺，猶靈臺也。路，正也，大也；路寢，正室也。」

〔三五〕【許注】族，聚也。

【版本】王鎣本、吴本、莊本、集解本「鍾」作「鐘」，餘本同藏本。

【箋釋】莊逵吉云：太平御覽作許慎注。○于省吾云：「族鑄」不詞，「族」乃「匋」之譌。金文、陶文「陶」字均省作「匋」。番生𣪘「族」字作「□」，筍伯大父𣪘「匋」字作「□」，形近而譌。「陶鑄」乃古人謰語，詳墨子新證耕柱篇「而陶鑄之於昆吾」下。墨子言啟鑄九鼎，其稱昆吾者，以昆吾善作陶，能爲嘉範也。吕氏春秋君守「昆吾作陶」，是其證。

〔三六〕【許注】大鍾聲似雷震，雉應而呴鳴也。

【版本】藏本注「呴」作「句」，景宋本、王溥本、茅本、汪本、莊本、集解本作「呴」，今據改，朱本、葉本同藏本。

【箋釋】莊逵吉云：太平御覽「呴」作「雊」，有許慎注云：「鐘聲如雷震，雉皆應之。」與此略同。○陳昌齊云：御覽「庭」上有「於」字。○陶方琦云：莊子在宥「雲氣不待族而下」，司馬注云：

「族，聚也。」廣雅釋詁：「族，聚也。」皆與許注合。説文：「雊，雄雉鳴也。雷始動，雉乃鳴而句其頸。」與淮南注亦合。

〔三七〕【許注】鍾，十斛也。贛，賜也。一朝賜羣臣之費三萬斛也。

【版本】王鎣本、吴本、莊本（並注）、集解本（並注）「鍾」作「鐘」，餘本同藏本。

【箋釋】雙棣按：説文：「鍾，酒器也。」段玉裁注：「古者此器蓋用以宁酒，故大其下小其頸。自鍾傾之而入於尊，自尊勺之而入於觶。故量之大者亦曰鍾。」鍾爲量器，引申之義也。左傳昭公三年：「齊舊四量，豆、區、釜、鍾。四升爲豆，各自其四，以登於釜，釜十則鍾。」此爲春秋齊制，淮南此言正齊景公事，故許注「斛」當爲「釜」字之誤甚明。杜預「釜十則鍾」注：「六斛四斗也。」古書多云「六斛四斗爲鍾」，正依左傳推算而得。

〔三八〕【許注】二人，景公臣也。導，諫也。

【版本】藏本注「景」作「者」，屬上讀，莊本、集解本作「景」，今據改，餘本同藏本。景宋本注「諫」作「謙」，餘本同藏本。

【箋釋】顧廣圻云：「諫也」疑作「誘也」。〇方光云：以上語見晏子春秋内篇諫下。〇蔣禮鴻云：注「諫」疑「諂」字之誤。荀子修身篇：「以不善先人者謂之諂。」王氏念孫曰：「諂之言導也，導人以不善也。故曰以不善先人者謂之諂。而莊子漁父篇亦曰：『希意道言謂之諂。』（道與導通。）』不苟篇：『非諂諛也。』賈子先醒篇：『君好諂諛而惡至言。』韓詩外傳並作『道諛』，是

『諂諛』即『導諛』也，導與諂聲之轉。諂諛之爲導與，臽及之爲導及，禫服之爲導服，皆聲轉而字異也。」○雙棣按：許注「諫」當爲誤字，說文：「諫，證也。」周禮保氏鄭玄注：「諫者，以禮義正之。」諫事乃晏嬰也，梁丘據等乃諛臣，此「導」一不當爲「諫」也；「導」亦無「諫」義，此二不當爲「諫」字。景宋本作「謙」，雖不確，亦可見今本之誤。顧廣圻謂「諫」疑爲「誘」之誤。或是也。「誘」與「導」音義皆近，詩經野有死麕毛傳：「誘，道也。」導（道）或向善，或向惡，向惡則爲惑。主術：「秦穆公以女樂誘之。」高誘注：「誘，惑也。」此則梁丘據等誘惑於齊景公左右也。

〔三九〕【用韻】「柄、令」陽耕合韻。

〔四〇〕【許注】恃怙連與之國。

【版本】莊本、集解本注「恃怙」作「怙恃」。

【箋釋】王念孫云：「連與」二字連讀，漢書武五子傳「羣臣連與成朋」是也。「恃連與，約重致，剖信符，結遠援」，皆三字爲句，則「連與」下不當有「國」字，蓋涉注文而衍。

【用韻】「子、右」之部。

〔四一〕【箋釋】劉家立云：上文「儒者之學生焉」，下文「刑名之書生焉」，則「縱橫脩短」下當有「之說」二字，方與上下文相合。此節由文王、周公歷述至商鞅而止，此縱横之說，即指蘇秦、張儀而言也，無此二字，文義不完。

〔四二〕【箋釋】方光云：主術訓「肥墽高下，各得其宜」，脩務訓「相土地之宜燥濕肥墝高下」，「墽」應與

「墝」同。

〔四三〕【用韻】「反、亂」元部。

〔四四〕【許注】狼，荒也。

【箋釋】雙棣按：廣雅釋詁三：「狼、戾，很也。」此狼字亦當訓很（今作狠），凶狠之義。董仲舒賢良策二：「至秦則不然，……憯帝王之道，以貪狼爲俗。」「貪狼」猶「貪狠」也。「荒」乃誤字。

〔四五〕【許注】淮南王自謂也。

【箋釋】吴汝綸云：劉氏之書決非自謂，然則要略一篇，乃他人所爲，非淮南自序也。

〔四六〕【版本】景宋本「事」作「論」，餘本同藏本。

〔四七〕【用韻】「制、宜」月歌通韻。

〔四八〕【版本】藏本無「德」字，據顧廣圻校補，各本同藏本。

【箋釋】顧廣圻云：「道」下疑當有「德」字，與下句對文也。精神篇「深原道德之意」亦可證。

〔四九〕【許注】儲與，猶攝業。扈治，廣大也。

【用韻】「心、風」侵部。

【箋釋】雙棣按：馬宗霍於本經篇箋釋引楚辭嚴忌哀時命及王逸注云：「衣攝葉以儲與兮。」王逸注云：「攝葉、儲與，不舒展貌。」按：王注恐非。哀時命云「衣攝葉以儲與兮，左袪挂於榑桑，右衽拂於不周兮，六合不足以肆行」，「左袪挂於榑桑，右衽拂於不周」，狀其衣之博大，而非不舒展，哀時命及王注「攝葉、儲與」並言，其義一也，皆博大貌。此文「儲與扈治」連文，許注釋「扈治」爲「廣大」，「儲與」亦當同義。

〔五〇〕【許注】楚人謂精進爲精摇，靡小皆覽之。

【箋釋】劉盼遂云：方言卷六：「遥，疾行也，南楚之外曰遥。」淮南王書假「摇」爲之，許注本揚説也。○于省吾云：精進、靡小皆覽之，語不可通。注説非是。「摇」應讀作「猶」，禮記檀弓「詠斯猶」注：「猶當爲摇，聲之誤也。秦人猶、摇聲相近。」是其證。玄眇之中，精猶靡覽，言玄眇之中，精猶不得見也。意謂精之又精，微不可極也。○蔣禮鴻云：「靡覽」與「精摇」相對爲文，靡覽謂覽觀其微妙，精摇謂籀繹其精深也。説文：「籀，讀書也。」段氏注曰：「言部曰：『讀，籀書也。』敍目曰：『尉律：學僮十七以上始試，諷籀書九千字，乃得爲吏。』試字句絶，諷籀連文，謂諷誦而抽繹之，滿九千字，皆得六書之恉，乃得爲吏也。此籀字之本義，經傳㪅用。今學者絶少知其本義，故於『讀』下『籀書』改爲『誦書』，於敍目釋爲籀書九千字。毛傳曰：『讀，抽也。』（禮鴻案：鄘風牆有茨傳文。）方言曰：『抽，讀也。』抽皆籀之假借。籀者，抽也；讀者，續也。抽引其緒，相續而不窮也。亦假紬字爲之。太史公自序：『紬史記、石室、金匱之書。』如淳云：『抽徹舊書故事而次述之也。』亦借繇字爲之。春秋傳卜筮繇辭今皆作繇，又俗作䌛，據許則作籀，服虔曰：『繇，抽也。抽出吉凶也。』」段氏言「籀、抽、紬、繇」通用甚明。淮南精摇，摇與繇同從䚻聲。籀、抽、紬古韻屬幽部，繇、摇屬宵部，幽宵旁轉，故「摇」得借爲繇若籀。精摇即精繇、精籀也。

〔五一〕【許注】楚人謂澤濁爲畛挈也。

【箋釋】劉盼遂云：「畛」假爲「沴」，「挈」假爲「丰」，非連字也。説文：「沴，水不利也。」「丰，艸蔡也。象草生之散亂也。」挈從丰聲，故得通假。○楊樹達云：「畛挈」無義，注義亦不明。愚疑「挈」當讀爲「界」。「挈、界」古音同，故可通用。説文田部云：「畛，井田間陌也。界，境也。」二字義近，故得連用矣。○于大成云：「挈」疑「涊」字之誤，二字上半相似。「畛」讀爲「淟」，「畛涊」即「淟涊」也。廣雅釋訓「淟涊，垢濁也」，楚辭劉向九歎惜賢「切淟涊之流俗」，王注「淟涊，垢濁也」，漢書揚雄傳「紛纍以其淟涊兮」，應劭曰「淟涊，穢濁也」，義並同。此注「澤濁」當爲「滓濁」，滓濁、穢濁、垢濁，其義一也。許既釋爲「滓濁」，即必不讀正文爲「畛界」明矣。且句與下句「斟其淑静」，相對爲文而義相反，淑静是清湛之義，（静讀爲清。）則此文必不得爲「畛界」又明矣。

〔五二〕【版本】莊本、集解本「於」作「之」，葉本作「于」，餘本同藏本。

〔五三〕【許注】宛，緩也。布之天下，雖大不宛也。

附録一　淮南子校釋校勘所據版本

一　明正統十年刊道藏本（簡稱藏本）

刻於明正統十年，民國十四年上海涵芬樓據北京白雲觀藏本影印。經摺本，書半頁五行，行十七字，注爲雙行小字，亦行十七字。端識「太尉祭酒臣許慎記上」。二十八卷，原道、俶真、天文、地形、時則、主術、氾論七篇各分上下。王念孫曰：「余未得見宋本，所見諸本中，唯道藏本爲優。」王氏所云道藏本，實爲嘉慶間蔣元庭依正統道藏翻刻之道藏輯要本，其與道藏本亦或有出入。書半頁十行，行二十四字。光緒三十二年成都二仙菴有重刻道藏輯要本。

藏本雖謂近古，然亦有譌錯脱誤。

余所據爲底本者，乃涵芬樓景印之正統道藏本。此次又復核了子藏所收國家圖書館藏白雲觀本正統道藏。

二　劉泖生景寫北宋小字本（簡稱景宋本）

此書上海涵芬樓影印，四部叢刊收入。

二十一卷。半頁十二行，行大字二十二字（間有二十一字者），小字二十五字（間有二十六、二十七字者）。端識「太尉祭酒臣許慎記上」。每卷首題淮南鴻烈解卷第幾，惟繆稱題淮南鴻烈間詁第十，要略題淮南鴻烈間詁第二十一。

顧廣圻曰：「此於今日洵爲最善之本矣。」吴則虞云：「此書雖多佳勝，然舛誤開卷便是，披沙見金，然沙多而金終少。」余謂有金終勝無金，淘沙見金，燦然光耀，屢使校者喜形於色。

今據四部叢刊所收上海涵芬樓影印劉泖生景寫本。

三　明弘治辛酉王溥較刊本（簡稱王溥本）

刻於明弘治十四年。二十八卷。半頁九行，行十七字。端識「漢太尉祭酒許慎記上，後學劉績補注，後學王溥較刊」。書末有「弘治辛酉蘆泉劉績識」之後序，云：「暇中據他書補數千字，改正數百字，删去數百字，其疑者仍存難。」

王念孫謂此本僅次於道藏本。吴則虞謂此本注文佳勝，不勝枚舉，劉氏補注亦頗淵雅。余謂劉氏删改，有是者，亦有不足取者。

此書刻印粗疏，墨蹟不均，間有淡而難見、濃而費識者，亦或有筆畫不全者。

此書王念孫等稱作劉績本或劉本。

今據中國科學院圖書館善本室藏。

四　明嘉靖庚寅閩中王鎣等刻本（簡稱王鎣本）

刻於明嘉靖九年。二十八卷。半頁九行，行十七字。端識「漢太尉祭酒臣許慎記上，明後學閩中王鎣、壽春范慶校正」。書前有淮南子序略，書後有題「嘉靖上章攝提格玄月既望後學閩中王鎣書于仕學堂之龍雷窟」之後序。

是書蓋翻刻王溥本而删其注，然亦間有不同於王溥本及諸本者，如説山篇「澳乎其有似也」，各本「澳」均誤作「涣」，唯此本與其後之朱東光本不誤。

今據中國科學院圖書館善本室藏。

五　明萬曆己卯臨川朱東光輯訂中都四子本（簡稱朱本）

刻於明萬曆七年。二十八卷。半頁十行，行二十一字。端識「漢汝南許慎記上，涿郡高誘注釋，明臨川朱東光輯訂，寧陽張登雲參補，休寧吴子玉繙校」。書後有「敘中立四子刻後」、「刻中都四子集敘」。

是書注有删削。正文有挖補而改用小字者，易與注文相混。

是書前或稱中立四子本，或稱中都四子集本。

今據北京大學圖書館善本室藏。

六　明萬曆庚辰西吴温博、茅一桂刊本（簡稱茅本）

刻於明萬曆八年。二十一卷。半頁九行，行十九字。端識「漢河東高誘注，明西吴温博、茅一桂訂」。書前有九華山房主人識，云：「兹翻藏經鈔本及宋元祐本與劉績注本，參訂一過，其字有不易曉者，俱直音本字下。」書後有「萬曆庚辰年月日歸安茅一桂仲父識」之後序，云：「高注繁蕪脱謬，且多魚魯之文，今年春與允文彙藏經鈔本，參相校讎，攟摭經傳而稍稍爲之損益。」

是書蓋源於道藏，而茅氏有所損益。其删削注文十之三四。高氏注音，茅氏一併删除，而俱直音於本字下。又據他書有少許注文增入。

今據北京大學圖書館善本室藏。

七　明萬曆辛巳葉近山刊本（簡稱葉本）

刻於明萬曆九年。二十八卷。半頁十二行，行二十六字。端識「太尉祭酒臣許慎輯」。書前有「萬曆辛巳孟春葉氏近山梓行」碑牌。

是書蓋據道藏本翻刻。藏本誤者，是書多誤，藏本不誤者，是書亦有奪。然亦間有可取者，如氾論篇高注，諸本作「服，中失馬」，此本作「服，中馬也」，此本是，而諸本衍「失」字。是書注文有删削。

今據中國科學院圖書館善本室藏。

八　明萬曆十八年新安汪一鸞刊本（簡稱汪本）

二十一卷。半頁九行，行十九字。端識「漢淮南王劉安著，漢河東高誘注，明新安汪一鸞訂」。是書蓋據茅本翻刻，注文删削及直音之設庶與茅本無異，亦間有與茅本有出入者。

今據北京大學圖書館善本室藏。

九　明新安吴勉學校刻本（簡稱吴本）

二十一卷。半頁九行，行十八字。無注。端識「漢劉向校定，明新安吴勉學校正」。

是書多與王鎣本相合，蓋出於彼。

今據中國科學院圖書館善本室藏。

十　明張烒如刻本（簡稱張本）

二十一卷。半頁九行，行二十字。書前有陸時雍、張存心序，張烒如評點凡例。天格及篇末有茅坤、袁宏道、張榜三家評語。

是書注文删削更甚。

今據北京大學圖書館善本室藏。

十一　明宜黄黄錫禧刊本（簡稱黄本）

二十一卷。半頁九行，行二十字。端識「漢淮南王劉安著，宜黄黄錫禧校」。

是書蓋以張本爲底本，删其評語，注文復有删削，所剩無幾矣。

此書收入漢魏叢書，人或謂爲漢魏叢書本。此書亦有謂爲清初刻本者。

今據北京大學圖書館善本室藏。

十二　清乾隆五十三年武進莊逵吉校刊本（簡稱莊本）

二十一卷。半頁十一行，行二十一字。端識「漢涿郡高誘注，武進莊逵吉校刊」。莊氏有序云：「歲甲辰，逵吉讀道藏於南山之説經臺，覽淮南内篇之注，病其爲後人所删改，質之錢别駕。别駕云：『道書中亦非全本，然較之流俗所行者多十之五六。』爰擂其篋笥以示逵吉，逵吉因是校其同異，正其謬舛，樂得而刻之。」莊氏所據之道藏本，多與正統道藏本不合者。顧廣圻謂非真道藏，乃校道藏本也。

對莊氏此書，清儒多有微詞。王念孫謂其「未曉文意而輒行删改，妄生異説」。陶方琦亦謂「此書疎忽獨甚」。今人吴則虞舉其弊有五：一曰底本不明。藏本不誤，而此本獨誤者不勝枚舉。二曰誤從俗本。其所取校，似僅茅本、張烒如本諸本。三曰注文與正文間隔。四曰引類書之不備。五曰校字疎失，更仆難數。

是書於明末俗本充斥之際出，亦不爲無功。

今據北京大學圖書館藏，並參考光緒二年浙江書局本。

十三　民國十二年合肥劉文典淮南鴻烈集解本（簡稱集解本）

二十一卷。半頁十一行，行二十三字。

是書以莊逵吉本爲底本，輯清儒王念孫、俞樾、陶方琦、孫詒讓等諸家之説，又博引唐宋類書之文。吴則虞氏稱此書「採擇能分雅俗，綜輯亦有倫貫」。不失爲當時較好之版本。

然是書疎漏甚多，楊樹達氏述其失有六，概括爲：一、底本失擇；二、本文、注文多所失校；三、徵引不備。于大成氏又補充四條：一、王氏雜志一條分見數處者不分入各條；二、所引類書不問是非，致誤文充斥；三、校語中唯一二條偶及藏本，餘各本皆未對勘；四、錢塘天文訓補注不入書中而爲附録，有忝集解之名。

楊、于二氏所舉各條多中肯綮。然集解一書，收入清儒王念孫諸家校説，雖未盡，亦有益於當時之治淮南者矣。

今據北京大學圖書館藏民國十二年商務印書館本，並參考一九八九年中華書局重排本。

附録二　淮南子校釋徵引各家箋釋

姓名及生卒年	書名	所據版本
劉　績（明弘治三年進士）	淮南子補注	明弘治王溥刻淮南鴻烈解
方以智（一六一一—一六七一）	通雅	臺灣商務印書館影印文淵閣四庫全書本
顧炎武（一六一三—一六八二）	日知録	道光十四年嘉定黄氏刻本
黄　生（一六二二—一六九六）	義府	道光二十二年歙縣黄氏刻本
胡鳴玉（一六九〇—？）	訂譌雜録	臺灣商務印書館影印文淵閣四庫全書本
姚　範（一七〇二—一七七一）	援鶉堂筆記	道光十五年刻本
趙曦明（一七〇五—一七八七）	讀書一得	
盧文弨（一七一七—一七九六）	鍾山札記	乾隆五十五年刊本
錢大昕（一七二八—一八〇四）	十駕齋養新録	一九三七年商務印書館本
畢　沅（一七三〇—一七九七）	呂氏春秋新校正	乾隆五十四年刊本
錢　塘（一七三五—一七九〇）	淮南天文訓補注	道光八年刻本
段玉裁（一七三五—一八一五）	説文解字注	嘉慶二十年經韻樓刻本

桂　馥(一七三六—一八〇五)	札樸	嘉慶十八年小李山房刻本
孫志祖(一七三六—一八〇一)	讀書脞録	嘉慶七年刻本
陳昌齊(一七四三—一八二〇)	淮南子正誤	賜書堂全集抄本
王念孫(一七四四—一八三二)	讀書雜志	道光十三年高郵王氏刻本
梁玉繩(一七四五—一八一九)	瞥記、庭立紀聞	嘉慶道光間刻清白士集本
洪亮吉(一七四六—一八〇九)	曉讀書齋雜録	光緒三年刊洪北江全集本
梁履繩(一七四八—一七九三)		見王念孫讀書雜志引
劉台拱(一七五一—一八〇五)	淮南子補校	嘉慶二十一年劉端臨先生遺書本
李賡芸(一七五四—一八一七)	炳燭編	同治十一年刊本(見滂喜齋叢書)
郝懿行(一七五七—一八二五)	山海經箋疏	嘉慶揚州阮氏刻本
	爾雅義疏	同治四年棲霞郝氏刻本
王紹蘭(一七六〇—一八三五)	讀書雜記	一九八八年中華書局點校本
莊逵吉(一七六〇—一八一三)	淮南子校本	乾隆五十三年刻本
		參照光緒二年浙江書局刻本
洪頤煊(一七六五—一八三三)	讀書叢録	清末廣雅書局刻本
王引之(一七六六—一八三四)		見王念孫讀書雜志

顧廣圻（一七七〇—一八三九）	淮南子校補	見王念孫淮南内篇雜志補
錢　繹（一七七〇—一八五五）	方言箋疏	光緒十六年廣雅書局本
俞正燮（一七七五—一八四〇）	癸巳類稿、存稿	一九五七年商務印書館本
宋翔鳳（一七七六—一八六〇）	過庭録	一九八六年中華書局點校本
朱駿聲（一七八八—一八五八）	説文通訓定聲	同治九年元和朱氏刻本
沈　濤（嘉慶十五年舉人）	銅熨斗齋隨筆	光緒間刊式訓堂叢書本
汪文臺（一七九六—一八四四）	淮南子校勘記	光緒十一年刻本
張文虎（一八〇八—一八八五）	舒藝室隨筆	同治十三年刻覆瓿集本
徐　鼒（一八一〇—一八六二）	讀書雜釋	咸豐辛酉刊本
曾國藩（一八一一—一八七二）	求闕齋讀書録	光緒三年刊曾文正公全集本
徐時棟（一八一四—一八七三）	煙嶼樓讀書記	光緒三十四年蘧學齋徐氏刻本
黄　楨		據劉文典淮南鴻烈集解引
朱亦棟	羣書札記	光緒四年刻本
俞　樾（一八二一—一九〇七）	諸子平議	同治十年刻本
蔣超伯（道光二十五年會元）	南漘楛語	同治三年刊通齋全集本
	讀淮南子	通齋先生未刻手稿本

李慈銘（一八三〇—一八九四）　越縵堂讀書記　一九五七年商務印書館本
譚　獻（一八三〇—一九〇一）　復堂類集　光緒十三年刻本
李哲明（光緒十八年進士）　淮南義訓疏補　據劉家立淮南集證引
吴汝綸（一八四〇—一九〇三）　淮南子點勘　一九二一年蓮池書社印本
郭慶藩（一八四四—一八九七）　莊子集釋　一九六一年中華書局點校本
陶方琦（一八四五—一八八四）　淮南許注異同詁　光緒七年刊本
（補遺、續補）　光緒八年刊本
劉家立（一八四六—？）　淮南集證　一九二三年中華書局本
孫詒讓（一八四八—一九〇八）　札迻　光緒二十年自刻本
于　鬯（一八五四—一九一〇）　香草續校書　一九六三年中華書局本
易順鼎（一八五八—一九二〇）　淮南許注鈎沉　光緒十六年刻本
陶鴻慶（一八六〇—一九一八）　讀諸子札記　一九五九年中華書局本
王仁俊（一八六六—一九一三）　淮南許注異同詁三續　稿本，據二〇一七年國家圖書館出版社子藏淮南子卷
章炳麟（一八六九—一九三六）　膏蘭室札記　一九八二年上海人民出版社章太炎全集本
王國維（一八七七—一九二七）　觀堂集林　一九五九年中華書局本

吴闓生（一八七七—一九四八）		見吴汝綸淮南子點勘引
胡懷琛（一八八六—一九三七）	淮南集解補正	一九四〇年胡氏樸學齋叢書本
蔣維喬（一八七三—一九五八）	吕氏春秋彙校	一九三七年中華書局光華大學叢書本
吴承仕（一八八四—一九三九）	淮南舊注校理	一九八五年北京師範大學出版社本
	經籍舊音辨證	一九八六年中華書局本
馬敘倫（一八八四—一九七〇）	讀書續記	一九三九年商務印書館本
	讀吕氏春秋記	一九三一年商務印書館本
楊樹達（一八八五—一九五六）	淮南子證聞	一九八五年上海古籍出版社楊樹達文集本
黄　侃（一八八六—一九三五）	經籍舊音辨證箋識	見吴承仕經籍舊音辨證附録
沈兼士（一八八七—一九四七）	沈兼士學術論文集	一九八六年中華書局本
方　光	淮南要略篇釋	一九二八年惠陽方山山館國學别録本
劉文典（一八八九—一九五八）	淮南鴻烈集解	一九二三年商務印書館本
	三餘札記	一九三八年商務印書館本
向承周（一八九五—一九四一）	淮南鴻烈簡端記	一九九九年新國學第一卷
		另據何寧淮南子集釋引
于省吾（一八九六—一九八四）	雙劍誃諸子新證	一九六二年中華書局本

劉盼遂（一八九六—一九六六）	淮南許注漢語疏	國學論叢一卷一期（一九二七年六月）
	論衡集解	一九五七年古籍出版社本
金其源	讀書管見	一九五七年商務印書館本
馬宗霍（一八九七—一九七六）	淮南舊注參正	一九八四年齊魯書社本
諸祖耿（一八九九—一九八九）	戰國策集注彙考	一九八五年江蘇古籍出版社本
高　亨（一九〇〇—一九八六）	諸子新箋	一九六二年山東人民出版社修訂本
范耕研	吕氏春秋補注	據陳奇猷吕氏春秋校釋引
王重民（一九〇三—一九七五）	列子校釋	據楊伯峻列子集釋引
許維遹（一九〇四—一九五一）	吕氏春秋集釋	一九三五年清華大學刊本
吕傳元（一九〇七—一九八四）	淮南子斠補	一九二六年戴庵叢書本
黄　暉（一九一〇—一九七四）	論衡校釋	一九三九年長沙商務印書館本
陳夢家（一九一一—一九六六）	漢簡綴述	一九八〇年中華書局本
王利器（一九一二—一九九八）	文子疏義	二〇〇〇年中華書局本
沈延國（一九一四—一九八五）	讀書雜録	制言半月刊八、十一、十三、十七、二七、二八、四二期（一九三六年、三七年）
	淮南補證	齊魯學報二期（一九四一年七月）

王叔岷（一九一四—二〇〇八）　諸子斠證　二〇〇七年中華書局本

袁　珂（一九一六—二〇〇一）　山海經校注　一九八〇年上海古籍出版社本

蔣禮鴻（一九一六—一九九五）　淮南子校記　浙江師範學院學報一九五七年第一期

義府續貂　一九八七年中華書局增訂本

續淮南子校記　蔣禮鴻語言文字學論叢，一九九四年

浙江古籍出版社本

陳奇猷（一九一七—二〇〇六）　呂氏春秋校釋　一九八四年學林出版社本

劉殿爵（一九二一—二〇一〇）　讀淮南鴻烈解札記　聯合書院學報一九六七年六月

何　寧　劉文典淮南鴻烈集解

舉正　中華文史論叢一九八五年第四輯

淮南子集釋　一九九八年中華書局本

高　明（一九二六—二〇一八）　帛書老子校注　一九九六年中華書局本

于大成（一九三四—二〇〇一）　淮南雜志補正

淮南子校釋　淮南鴻烈論文集，二〇〇五年里仁書局本

阮廷焯（一九三六—一九九三）　校書堂札迻淮南子　聯合書院學報一九六六七年六月

裘錫圭（一九三五—）　文字學概要　一九八八年商務印書館本
古代文史研究新探　一九九二年江蘇古籍出版社本
鄭良樹（一九四〇—）　淮南子斠理　一九六九年嘉新水泥文化基金會（臺北）
趙宗乙（一九五一—）　淮南子札記　二〇〇九年黑龍江人民出版社本
許建平（一九六三—）　淮南子補箋　中國典籍與文化論叢第六輯，二〇〇〇年
蕭　旭（一九六五—）　淮南子校補　二〇一四年花木蘭文化出版社本

附録三　淮南王劉安年譜

漢高祖八年（公元前一九九年）

高祖從東垣過趙，趙王獻之美人。得幸焉，有身。生子長，恚，即自殺。

漢高祖十一年（前一九六年）

淮南王黥布反，立子長爲淮南王，王黥布故地，凡四郡。

漢孝文帝元年（前一七九年）

淮南王長之子安生。

淮南王長自以爲最親，數不奉法。上以親故，常寬赦之。

漢孝文帝三年（前一七七年）

淮南王長入朝，甚横。從上入苑囿獵，與上同車，常謂上「大兄」。

淮南王長以鐵椎椎辟陽侯，令從者魏敬剄之。孝文帝傷其志，爲親故，弗治。淮南王長以此歸國益驕恣，不用漢法，自爲法令，擬於天子。

漢孝文帝六年（前一七四年）

淮南王長令男子但等六七十人與棘蒲侯柴武太子奇謀，以輂車四十乘反谷口，令人使閩越、匈奴。事覺，治之，召淮南王長至長安，發，遷蜀嚴道，死雍。

漢孝文帝八年（前一七二年）

孝文帝憐淮南王，淮南王有子四人，皆七八歲，乃封子安爲阜陵侯，子勃爲安陽侯，子賜爲陽周侯，子良爲東成侯。

漢孝文帝十二年（前一六八年）

民有作歌歌淮南王長者曰：「一尺布，尚可縫；一斗粟，尚可舂。兄弟二人不能相容。」文帝追尊謚淮南王長爲厲王，置園復如諸侯儀。

漢孝文帝十六年（前一六四年）

文帝憐淮南王廢法不軌，自使失國蚤死，乃立其三子：阜陵侯安爲淮南王，安陽侯勃爲衡山王，陽周侯賜爲廬江王，皆復得厲王時地，參分之。東成侯良前薨，無後。

漢孝文帝後元六年（前一五八年）

淮南王安來朝。詔使爲離騷傳〔一〕，日旦受詔，日早食已。

漢孝景帝前元三年（前一五四年）

〔一〕此依高誘敘。漢書本傳謂使淮南王安賦離騷傳者爲武帝。然高誘敘作「使爲離騷賦」，今依漢書本傳改「賦」爲「傳」。

吴楚七國反，吴使者至淮南，淮南王欲發兵應之。其相曰：「大王必欲發兵應吴，臣願爲將。」王乃屬將兵。因城守，不聽王而爲漢，漢亦使曲城侯將兵救淮南，淮南以故得完。吴使者至廬江，廬江王弗應。吴使者至衡山，衡山王堅守無二心。

漢孝景帝前元四年（前一五三年）

吴楚已破，衡山王朝，景帝以爲貞信。徙衡山王王濟北，所以褒之。徙廬江王爲衡山王，王江北。淮南王如故。

漢孝景帝中元四年（前一四六年）

淮南王安來朝。

漢孝武帝建元二年（前一三九年）

淮南王入朝，獻所作内篇，新出，上愛祕之。又獻頌德及長安都國頌。每宴見，談説得失及方技賦頌，昏莫然後罷。

淮南王安素善武安侯，武安侯時爲太尉。乃逆王霸上，與王語曰：「方今上無太子，大王親高皇帝孫，行仁義，天下莫不聞。即宫車一日晏駕，非大王當誰立者！」淮南王大喜，厚遺武安侯金財物。陰結賓客，拊循百姓，爲畔逆事。

漢孝武帝建元六年（前一三五年）

彗星見，淮南王心怪之。或説王曰：「先吴軍起時，彗星出長數尺，然尚流血千里，今彗星長竟天，天下兵當大起。」王以爲上無太子，天下有變，諸侯並争，愈益治器械攻戰具，積金錢賂遺郡國諸侯游士奇材。諸辨士爲方略者，妄作妖言，諂諛王，王喜，多賜金錢。

淮南王上書諫伐閩越。是時，漢兵出，未踰領，適會閩越王弟餘善殺王以降，漢兵罷。武帝嘉淮南王之意，使中大夫嚴助告淮南王閩越事，淮南王謝曰：「臣安妄以愚意狂言，陛下不忍加誅，使使者臨詔臣安以所不聞，臣不勝厚幸！」助由是與淮南王相結而還，王大説。

漢孝武帝元朔三年〔一〕（前一二六年）

武帝賜淮南王几杖，不朝。

淮南王有女曰陵，慧，有口辯。王愛陵，常多予金錢，爲中詗長安，約結上左右。淮南王王后荼，王愛幸之。王后生太子遷，遷取王皇太后外孫修成君女爲妃。王謀爲反具，畏太子妃知而内泄事，乃與太子謀，令詐弗愛，三月不同席。王乃詳爲怒太子，閉太子使與妃同内三月，太子終不近妃。妃求去，王乃上書謝歸去之。

漢孝武帝元朔五年（前一二四年）

淮南郎中雷被與太子遷戲劍，誤中太子，被恐。時有欲從軍者輒詣京師，被願奮擊匈奴。王使郎中令斥免，被遂亡至長安，上書自明。詔下其事廷尉、河南。河南治，逮淮南太子。王欲無遣

〔一〕漢書淮南衡山濟北王傳、武帝本紀皆作二年，此依史記淮南衡山列傳。

太子，發兵反，猶豫未定。會有詔，即訊太子。淮南相怒壽春丞留太子逮不遣，劾不敬。王以請相，相弗聽，王使人上書告相，事下廷尉治。蹤迹連王，公卿請逮捕治王。武帝不許公卿請，遣漢中尉宏訊驗王。公卿治者曰：「淮南王安擁閼奮擊匈奴者雷被等，廢格明詔，當棄市。」詔弗許。公卿請廢勿王，詔弗許。公卿請削五縣，詔削二縣。使中尉宏赦淮南王罪，罰以削地。後王自傷曰：「吾行仁義見削，甚恥之。」其爲反謀益甚。

漢孝武帝元朔六年（前一二三年）

淮南王有庶子不害，王弗愛，王、王后、太子皆不以子、兄視之。不害有子建，怨望太子不省其父，又怨望其父獨不得爲侯。建陰結交，欲告敗太子。太子知之，數捕繫而榜笞建。建具知太子之謀欲殺漢中尉，即使所善壽春莊芷上書天子。武帝以其事下廷尉，廷尉下河南治。是時故辟陽侯孫審卿善丞相公孫弘，怨淮南厲王殺其大父，乃深購淮南事於弘，弘乃疑淮南有畔逆計謀，深窮治其獄，辭引淮南太子及党與。武帝遣廷尉監因拜淮南中尉，逮捕太子，太子念所坐者謀刺漢中尉，所與謀者已死，以爲口絶，即自剄。不死。伍被自詣吏，具告與淮南王謀反。吏因捕太子、王后，圍王宫，盡捕王賓客在國中者，索得反具以聞。武帝下公卿治，所連引與淮南王謀反列侯、二千石、豪傑數千人，皆以罪輕重受誅。

漢孝武帝元狩元年（前一二二年）

趙王彭祖、列侯讓等四十三人皆曰：「淮南王安大逆無道，謀反明白，當伏誅。」膠西王端議曰：「淮南王安廢法度，行邪辟，有詐僞心，以亂天下，熒惑百姓，倍畔宗廟，妄作妖言。臣端所見其書節印圖及他逆無道事驗明白，甚大逆無道，當伏其法。」丞相公孫弘、廷尉張湯等以聞，天子使宗正以符節治王。未至，淮南王安自剄殺。王后荼、太子遷諸所與謀反者皆族。天子以伍被雅辭多引漢之美，欲勿誅。廷尉張湯曰：「被首爲王畫反謀，被罪無赦。」遂誅被。國除爲九江郡。（此年譜據史記本傳、漢興以來諸侯王年表，漢書本傳、武帝紀、嚴助傳，高誘淮南鴻烈解敍作。）

附：淮南王劉安諫誅伐閩越書

陛下臨天下，布德施惠，緩刑罰，薄賦斂，哀鰥寡，恤孤獨，養耆老，振匱乏，盛德上隆，和澤下洽，近者親附，遠者懷德，天下攝然，人安其生，自以没身不見兵革。今聞有司舉兵將以誅越，臣安竊爲陛下重之。越，方外之地，劗髮文身之民也，不可以冠帶之國法度理也。自三代之盛，胡越不與受正朔，非彊弗能服，威弗能制也。以爲不居之地，不牧之民，不足以煩中國也。故古者封内甸服，封外侯服，侯衛賓服，蠻夷要服，戎狄荒服，遠近勢異也。自漢初定已來七十二年，吳越人相攻擊者不可勝數，然天子未嘗舉兵而入其地也。

臣聞越非有城郭邑里也，處谿谷之間，篁竹之中，習於水鬭，便於用舟，地深昧而多水險，中國之人不知其勢阻而入其地，雖百不當其一。得其地，不可郡縣也；攻之，不可暴取也。以地圖察其山川要塞，相去不過寸數，而間獨數百千里，阻險林叢弗能盡著。視之若易，行之甚難。天下賴宗廟之靈，方内大寧，戴白之老不見兵革，民得夫婦相守，父子相保，陛下之德也。越人名爲藩臣，貢酎之奉，不輸大内，一卒之用不給上事。自相攻擊而陛下發兵救之，是反以中國而勞蠻夷也。且越人愚戇輕薄，負約反覆，其不用天子之法度，非一日之積也。壹不奉詔，舉兵誅之，臣恐後兵革無時得息也。

間者，數年歲比不登，民待賣爵贅子以接衣食，賴陛下德澤振救之，得毋轉死溝壑。四年不登，五年復蝗，民生未復。今發兵行數千里，資衣糧，入越地，輿轎而隃嶺，拕舟而入水，行數百千里，夾以深林叢竹，水道上下擊石，林中多蝮蛇猛獸，夏月暑時，歐泄霍亂之病相隨屬也，曾未施兵接刃，死傷者必衆矣。前時南海王反，陛下先臣使將軍間忌將兵擊之，以其軍降，處之上淦。後復反，會天暑多雨，樓船卒水居擊櫂，未戰而疾死者過半。親老涕泣，孤子謕號，破家散業，迎尸千里之外，裹骸骨而歸。悲哀之氣數年不息，長老至今以爲記。曾未入其地而禍已至此矣。

臣聞軍旅之後，必有凶年，言民之各以其愁苦之氣，薄陰陽之和，感天地之精，而災氣爲之生也。陛下德配天地，明象日月，恩至禽獸，澤及草木，一人有飢寒不終其天年而死者，爲之悽愴於心。今方内無狗吠之警，而使陛下甲卒死亡，暴露中原，霑漬山谷，邊境之民爲之早閉晏開，鼂不及夕，臣安竊爲陛下重之。

不習南方地形者，多以越爲人衆兵彊，能難邊城。淮南全國之時，多爲邊吏，臣竊聞之，與中國異。限以高山，人跡所絶，車道不通，天地所以隔外内也。其入中國必下領水，領水之山峭峻，漂石破舟，不可以大船載食糧下也。越人欲爲變，必先田餘干界中，積食糧，乃入伐材治船。邊城守候誠謹，越人有入伐材者，輒收捕，焚其積聚，雖百越，奈邊城何！且越人緜力薄材，不能陸戰，又無車騎弓弩之用，然而不可入者，以保地險，而中國之人不能其水土也。臣聞越甲卒不下數十萬，所以入之，五倍乃足，輓車奉饟者，不在其中。南方暑溼，近夏癉熱，暴露水居，蝮蛇蠚生，疾癘多作，兵未血刃而病死者什二三，雖舉越國而虜之，不足以償所亡。

臣聞道路言，閩越王弟甲弑而殺之，甲以誅死，其民未有所屬。陛下若欲來内，處之中國，使重臣臨存，施德垂賞以招致之，此必攜幼扶老以歸聖德。若陛下無所用之，則繼其絶世，存其亡國，建其王侯，以爲畜越，此必委質爲藩臣，世共貢職。陛下以方寸之印，丈二之組，填撫方外，不勞一卒，不頓一戟，而威德並行。今以兵入其地，此必震恐，以有司爲欲屠滅之也，必雉兔逃入山林險阻。背而去之，則復相羣聚；留而守之，歷歲經年，則士卒罷勸，食糧乏絶，男子不得耕稼樹種，婦人不得紡績織紝，丁壯從軍，老弱轉餉，居者無食，行者無糧。民苦兵事，亡逃者必衆，隨而誅之，不可勝盡，盜賊必起。

臣聞長老言，秦之時嘗使尉屠睢擊越，又使監禄鑿渠通道，越人逃入深山林叢，不可得攻。留軍屯守空地，曠日引久，士卒勞倦，越出擊之。秦兵大破，乃發適戍以備之。當此之時，外内騷動，百姓靡敝，行者不還，往者莫反，皆不聊生，亡逃相從，羣爲盜賊，於是山東之難始興。此老子所謂「師之所處，荊棘生之」者也。兵者凶事，一方有急，四面皆從。臣恐變故之生，姦邪之作，由此始也。周易曰：「高宗伐鬼方，三年而克之。」鬼方，小蠻夷；高宗，殷之盛天子也。以盛天子伐小蠻夷，三年而後克，言用兵之不可不重也。

臣聞天子之兵有征而無戰，言莫敢校也。如使越人蒙徼幸以逆執事之顔行，廝輿之卒有一不備而歸者，雖得越王之首，臣猶竊爲大漢羞之。陛下以四海爲境，九州爲家，八藪爲囿，江漢爲池，生民之屬皆爲臣妾。人徒之衆足以奉千官之共，租税之收足以給乘輿之御。玩心神明，秉執聖道，負黼依，馮玉几，南面而聽斷，號令天下，四海之内莫不嚮應。陛下垂德惠以覆露之，使元元之民安生樂業，則澤被萬世，傳之子孫，施之無窮。天下之安猶泰山而四維之也。夷狄之地何足以爲一日之間，而煩汗馬之勞乎！詩云「王猶允塞，徐方既來」，言王道甚大，而遠方懷之也。臣聞之，農夫勞而君子養焉，愚者言而智者擇焉。臣安幸得爲陛下守藩，以身爲鄣蔽，人臣之任也。邊境有警，愛身之死而不畢其愚，非忠臣也。臣安竊恐將吏之以十萬之師爲一使之任也。

（據漢書嚴助傳）

又屏風賦

維兹屏風，出自幽谷。根深枝茂，號爲喬木。孤生陋弱，畏金强族。移根易土，委伏溝瀆。飄飖殆危，靡安措足。思在蓬蒿，林有樸樕。然常無緣，悲愁酸毒。天啟我心，遭遇徵禄。中郎繕理，收拾捐朴。大匠攻之，刻雕削斵。表雖剥裂，心實貞慤。等化器類，庇蔭尊屋。列在左右，近君頭足。賴蒙成濟，其恩弘篤。何恩施遇，分好沾渥。不逢仁人，永爲枯木。

（據費振剛等輯全漢賦）

附録四　淮南子考證輯要

漢揚雄法言（節録）

淮南説之用，不如太史公之用也。太史公，聖人將有取焉；淮南，鮮取焉爾。必也，儒乎。乍出乍入，淮南也。

漢班固漢書淮南衡山濟北王傳（節録）

淮南王安爲人好讀書鼓琴，不喜弋獵狗馬馳騁，亦欲以行陰德附循百姓，流名譽。招致賓客方術之士數千人，作爲内書二十一篇，外書甚衆，又有中篇八卷，言神仙黄白之術，亦二十餘萬言。時武帝方好藝文，以安屬爲諸父，辯博善爲文辭，甚尊重之。每爲報書及賜，常召司馬相如等視草乃遣。

又藝文志諸子略（節録）

淮南内二十一篇。（王安。）

淮南外三十三篇。

又藝文志詩賦略（節録）

淮南王賦八十二篇。

又藝文志數術略（節録）

淮南雜子星十九卷。

漢王充論衡道虚篇（節録）

儒書言：「淮南王學道，招會天下有道之人，傾一國之尊，下道術之士。是以道術之士，並會淮南，奇方異術，莫不争出。王遂得道，舉家升天，畜産皆仙，犬吠於天上，雞鳴於雲中。」此言仙藥有餘，犬雞食之，并隨王而升天也。好道學仙之人，皆謂之然，此虚言也。……如天之門在西北，升天之人，宜從崑崙上。淮南之國，在地東南。如審升天，宜舉家先徙崑崙，乃得其階。如鼓翼邪飛，趨西北之隅，是則淮南王有羽翼也。今不言其徙之崑崙，亦不言其身生羽翼，空言升天，竟虚非實也。案淮南王劉安，孝武皇帝之時也。父長以罪遷蜀嚴道，至雍道死。安嗣爲王，恨父徙死，懷反逆之心，招會術人，欲爲大事。伍被之屬，充滿殿堂，作道術之書，發怪奇之文，合景亂首，八公之傳，欲示神奇，若得道之狀。道終不成，效驗不立，乃與伍被謀爲反事，事覺自殺。或言誅死。誅死、自殺，同一實也。世見其書，深冥奇怪，又觀八公之傳，似若有效，則傳稱淮南王仙而升天，失其實也。

又談天篇（節録）

淮南王劉安召術士伍被、左吴之輩，充滿宫殿，作道術之書，論天下之事。地形之篇，道異類之物，外國之怪，列三十五國之異，不言更有九州。

又書解篇(節録)

或曰：凡作者精思已極，居位不能領職，蓋人思有所倚著，則精有所盡索。著作之人，書言通奇，其材已極，其知已罷。……吕不韋作春秋，舉家徙蜀；淮南王作道書，禍至滅族。……夫有長於彼，安能不短於此？深於作文，安能不淺於政治？答曰：……出口爲言，著文爲篇，古以言爲功者多，以文爲敗者希。吕不韋、淮南王，以他爲過，不以書有非；使客作書，不身自爲，如不作書，猶蒙此章章之禍。

漢王逸楚辭章句招隱士章句(節録)

昔淮南王安，博雅好古，招懷天下俊偉之士。自八公之徒，咸慕其德，而歸其仁，各竭才智，著作篇章，分造辭賦，以類相從，故或稱小山，或稱大山，其義猶詩有小雅、大雅也。

漢楊修答臨淄侯箋(節録)

春秋之成，莫能損益；吕氏、淮南，字直千金。

南朝梁劉勰文心雕龍辨騷(節録)

昔漢武愛騷，而淮南作傳，以爲國風好色而不淫，小雅怨誹而不亂，若離騷者，可謂兼之。

又諸子(節録)

列子有移山跨海之談，淮南有傾天折地之説。

吕氏鑒遠而體周，淮南採泛而文麗。

又詔策（節録）

是以淮南有英才，武帝使相如視草。

又神思（節録）

淮南崇朝而賦騷。

隋書經籍志三（節録）

淮南子二十一卷。（漢淮南王劉安撰，許慎注。）

淮南子二十一卷。（高誘注。）

舊唐書經籍志下（節録）

淮南商詁二十一卷〔一〕。（劉安撰。）

〔一〕「商」當爲「間」字之誤。

淮南子注解二十一卷。（高誘注。）

淮南鴻烈音二卷。（高誘注。）

新唐書藝文志三（節録）

許慎注淮南子二十一卷。（淮南王劉安。）

高誘注淮南子二十一卷。

又淮南鴻烈音二卷。

宋王堯臣崇文總目卷五（節録）

淮南子二十一篇，許慎注。

淮南子二十一卷，高誘注。

宋蘇頌 校淮南子題序

謹按：班固前漢書「淮南王安招致賓客、方術之士數千人，作爲内書二十一篇，外書甚衆，又有中篇八卷，書言神仙黄白之術，亦二十餘萬言」。中篇者，劉向傳所謂鴻寶苑祕是也，與外書今並亡。内書則鴻烈是也。藝文志謂之内篇。是書有後漢太尉祭酒許慎、東郡濮陽令高誘二家之注，隋唐目録皆別傳行。今校崇文舊書與蜀川印本暨臣某家書凡七部，並題曰淮南子，二注相參，不復可辨。惟集賢本卷末有前賢題載云：許標其首皆曰「間詁」〔一〕，「鴻烈」之下謂之「記上」；高題卷首皆謂之「鴻烈解經」，「解經」之下曰高氏注，每篇之下皆曰「訓」，又分數篇爲上下，以此爲異。崇文總目亦云如此，又謂高注詳于許氏，本書文句亦有小異。然今此七本皆有高氏訓敘，題卷仍各不同，或于「解經」下云「許慎記上」，或於「間詁」上云高氏，或但云「鴻烈解」，或不言高氏注，或以人間篇爲第七，或以精神篇爲第十八，參差不齊，非復昔時之體。臣某據文推次，頗見端緒。高注篇名皆有「故曰因以題篇」之語，其間奇字並載音讀。許于篇下粗論大意，卷内或有假借用字，以周爲舟，以楯爲循，以而爲如，以恬爲惔，如此非一，又其詳略不同，誠如總目之説。互相考正，去其重複，共得高注十三篇，許注八篇〔二〕。又按，高氏敘典農中郎將卞揖借八卷，會揖喪，遂亡，後復補足。今所闕八篇，得非後補者失？其定著外所闕卷，但載淮南本書，仍于篇下題曰「注今亡」，許注仍不録敘，並以黄紙繕寫藏之館閣。

宋晁公武郡齋讀書志卷三（節録）

淮南子二十一卷。

〔一〕原文缺「曰間」二字，今據文意補。

〔二〕原文「八」上衍「十」字，今删。

右漢劉安撰。安，淮南厲王子也。襲封，招致儒士賓客講論道德，總統仁義，作爲内書二十一篇，後漢許慎注。慎標其首皆曰「間詁」，次曰「淮南鴻烈」，自名「注」曰「記上」，第七、十九闕。

宋洪邁容齋續筆卷七（節録）

漢淮南厲王死，民作歌以諷文帝曰：「一尺布尚可縫，一斗粟尚可舂，兄弟二人不相容。」此史、漢所書也。高誘作鴻烈解敘，及許叔重注文，其辭乃云：「一尺繒好童童，一升粟飽蓬蓬，兄弟二人，不能相容。」殊爲不同。後人但引尺布斗粟之喻耳。厲王子安復爲王，招致賓客方術之士，作爲内書二十一篇，外書甚衆，又有中篇八卷，言神仙黄白之術。漢書藝文志淮南内二十一篇，淮南外三十三篇，列於雜家。今所存者二十一卷，蓋内篇也。壽春有八公山，正安所延致賓客之處。傳記不見姓名，而高誘敘以爲蘇飛、李尚、左吴、田由、雷被、毛被、伍被、晉昌等八人。然唯左吴、雷被、伍被見於史。雷被者，蓋爲所斥而亡之長安上書者，疑不得爲賓客之賢也。

宋高似孫子略吕氏春秋

淮南王尚奇謀，募奇士，廬館一開，天下雋絶馳騁之流，無不雷奮雲集，蜂議横起，瓌詭作新，可謂一時傑出之作矣。及觀吕氏春秋，則淮南王書殆出於此者乎？

又子略淮南子

少愛讀楚辭，淮南小山篇聱峻瓌磊，他人制作不可企攀者，又慕其離騷有傳，窈窕多思，致曰：「淮南，天下奇才也！」又讀其書二十篇，篇中文章，無所不有，如與莊、列、呂氏春秋、韓非子諸篇相經緯表裏，何其意之雜出，文之沿複也。淮南之奇，出於離騷；淮南之放，得於莊列；淮南之議論，錯於不韋之流。其精好者，又如玉杯繁露之書。是又非獨出於淮南，所謂蘇飛、李尚、左吳、田由、雷被、毛被、伍被、大山、小山諸人，各以才知辯謀，出奇馳雋，所以其書駁然不一。雖然，淮南一時所延，蓋又非止蘇飛之流也。當是時，孝武皇帝雋鋭好奇，蓋又有甚於淮南。内篇一陳，於帝心合。内少君，下王母，聘方士，搜蓬萊，神仙譎怪，日日作新，其有感於淮南所謂崑崙增城、璇室縣圃、弱水流沙者乎？武帝雖不仙，猶饗長壽。王何爲者，卒不克終，士之誤人，一至於此！然其文字殊多新特，士之厭常玩俗者，往往愛其書。況其推測物理，探索陰陽，大有卓然出人意表者。唯揚雄氏曰：「淮南説之用，不如太史公之用。太史公之用，聖人將有取焉，淮南鮮取焉耳。」悲夫！

宋陳振孫直齋書録解題卷十（節録）

淮南鴻烈解二十一卷。

漢淮南王安與賓客撰。後漢太尉許慎叔重注〔一〕。案唐志又有高誘注，今本既題許慎記上，而詳

〔一〕（按：「太尉」下脱「祭酒」二字。）

序文則是高誘，不可曉也。序言「自誘之少，從同縣盧君受其句讀」。盧君者，植也。與之同縣，則誘乃涿郡人。又言建安十年辟司空掾，東郡濮陽令，十七年遷監河東，則誘乃漢末人，其出處略可見。

宋黄震黄氏日抄讀淮南子

淮南鴻烈者，淮南王劉安以文辯致天下方術之士，會粹諸子，旁搜異聞以成之。凡陰陽造化，天文地理，四夷百蠻之遠，昆蟲草木之細，瓌奇詭異，足以駭人耳目者，無不森然羅列其間，蓋天下類書之博者也。而愚謂此劉安之所以滅歟！夫聖人之治天下，君臣父子以相生，桑麻穀粟以相養，其義在六經，其用在民生。日用之常，如此而已耳。自周衰，天下亂，諸子蜂起，爭立異説，而各以禍其人之國。漢興，一切掃除，歸之忠厚。諸子之餘黨，紛然無所售。諸侯王之好事而不知體要者，稍稍收之，亦無不以之自禍。安不幸貴盛而多材，慷慨而喜事，起而招集散亡，力爲宗主。於是春秋戰國以來，紛紛諸子之遺毒餘禍，皆萃於安矣。安亦將如之何而不誅滅哉！其徒乃羞之，託言上升，雞犬預焉。嗚呼，凡世之自詭仙去者，皆淮南上升之類爾。

宋史藝文志四（節録）

淮南子鴻烈解。（淮南王安撰。）

許慎注淮南子二十一卷。

高誘注淮南子十三卷。

明盧泉劉績淮南子補注後識

右淮南一書乃全取文子而分析其言，雜以吕氏春秋、莊、列、鄧析、慎子、山海經、爾雅諸書，及當時所召賓客之言，故其文駁亂，序事自相舛錯。漢許慎記上，而高誘爲之注。記上猶言標題進呈也，故稱職稱臣。先儒誤以爲慎注，又疑非高注。按注中不知者云「誘不敏」，則爲誘注明矣。其書雖無足取，然論律吕而存古樂，論躔度而存曆數，天文、地形亦有當留心者。舊本殘譌，自誘注時已不能辨，如以「禁苛」爲「奈何」類甚多。暇中據他書補數千字，改正數百字，删去數百字，其疑者仍存難，釋者草草書數語釋之，易用心於博奕云。時弘治辛酉盧泉劉績識。

明嘉靖閩中王鎣刻淮南子後敘

淮南子云淮南賓客集而著書也。集中所紀，雖醇駁不一，要之，漢猶近古也。壽州古淮南地，鎣不敏，承乏于兹，吊古問俗，因慨是書之鮮焉。或曰鮮矣，安之以，於戲有是哉。子胥自沉，吴不斷水；申生雉經，晉不絶繩。安之叛，叛於書也。書何負於安？使招賓客而篤信其書，雖今存可也，書以安廢可乎哉。因憶居楚時，少華先生嘗進諸館下，欲梓而未果，乃復搜諸篋中，得河南板，然種種多魚豕脱漏參焉，旋復止。既而沔中童太史聞之，乃寄善本以勖其成。居亡何，值有公委慮囚之潁，清鹽之徐、之滁、之和，編差之毫，盤倉之英、六，每携之行，暇則參互考校，得其一二。然恐井蠡之窺測，未可以盡信也，因與其鄉進士范子慶共訂正焉，乃刻。嘉靖上章攝提格玄月既望，後學閩中王鎣書于仕學堂之龍雷窟。

明萬曆朱東光中都四子本郭子章淮南子題辭

余讀鴻烈解，其篇目始原道，終要略，而天文、時則、説山、説林，纚纚總總，然擥其大會，蓋沉博絶麗之書也。自有子部以來，未有若是書有理而且備者。豈史稱淮南好讀書，無聲色犬馬嗜慾他好，專精力於是書故與？抑蘇飛、晉昌等相論次而供繕之有人與？何其無普氾不際，無蠡首不及，無忽區不實，無嘐喋不貫，儲與扈冶，四達無竟，若是之詳哉！文帝詔淮南撰離騷賦，旦受令，頃刻而成，則又不假於大小山之徒者，其書當漢世已盛行，劉向爲之校定，許慎爲記上，高誘爲註釋，章矣。淮南先是屬九江，今爲壽州，隸中都。攀龍氏曰：「余行州邑，望八公山之叢桂，思爲刊布其書。嘉靖間壽州已刻淮南，顧未得高氏注本，相奎廣藏書，何以慰中都士而僎之。」余曰：唯唯。余李建寧得注本於長年家，携之行，李遂出以授梓，豈惟中都之士，今海内就奇觚者，嗜古如饑渴，於管氏、淮南二注本，莫不悇憛癢心焉，是刻所裨助學林廣矣。

明萬曆庚辰茅一桂校訂淮南鴻烈解二十一卷本重校淮南鴻烈解引

余不佞，於古人書蓋未嘗不欲蒐獵其概云。六合之内，馮馮瀏瀏，惟一理，如天之伏，如地之偃，如日月之明，如山海之流峙，如鳥獸昆蟲草木之飛之走之句之萌，安往非此理之靡散哉？吾懼夫惛惛而弗能窮也，不由博物奚知焉？第余性善忘，每釋卷，有茫然之恨。一日，得淮南鴻烈解，讀之不能休，迺作而曰：「嘻，君子不以人廢言，有味乎其言之也！」昔劉安不務遵蕃臣職，丞輔漢天子，而剸懷邪辟之計，身死國除，爲天下咲，至今人人羞稱之。若其所著書二十有一篇，君子稱其大則幬天載地，細則淪于無垠，古今治亂存亡禍福，華夷詭異瓌畸之事，靡所不具。其義著，其文富，信也。其間雖不免剽剝儒、墨、老、莊、陰陽、儀、秦、董、賈諸君之説，而氣法如一，要之亦不甚詭于大道。烏程温博允文氏，嘗爲余論諸子曰：「文字之奇宕者漆園，論議之温醇者河汾，學問之該練者則淮南子。」余甚韙之。惜也，高注繁蕪脱謬，且多魚魯之文。今年春，與允文彙藏經鈔本，參相校讎，攟摭經傳，而稍稍爲之損益。已嘗試披襟讀之，於凡所稱支分派落，靡叢于六合者，裒然其在我几席間哉！或曰：此鴻烈之完善本也。因出而鏤諸木，以與世之博物君子共焉。萬曆庚辰年夏四月日歸安茅一桂仲父識。烏程馮年書。

明萬曆十八年汪一鸞刻本重刻淮南鴻烈解小引

不佞受博士家業，雅不喜道今人雋語，往從二三都人士，渢渢道古六經，尚矣。左、國而下，厥有離騷，怨而不怒，曲而有直，體故足術也。兩史具載興壞之蹟，其文則父子耳。老氏登壇主符，蒙莊代爲申令，荀、楊諸子，敢在下風。定六書者，與之同儕，舛矣。劉安集當代文人，成書鴻烈，大都蕪道德之燼，漾逍遥之派，綴以申、韓，錯以韋、翟，無乃贅乎。汪一鸞曰：色尚玄素，而目猶羨黼黻之觀；音首洞越，而耳不厭激楚之調，勢之所必造也。鴻烈雖摭拾羣書乎，要以布法崔嵬，命旨泓奥，編珠貫玉，吐葩振藻，寸楮並爲雲章，譬之游金谷中，花鳥呈奇，甍櫩標異，二八遞舞，笙鏞迭奏，令人驟以目聽，而亦驟以耳視，文章之鉅麗，不可勝原。觀其上述太清，下迄太宇，精之而無朕垠也，大之而不可圍也，繽紛蘢蓯而不可縷指也，奇正變幻而莫定其伍也，晉魏諸名家無能涉其畛崖。舉子業官道一語，有司大爲驚賞。傳曰：「不學操縵，不能安弦。」是書也夫，非詩賦詞章之操縵者歟？不佞徧閲諸本，定真贋，參異同，則既有年，迺緣剞劂氏之請，遂命重梓。已於事而竣，躍然喜曰：亥豕之患，庶幾免乎？若乃夫超我訓解而上之，則以俟諸覽者。

時萬曆庚寅仲冬月穀旦新安汪一鸞書于蘽桂山房

清顧炎武日知録卷十九（節録）

子書自孟、荀之外，如老、莊、管、商、申、韓，皆自成一家言。至吕氏春秋、淮南子，則不能自成，故取諸子之言匯而爲書，此子書之一變也。今人書集一一盡出其手，必不能多，大抵如吕覽、淮南之類耳。

清四庫全書總目提要

淮南子二十一卷，（内府藏。）漢淮南王劉安撰，高誘注。安事蹟具漢書本傳。漢書藝文志雜家：淮南内二十一篇，外三十三篇。顔師古注曰：「内篇論道，外篇雜説。今所存者二十一篇，蓋内篇也。」高誘序言此書大較歸之於道，號曰鴻烈。故舊唐志有何誘淮南鴻烈音一卷，言鴻烈之音也。宋志有淮南鴻烈解二十一卷，亦鴻烈之解也，而注其下曰：「淮南王安撰。」似乎解亦安撰者。諸書引用，遂併淮南子之本文亦題曰淮南鴻烈解，誤之甚矣。晁公武讀書志稱，崇文總目亡三篇，李淑邯鄲圖書志亡二篇，其家本惟存原道、俶真、天文、墬形、時則、覽冥、精神、本經、主術、繆稱、齊俗、道應、氾論、詮言、兵略、説林、説山十七篇，亡其四篇。高似孫子略稱，讀淮南二十篇。是在宋已鮮完本。惟洪邁容齋隨筆稱，今所存者二十一卷。與今本同。然白居易六帖引烏鵲填河事，云出淮南子，而今本無之，則尚有脱文也。公武謂許慎注稱記上，陳振孫謂今本題許慎注，而詳序文即是高誘，殆不可曉。盧泉劉績又謂記上猶言標題進呈，並非慎爲之注。然隋志、唐志、宋志皆許氏、高氏二注並列。陸德明莊子釋文引淮南子注稱許慎，李善文選注、殷敬順列子釋文引淮南子注，或稱高誘，或稱許慎。是原有二注之明證。後慎注散佚，傳刻者誤以誘注題慎名也。觀書中稱「景，古影字」，而慎説文無影字，其不出於慎審矣。誘，涿郡人，盧植之弟子，建安中辟司空掾，歷官東郡濮陽令，遷河東監，並見於自序中。慎則和帝永元中人，遠在其前，何由記上誘注？劉績之説，蓋徒附會其文而未詳考時代也。

附：余嘉錫四庫提要辨證子部五淮南子（節録）

提要曰：「高誘序言此書大較歸之於道，號曰鴻烈，舊唐志有何誘鴻烈音一卷，言鴻烈之音也。」

嘉錫案：新唐志云：「高誘注淮南子二十一卷，又淮南鴻烈音二卷。」則音亦出於高誘非何誘。日本人島田翰古文舊書考卷四云：「四庫提要及莊逵吉並云舊唐志有何誘鴻烈音，莊氏則云劉昫云何誘，不得改稱高誘，歐陽不精考古，以名字相涉而亂之。（案謂新唐志。）今案舊唐書之存於今者，惟明嘉靖聞人詮本最古，今檢其書，正作高誘，不作何誘。且歐公在宋，當時其書猶存，尚當逮見之，而曰高誘，則作高誘者是也。提要、莊氏皆見萬曆刻粗本，誤高作何，（案乾隆殿本亦誤作何。）附會之耳，不得執此以議歐公矣。初學記、文選善注及御覽引淮南，間載翻語切音，恐是隋唐人依高氏音讀改作翻切，故尚題誘名，但今不傳耳。」

提要曰：「晁公武讀書志稱崇文總目亡三篇，李淑邯鄲圖書志亡二篇，其家本亡四篇。高似孫子略稱讀淮南二十篇，是在宋已鮮完本。惟洪邁稱今所存者二十一卷，與今本同。」

案：莊逵吉校正淮南子敘云：「淮南本二十篇，要略一篇，則敘目也。其例與揚子法言、王符潛夫等書正同，故高似孫直指爲淮南二十篇，説者又以似孫之言證晁、李，斯更誣矣。」莊氏所斥之説者，即指提要此條。考要略篇云：「言道而不言事，則無以與世浮沈；言事而不言道，則無以與化游息，故著二十篇。」此下即歷舉二十篇之名，而置要略篇不數。又云：「欲强省其辭，總覽其要，弗曲行區入，則不足以窮道德之意，故著書二十篇。」又云：「誠通乎二十篇之論，覩凡得要，以通九野，徑十門，外天地，捭山川，其於逍遥一世之間，宰匠萬物之形，亦優游矣。」是淮南王自謂其書只二十篇，不以爲二十一篇也。故許慎於要略篇目下注云：「凡鴻烈之書二十篇。略數其要，明其所指，序其微妙，論其大體。」又於「此鴻烈之泰族也」句下注云：「凡二十篇，總謂之鴻烈。」是要略之爲序論，不在鴻烈之内，許注言之甚明。漢書藝文志及淮南王本傳並要略數之，故云二十一篇。高似孫偶除要略不數，提要遂疑非完本，可謂大誤。

提要云：「公武謂許慎注稱記上，陳振孫謂今本題許慎注，而詳序文，即是高誘，殆不可曉。蘆泉劉績又謂記上猶言標題進呈，並非慎爲之注。然隋志、唐志、宋志皆許氏、高氏二注並列，陸德明經典釋文引淮南子注稱許慎，李善文選注、殷敬順列子釋文引淮南子注，或稱高誘，或稱許慎，是原有二注之明證。後慎注散佚，傳刻者誤以誘注題慎名也。觀書中稱『景，古影字』，而慎説文無影字，其不出於慎審矣。誘，涿郡人，盧植之弟子，建安中辟司空掾，歷官東郡濮陽令，遷河東監，並見於自序中。慎則和帝永元中人，遠在其前，何由記上誘注？劉績之説，蓋徒附會其文而未詳考時代也。」

案：島田翰云：「劉績補注本分卷二十八，每卷題漢太尉祭酒許慎記上，蓋自道藏本出。末卷結尾有識語云：右淮南一書，漢許慎記上，而高誘爲之注。記上猶言標題進呈也。四庫提要云：慎遠在其前，何由記上誘注。今案：績文蓋謂慎標題進呈，未及下注，誘乃就慎本自下其注耳。」案島田氏説是也。劉績之誤，惟在不知慎自有注，而曲爲之説，若謂績不知慎在高誘之前，未免厚誣。島田氏又云：「以説文無影字，直斷爲非慎，恐屬武斷。蓋古書有後人改竄，一句一節之大，尚且有攙入增改，即執一字云云，似不可爲確論。景，古影字，見茅本（案謂明萬曆壬午茅一桂刻本。）淮南子原道訓注，而道藏、劉績、莊逵吉諸本並無此注，則固不宜引證矣。」今檢各本，果如島田氏之説，然則今本原道諸篇雖非許慎注，而提要執誤本中之一字以爲之證，亦未爲得也。且提要謂許注散佚，傳刻者誤以誘注題慎名，亦未盡然。蓋今本淮南子内有許注，有高注，自陳振孫已不能别白，至近世勞格、陶方琦二家考之蘇魏公集，始得其説，而陶氏辨之更詳。勞氏書成較早，而刻行甚遲，（勞書著於道光間，刻於光緒四年。）陶未見也。

淮南鴻烈解二十八卷明鈔本黄丕烈識

此淮南鴻烈解二十八卷舊鈔本，余得諸顔家巷張秋塘處，云是其先世青父公所藏，卷中有校增字如高誘撰文云云，皆其筆也。淮南子世有二本，一爲二十一卷，出於宋本，一爲二十八卷，出於道藏本，至二十卷者，錢述古所謂流俗本也。近時莊刻謂出於道藏，顧澗薲取袁氏五硯樓所藏道藏本校之，知多訛脱，余却手臨一本。頃從都中歸，高郵王伯申編脩，聞余收淮南本極多，屬爲傳校。又五柳居陶藴輝思得善本淮南付梓，余家居無事，思爲校勘，遂借袁本重校於此本，道藏面目略具於是矣。道藏刻於正統十年十一月十一日，卷首碑牌可證，行款每葉十行，每行大小十七字。此本字細行密，不及鉤勒。卷中有青父校增字句，當據别本，今悉照道藏删去，雖是弗存，以歸畫一，暇日當取宋刻正之。辛酉九月重昜後二日，蕘圃黄丕烈識。

又

余收得宋刻，係曹楝亭藏書，故五柳主人於揚州得之，以歸余者也。子書，唯淮南世鮮宋刻，故近今翻刻從前校讎，皆未及宋刻。余既收得，同人慫恿校出，忽忽未有暇也。偶一校及，輒又中止。年來目力漸衰，遇小字甚不明了，此書宋刻字既小，又多破體，并印本漫漶處，故校難，而所校之本又係小字舊抄，兼細如蠅頭，故校尤難。前輟校不知幾何年，而今茲三月下澣一日，始復校此，旬日之間事阻者三四日，草草畢工，略具面目。於破體字及宋刻誤字之灼見者，亦復不記出，一則省工夫，二則改正字從破體，雖曰存真，反爲費事。唯於古字古義，或有可取者，仍標其異而出之，雖疑者亦存焉，蓋慎之也。校書取其佳處，或因疑而削之，甚非道理，猶兢兢守此意耳。丙子四月朔，丕烈。

清莊逵吉淮南子校本序

歲甲辰，逵吉讀道藏於南山之説經臺，覽淮南内篇之注，病其爲後人所删改，質之錢别駕坫。别駕曰：「道書中亦非全本，然較流俗所行者多十之五六。」爰擩其篋笥以示逵吉。逵吉因是校其同異，正其譌舛，樂得而刻之，並爲之敍曰：漢書淮南王傳稱安招致賓客方術之士數千人，作爲内書二十一篇，外書甚衆，又有中篇八卷，言神仙黄白之術，亦二十餘萬言。安入朝，獻所作，内篇新出，上愛祕之。而藝文志雜家者流有淮南内二十一篇，淮南外三十三篇；天文有淮南雜子星十九卷。傳不及雜子星，而志不載神仙黄白之作，然後代往往傳萬畢術云云，大槩多黄白變幻之事，即所謂中篇遺蹟歟？西京雜記：「安著鴻烈二十一篇。鴻，大也；烈，明也。言大明禮教。」鴻烈之義，一見於本書要略，而高誘敘中亦言「講論道德，總統仁義，而著此書，號曰鴻烈」，是内篇一名鴻烈也。誘又曰：「光禄大夫劉向校定撰具，名之淮南。」蓺文志本向、歆所述，是淮南内、淮南外之稱爲劉向之所定。然只題淮南，不必稱子。志論次儒家至小説，名曰諸子十家，後遂緣之而加子字矣。隨書經籍志：「淮南子二十一卷，許慎注；又有高誘注，亦二十一篇。」唐書經籍志：「淮南子注解二十一卷，高誘撰；又有淮南鴻烈音二卷，何誘撰。」新唐書藝文志，鴻烈音亦題高誘撰，而高、許二家注並列，同隨志。宋史蓺文志則云：許注二十一卷，高注十三卷。似當時兩本原别。然劉昫無許注，而元修宋志，乃以高書爲十三卷者。攷晁公武讀書志據崇文總目云「亡其三篇」，李淑邯鄲圖志云「亡二篇」，或因删併訛脱而爲此説歟？淮南本二十篇，要略一篇，則叙目也。其例與揚子法言、王符潛夫等書正同，故高似孫直指爲淮南二十篇。説者又以似孫之言互證晁、李，斯更誣矣。高時無切音之學，鴻烈音應如劉昫云何誘，不得改稱高誘。歐陽不精攷古，以名字相涉而亂之。如徐堅初學記、李善文選注、李昉太平御覽，引淮南或並有翻語，即其書也。高則已自言「爲之注解，並舉音讀」矣，寧得於本注之外，别有撰作哉？公武謂許注題「記上」，陳振孫謂今本皆云許注，而詳叙文即是高誘。逵吉以爲此乃後人誤合兩家爲一，故溷而不分也。如地形訓「大汾」，誘注云「在晉」，吕覽則云「未聞」，同爲一人語釋，未必聞於此而不聞於彼也。俶真訓「剞劂」，注云：「剞，巧工鉤刀。劂者，規度刺畫墨邊箋。所以刻鏤之具也。」本經訓則云：「剞，巧刺畫盡頭黑邊箋也。劂，鏂刀。」同爲一書，語釋未必前後惑亂如是也。此亦兩家不分之明驗矣。又文選注引許注「三光」云「日月星」，「明月珠」云「夜光之珠，有似明月」。歐陽詢藝文類聚引許注柳下惠云：「展禽樹柳行惠。」釋玄應一切經音義引許注「奇屈之服」云：「屈，短。奇，長。」太平御覽引許注「畫隨灰而月暈闕」云：「有軍事相圍守。」「土龍致雨」云：「以象雲龍。」皆即高注。殷敬順列子釋文引許注「策錣」云：「馬策端有利鋒，所以刺不前。」太平御覽引許注「方諸見月」云：「諸，珠也。方，石也。以銅盤受之，下水數升。」皆與高異。文選注引許注「莫鑒于流潦，而鑒于澂水」云：「楚人謂水暴溢爲潦。」「雞棲井榦」云：「皆屋構飾也。」太平御覽引許注「騏麟鬥而日月食，鯨魚死而彗星出」云：「騏麟，大角獸，故與日月符。鯨魚，海中魚之王也。」「一墣塞江」云：「墣，塊也。」皆高之所無。又文選注引「綄之候風」許注云：「綄候風者，楚人謂之五兩。」今高注則「綄」作「俔」，云「世謂之五兩」。「自西南至東南，有裸人國、黑齒民」許注云：「其民不衣。其人黑齒。」今高注則裸國在東南，黑齒在東北，但有「其人黑齒」注語，而無「其民不衣」云云。更可見本之故多殊異，注之互有脱訛矣。故「釣射鸕鷞」，太平御覽引作「釣射潚湘」，是足證其殊異。「牛蹏之涔，無尺之鯉；塊阜之山，無丈之材，皆其營宇狹小而不能容巨大」，太平御覽引作「牛蹏之涔，無經尺之鯉；魁父之山，無營宇之材，皆其狹小而不能容巨大」，是足證其脱訛。蓋唐、宋以前，古本尚存，皆得輾轉引據。今亡之，又爲庸夫散亂，難言攷正耳。别駕校訂是書，既精且博，逵吉亦抒一得之愚，爲之疏通旁證。舉以示歙程文學敦、陽湖孫編修星衍，皆以爲宜付削刀。時侍家君咸寧官舍，謹刊而布之。略攷淮南作書之始末，及高、許注書之端緒，刺于敘目之後，蓋即别駕所校道書中本也。若此書不亡於天下，而逵吉亦附名以傳，斯爲厚幸云爾。乾隆戊申五十有三年三月武進莊逵吉撰。

清錢塘淮南天文訓補注自序

淮南鴻烈解有許慎、高誘兩家，隋書經籍志並列于篇。至劉昫作唐書經籍志，唯載高注，則許注已佚于五季之亂矣。而新唐書及宋史藝文志仍並列兩家。謂唐時許注猶存，歐陽氏得其故籍以爲志可也，宋時安得復有許注，而修史志者猶采入之歟？觀陳氏書録解題有曰：「既題許慎記上，而序文則用高誘，然則許注既佚，宋人以其零落僅存者羼入高注，遂題許慎之名，而其未羼入者，仍名高注可知也。要其冠以高誘之序，則高注爲多矣。」今世所傳高氏訓解，已非全書，而明正統十年道藏刊本首有高誘之序，内則題「太尉祭酒臣許慎記上」，一如陳氏所云，是即宋時羼入之本，以校高注，增多十三四，其間當有許注也。夫以淮南王之博辯善文辭，爲武帝所尊重，復得四方賓客如九師、八公者，廣采羣籍，作爲是書，固已極魁瑋奇麗之觀。而東漢兩大儒，各以博識多聞之學，事爲之證，言爲之詁，亦既疏解略盡矣。道藏本雖不全，而雜有二家之注在焉，猶愈于訓解之止出一家，而又爲庸妄子之所芟削者。獨天文訓一篇，道藏本未嘗增多訓解一字，而中有「誘不敏也」之文，其注亦遂簡略，蓋此篇決出于誘之所注，而誘于術數未諳，遂不能詳言其義耳。然吾謂三代古術，往往見于周禮、左氏春秋傳、史記律曆天官書中，其可以相質證者，賴有此篇。儒者而弗明乎是，即經史之奥旨，何由洞悉而無疑也哉？竊不自揆，推以算數，稽諸載籍，于高氏所未及者，皆詳言之。亦時正其舛謬，如「天一元始，正月建寅，日月入營室五度」「天一以始建」，即是顓頊歷上元，則「天一」當爲「太一」，而高氏無注。二十四時之變，反覆比十二律，故一氣比一音，而注以十二月律釋之。「淮南元年，太一在丙子，冬至甲午，立春丙子」，歷術所無，蓋時已酉冬至脱其日名，甲子自爲立春之日，重言「丙子」本與下文「一陰一陽成氣二，二陽一陰成氣三」相連，即釋「太一丙子」之義，而截「立春丙子」爲句，閡以注語，似立春僅去冬至四十二日，此皆舛錯尤大者。予之補注，不爲高氏作疏，正不妨直糾其失耳。書成于己亥之夏，戊申秋復改正數條，遂繕爲定本焉。乾隆五十三年九月九日，嘉定錢塘序。

附：道光八年刻本安化陶澍序（節録）

是書向無刻本，適余門人淡君（春臺）作宰嘉定，因囑令表章之。淡君因與毛君嶽生、陸君珣，以莊本校字句之同異，而付之梓。

又淡春臺跋（節録）

雲汀中丞夫子得其稿本，以春臺適宰是邑，命爲校刻，因與邑人陸君子劭、寶山毛君生甫，互勤參考。二君皆嗜古好學，生甫尤精步算，通漢儒述數之學。既以莊本考其異同，復正其傳寫舛誤。春臺用益殫極思慮，鈎稽邃密，意有所見，附識于下。自愧學殖淺薄，加以從事簿書，日就荒落，弗克疏析深義。凡所稱引，謬誤之譏，知不能免。惟于中丞夫子表章絶學，嘉惠人士至意，或庶幾仰副萬一云。

又錢大昕序

溉亭主人嘿而湛思，有子雲之好，一物不知，有吉茂之恥。讀淮南天文訓，謂其多三代遺術，今人鮮究其旨，乃證之羣書，疏其大義，或意有不盡，則圖以顯之，洵足爲九師之功臣，而補許、高之未備者也。嘗攷天之言文，始于宣尼贊易，言一陰一陽之謂道，道有變動，故曰爻，爻有等，故曰物，物相雜，故曰文，則天文即天道也。經傳言天道者，皆主七政五行吉凶休咎而言，子貢億則屢中，而猶謂性與天道不可得而聞，則天道之微，非箕子、周公、孔子不足以與此。此子産譏裨竈焉知天道，而梓慎之見屈于叔孫昭子也。然古者祝、宗、卜、史亞于太宰，馮相、保章官以世氏，習其業者，皆傳授有本，非矯誣疑衆。五紀、六物、七衡、九行，子卯之忌具存，昏旦之中可紀，天道不謟，文亦在兹。是以名卿學士就而咨訪，以察時變。覩火流而知失閏，望烏帑而識棄次，八會之占驗于吴楚，玉門之策習于種蠡，雖小道有可觀，而夫子焉不學。詎如後之學者，未窺六甲便衍先天，不辨五行迺汩洪範，握算昧正負之目，出門迷鉤繩之方也哉。秦火以降，典籍散亡，淮南一篇，略存古法，溉亭爲引而申之，觸類而長之，讀之可上窺渾、蓋、宣夜之原，旁究堪輿叢辰之應，但恐君山而外無好之者，不免覆醬瓿之嘲爾。竹汀居士大昕。

羅士琳淮南天文訓存疑序

淮南子一書，久無善本，加以千餘年來幾經筆誤，以致帝虎明虵傳鈔悉舛，秋千瑚璉顛倒全非。吾鄉王懷祖封君暨其哲嗣伯申少宰，著有讀書雜志若干種，内載淮南子一種，辨正矯譌，誠不刊之論也。而且虚心好問，下及菅蒯，以余習算數，書來屬將天文訓篇校其可否，爰舉其中稍涉疑似者，凡七條，爲芻蕘之獻。弟恐日久大忘，用是録而成帙，名之曰存疑，並誌其顛末云。時道光癸未十有一月日南至小雅羅士琳識。

清盧文弨重校關中新刻淮南子題辭（抱經堂文集卷七）

此刻從藏本出，載高誘注爲詳，不似俗本之删削，然亦尚有一二遺漏者。余往年在太原，復取藏本細校，乃知書中古字多出錢君獻之所改，非藏本之舊也。如贍作澹、能作耐、究作沇、讓作攘、霸作伯、憾作感、施作攺之類，殊可不必。其中間引文弨所説，今都不復省記。且傳寫不無錯誤，定不免爲通人所嗤，安能一一正之？廣陵世講秦太史敦夫，好學士也，知余别有校本，託爲傳之。此書經江陰趙文學敬夫（曦明）、杭州孫侍御詒穀（志祖）、梁孝廉處素（履繩）博引詳證，足稱善本，非余一人之力所能至是，因並題數語歸之，庶不没其所自。

清錢大昕跋淮南子（潛研堂文集卷二十七）

淮南天文訓稱：「淮南元年，太一在丙子，冬至甲午，立春丙子。」考淮南王安始封之年，即漢文帝十六年也，下距太初元年六十歲。太初之元，歲在丙子，（後人命爲丁丑。）則是年亦在丙子，淮南所稱太一即太歲矣。其云冬至甲午、立春丙子則必有譌。蓋冬至與立春，相去四十五日有奇，古今不易。自甲午訖丙子僅四十三日，此理之所必無者。以術推之，是年冬至蓋己酉日，立春則甲午日耳。漢時諸侯王始封皆自稱元年，雖列侯亦然，史記諸表可覆按。或謂淮南僭號者，非也。許、高舊注本無此語，後人竄入，不足信。

清顧廣圻書宋槧淮南子後

汪君閬源收藏宋槧淮南子，予借讀一過而書其後曰：此於今日洵爲最善之本矣。如原道訓「欲宍之心亡於中」（六葉）「宍」未誤爲「寅」也；「所謂志弱者」（九葉）「弱」下未衍「而事强」三字也；「大道坦坦，去身不遠，求之近者，往而復返」注「近謂身也」（十三葉）在「能存之此」句上，未錯入前「迫而能應」句上也。天文訓「積陰之寒氣者爲水」（一葉）未刪去「者」字也；「十二月指子」（九葉）「子」未誤爲「丑」也。地形訓「決眦」（六葉）「眦」未誤爲「朏」也；「寒冰之所積也」（七葉）「冰」未誤爲「水」也；「牡土之氣」（十一葉）「牡」未誤爲「壯」也。時則訓「飾羣牧」（十五葉）「牧」未誤爲「物」也；「以索姦人」（同上）「索」未誤爲「塞」也。精神訓「視毛牆、西施」（五葉）「牆」未誤爲「嫱」也（又脩務訓「今夫毛牆、西施」亦未誤，餘篇皆已誤）；「則是合而生時于心也」（六葉）「于」未誤爲「干」也；「輕舉獨往」（八葉）「往」未誤爲「住」也；「非能使人弗欲也，欲而能止之」（十一葉）、「非能使人勿樂也，樂而能禁之」（十二葉）上「也欲」二字、下「也樂」二字未脱也。本經訓「大清之治也」（一葉）「治」未誤爲「始」也；「推移而無故」（同上）「移」字未脱也。主術訓「東至湯谷」（二葉）「湯」未誤爲「暘」也（又説林訓「日出湯谷」亦未誤，其天文訓「日出于暘谷」、地形訓「暘谷榑桑在東方」已誤）；「是故臣盡力死節以與君，計君垂爵以與臣市」（十葉）「計君」未誤爲「君計」，功市未誤爲是也；「采椽不斲」（十一葉）「斲」未誤爲「斷」也；「夫據榦而窺井底」（十四葉）「榦」未誤爲「除」也；「而不足者逮於用」（同上）「逮」未誤爲「建」也；「知饒饉有餘不足之數」（十七葉）「饒」未誤爲「饑」也。繆稱訓「故君子懼失義」（一葉）「義」上未衍「仁」字也。齊俗訓

「故不爲三年之喪」注「三年之喪始於武王」（八葉），注中「始」字未誤入正文末也；「而刀如新剖硎」（十葉）「硎」字未分爲「刑石」二字而誤入注中也；「處勢然也」（十三葉）「勢」未誤爲「世」也；「是由發其源」（十五葉）「是由」未誤倒爲「由是」也。道應訓「石乞入曰」注「石乞，白公之黨也」（二葉），「乞」俱未誤爲「乙」也；「在其内而忘其外」（九葉）「在」下「其」字未脱也；「楚軍恐取吾頭」（十三葉）「軍」未誤爲「君」也；「無所不極」（十六葉）「極」未誤爲「及」也；「於是欣非瞋目教然」（十七葉）「瞋」未誤爲「瞑」也；「其政惽惽」（十八葉）「惽惽」未誤爲「悶悶」也。詮言訓「性有以樂也」（十一葉）「性」未誤爲「生」也；「時去我走」（十二葉）「走」未誤爲「先」也。兵略訓「扤泰山」（九葉）「扤」未誤爲「抗」也。説山訓「夜之不能脩於歲也」（七葉）「於」未誤爲「其」也；「故寒者顫」（十三葉）「者」字未脱也。説林訓「罾者舉之」（八葉）「罾」未誤爲「罜」也；「不若尋常之纆索」注「故曰不如尋常之纆索」（同上）「纆」皆未誤爲「纒」也；「或善爲故」（十葉）「善」未誤爲「惡」也；「賊心亡止」（十五葉）「亡止」二字未合而誤爲「𠀇」一字也。人間訓「無爲貴智」（八葉）「智」下未衍「伯」字也；「今君欲爲霸王者也」（同上）「君」未誤爲「王」也；「聖人見之蚤」（十四葉）「蚤」未誤爲「密」也；「居隱爲蔽」（二十一葉）「居」字未誤在「隱」下也。脩務訓「欣若七日不食」（九葉）「若」未誤爲「然」也；「無不憛悇癢心而悦其色矣」（同上）「憛」未誤爲「憚」也。泰族訓「四時干乘」（一葉）「乘」未誤爲「乖」也；「雨露所濡以生萬物」（二葉）「濡以」未誤倒爲「以濡」也；「與鬼神合靈」（同上）「與」字未脱也；「而卵剖於陵」（同上）「剖」未誤爲「割」也；「挺㲃而朝天下」（十三葉）「㲃」未誤爲「肳」也。要略「作爲炮格之刑」（六葉）「格」未誤爲「烙」也（餘篇皆已誤）；「禹身執虆臿」（七葉）

「臿」未誤爲「垂」也。以上諸條實遠出道藏本之上，而他本無論矣。至於注文足正各本之誤者，尤不勝枚舉，茲弗具述。高郵王懷祖先生嘗校定是書，所訂道藏以來各本之失而求其是，往往與宋槧有闇合者，將傳其副以寄之，必能爲此本第一賞音矣。庚辰中秋前十日元和顧千里書於思適齋。

清顧廣圻淮南子莊刻本跋

此淮南王書武進刊本，校則嘉定錢坫獻之也。錢實未見道藏，所見校道藏本耳，故其稱説全無一是。今悉用道藏改正，弆之篋中。倘後有好事者，重付剞劂，則道藏之真面目可從此而識矣。顧廣圻記。

顧廣圻校宋本記

松崖先生有校本，向在朱奂文游家，今歸黄蕘圃，黄有惜書癖，以故重借之。家兄抱沖嘗得朱族子傳校本，略一展讀，則由傳校而字誤者，殆不勝其多，因姑略著其一二於下方，異日當向蕘圃作懷餅請也。乾隆甲寅三月又記。

庚辰七月借得宋槧本，細勘一過，較道藏本爲勝，劉績本以下無論也。後世得此者，尚知而寳之。十月七日覆校畢記。思適居士。

宋本誤字亦添字，記於此以備參考，頗思得好事人重刊，未知緣法何如也。千里記。

王懷祖先生以所著讀書雜志内淮南一種見贈，於藏本、劉績及此本是非洞若觀火矣。

清陳奐淮南子北宋景寫本題識

此北宋本，舊藏吴縣黄蕘圃百宋一廛，後歸同邑汪閬源家。高郵王懷祖先生屬余借録，寄至都中，遂倩金君友梅景鈔一部，藏之於三百書舍，顧澗蘋景鈔豫大其賈四十金者，即此本也。道光四年三月陳奐識。

浙江書局刊莊逵吉刻本淮南子譚獻鈔陳奐校宋本跋

北宋淮南書二十一卷，此最善本也。舊臧蘇州黄主政士禮居，後歸山塘汪氏，高郵王尚書借鈔屬校，字多漫漶，讎對頗不易易，奐與汪道不相謀者也，其書不能稽覽，未及過録，常自恨惜。顧澗蘋翁有影鈔本，偁甚精核，胡君雨塘以四十白金換得之，即士禮舊藏本也。今向雨塘借校，重睹至寶，又爲蘭鄰先生札屬，代校一過，其不同處，悉書於字側，而並箸行款如宋，孰得孰失，必有能辨之者矣。道光十四年三月長洲陳奐計五十日校斁，識此。譚獻鈔。

清乾隆莊逵吉刻本李慈銘跋

同治癸亥三月得於京師廠市，此本爲莊伯鴻據道臧本校刊，旌德吕文節更據羣書治要所引以朱筆校注於眉間及行中。世傳淮南子率多明槧，固脱誤不可讀，而道臧所收亦非善本，莊氏此校所是正者廖廖無幾。乾嘉間，自孫淵如氏、洪筠軒氏憙讀道書，謂可以補正古籍，一時嗜奇者，遂廣相搜采，過而存之，其實非也。治要剌取奇零，更不足據，然得失亦往往相形，學者治古人書而偏有所尊信，積非成是，其害益甚，是貴博取而闕疑耳。高郵王氏讀書雜志中有論此書者二十二卷，又坿刻顧澗薲氏校宋本一卷，皆精密，多可取云。會稽李慈銘炁伯識。

浙江書局刊莊逵吉刻本淮南子譚獻鈔劉履芬跋

太倉葉徵君裕仁藏有顧氏手校淮南副本，與昔年所録小有異同，取校一過，以藍色别之，原缺第一至第五卷，尚無從借補也。光緒紀元七月二十九日江山劉履芬記於吴門書局。

又趙烈文跋

吾常校刊道藏本，已爲精絶，此復從莊本加校，搜羅富博，洵爲寶笈，不幸殘失一帙，雖吉光片羽，識者猶珍，然已非全璧，可爲嘆惜。重光作噩陽湖趙烈文記。

又譚獻跋

今傳校劉彦清本，朱筆用○，藍筆用、，以識别之。譚獻記於武昌經心講院，時光緒十六年五月。

清勞格讀書雜識卷二淮南子許高二注（節録）

今道藏本題許慎記，與陳氏（振孫）所見本正同。據蘇序，高注篇名皆有「因以題篇」之語，訂正今本，知高注僅存十三篇，其繆稱、齊俗、道應、詮言、兵略、人間、泰族、要略八篇，注皆無是句，又注文簡約，與高注頗殊，與諸書所引許注相合，當是許注無疑。較晁（公武）本少原道、俶真、天文、時則、覽冥〔一〕、精神、本經、主術、氾論、説山、説林十一篇，多人間、泰族、要略三篇。高注十三篇宋史亦作十三卷，僅據見存殘本而言耳。又蘇頌校本於高注所闕卷，但載本書，許注仍不敘録，今本以許注補高本之闕者，蓋别是一本也。

清陶方琦淮南許注異同詁自敘

淮南道藏本較通行本茂密，而踳敚亦甚。方琦讀而病之，遂爲淮南參正一書。許、高二注並出東漢，洨長詁記説尤古樸，濮令之注雖祖南郡，要非其匹也。己巳之歲，閒居無事，繙帬羣册，剌取許氏之逸説，奢爲一卷。舊傳道藏本有許注羼入，相沿累代，疇能釐析。嘗疑原道以次十三篇多詳，（原道、俶真、天文、墜形、時則、覽冥、精神、本經、主術、氾論、説林、説山、脩務。）繆稱以次八篇多略，（繆稱、齊俗、道應、詮言、兵略、人間、泰族、要略。）詳者當是許、高注雜，略者必係一家之言。解詁簡塙，尤近許氏。後讀宋蘇魏公文集内有校淮南子題敘，略云：「是書有後漢時太尉祭酒許慎、東郡濮陽令高誘二家之注，隨唐目録皆别傳行。今校崇文舊書與蜀川印本暨臣某家書凡七部，並題曰淮南子，二注相參，不復可辨。惟集賢本卷末前賢題載云：許標其首皆是「間詁」，「鴻烈」之下謂之「記上」，（開元占經所

〔一〕時則覽冥，光緒四年刻本誤作「時側覽宜」，今正。

引淮南間詁皆許氏説。琦案：王氏漢藝文志考正亦云：「許慎注淮南曰『間詁』，其注曰『記上』。晁公武郡齋讀書志謂許慎注標其首皆曰『間詁』，次曰『淮南鴻烈』，自名注曰『記上』。」高題卷首皆謂之「鴻烈解經」，（吕覽高誘敘云：誘作淮南、孝經解。）「解經」之下曰高氏注，每篇下皆曰「訓」，又分數篇爲上下，（道藏凡原道、俶真、天文、墬形、時則、主術、氾論皆分上下卷。）以此爲異。崇文總目亦云如此。又謂高氏注詳于許氏，本書文句亦有小異。然今此七本皆有高氏訓敘，題卷仍各不同，或于「解經」下云「許慎記上」，或於「間詁」上云高氏，或但云「鴻烈解」，或不言高氏注，或以人間篇爲第七，或以精神篇爲第十八，參差不齊，非復昔時之體。臣某據文推次，頗見端緒。高注篇名皆有「故曰因以題篇」之語，其間奇字，並載音讀。（誘自敘云：「比方其事，爲之注解，悉載本文，並舉音讀。」故十三篇中音讀最詳，而許注八篇音讀闃寂，淄澠之别，不言可知。）許于篇下粗論大意，卷内或有假借用字，以周爲舟，以楯爲循，以而爲如，以恬爲惔，如是非一，又其詳略不同，誠如總目之説。互相考證，去其重複，共得高注十三篇，許注十八篇」云云。此與方琦舊説適相吻合，原道以次十三篇，皆有「故曰因以題篇」字，高注本也；繆稱以次八篇，皆無「故曰因以題篇」等字，許注本也。遂取舊輯許氏逸注，比而勘之，原道以次十三篇許注與高注文義多異，繆稱以次八篇許注與今注文義多同。其異者，正見二注之並參；其同者，益見許注之不謬。況隨書經籍志淮南子載許慎注二十一卷，高誘注二十一卷；舊唐書載淮南子商詁二十一卷，（商詁迺間詁之譌，不言許慎注，明係敚文），高誘注二十一卷；新唐書所載卷目都合；（新唐書直言許慎注二十一卷，不言商詁，知舊唐書無「許慎注」三字乃佚文也。）惟宋史藝文志載許慎注二十一卷，高誘注十三卷。今原道以次有題篇者適十三篇，意者北宋時高注僅有此數，與蘇魏公高注得十三篇之說如出一揆。至云許注二十一卷，乃合高注而言之，（宋蘇氏云「互相考證，去其重複，共得高注十三篇，許注十八篇」，「十」字疑衍文，蓋高注十三篇，許注八篇，正合二十一篇之數，故云去其重複。否則，八篇即繆稱以次無題篇之八篇，十篇之注淆入高注十三篇中，不可復識矣。宋時安得有許氏全本？宋史誤也。）知高注篇内必雜附許氏殘注，故宋本及道藏本並題爲漢太尉祭酒許愼記上，（錢溉亭曰：宋時安得復有許注，大抵許注既佚，宋人遂以零落僅存者羼入高注，遂題許愼之名。又云正統道藏本即宋時羼入之本，校通行高注增十三四，其間當有許注，是也。）而繆稱以下八篇，全無高注，斯盡存許注殘說，故注獨簡質，並無「故曰因以題篇」等字。（莊氏逵吉曰：繆稱訓下數篇標目下皆無「因以題篇」四字，注又簡略，蓋不全者也。此莊氏不見蘇魏公序文，故云此。）方琦又讀宋本淮南，其繆稱篇題首有「淮南鴻烈間詁」，於要略篇亦題「間詁」二字。間詁，許注本也。知繆稱至要略八篇壔爲許注舊本無疑。而前人志别之，苦心不絶如縷矣。千古沈惑，重相剖喇，所望同志，信以傳信。即一書中有文義互異者，正見許、高之判，如繆稱篇（無題篇字爲許注本）之「紂爲象箸而箕子嘰」與説山訓（有題篇字爲高注本）之「紂爲象箸而箕子唏」異也，詮言篇（無題篇字爲許注本）之「猨狖之捷來措」（繆稱篇同）與説林篇（有題篇字爲高注本）之「猨狖之捷來乍」異也，詮言篇（許注本）之「羿死于桃棓」（注訓棓爲大杖）與説山訓（高注本）之「羿死桃部」（注訓桃部，地名）異也，道應篇（許注本）之「孔子勁杓國門之關」與主術訓（高注本）之「孔子之通力招城關」異也，道應篇（許注本）之「周鼎著倕使齕其指」與本經訓（高注本）之「周鼎著倕使銜其指」異也，脩務訓（高注本）之「純鈞魚腸之始下型」與齊俗篇（許注本）之作「淳均」異也，覽冥訓（高注本）之「上契黄壚」與兵略篇（許注本）之作「黄盧」異也，原道訓（高注本）之「京臺」與道應訓（許注本）之作「强臺」異也，原道訓（高注本）之「六瑩」與齊俗訓（許注本）之作「六英」異也，氾論訓（高注本）之「淄澠」與道應訓（許注本）之作「菑澠」異也，齊俗訓（許注本）之「隅眥之削」與本經訓（高注本）之「隅差之削」異也。後人不知八篇、十三篇之分，動有疑其互異者，其未經竄改亦尟矣。幸得數事以爲左譣，其它又有可考者，如原道訓「三仞之城」下注云「八尺曰仞」，而覽冥訓注作「七尺曰仞」，以説文「仞，伸臂一尋八尺」推之，知云八尺者乃許注矣。墬形訓「百果所生」下注云「在木曰果，在地曰蓏」，而時則訓注作「有核曰果，無核曰蓏」，以説文「在木曰果，在草曰蓏」推之，知云「在木、在地」者乃許注矣。又注中有言某或作某者，有言一曰某某者，多爲許説。如原道訓「昔者馮夷、太丙之御也」，高注云「夷或作遲，丙或作白」，而文選七發引許注正作「馮遲、太白，河伯也」。俶真訓「騎飛廉而從敦圄」，高注「敦圄似虎而小，一曰仙人名」，而史記索隱引許注正作「淳圄，仙人也」。氾論訓「段干木，晉國之大駔」，高注「駔，驕怚。一曰駔，市儈也」，而御覽引許注正作「駔，市儈也」。俶真訓「谿子之弩」，高注「谿子爲弩所出國名也。或曰谿子，蠻夷也，以柘桑爲弩」，而史記索隱引許注正作「南方谿子蠻夷，出柘弩及竹弩也」。又如詩經正義引許注「楚人謂寡婦曰霜」，文選注引許注「楚人謂水暴溢曰瀫」，列子釋文引許注「楚人謂袍曰裋」，衆經音義引許注「楚人謂柱碣曰礎」，知二十一篇中引楚人謂某曰某者，多是許注矣。以是類索，古誼益出。至若當時許本必與今本文義互有異同，如文選注引「坒，相連也」，「璐，美玉也」，「裝，束也」，「猥，總凡也」，皆指爲許注淮南之説，一見再見，信而可徵，而撣究本書，或多變易，即近考史傳志注及古册徵引，與今本縣區者，多爲許氏義也。蓋今時淮南之本，迭經變竄，唐人引淮南之注（開元占經及意林、羣書治要等書）皆爲許本，故與今高注並異。後人不知，遂日翳隱也。考淮南之注，傳者惟許、高二家。惟後漢馬融傳言融曾爲淮南注，隨志不録，書已早逸。高誘之師爲盧植，植之師即爲馬融。誘自序云「從故侍中同縣盧君受其句讀，誦舉大義」，是高誘當親見馬氏注本，承用師説，必多相合，故與許氏注説亦不甚異也。況高出漢季，去許未遠，所云「深思先師之訓」，即指馬氏注本，故音訓之詳，確非魏晉以後可逮。今必別其同異，亦繇許注久湮，後人尟知精討，疑信相乘，古解日替，（如劉蘆泉以爲許慎記上而高氏爲之注，疑許氏並無注文。又如南宋以後諸儒引高注皆譌爲許注之類是也。）遂使南閣舊義踳駁羼亂于高氏注中，亦非高氏所安也。故爲異同詁四卷。方琦復著淮南許注存疑一書，以輯存其剩義，（凡北堂書鈔、初學記、藝文類聚、太平御覽諸書所引淮南舊注，不標許君注者，雖與高氏注異，亦退入存疑中，非得確徵，不輕采入。）頻年憂患，汔未卒業，先出此書，以質同學，略傳徵據，特取照記，簡絲數米，煩而不察，竊幸不受鴻烈之議也。同治辛未夏日會稽陶方琦自敘。

譚獻跋

乾嘉而降，言漢學者多尚許鄭。高密之學，具有完書，洨長説文，迭相師祖。其外無聞也。五經異義，沓於殘佚之餘；淮南記上，標於羼紊之末。相傳許君舊詁，殽入涿郡，亦復不尟。歲月緜曖，因而仍之，然昔册徵引，二家歧列。孝懇好爲淮南之學，刺取古説，剖判異同，得其元珠，邳張隆指。獨取宋蘇氏之説，精爲釐別，卓識博聞，曠世無兩。至若捃摭彌精，詁解底塙，南閣之義，賴以不隳。獻竊謂二家之注，並峙漢季，相去不遠，當聞妙諦，宜於異中求同，亦當同中別異。孝懇篤於學，此書而外，尚有淮南參正二十餘卷暨鄭氏易疏、魯詩故訓纂、爾雅漢注述、説文古讀考諸書，雖未卒業，許鄭之學，掙然可觀，扶墜匡微，獨有千古。當世好學，非孝懇其誰與歸！杭州譚獻。

清譚獻復堂日記（節録）

閲淮南王書，九流之鈐鑰矣。求百家之學者，當從此入。

漢初黄老爲治，大義具於淮南。考文章之源流，則兩漢諸賦，史公以下，文體多從此出，而尤爲駢儷家之祖。

易順鼎淮南許注鉤沈自敘

南閣祭酒，東京大師，厥學昌明，在於昭代。其説文解字，固已人握荊璞，家抱隋珠，此外更有五經異義、鴻烈記上。異義雖微，尚獲左海之疏證；記上久佚，徒存問經之輯文。刺取止於百八，罣扇類夫千一。古義蓋闕，良足悕已。余自當年，好爲此學，繙紬羣册，摭拾單詞，積有歲時，頗成卷袠。後見會稽陶編修方琦亦有輯本，采獲斯富，釐別稍嚴。余兼收兩宋，並取諸家，若羅氏翼雅，興祖注騷，史炤釋文，容齋五筆，凡所稱引，皆從甄録，而陶以御覽斷代，不與余同。然如蕭吉大義，詳舉五藏之文；杜佑通典，粗引曼長之詁。陶亦未覩，是其疏也。陶本既行，余之所輯，遂置高閣。歲月舟壑，此帙邈然，敝帚之亡，玄珠亦失，天監斯文，奇書出於日本，一切經音義者，唐沙門慧琳之所籑也。其書宏博，爲小學淵海。余游滬瀆，獲窺此本，所引許君之注，較諸玄應爲多，一字一縑，未足相喻，藏之枕笥，忽已五年，人事侵尋，未遑卒業，一官來汳，此事都廢，偶因假日，暫抽墜緒，其爲羣書所未引者，凡若干條，粗加詮次，名曰鉤沈。行篋無書，徵據舛陋。哲人已往，望汝南而闃然；遺文有間，賴海東而創獲。姑以傳諸好事，質彼通人，庶幾先師遺言，不隨塵露云爾。光緒戊子冬日易碩自敘。

王仁俊淮南許注異同詁三續六卷自敘

仁俊少耆許君之學，戊子爲同郡張氏校刊許學叢書，假得陶先生方琦淮南異同詁，憙而校讀。蓋其時陶書補遺及續補固未見也，因從唐玉篇、玉燭寶典、水經注、五行大義、大藏音義、文選注、事類賦注、事物紀原諸書，輯近百事，時作時輟，未敢謂定稿也。壬辰春，在都從李木齋師假得陶書補刻本，細斠舊稿，乃知玉篇、寶典二書，陶先生采之已逾十之八九，即從先生之弟心雲舍人乞得一本，凡舊稿爲陶書所有者，汰之近半，又從江太史師許假紺珠集、歲時廣紀、歲時紀麗，得數事，即擬寫一清本，質舍人而未暇也。癸巳夏，言遊粵東，適舍人校書官局，時重理舊説，俊乃從粵東購初學記、御覽，粵雅本之羣書治要、帝範注，海山仙館本之古今黈、龍筋鳳髓判注，一一輯注，又從舍人假路史、唐類函校補，作疏證，一依陶書原例，共得二百餘條，擬分四卷。屬因秋風，遂動蒓鱸之感，先寫清本之半，就正舍人，請爲勘誤，陶先生又有許注存疑，俊未之見，竊嘗依元例，凡各書引許注無碻證者，纂許注揚攉，未成書也，嗟乎！創始者難爲功，繼事者易爲力，俊於先生之學，無能爲役，而私淑南閣，則同志也。癸巳夏六月王仁俊記。

王仁俊淮南子揚搉自敘

讀淮南子揚搉，何爲而名也？昔國語韋序曰：「凡所發正三百七事。」汪君遠孫遂有國語發正之作。本書俶真訓「物豈可謂無大揚搉乎」，文選蜀都賦、江賦注引許注「揚搉，粗略也」。漢書敘傳有「揚搉古今」語，揚搉蓋古語，猶之商確。文選吴趨行注引許説「商搉，麤略也」。仁俊自幼即憙鴻烈之學，嘗按日分卷抽引其緒，丹黄細書，書眉爲溢，既婷精輯補許注異同詁，涉獵所及，遂有此作，不敢云著述，若曰得淮南之大略耳。光緒十九年癸巳夏六月初七日夜識於廣州電局之寓齋。

劉家立淮南集證校正淮南内篇札記

淮南内篇自宋刻外，昔人所稱以道藏本、劉績本爲最古，然已不可多見。乾隆間，武進莊氏本出，當時以爲得藏本之真，高郵王氏抉擇而參證之，而後知其書之不足據也。予於辛卯年在京口時，從友人處假顧氏千里淮南子校勘記一册，係以道藏本校莊刻者。（跋曰：此淮南武進本，校則嘉定錢坫獻之也。錢實未見道藏本，所見校道藏本耳。故其稱説全無一是。今悉用道藏改正，弆之篋中，倘後有好事者重付剞劂，則道藏之真面目可從此而識矣。顧廣圻記。）因迻録於莊本之上，是爲校讀淮南之始。

世傳淮南北宋本，由黄氏士禮居轉歸汪閬原。道光年時陳氏碩甫曾有校本傳鈔於世，（跋曰：北宋淮南書二十一卷，此最善本也。舊藏蘇州黄主事士禮居，後歸山塘汪氏，高郵王尚書借鈔屬校，字句多漫漶，讎對頗不易易。奂與汪道不相謀者也，其書不能稽覽，未及過録，常自恨惜。顧澗蘋翁曾有景鈔本，稱甚精核，胡君雨塘四十白金换得之，即士禮居舊藏本也。今向雨塘借校，重睹至寶，又得蘭隣先生札，屬代校一過，其不同處，悉書於字側，并箸行款如宋，孰得孰失，必有能辨之者。道光十四年長洲陳奂計五十日校斁，識此。）黄學士仲弢迻録本校勘一過，自比藏本爲優，然亦不能無譌舛處，蓋古子書非有專家定本，傳迻奪壞，遠自唐前宋人校刊，不敢多所竄定，其矜慎若師，然非得乾嘉諸先生博綜羣書正其文字，則字句不可通，文義無由瞭也。予既傳録藏本、宋本，校文亦剌取諸先生之説，簡端詳記，歲月既久，沓集浸多，乃别寫清本，分列各條之下，取便省覽，非云述作。

莊本訛舛脱誤不可殫述，又其付刊時未曾細意校讎，故於附案各條中帝虎、陶陰亦復時見，宜顧氏取以爲誚也。此録採擇其言，兼刊其誤，庶不没前人校訂之苦心。

王氏讀書雜志九校本書二十二卷，徵引宏博，考覈詳明，蓋積數年之功力，其精塙爲他人所莫及。今兹集録，即以爲標準，雖其間有殊恉爲後來所詰難者，然先者難爲知，後者易爲攻也。寶應劉氏端臨有淮南子補校一卷，未見王氏之書，故有重出之處，今擇而録之。

臨海洪氏筠軒讀書叢録有校淮南一卷，與俞氏曲園淮南内篇平議亦有複出者。洪則未見王志，俞亦未知洪録也。今核其異同而録之。近孫徵君仲頌所箸札迻中，有淮南校語一卷，趙文學森甫亦有攷證淮南數則，今併採入本書之内。

淮南許、高二注之别，前人未有顯判。道光間，蘇魏公集出，中有校淮南子題序一首，而後知許注、高注存佚相補，合爲一袠。會稽陶氏子縝本其説，著淮南許注異同詁六卷。夫而後許氏之書昭然若揭，較諸孫氏馮翼、蔣氏曰豫所輯許説，捃摭既廣，釐别獨精，南閣之義，於以不曖焉。此録全行採入，其孫、蔣二家之説不再著録。

予之集證，以文字爲主，不及義釋。錢氏溉亭天文訓補注乃補高氏所未釋，今於其書中有關乎訛誤者録之，其注文概不採入。

淮南書博大精深，網羅先秦古籍至爲完備。譚復堂氏謂爲九流之鈐鑰，欲求百家之學者，當以此爲權輿。譚氏曾於莊本校録各家之説，友人徐君行可有迻録本，向其借閲，其搜輯與予大致相同。其自校各條採入書内。又漢陽李星樵太史撰有淮南義訓疏補之作，其書繁徵博引，詮釋精塙，凡關乎訂訛栞誤者，全行採入，其餘限於篇幅不及備録。

今本牴牾紕繆，雖諸家參攷詳密，時復見於行間，宋宣獻有言：「校書如拂几上塵，旋拂旋生。」是也。今復細加鉤析，敚字既增，誤文亦削，其義類所觸，或摭實略虛，或舍新徵舊，要亦因其有可徵者而妄參之，拘學抱咫尺之義，惟文字是求，而傳訛沿誤之説不取焉。此書自光緒辛卯年起，至丙申春蕆事，當日僅一草訂本存於篋笥，尚待謄真。壬子、癸丑間，僑寓南昌，友人豐城熊君譯元見而好之，謂可作淮南讀本，因命寫官録一清本，茲假得譚氏、李氏兩書，又增訂數十條，實爲幸事，第千年古籍流傳到今，其中可議者尚多，自愧盲學，不能多事研求，世有好學深思之士，亮其孤陋，董而正之。

七十七老人耴翁自識。

劉文典淮南鴻烈集解自序

淮南王書博極古今，總統仁義，牢籠天地，彈壓山川，誠眇義之淵叢，嘉言之林府，太史公所謂「因陰陽之大順，采儒墨之善，撮名法之要」者也。惟西漢迄今，歷二千祀，鈔刊屢改，流失遂多。許、高以之溷淆，句讀由其相亂，後之覽者，每用病諸。雖清代諸師如盧文弨、洪頤煊、王念孫、俞樾、孫詒讓、陶方琦之倫各有記述，咸多匡正，而書傳繁博，條流踳散，卷分袠異，檢覆難周，用使脩學之士，迴遑岐途，沿波討原，未知攸適。予少好校書，長而彌篤，講誦多暇，有懷綜緝，聊以錐指，增演前脩。采拓清代先儒注語，搆會甄實，取其要指，豫是有益，並皆鈔内。其有穿鑿形聲，競逐新異，亂真越理，以是爲非，隨文糾正，用祛疑惑。若乃務出游辭，苟爲汎説，徒滋蕪濫，秪增煩冗，今之所集，又以忽諸。管闚所及，時見微意，輒有發明，亦附其末。雖往滯前疑，未盡通解，而正譌苗佚，必有馮依，一循塗軌，未詳則闕。名爲集解，合二十一卷。庶世之君子，或裨觀覽焉。中華民國十年六月十五日合肥劉文典。

胡適淮南鴻烈集解序(節録)

淮南王書折衷周、秦諸子,「棄其畛挈,斟其淑静,非循一迹之路,守一隅之指」,其自身亦可謂結古代思想之總帳者也。其書作於漢代,時尚修辭。今觀許慎、高誘之注,知當漢世已有注釋之必要。歷年久遠,文義變遷,傳寫譌奪,此書遂更難讀。中世儒者排斥異己,忽略百家,坐令此絶代奇書,沉埋不顯。迄乎近世,經師旁求故訓,博覽者始稍稍整治秦漢諸子,而淮南王書治之者尤衆。其用力最勤而成功較大者,莫如高郵王氏父子;德清俞氏間有創獲,已多臆説矣;王紹蘭、孫詒讓頗精審,然所校者皆不多。此外,如莊逵吉、洪頤煊、陶方琦諸人,亦皆瑕瑜互見。計二百年來,補苴校注之功,已令此書稍稍可讀矣。然諸家所記,多散見雜記中,學者罕得遍讀。其有單行之本,亦皆僅舉斷句,不載全文,殊不便於初學。以故,今日坊間所行,猶是百五十年前之莊逵吉本,而王、俞諸君勤苦所得,乃不得供多數學人之享用。然則叔雅集解之作,豈非今日治國學者之先務哉?

吴承仕淮南舊注校理敘

清儒治淮南書者,以高郵王氏爲最。近人劉文典撰集解,旁徵異文,博采衆説,雖有疏漏,用力故以勤矣。淮南注舊有許、高二家,自全宋來,已掍不可理。陶方琦始爲異同詁,識别異宜,使各有分序,不相干亂,其文理密察,誠諸師所不能到。然淮南注本,傳寫久譌。原道、俶真、天文、地形、時則、覽冥、精神、本經、主術、氾論、説山、説林、脩務諸篇，有許、高二家錯雜之文，則踳駮益甚，而讀如、讀若之等，尤難訓知。前人勤治本文，於訓説未皇厝意也。陶氏有作，志在專輯許説，本不旁及高義，文句譌奪，又未能一二正之也。往時輯録經籍音切，嘗取淮南舊讀，疏通證明之，得四十七事。今觀劉氏集解，於注文沿誤，顯白可知者，多未發正。頗以暇日，從事校讎。尋莊逵吉刊本，自謂依據道藏，昔人已譏其妄有删易，未足保信。莊本既世所行用，集解又因而不革，懼其注誤後學，故今一依莊本，而以異本斠之。復就昔人撰述，下訖筆語短書，凡所徵引，稍有采獲。更以唐宋類書所録，參伍比度，辨其然否。愚所未達，丘蓋不言。至於注家説義有違，則不復彈正也。班孟堅云：「校理祕文。」校者，校其短長；理者，理其肴亂。竊取斯言，命曰校理。比況作音諸條，説在經籍舊音辨證，兹不再出。甲子元日，吴承仕。

吕傳元淮南子斠補陳祺壽序

九江吕生傳元，沈潛好學，年十七從余遊，授以爾雅、説文，昕夕孜孜，志在由小學以通經學。禮家之大戴，尤所竺嗜。旁涉諸子，醉心淮南，嘗據景宋、道藏諸本暨唐宋類書稱引者，校莊氏逵吉槧本，又徧觀近儒説淮南之書，補其不逮，每有所得，以質於余，爲别其是非。久之得若干條，寫成定本，請爲序。觀生之所爲，詳於校勘，審於訓詁，恪守高郵王氏家法，具見讀書細心，一字不苟。且能鑽味於諸家解説之外，所謂後來之秀者非耶？雖然，願有進焉。諸子者，羣經之輔也。生以通經爲幟志，讀諸子，尤當究心與經關通者。即以淮南高注論之，其經學淵深，蓋亦未易闚測矣。必如吾家樸園先生輯三家詩遺説考，使承學之士，知高氏所引之詩爲魯詩學。必如吾師俞曲園先生輯孟子高氏學，使承學之士，知高氏所據之孟子非趙岐本。庶幾創通大義，有裨經學。生志通經，能臚高注所引羣經，益之以國策、吕覽二注，探索鉤致，分别部居，勒爲成書，題曰羣經高氏學，則諸子輔經之説，豈不信而有徵哉。斠補一編，視爲羣經之權輿可也。歲在丙寅孟陬之月，丹徒陳祺壽撰序。

曾文正經史百家雜鈔例言於著述門論著類云：「著作之無韻者，經如洪範、大學、中庸、樂記、孟子，諸子曰篇、曰訓、曰覽。」愚按文正蓋謂吕氏春秋之八覽，淮南子之二十訓也。竊疑淮南之某某訓，「訓」字高氏所加，非淮南原有。據要略有「故著書二十篇，有原道，有俶真」云云，可證本無「訓」字，文正偶未晳耳。金樓子聚書篇云：「范鄱陽胥經餉書，如高道注戰國策之例是也。」四庫館輯永樂大典本改「道」爲「誘」，館臣案云：「誘原本作道，謹校改。」愚按：「道」不當改，詩召南「吉士誘之」，毛傳：「誘，道也。」高涿郡名誘字道，名字正相應。古人表字往往有一字者，朱錫鬯曾言之詳，見曝書亭集。

右夙所疑者二則，并書示傳元，以待商榷。系序後者，本謝金圃序逸周書、序荀子，王蘭陔序潛夫論箋注故事，非破例爲文也。

梁啟超中國近三百年學術史淮南子

淮南鴻烈爲西漢道家言之淵府，其書博大而有條貫，漢人著述中第一流也。有東漢高誘注，亦注家最善者。許慎亦嘗注之，今劖入高注本。清儒首治此書者爲莊伯鴻（逵吉），當乾隆末用道藏本校俗本，而以案語申已見，雖名校實兼注也（浙刻二十二子所采即此本）。自莊書出而誦習本書者認爲唯一之善本蓋百餘年，然同時盧抱經別有拾校。嘉慶間則有王石臞、伯申父子之讀淮南内篇雜志二十二卷出，亦以道藏本爲主，參以羣書所引，訂正俗本九百餘條。書既成而顧澗蘋以所得宋本新校各條示之，伯申得輯爲補遺一卷。同時陳觀樓（昌齊）著淮南子正誤十二卷，石臞亟稱之（見石臞集中賜書樓集序，此書在賜書樓叢書中，吾未見）。又胡澍有淮南子校義，亦未見），又劉端臨（台拱）、王南陔（紹蘭）亦有斷片的發明。在晚清則有俞蔭甫（樾）淮南内篇平議四卷，有陶子珍（方琦）淮南許注異同詁若干卷，而孫仲容（詒讓）亦間有札記。經諸校理之後，書中微文闕義蓋已什得八九。最近則劉叔雅（文典）著淮南鴻烈集解二十一卷（民國十年刻成），博采先輩之説（劉端臨、陳觀樓、胡荄甫之書皆未見徵引），參以己所心得，又從御覽、選注等書采輯佚文佚注甚備，價值足與王氏荀子集解相埒。淮南單篇之訓釋，則有錢溉亭（塘）之淮南天文訓補注，以高誘不通天文學，所注多疏舛，故補正之。

蔣伯潛諸子通考淮南子考

漢志諸子略雜家有淮南内二十一篇，自注云：「王安。」又有淮南外三十三篇，顔師古注：「内篇言道，外篇雜説。」按高誘淮南子序稱「淮南王劉安善屬文，天下方術之士多往歸之，乃與蘇飛、李尚、左吴、田由、雷被、毛被、伍被、晉昌等八人，及諸儒大山、小山之徒，共著此書。其大較歸之於道，號曰鴻烈。鴻，大也；烈，明也。以爲大明道之言也。劉向校定撰具，名之曰淮南。又有十九篇者，謂之淮南外篇」云云，所云外書篇數，與漢志不合。漢書景十三王傳淮南王〔一〕曰：「外書甚衆，又有中篇八卷，言神仙黄白之術。」外書不言篇卷之數，中篇不録於漢志。漢志數術略天文家又有淮南雜子星十九卷，不見於本傳。是傳與志亦互異也。而高誘序所謂淮南外書十九篇者，恰與淮南雜子星之卷數相同。今外書與中篇均亡矣。淮南子之要略訓爲其自序，有曰：「此鴻烈之泰族也。」泰族爲淮南子之第二十篇，是淮南内書本名鴻烈之證也。今存本凡二十一篇，與漢志同。李淑邯鄲書目稱亡其第七、第十九兩篇，崇文總目稱存者十九篇，晁公武郡齋讀書志稱其家藏本存十七篇。唯洪邁容齋隨筆稱今所存者二十一篇，與漢志及今存本同。豈初佚而後復完歟？淮南子成於門客之手，與吕氏春秋同。唯吕不韋本陽翟大賈，特以居異人爲奇貨，而博富貴，未必有學識，能文章，直尸名而已。劉安以善屬文名，或能躬與其事，差勝一等耳。漢書本傳曰：安好書，所招致率多浮雜。故是書内容之雜，仍與吕氏春秋同。淮南子注本，亦以高誘注爲最早。莊逵吉、王念孫並有校本，莊校不如王校之精也。近人劉文典有淮南鴻烈集解，於舊説搜輯甚多，校釋亦精。余所見淮南子注，此爲最佳已。

〔一〕此當爲淮南王傳，非景十三王傳。

楊樹達淮南子證聞彭澤陶序

治經籍必明訓詁，然執訓詁之常，往往膠滯。欲免斯弊，必通聲韻。聲韻通，斯訓詁不受制於文字之形體，而能得其真義。雖然，猶未也。吾國文字，其職無恒，列於句中，乃知所任。不明文法，所謂真未必真。必也準乎文法，無所滯鰲，然後覈而可信。抑又有難者，言各有當，豈遽一端，不溯先條，不探後章，則通在一句而或滯於全篇，謂之真義，適以成其巨謬。惟考之聲韻，繩之文法，推諸修辭之理，皆能應合，有若彌天張羅，盡地設穽，雖有黠禽狡獸，無所施其逋逃之技。陶常持此三術以馭諸篇，觸手有驗。因恨漢唐以來傳注諸家，於此三術，大齊若明若昧，或偶用而不常，或偏用而不全，其全用者又不能密。以是如矢大道轉多分歧，承學之士莫能自決而古義多湮矣。曩歲，任教湖南大學，楊先生遇夫先在，相與過從甚密。先生海内名宿，撰述等身，陶之儜劣，望塵而已。然而爲學之方，多不謀而合，蘄嚮既同，慕屬彌切。每有所得，質之先生，輒叨謬許，而先生日得精義，亦以相示。語次興到，拊掌擊案，視天下事無此爲樂者。方幸得久飫聞緒論，而以癖賞山水，就聘桂林，晤對中輟，心中惘惘。暑中歸里，假滿南行，過嶽麓投謁，先生出所著淮南子證聞屬爲之序，且曰：亦以識吾兩人交誼。陶退而讀之，偉論滔滔，燈明夜永，拊掌之聲，如復隱聞。先生於聲韻文法修辭之學，皆出色當行，又傅之以博瞻精思，故凡所著常能起儒先之廢疾而箴其膏肓，是編特其一鱗一爪耳。先是治淮南子者，自漢許慎、高誘外，清王念孫、俞樾闡發最多，二氏之學，淺深或異，要皆有會於聲韻文法修辭之理，然猶未能曲盡運用之妙也。先生承諸家之後，既總三術而加密焉，復博證先漢古籍，而不濫采唐宋類書，所獲愈多而亦愈審。其於二氏，規過祛妄，無慮百數十條，即許高之注，亦時加訂正，此非吹索前脩，實以開寤後學。如齊俗篇許慎誤解「齊俗」爲「混其俗令爲一道」，而不知讀「齊」爲「儕」。精神篇「殖、華可止以義，不可縣以利」高誘誤解「縣」爲「視」，而不知讀「縣」爲「眩」。覽冥篇「其得之乃失之，其失之非乃得之也」，王念孫誤以「非」爲衍字，而不知讀「也」爲「邪」。人間篇「楚國之俗，功臣二世而爵禄」，俞樾誤疑「爵」當爲「奪」，而不知「爵」之可訓「盡」。積久沈薶之義，一爲先生揭出，雖許、高、王、俞九原可作，不能護前。又若原道篇「掉羽」爲「翟羽」之借，脩務篇「堅忍」爲「玲蟄」之誤，齊俗篇「扢秃」即「頌秃」，氾論篇「槽柔」即「酋矛」，皆犁然允當，令人稱快。至於原道衍老氏之言，俶真明莊生之義，地形之九州説即鄒衍之大九州，自來學人未嘗措意，而先生獨能燭照，鉤稽章句而不廢大義，其用心兼晐廣普，尤非尋行數墨之士所及。今先生雖年過六十，精力猶壯，持鉛握槧，晡夕忘勞，此後累積增益，所以開寤後學者正未可量。陶雖不敏，既辱引爲同調，敢不勉自策厲，操同術以隨其後。一九四七年仲秋平江彭澤陶拜手序於桂林良豐廣西大學。

楊樹達淮南子證聞自序

余曩寓北京，友歙縣吴承仕檢齋，淳安邵瑞彭次公。檢齋創建思辨社，余與次公皆籍社中，社初名思誤，取北齊邢子才之語也，後乃易思辨云。檢齋喜治音韻校勘之學，嘗輯經籍舊音一書，草稿爲册者數十。又嘗校淮南王書，爲舊注校理三卷，説多精到，而次公亦治淮南。余時雖亦頗讀淮南王書，顧以他有所務，未暇專治，故檢齋書所列余説未能審核也。一九三六年冬，余讀淮南數周，始成此書，頗自喜。高郵王氏校淮南最精，而余於王氏多所糾駁。時檢齋已改治他業，不復留意校勘，故余書成未嘗以示檢齋，而次公遠在大梁，亦未遑與之討論也。倭寇難作，余以侍父病先歸長沙，因留鄉里，設教於湖南大學，以淮南書授諸生者三，且教且治，復時時有所增益。自謂精博不逮高郵王君，而意猶欲勝俞蔭甫，其於檢齋，殆欲與抗手矣。大難五年，海宇分裂，南北睽隔，檢齋死於憂憤，次公累於外物，既隳其令名，旋亦怫鬱以死。檢齋長余一歲，一九三九年卒，年五十六，次公視余猶少也。社中舊侣，霸縣高步瀛閬仙，新會陳垣援庵，鹽城孫人和蜀丞並陷賊中，不屈，猶日治舊聞，不改其操，而閬仙去歲亦以老病死。余季豫與余通書言，檢齋殁後，其家人盡斥賣其遺業，所著書散失垂盡。他社友存者各避兵四方，不復相聞。余竄身窮荒，孑焉寡儔，日迫貧病。偶覽此卷，念疇昔之勝游，閲亂離死生如隔世，曾不知哀涕之何從也。一九四二年三月三日樹達病中書於辰谿龍頭腦山巔。

余此書寫定後，得見劉君叔雅三餘札記，内有淮南子校補若干則，乃劉君補訂其所著集解者，中有與余説相同者凡十一事。余初擬盡刊余説，繼加斟對，頗有結論相同而論證詳略異者，因遂存之，不加刊剟。今將付印，於諸條下記校補説同以備參考云。一九四六年八月二十二日於嶽麓山。

楊樹達淮南子證聞後序

許叔重生於東漢，值平帝元始五年未央廷中説字之後，上采李斯之倉頡，趙高之爰歷，胡毋敬之博學，近取揚雄之訓纂，爲説文解字一書，明造字始，稽形義之合，信可謂美矣。二千年來，學者羣奉許君爲訓詁學大師，非無故也。以其説字之美如彼，宜其訓釋故書，下義審確，能令人犁然有當矣。然今讀其淮南鴻烈間詁殘存者八卷，其中雖多勝義，而其顯然違失者固數數見也。以余所見，如：繆稱篇「制其劙材」，劙者，短也，而訓爲「疏殺」。齊俗篇稱行齊於俗可隨也，名篇之意昭然可曉，而訓「齊」爲「一」，説爲「混其俗令爲一道」；「庖丁用刀十九年而刃如新剖硎」，硎者，型也，新剖硎謂新自模型中剖出也，而訓「硎」爲「磨刀石」，「新剖」爲「始製」。詮言篇「厭文搔法」厭文搔法者，按文操法也，而訓「厭」爲「持」，「搔」爲「勞」；「治未固於不亂」，謂不亂爲最固之治也，而説爲「治不亂之道尚未牢固」；「瓶甌有堤」，堤者，提也，人所以提挈也，古器卣有提梁，正其制也，而訓爲「瓶甌下安」。人間篇「有寢之丘地確而名醜」，「寢」與史記魏其武安侯傳「武安貌侵」之侵同謂醜惡也，而説爲「前有垢谷，後有戾丘」，則與寢丘名無涉矣；「掘藏之家必有殃」，藏者，葬也，而説爲「發冢得伏藏」，云發冢是也，云得伏藏，非也。凡此云云，以之與説文解字校量，其美惡之相去，蓋不可以道里計也。豈間詁爲少年時書，而説文成於晚歲歟？抑説字與立訓異術，一人固不可兼工歟？抑或説文前有所因，取精而用宏，間詁成於一手，故不能粹美歟？又試取間詁與清代高郵王氏説經校子史之書相校，王氏立訓之精，又迥非許君所可及也。然則王氏之業優於許君乎？曰：非也，此時代爲之也。天地間萬事萬物，莫不向前發展而日進，學術何獨不然！向令王氏生於東漢，亦必無由過於許君也。余嘗謂訓詁之學，明義詁爲首要矣，而尤貴乎審辭氣。大抵漢代儒生精於訓詁，而疏於審辭氣，趙宋學者善於審辭氣，而疏於訓詁。王氏生當漢宋之後，挈取兩者之所長以成其術業，此其所以成豪傑之士，而絶特秀出於前古也。今日文法修辭之學大明，志學之士又不當以王氏之兼審辭氣爲已足，而以之自囿也。世有獨見之士，不爲賤近貴遠之成見所蔽者乎？或當知吾説之不誣矣。一九五三年四月十五日，樹達草於嶽麓山齋。

附録五　淮南子研究論著簡要索引（凡校釋採用者不出）

著作

姓名	書名	出版社及出版時間
胡　適	淮南王書	一九三一年新月書店
鄭良樹	淮南子通論	一九六四年臺北海洋詩社
徐復觀	增訂兩漢思想史（卷二）	一九七六年臺北學生書局
李　增	淮南子思想之研究論文集	一九八五年臺北華世出版社
段秋關	淮南子與劉安的法律思想	一九八六年羣衆出版社
牟鍾鑒	吕氏春秋與淮南子思想研究	一九八七年齊魯書社
陳廣忠	淮南子譯注	一九九〇年吉林文史出版社
李　增	淮南子	一九九二年東大圖書公司
祝　融	淮南子兵略訓譯注	一九九二年軍事科學出版社
許匡一	淮南子全譯	一九九三年貴州人民出版社

高麗珍　淮南子神話與古代地理知識的探討　一九九三年臺北揚智文化出版社
（美）安樂哲　主術：中國古代政治藝術之研究　一九九五年北京大學出版社
陳廣忠　劉安評傳：集道家之大成　一九九六年广西教育出版社
王雲度　劉安評傳　二〇一七年中國文史出版社增訂本
王繼如　淮南子譯注　一九九七年南京大學出版社
胡安順等　白話淮南子　一九九八年臺北建安書局
楊有禮　新道鴻烈：淮南子與中國文化　一九九八年三秦出版社
劉康德　淮南子直解　二〇〇一年河南大學出版社
陳麗桂　新編淮南子　二〇〇一年復旦大學出版社
陶　磊　淮南子天文研究：從數術史的角度　二〇〇二年臺灣編譯館
陳　静　自由與秩序的困惑：淮南子研究　二〇〇三年齊魯書社
孫紀文　淮南子研究　二〇〇四年雲南大學出版社
戴　黍　淮南子治道思想研究　二〇〇五年學苑出版社
于大成　淮南鴻烈論文集　二〇〇五年中山大學出版社
陳廣忠　淮南子斠詮　二〇〇五年臺北里仁書局
二〇〇八年黃山書社

王巧慧　淮南子的自然哲學思想　二〇〇九年科學出版社

張雙棣　淮南子用韻考　二〇一〇年商務印書館

翟江月等　淮南子（漢英對照）　二〇一〇年廣西師範大學出版社

黄　悦　神話敘事與集體記憶：淮南子的文化闡釋　二〇一〇年南方日報出版社

陳　静　淮南子　二〇一〇年中州古籍出版社

杜繡琳　文學視野中的淮南子研究　二〇一〇年中國社會科學出版社

楊有禮　淮南子　二〇一〇年河南大學出版社

曾錦華　吕氏春秋十二紀紀首、淮南子時則訓及禮記月令之比較研究　二〇一〇年新北花木蘭文化出版社

唐瑞霞　淮南鴻烈文學思想研究　二〇一〇年新北花木蘭文化出版社

陳廣忠　淮南子研究書目　二〇一一年黄山書社

李秀華　淮南子許高二注研究　二〇一一年學苑出版社

王守雪　兩漢文論新釋：以徐復觀兩漢思想史論爲基礎　二〇一一年中國社會科學出版社

劉康德　淮南子鑒賞辭典　二〇一二年上海辭書出版社

熊禮匯　新譯淮南子　二〇一二年臺北三民書局

李存山等　淮南子注譯　二〇一二年中州古籍出版社
(日)川津康弘　淮南子認識論研究：以把握本質的方法爲中心　二〇一三年新北花木蘭文化出版社
潘樹仁　淮南鴻烈　二〇一三年中華書局(香港)有限公司
劉愛敏　淮南子道論研究　二〇一三年山東人民出版社
陳麗桂　淮南鴻烈思想研究　二〇一三年新北花木蘭文化出版社
陳麗桂　漢代道家思想　二〇一三年臺北五南圖書公司
馬慶洲　淮南子今注　二〇一三年鳳凰出版社
劉殿爵　淮南子韻讀及校勘　二〇一三年香港中文大學出版社
徐仁甫　諸子辨正　二〇一四年中華書局
王英娜　淮南子「道」論解析　二〇一四年遼寧教育出版社
張中平　淮南子氣象觀的現代解讀　二〇一四年氣象出版社
陳廣忠等　淮南子譯注　二〇一四年上海三聯書店
楊婉羚　淮南鴻烈氣論思想研究　二〇一四年新北花木蘭文化出版社
阮忠仁　中國史上之「地理認知」：淮南子時則訓　二〇一五年臺北博揚文化事業有限公司
姚治中　重評「淮南獄」　二〇一五年黃山書社

趙　欣　淮南子生命藝術思想研究　二〇一五年浙江大學出版社

朱新林　淮南子徵引先秦諸子文獻研究　二〇一五年浙江大學出版社

夏文利　現代生態哲學視閾中的淮南子研究　二〇一六年民族出版社

管宗昌　淮南子文學新解　二〇一六年遼海出版社

陳廣忠　淮南子譯注　二〇一六年上海古籍出版社

周　丹　淮南子　二〇一七年北京聯合出版公司

陳廣忠　淮南子科技思想（增訂本）　二〇一七年中國文史出版社

楊　玲　先秦法家在秦漢時期的發展與流變　二〇一七年中國社會科學出版社

陳廣忠　細讀淮南子　二〇一八年研究出版社

陳廣忠　二十四節氣與淮南子　二〇一八年中國文史出版社

（美）安樂哲　中國古代的統治藝術：淮南子主術研究　二〇一八年江蘇鳳凰文藝出版社

徐昌盛　絶代奇書：淮南子精解　二〇一八年華中科技大學出版社

高　旭　道治天下：淮南子思想史論　二〇一八年天津人民出版社

楊　棟　出土簡帛與淮南子研究　二〇一八年中國社會科學出版社

何志華　竹簡文子研究之回顧與反思　二〇一九年中華書局

梁德華　秦漢魏晉雜家考論：從淮南子到劉子　二〇一九年香港中文大學

王巧慧　淮南子的自然觀研究　二〇一九年陝西人民教育出版社
（美）金鵬程　孔子之後：中國古代哲學研究　二〇一九年大象出版社
高　旭　大道鴻烈：淮南子漢代黄老「道治」思想研究　二〇二〇年巴蜀書社
應克榮　淮南子摭談　二〇二〇年黄山書社
王效峰　淮南子的思想世界　二〇二〇年人民出版社
陳　静　淮南子　二〇二一年國家圖書館出版社

論文

姓名	題目	刊物名稱、卷期及時間
陶方琦	淮南説文補詁敘	漢孳室文鈔卷四，光緒十八年徐氏鑄學齋刻本
王仁俊	許君説文多采用淮南説	子藏淮南子卷，二〇一七年國家圖書館出版社
陳蜕	讀淮南子偶書	國學叢選第一、二期，一九一二年至一九一三年
胡適	淮南子的哲學	新中國（北平）第二卷五期，一九二〇年
陳炳琨	淮南子的教育學説	新時代第一卷二期，一九二三年
楊樹達	讀劉文典君淮南鴻烈集解	太平洋（上海）第四卷六期，一九二四年
楊没纍	淮南的樂律學	民鐸第八卷一期，一九二六年
陳準	淮南子札記序	圖書館學季刊第三卷三期，一九二九年
不失	同胡適之先生討論淮南子「吉祥受福」句	鞭策周刊第一卷二四期，一九三二年
姚璋	淮南王書中的哲理	光華大學半月刊第四卷一至三期，一九三五年
蕭奚熒	莊、荀、淮南、馬、班論列諸子異同考	金陵大學文學院季刊第二卷一期，一九三五年
金德建	淮南子天文訓札記二則	廈門圖書館聲第三卷七至九期，一九三六年

管道中　淮南書中修養之要旨　光華大學半月刊第四卷一〇期，一九三六年
朱錦江　老子與淮南子　金陵學報第八卷一至二期，一九三八年
郭宣霖　淮南鴻烈論道與治術（續）　中興週刊（青島）第七期，一九四七年
朱東潤　淮南王安及其作品　光明日報一九五一年四月二十八日
黄寶實　文王四世纍善辨　大陸雜志第八卷三期，一九五四年
王叔岷　跋日本古鈔卷子本淮南鴻烈兵略間詁第廿　史語所集刊第二五期，一九五四年
劉　坦　吕覽「涒灘」與服賦「單于」、淮南「丙子」之通考　歷史研究一九五六年第四期
周駿富　淮南子與莊子之關係　大陸雜志第一四卷二期，一九五七年
劉文典　羣書評補　雲南大學學報一九五七年第二期
王叔岷　淮南子斠證續補　臺大文史哲學報第八期，一九五八年
王叔岷　淮南子與莊子　清華學報第二卷一期，一九六〇年
吕子方　淮南子在天文學上的貢獻　安徽史學一九六〇年第一期
周輔成　論淮南子書的思想　安徽史學一九六〇年第二期
陸柳堤　劉安的潛望鏡　羊城晚報一九六〇年八月十二日

麥文郁	淮南子引用先秦諸子考	臺灣大學碩士論文，一九六〇年
吴　怡	先秦諸子與淮南的無爲思想	建設第九卷六期，一九六〇年
席澤宗	淮南子天文訓述略	科學通報一九六二年第六期
吴則虞	淮南子書録	文史第二輯，一九六三年
張　嚴	淮南子注家疑似及版本得失評議	大陸雜志第三〇卷八期，一九六五年
張　嚴	淮南子二十一卷論次得失評議	大陸雜志第三一卷六期，一九六五年
張　嚴	淮南鴻烈解上篇斠補	「國科會」報告，一九六五年
費海璣	讀胡適的淮南王書	大陸雜志第三四卷一期，一九六七年
劉殿爵	讀淮南鴻烈解校記	聯合書院學報第六卷，一九六七年
鄭良樹	淮南子傳本知見記	「中央圖書館」館刊第一卷一期，一九六七年
鄭良樹	淮南子斠正	臺灣大學碩士論文，一九六七年
鄭良樹	淮南子對儒家的批評	孔孟月刊第六卷四期，一九六七年
鄭良樹	淮南子注校諸家述評	「中央圖書館」館刊第二卷二期，一九六八年
林瑞欽	淮南子淺談	史苑一九六八年第一一期
戴君仁	雜家與淮南子	幼獅學志第七卷三期，一九六八年
王雲五	劉安政治思想	東方雜志第二卷五期，一九六八年

鄭良樹　劉安與淮南子　國語日報一九六九年一月三十一日、二月十四日

于大成　淮南王書考　中山學術文化集刊第四期，一九六九年

于大成　淮南鴻烈遺文考　慶祝瑞安林景伊先生六秩誕辰論文集，一九六九年臺灣政治大學國文研究所

于大成　淮南子校訂　臺灣師範大學博士論文，一九七〇年

周弘然　淮南子的綜合思想　幼獅學志第九卷四期，一九七〇年

葉佩華　淮南子道應篇探微　文訊第一四期，一九七一年

吴天思　淮南子道應訓書後　文訊第一四期，一九七一年

賀淩虚　淮南子的政道與治術　思與言第九卷一期，一九七一年

于大成　淮南子校釋自序　星光一九七一年第八期

于大成　從雜家思想説到淮南子　中文季刊第八卷四期，一九七二年

于大成　「淮南子校釋」提要　木鐸第一期，一九七二年

方祖燊　淮南子與其作者　「中央」月刊第五卷十期，一九七三年

徐復觀　劉安的時代與淮南子　大陸雜志第四七卷六期，一九七三年

王　越　從淮南鴻烈集看漢武帝時期的儒法鬥争　廣東師院學報一九七四年第三期

石　堅　論漢武帝粉碎劉安陰謀集團的鬥争　西北大學學報一九七四年第三期

于大成　六十年來之淮南子學　六十年來之國學研究(第四册)，正中書局一九七四年；又見理選樓論學稿，一九七九年臺灣學生書局

竺柏岳　淮南子中有關「西門豹治鄴」的記載　語文戰綫一九七四年第六期

潘鐵民　淮南子出籠和淮南王謀反　文匯報一九七五年四月二十六日

于大成　劉績本淮南子出於藏本考　臺灣政治大學學報第三二期，一九七五年；又見理選樓論學稿，一九七九年臺灣學生書局

徐西華　劉安其人：評淮南鴻烈　思想戰綫一九七六年第二期

力　谷　復辟派劉安及其淮南子　吉林師大學報一九七六年第二期

施　新　劉安的復辟陰謀與淮南子的折中主義　長沙日報一九七六年六月九日

鄭良樹　屈賦與淮南子　大陸雜志第五二卷六期，一九七六年

李喬苹　淮南子與豆腐　「中央」日報一九七七年五月二至三日

于大成　淮南子解題　理選樓論學稿，一九七九年臺灣學生書局

于首奎　試論淮南子的宇宙觀　文史哲一九七九年第五期

于首奎　論淮南子的樸素辯證法　中國哲學史論文集第一輯，一九七九年山東人民出版社

雍國泰　論淮南王劉安之死　歷史知識一九八〇年第一期

魯　人　淮南子社會歷史觀初探　齊魯學刊一九八〇年第一期

杜寶元　從博采羣書看淮南子的成書立意：兼説對淮南子的評價問題　四平師院學報一九八〇年第三期

楊曾文　論淮南子的唯物主義自然觀　哲學史論叢，一九八〇年吉林人民出版社

于首奎　略論淮南子的哲學思想　中國哲學史研究集刊（第一輯），一九八〇年上海人民出版社

（美）安樂哲　淮南子主術篇中「法」的概念　大陸雜志第六一卷四期，一九八〇年

王　煜　評介拉布蘭克博士「淮南子的感應觀」　新亞生活月刊第八卷三期，一九八〇年

郝毓楠　「冀州」小議　中華文史論叢一九八〇年第四輯

陳　述　可敬的英雄（中國神話欣賞）　哈爾濱文藝一九八一年第一期

陳廣忠　淮南子的傾向性和淮南王之死　江淮論壇一九八一年第一期

謝天佑等　評淮南子的無爲思想　中華文史論叢一九八一年第一輯

熊鐵基　從吕氏春秋到淮南子：論秦漢之際的新道家　文史哲一九八一年第二期

谷　方　劉安和淮南子　編輯之友一九八一年第二期

吴方桐　淮南王劉安生於何年　齊魯學刊一九八一年第五期

馮文慈　管子地員篇和三分損益法以及淮南子的參彈複徽　中國音樂一九八二年第一期

燕國材　評淮南子的心理學思想　心理學報一九八二年第三期

祝瑞開　淮南鴻烈思想的剖析　西北大學學報一九八二年第三期

馮憬遠等　略論淮南子、王充及其他：兼答周桂鈿同志　鄭州大學學報一九八二年第三期

楊蔭深　略談淮南子中的神話和傳説　民間文學論壇（創刊號），一九八二年

谷　方　劉安　中國古代著名哲學家評傳（續編一），一九八二年齊魯書社

于大成　淮南子的文學價值　中華文化復興月刊第一五卷一〇期，一九八二年

鄭良樹　劉安與淮南子　竹簡帛書論文集，一九八二年中華書局

段秋關　淮南子法思想初探　法律科學一九八三年第一期

陳廣忠　論淮南子的「無爲而治」　淮南師專學報一九八三年第一期

吕子方　淮南子在天文學上的貢獻　中國科學技術史論文集（上册），一九八三年四川人民出版社

陳麗桂　淮南鴻烈思想研究　臺灣師範大學博士論文，一九八三年

徐壽凱　淮南子的文藝思想：漢初黄老思想在文藝領域的集中反映　阜陽師範學院學報一九八三年第二期

齊　夫　淮南子中樸素的唯物史觀　江漢論壇一九八三年第三期

芶萃華　再談淮南子中的生物進化觀　自然科學史研究一九八三年第二期

王應瑄　簡論淮南子的法律思想　法學評論一九八三年第三至四期

高漢聲　論淮南子關於神形、知行的心理思想　南京大學學報一九八三年第四期

江世榮　先秦道家論集、老子古注之一——文子述略——兼論淮南子與文子的關係　文史第十八輯，一九八三年

鍾肇鵬等　論淮南子宇宙觀的唯心主義性質　晉陽學刊一九八三年第五期

張嘯虎　論淮南子的文采　北方論叢一九八三年第六期

吴順令　淮南子之政治思想研究　臺灣師範大學碩士論文，一九八三年

蔡四桂　論淮南子思想的矛盾體系　中國哲學第一〇輯，一九八三年

曾敏之　劉安與集體創作　文史品味録，一九八三年花城出版社

李　增　淮南子的無爲思想　臺灣政治大學學報第四八期，一九八三年

高漢聲　論淮南子關於性、欲、情的心理學

思想

黎孟德　淮南子美學思想初探　江西師範大學學報一九八四年第一期

牟鍾鑒　吕氏春秋與淮南子的比較分析：兼論秦漢之際的學術思潮　四川師院學報一九八四年第一期　哲學研究一九八四年第一期

吴方桐　淮南子的「無爲」哲學　華中師院學報一九八四年第二期

陳應時　淮南子律數之謎　樂府新聲：瀋陽音樂學院學報一九八四年第三期

熊鐵基　淮南子的政治思想及其與吕氏春秋的比較　秦漢新道家略論稿，一九八四年上海人民出版社

熊鐵基　從吕氏春秋到淮南子：兼論秦漢之際的新道家　秦漢新道家略論稿，一九八四年上海人民出版社

黄中模　誰是「劉安作離騷」論的始作俑者：評許篤仁的楚辭識疑　中州學刊一九八四年第四期

陳廣忠　論楚辭與劉安、淮南子之關係　甘肅社會科學一九八四年第四期

吴　光　關於黄老哲學的性質問題：對黄老帛書和淮南子道、氣理論的剖析　學術月刊一九八四年第八期

李　增　淮南子對先秦法家之法的批判　大陸雜誌第六八卷四期，一九八四年

鄒麗燕　淮南内篇與老莊思想之關係　臺灣大學碩士論文，一九八四年
于大成　淮南子校釋補　木鐸第一〇期，一九八四年
陳麗桂　淮南多楚語：論淮南子的文字　漢學研究第二卷一期，一九八四年
陳麗桂　淮南王兩世謀反研議　中國書目季刊第一八卷二期，一九八四年
李　增　淮南子之道論　大陸雜志第六九卷六期，一九八四年
何　寧　讀淮南子偶拾　西南民族學院學報一九八五年第一期
袁春華　淮南子認識論思想初探　復旦學報一九八五年第一期
歐遠方　淮南子故事選編序言　安徽史學一九八五年第二期
董志鐵　淮南子推理論　北京師大學報一九八五年第二期
華友根　淮南子法律思想芻議　學術月刊一九八五年第三期
陳麗桂　淮南鴻烈的内容體系與價值　中華文化復興月刊第一八卷四期，一九八五年
黎振德　試論淮南子的本體論思想　江西師範大學學報一九八五年第三期
李　增　淮南子之知識理論：淮南子對先秦儒道法知識理論之平議　國文編譯館館刊第一四卷一期，一九八五年
王讚原　淮南子與法家的法論比較　國文學報第一四期，一九八五年
吴順令　淮南子之政治思想研究　臺灣師範大學國文研究所集刊第二九期，一九八八

五年

張嘯虎　淮南子的文學特色　文史知識一九八五年第七期

陳麗桂　淮南子論政　「中央圖書館」館刊第一八卷二期，一九八五年

施炳華　淮南子祛疑五則　慶祝無錫施之勉先生九秩晉五誕辰論文集，一九八六年臺北文史哲出版社

顧偉康　中國哲學史上第一個宇宙論體系：論淮南子的宇宙論　上海社會科學院學術季刊一九八六年第二期

張文勳　淮南鴻烈中的幾個美學理論命題　思想戰綫一九八六年第三期

張　南　淮南王劉安與淮南子　歷史教學一九八六年第四期

蔡伯銘　淮南子的名實觀與推理論　湖北師範學院學報一九八七年第一期

鄭榮達　淮南律辯：評淮南子在歷史中的作用　黃鐘：武漢音樂學院學報一九八七年第一期

張祥浩　淮南子的人才辯證觀　贛南師院學報一九八七年第三期

曹道衡　淮南子與五經　河北師院學報一九八七年第三期

王　越　千秋疑案：淮南子與西漢削藩　暨南學報一九八七年第四期

曾錦華　呂氏春秋十二紀紀首、淮南子時則訓

及禮記月令之比較研究　臺灣政治大學碩士論文，一九八七年

陳麗桂　淮南子論修養　「中央圖書館」館刊第二〇卷一期，一九八七年

潘世秀　本體論和個體論的結合：淮南子在批評史上的貢獻之一　蘭州大學學報一九八七年第四期

龔維英　淮南子「陰陽之神」與「兩性同體」崇拜　衡陽師專學報一九八七年第四期

燕國材　再評淮南子的心理思想　心理科學通訊一九八八年第一期

高漢聲　淮南子論人性與教育　南京大學學報（哲學人文社會科學版）一九八八年第一期

池田知久　從史記、漢書看淮南子的成書年代（節譯）　湘潭大學學報一九八八年第二期，劉興邦譯，林樹校

蔣禮鴻　淮南鴻烈原道補疏　文獻一九八八年第二期

張　濤　引用淮南子篇名辨誤　文獻一九八八年第三期

艾永明等　淮南子中的犯罪心理學思想　蘇州大學學報一九八八年第三期

陳麗桂　淮南子的無爲論　國文學報第一七期，一九八八年

于首奎　爲淮南子正名　齊魯學刊一九八八年第五期

陳遠寧　淮南子的辯證法思想　求索一九八八年第六期
柴文華　淮南子的倫理主題述略　江漢論壇一九八八年第六期
史建橋　高誘與古籍整理　古籍整理研究學刊一九八九年第一期
陳遠寧　淮南子思想的基本傾向　衡陽師專學報一九八九年第二期
傅亞庶　讀淮南子札記　東北師大學報一九八九年第三期
趙吉惠　淮南子與黄老之學理論體系的最後完成　中國哲學史研究一九八九年第二期
董志鐵　論淮南子對吕氏春秋推類理論的繼承和發展　人文雜志一九八九年第三期
董　平　淮南子形而上學探研　杭州大學學報一九八九年第三期
李宗桂　論淮南子與春秋繁露的思想同異　中國哲學史研究一九八九年第四期
于首奎　淮南子政治思想芻議　東岳論叢一九八九年第五期
陳化新　試論淮南王劉安對學術文化事業的貢獻　社會科學研究一九八九年第五期
郭立民　淮南子政治思想之研究　臺灣政治大學博士論文，一九八九年
劉智妙　淮南子無爲思想之研究　臺灣高雄師範學院碩士論文，一九八九年

孫以楷　劉安與莊子　安徽大學學報一九九〇年第一期

劉偉林　淮南子的文藝心理學思想　佛山大學佛山師專學報（社會科學版）一九九〇年第一期

趙爲民　淮南子音樂美學思想初探　中國音樂學一九九〇年第三期

李道湘　論淮南子天體演化學説的歷史地位　蘭州大學學報一九九〇年第三期

高　翔　淮南子文藝生態學思想述評　遼寧師範大學學報一九九〇年第五期

王三峽　文子與淮南子究竟誰抄誰的　荆州師專學報一九九〇年第三期

陳麗桂　淮南子論兵　教學與研究第一二期，一九九〇年

李宗桂　淮南子與春秋繁露的同異沈浮：兼論西漢中期統治思想的轉變　鵝湖第一五卷一〇期，一九九〇年

林明昌　雜家的基本思想初探：以吕氏春秋和淮南子爲例　問學集一九九〇年第一期

黄　釗　淮南子：漢初黄老之治的理論總結　武漢大學學報一九九〇年第四期

蔡仲德　淮南子的音樂美學思想（上）、（下）　交響：西安音樂學院學報一九九一年第一、二期

平山久雄　高誘注淮南子吕氏春秋的急氣言與緩氣言　古漢語研究一九九一年第三期，曲翰章譯

楊守戎　淮南子的政治哲學　安徽大學學報一九九一年第三期

李　增　淮南子道德論　臺灣政治大學學報第六三期，一九九一年

丁毅華　淮南子的風俗論　學術月刊一九九一年第六期

馬　白　淮南子與文心雕龍　文史哲一九九一年第六期

陳麗桂　八十年來的淮南子研究目録　中國書目季刊第二五卷三期，一九九一年

潘雨廷　論尚黄老與淮南子　道家文化研究第一輯，一九九二年

田中麻紗巳　陸賈、道家思想和淮南子　甘肅社會科學一九九二年第二期，鄧紅譯

胡奂湘　淮南子的人體觀和養生思想　孔子研究一九九二年第二期

何志華　論淮南子高誘注與文子之關係　中國文化研究所學報新一期，一九九二年

魏敦友　生命的自我審視：淮南子精神訓探微　湖北大學學報一九九二年第四期

蔣禮鴻　文選注引許慎淮南子注輯録　温州師範學院學報一九九二年第四期

周立升　淮南子的易道觀　道家文化研究第二輯，一九九二年

(加)白光華　前漢邏輯思想的一個方面：淮南子　中國哲學第一五輯，一九九二年

陳麗桂　淮南子裏的黄老思想　中國學術年刊第一三期，一九九三年

汪漢卿等　試論淮南子的法律思想　安徽大學學報一九九三年第一期

唐　莉　淮南子高誘注獻疑　四川師範大學學報一九九三年第二期

谷中信一	從兵略訓看齊文化對淮南子成書的影響	管子學刊一九九三年第三期，王海清譯
陳蒲清	淮南子寓言與黃老之術	求索一九九三年第四期
崔希星	論淮南子的文藝創作觀	臨沂師專學報一九九四年第一期
許匡一	淮南子許、高注辨正	武漢教育學院學報一九九四年第一期
陳化新	論淮南王劉安政治上的失敗	西南民族學院學報一九九四年第二期
曹　晉	劉安淮南子的文藝觀	西南民族學院學報一九九四年第三期
劉醇鑫	淮南子之人生修養論研究	輔大中研所學刊第三集，一九九四年
許匡一	淮南子分音詞三例	古漢語研究一九九四年第四期
王德裕	淮南子哲學思想述評	重慶師院學報一九九四年第四期
許匡一	淮南子思想内容述評	武漢教育學院學報一九九四年第四期
傅亞庶	淮南子時務篇「賞有功」辨正	古籍整理研究學刊一九九四年第五期
熊禮匯	淮南子寫作時間新考	武漢大學學報一九九四年第五期
孫以楷	絶代奇書淮南子	華夏文化一九九四年第五至六期
丁原明	淮南子道論新探	齊魯學刊一九九四年第六期
丁原明	文子與淮南子思想之異同	文史哲一九九四年第六期

作者	篇名	出處
馬建智	淮南子譯注辨誤	西南民族學院學報一九九四年第六期
黃　琪	淮南子「道」之研究：天、人、治道之貫通	臺灣東海大學碩士論文，一九九四年
唐瑞霞	淮南鴻烈文學思想研究	臺灣成功大學碩士論文，一九九四年
周一謀	淮南子論攝養與壽夭	華夏長壽一九九五年第一期
陳廣忠	淮南子與墨家	孔子研究一九九五年第二期
王德裕	劉安與董仲舒：略論他們政治上的分歧	中華文化論壇一九九五年第三期
丁原明	淮南子對管子四篇哲學思想的繼承和發展	管子學刊一九九五年第三期
陳劍昆	論淮南子中的內聖與化民思想：兼就「內聖外王」之道的歸屬問題與莊萬壽先生商榷	淮陰師專學報一九九五年第四期
王雲度	淮南子論養生	南都學壇一九九五年第四期
何志華	高誘用詩考	中國文化研究所學報新四期，一九九五年
張運華	淮南子對道範疇的理論深化	西北大學學報一九九五年第四期
簡松興	淮南子的整體和諧說：試析淮南子和、天和、太和之意	輔大中研所學刊第五期，一九九五年

陳秀玲　淮南子主術的政治思想　屏中學報第五期，一九九五年
丁原明　淮南子認識論探析　哲學與文化第二五三期，一九九五年
陳麗桂　漢代的氣化宇宙論及其影響　道家文化研究第八輯，一九九五年
温　韌　淮南子的天地演化説　中國文化月刊第一八六期，一九九五年
陳麗桂　淮南子研究八十年　漢學研究之回顧與前瞻（歷史哲學卷），一九九五年中華書局
陳劍昆　「因」與化：淮南子中的教化思想及道學與儒學的貫通方法研究之二　淮陰師專學報一九九六年第一期
何志華　淮南子、吕氏春秋、戰國策三書高注互異集證　人文中國學報第二期，一九九六年
周振錫　淮南子中的音樂理論　黄鐘：武漢音樂學院學報一九九六年第二期
陳廣忠　淮南子的成書、傳播與影響　船山學刊一九九六年第二期
劉金海　研究淮南子的力作　北京社會科學一九九六年第三期
許學東　淮南子校勘一則　重慶師院學報一九九六年第三期
張文勳　淮南鴻烈集解跋　思想戰綫一九九六年第五期

陳德和　淮南子哲學之研究：以「道」、「氣」、「人」爲核心的展開　中國文化大學博士論文，一九九六年

陳劍昆　論淮南子中道儒互補的教學思想　淮陰師專學報一九九六年第二期

許匡一　淮南子分音詞試釋　武漢教育學院學報一九九六年第二期

張運華　淮南子的「無爲」理論　西北大學學報一九九六年第二期

王克喜　淮南子，漢代邏輯思想的璀璨明珠　徐州師範學院學報一九九六年第二期

（新加坡）劉笑敢　「無爲」思想的發展：從老子到淮南子　中華文化論壇一九九六年第二期，陳静譯

張運華等　淮南子儒道結合的養生論　吉首大學學報一九九六年第三期

馬　達　論列子書先於淮南子：馬敘倫列子僞書考匡正之一　常州工業技術學院學報一九九七年第三期

陳劍昆等　略論淮南子與「黃學」的關係　淮陰師專學報一九九七年第四期

曹　晉　淮南子的民俗學價值　民俗研究一九九七年第四期

陳廣忠　今本文子抄襲論　學術研究一九九六年第七期

陳麗桂　從出土竹簡文子看古、今本文子與淮南子之間的先後關係及幾個思想論題　哲學與文化第二六七期，一九九六年

封思毅　道家抑制君權的兩大著作：簡析呂氏春秋及淮南王書中相關思想　中國國學第二四期，一九九六年

劉殿爵　淮南子韻讀　人文中國學報第二期，一九九六年

劉殿爵　淮南子俶真韻讀　人文中國學報第三期，一九九六年

袁信愛　淮南子中的人學思想　哲學與文化第二六七期，一九九六年

張銀樹　論淮南子脩務訓一篇中的教育思想　哲學與文化第二七一期，一九九六年

黃淑貞　淮南子天道觀之研究　高雄師範大學碩士論文，一九九六年

陳德和　試論淮南子道家思想的類屬：以徐復觀之觀點爲中心的展開　鵝湖第二二卷七期，一九九七年

胡楚生　釋淮南子中「道」的意義與「道」的效用　文史學報第二七期，一九九七年

李曉林　淮南子中的宇宙起源思想　陝西教育學院學報一九九七年第二期

曾達輝　重探淮南子的流衍史：評羅斯著淮南子的版本史　中國書目季刊第三一卷二期，一九九七年

劉殿爵　淮南子繆稱、齊俗韻讀　人文中國學報第四期，一九九七年

劉殿爵　淮南子覽冥、精神、本經、主術韻讀　中文學刊（香港）第一期，一九九七年

劉懷榮　文化一統的自覺追求與淮南子的文學思想　西藏大學學報（漢文版）一九九七年第二期

張永芳　西漢劉安論養生　華夏長壽一九九七年第五期

劉殿爵　論淮南子主術之錯簡　中國文化研究所學報新六期，一九九七年

曹　晉　淮南子的賦筆特徵　文史知識一九九七年第八期

温　韌　淮南子感應觀新探　哲學研究一九九七年第一二期

王叔岷　淮南子引莊舉偶　道家文化研究第一四輯，一九九八年

孫長祥　淮南子中的自然思想與環保理念　哲學與文化第二九二期，一九九八年

魏子雲　淮南子的論聲律之「比不比正音」問題　復興劇藝學刊第二三期，一九九八年

朱書萱　淮南子「道」之形象思維　中國學術年刊第一九期，一九九八年

何志華　淮南子高誘注校釋　中國文化研究所學報新七期，一九九八年

劉懷榮　文化一統的自覺追求與淮南子的文學思想　東方論壇一九九八年第四期

白光琦　淮南子在曆法上的創見及其來源　史學集刊一九九九年第一期

張　濤　淮南子易學思想探析　孔子研究一九九九年第三期

陳麗桂　先秦漢初思想的終結者：淮南子　國文天地第一四卷一一期，一九九九年

朱永新等　淮南子人力管理的心理學思想　心理科學一九九九年第五期

陳德和　淮南道家與黄老道家的對比性考察：「淮南子」性格的再標定　鵝湖第二五卷二期，一九九九年

陳正凡　中國學者對淮南子認識論的認識芻議　哲學與文化第二九六期，一九九九年

丁文宏等　老子「無爲」思想探微：兼論淮南子對老子「無爲」思想的揚棄　安徽大學學報一九九九年第三期

丁文宏　淮南子軍事哲學思想探微　江淮論壇一九九九年第五期

張秋升等　淮南子歷史觀新論　安徽史學二〇〇〇年第一期

錢善剛　淮南子自然哲學述論　安徽教育學院學報二〇〇〇年第一期

陳良運　文心雕龍與淮南子　文史哲二〇〇〇年第三期

陳兆珍　試論淮南子中的天地人之道　中國文化大學中文學報第五期，二〇〇〇年

陳廣忠　論楚辭、劉安與淮南子　中國文化研究二〇〇〇年第四期

汪高鑫　淮南子歷史哲學三論　安徽教育學院學報二〇〇〇年第四期

劉樂賢　性自命出與淮南子繆稱論「情」　中國哲學史二〇〇〇年第四期

陳鼓應　從吕氏春秋到淮南子：論道家在秦漢哲學史上的地位　臺大文史哲學報第五二期，二〇〇〇年

陳廣忠　淮南子：黄老道學的集大成　鵝湖第二五卷一〇期，二〇〇〇年

高齡芬　黄帝四經與荀、韓、淮南子法、刑名理論的比較　鵝湖第二五卷八期，二〇〇〇年

劉殿爵　淮南子道應、氾論、詮言韻讀　中文學刊（香港）第二期，二〇〇〇年

王　璟　黄老思想治身治國一體之理論研究：以淮南子爲中心　臺灣師範大學碩士論文，二〇〇〇年

黄　椒　從淮南子説到易經　咬文嚼字二〇〇〇年第九期

吕錫琛　淮南子心理學思想及其現代意義　自然辯證法研究二〇〇〇年第一一期

吕　凱　淮南子的形神論　第三屆漢代文學與思想學術研討會論文集，二〇〇〇年

姚治中　淮南獄辨正　安徽史學二〇〇一年第四期

吕錫琛　論淮南子的道德教育思想　道德與文明二〇〇一年第一期

劉曉紅　淮南子的學習心理思想　心理科學二〇〇一年第二期

錢善剛　淮南子生命哲學論　安徽教育學院學報二〇〇一年第五期

張爲民　淮南子哲學與社會發展思想新論　東岳論叢二〇〇一年第一期

熊開發　從創世神話看淮南子的天、人觀　海南師範學院學報二〇〇一年第四期

蔡家瑋　淮南子與老子無爲觀念轉變之探討　輔大中研所學刊第一一期，二〇〇一年
陳忠信　宇宙生成與社會衰亡之神話思維：淮南子之混沌神話初探　文明探索叢刊第二七期，二〇〇一年
何志華　楚辭、淮南、文子三書楚語探究：再論淮南、文子兩書因襲關係兼與王利器教授商榷　人文中國學報第八期，二〇〇一年
秦彥士　從淮南子到太平經中的墨學：異端沉浮與漢代學術政治變遷　南都學壇二〇〇一年第五期
孫紀文　淮南子對道家文藝觀的秉承與悖離　寧夏大學學報二〇〇一年第六期
方　勇　淮南子對莊子的積極闡釋　漳州師範學院學報二〇〇一年第二期
唐劭廉等　淮南子道德認知圖式省察　道德與文明二〇〇二年第二期
肖　旭　淮南鴻烈集解補正四則　古漢語研究二〇〇二年第三期
高新民　淮南子易學思想簡論　陝西師範大學學報（哲學社會科學版）二〇〇二年第一期
雷健坤　論淮南子對道家無爲觀的創造性詮釋　中共中央黨校學報二〇〇二年第二期
王　軍　淮南子莊逵吉注音讀考　安徽廣播電視大學學報二〇〇二年第二期

陳桐生	史記與淮南子	東南大學學報二〇〇二年第二期
孫紀文	淮南子文藝創作觀念研究	固原師專學報二〇〇二年第四期
王　軍	從淮南子注談高誘的自然觀	安徽警官職業學院學報二〇〇二年第三期
齊瑞霞	淮南子「有以」淺析	濟南大學學報二〇〇二年第二期
何志華	吕氏春秋與竹簡本、傳世本文子相合書證疑義：再論淮南、文子兩書因襲關係	中國文化研究所學報新一一期，二〇〇二年
雷健坤	淮南子與春秋繁露的思想比較	晉陽學刊二〇〇二年第六期
龐静儀	淮南子墬形的地理觀	臺灣師範大學碩士論文，二〇〇二年
温年昌	淮南子兵略訓戰争觀之研究	東海大學碩士論文，二〇〇二年
吴淑真	淮南子主術訓中君主統御觀之初探	輔大中研所學刊第一二期，二〇〇二年
馬　芳	淮南子中的量詞	臨沂師範學院學報二〇〇二年第二期
唐劭廉等	淮南子之「道」是生存之道	茂名學院學報二〇〇二年第四期
雷健坤	淮南子的中心思想及其理論架構	天府新論二〇〇二年第五期
許建良	魏晉玄學與吕氏春秋和淮南子	學海二〇〇二年第二期
王志成	淮南子中的音樂美學思想	音樂探索二〇〇二年第四期

曾　史　淮南子和春秋考異郵　咬文嚼字二〇〇二年第一〇期

吴　蕊　淮南子的天人感應論　青年思想家二〇〇三年第三期

郭　沂　淮南子繆稱訓所見子思累德篇考　孔子研究二〇〇三年第六期

唐赤蓉　淮南子的養生理論　宗教學研究二〇〇三年第一期

戴　黍　國外的淮南子研究　哲學動態二〇〇三年第四期

錢善剛　淮南子社會哲學論　安徽教育學院學報二〇〇三年第四期

李翔德等　論淮南子的倫理美思想　晉陽學刊二〇〇三年第四期

孫紀文　淮南子文藝思想四論　寧夏大學學報二〇〇三年第三期

郭　鵬　簡論淮南子對文心雕龍的影響　南陽師範學院學報二〇〇三年第八期

莊大鈞　簡論淮南子思想的矛盾現象　山東行政學院山東省經濟管理幹部學院學報二〇〇三年第六期

唐劭廉等　「性合於道」：淮南子人性論探析　茂名學院學報二〇〇三年第二期

梁韋弦　淮南子引易論易考義　吉林師範大學學報二〇〇三年第一期

吕錫琛等　淮南子用人倫理思想探微　湘潭大學社會科學學報二〇〇三年第五期

陳　静　淮南子作者考　中國哲學史二〇〇三年第一期

（美）顧史考	評 Griet Vankeerberghen *The Huainanzi and Liu An's Claim to Moral Authority*	中國文哲研究集刊第二二期，二〇〇三年
何志華	今本文子詮釋淮南考	中國文化研究所學報新一二期，二〇〇三年
李美燕	淮南子的形神觀與養生論	中華學苑第五六期，二〇〇三年
劉殿爵	淮南子兵略、説山韻讀	中文學刊（香港）第三期，二〇〇三年
袁濟喜	淮南子與中國文論精神	寶雞文理學院學報二〇〇三年第五期
唐劭廉等	淮南子自然觀：繼承和超越——淮南子與先秦道家自然觀的比較研究	船山學刊二〇〇三年第四期
魏宏燦	淮南子的音樂審美意識	阜陽師範學院學報二〇〇三年第一期
羅國强	淮南子高誘注析疑	株洲師範高等專科學校學報二〇〇四年第一期
鄭傑文	新書淮南子等所見西漢前期的墨學流傳：「墨學中絶」説的再檢討	山東大學學報二〇〇四年第二期
若　水	「老莊」並稱始於淮南子辨正	孔子研究二〇〇四年第二期
唐劭廉等	尊天保真、賤物貴身、外物反情：淮南子道德心理學思想解讀	自然辯證法研究二〇〇四年第四期

唐劭廉等	論淮南子生命觀的深層意藴	西南交通大學學報二〇〇四年第三期
馬慶洲	論天問對淮南子的影響	清華大學學報二〇〇四年第三期
孫紀文	淮南子文藝接受思想的現代闡釋	廈門教育學院學報二〇〇四年第二期
張德廣等	簡論淮南王劉安法哲學思想	廣西社會科學二〇〇四年第八期
陳　静	論中國思想儒道互補基本格局的形成：從淮南子的雜説起	雲南大學學報二〇〇四年第三期
張　弘	淮南子和諧發展生態論	濟南大學學報二〇〇四年第五期
羅國强	淮南子釋義辨正	湖南城市學院學報二〇〇四年第四期
杜　磊等	向道而遊：淮南子「遨遊神話」探析	蘭州學刊二〇〇四年第五期
李　岩	淮南子天人觀淺析	白城師範學院學報二〇〇四年第二期
劉松來等	淮南子藝術鑒賞論探賾	西南民族大學學報二〇〇四年第八期
王　紅	論淮南子的律數	中國音樂學二〇〇四年第四期
魏　萌	淮南子的音樂審美觀	安徽農業大學學報二〇〇四年第六期
陳　静	淮南子簡論	南京師範大學文學院學報二〇〇四年第四期
金容燮	淮南子思想的基本邏輯	經濟與社會發展二〇〇五年第二期
趙宗乙	「道生一」「道始於一」「道立於一」合解	集美大學學報（哲學社會科學版）二〇〇五年第一期

趙奇棟等　淮南子許慎注、高誘注中的雙音節新詞　徐州師範大學學報二〇〇五年第二期

陶　磊　淮南子天文與古代數術　徐州師範大學學報二〇〇五年第二期

鄒麗霞　淮南子中關於音樂的無有、本末美學思想　阜陽師範學院學報二〇〇五年第一期

王淑怡　淮南子重言詞研究　湖南科技學院學報二〇〇五年第二期

林敬文　淮南子齊俗訓與老莊關係之探索　德霖學報第一九期，二〇〇五年

曾春海　淮南子人與環境關係説及其當代意義　輔仁學志第三二期，二〇〇五年

陸　榮　思想尚「無爲」平生欲「有爲」：劉安與淮南子　學術界二〇〇五年第三期

陳　彤　音樂審美中主體的接受差異：兼論淮南子中的音樂美學思想　南京藝術學院學報二〇〇五年第二期

戴　黍　經典的源流及其意義：從思想史的角度看淮南子　學術研究二〇〇五年第六期

孫紀文　淮南子中的文體形態及其深層意義　福州大學學報二〇〇五年第三期

潘顯一　淮南子道家：道教美學思想研究　四川大學學報二〇〇五年第四期

周文龍　淮南王劉安謀反論略　淮南師範學院學報二〇〇五年第二期

王明春　高誘注中的「讀曰(爲)」和「讀如(若)」　德州學院學報二〇〇五年第三期

孫紀文　淮南子神話演變狀態的文化意味　寧夏大學學報二〇〇五年第四期

張　科　淮南子對諸子思想整合的初步考察　青海民族學院學報二〇〇五年第四期

大　明　關於淮南子集釋引吕氏春秋一條文獻的校定　四川師範大學學報二〇〇五年第五期

吴先文　淮南子高誘注之注音研究　合肥學院學報二〇〇五年第四期

戴　黍　「因循」與「治道」：淮南子中「因」的四重涵義　江淮論壇二〇〇五年第五期

林方明　讀淮南子札記六則　泉州師範學院學報二〇〇五年第五期

劉　霖　淮南子的推類理論解析　邵陽學院學報二〇〇五年第六期

戴　黍　淮南子人性與治道思想論析　華南師範大學學報二〇〇五年第六期

馬育良　淮南子中的性情觀　淮南師範學院學報二〇〇五年第六期

牟鍾鑒　一部研究淮南子的力作：讀陳静自由與秩序的困惑——淮南子研究　哲學動態二〇〇六年第二期

漆子揚　劉安及賓客著述考略　古籍整理研究學刊二〇〇六年第一期

陳　彤	音樂藝術審美關係初探：兼論淮南子中的音樂審美觀念	南京航空航天大學學報二〇〇六年第一期
戴　黍	淮南子中的「無爲」及其思想史意義	哲學研究二〇〇六年第三期
陳麗桂	道家養生觀在漢代的演變與轉化：以淮南子、老子指歸、老子河上公章句、老子想爾注爲核心	國文學報第三九期，二〇〇六年
陳平坤	吕氏春秋與淮南子的感應思維	臺灣大學哲學論評第三二期，二〇〇六年
李漢濱	追求圓滿生命：淮南子的養生論	高雄道教學院學報第二期，二〇〇六年
林敬文	論淮南子的教育主張	德霖學報第二〇期，二〇〇六年
邱美慧	淮南子中理想帝王之形象	東海大學碩士論文，二〇〇六年
漆子揚	論淮南子的新道家文藝觀	中州學刊二〇〇六年第二期
王明春	高誘注中的注音術語	德州學院學報二〇〇六年第二期
戴　黍	試析淮南子中所見的「法」	江淮論壇二〇〇六年第二期
馬慶洲	劉安與淮南子關係考論	清華大學學報二〇〇六年第三期
戴　黍	漢初時代轉型與淮南子的學術境遇	深圳大學學報二〇〇六年第二期
劉愛敏	淮南子人性論中儒、道融合的路徑	管子學刊二〇〇六年第二期

吴家榮等　淮南子中的「道」的生命美學意藴　安徽警官職業學院學報二〇〇六年第二期
郭秀嶺　淮南子樂記音樂觀點比較　綏化學院學報二〇〇六年第三期
王明春　淮南子高誘注與許慎注的區分　赤峰學院學報（漢文哲學社會科學版）二〇〇六年第三期
戴　黍　試析淮南子關於「權」的思想　孔子研究二〇〇六年第四期
劉康德　吕氏春秋淮南鴻烈合論　南京師範大學文學院學報二〇〇六年第二期
薛秀艷　淮南子敘事要素研究　西南農業大學學報二〇〇六年第二期
朱新林　試論淮南子中齊地的五行思想　管子學刊二〇〇六年第三期
周遠斌　淮南子的情感論　南都學壇二〇〇六年第四期
王明春　高誘注中的「猶」字　棗莊學院學報二〇〇六年第三期
周遠斌　九歌爲劉安及其門客所撰考　雲夢學刊二〇〇六年第五期
王國良　從清静無爲到奮發進取：淮南子思想研究　安徽史學二〇〇六年第六期
張俊相　淮南子「精神之和」價值論　齊魯學刊二〇〇六年第六期
郭廉夫　淮南子設計思想探議　裝飾二〇〇六年第一一期

趙妙法	淮南子的「自然無爲」説及其後現代意義——兼與任繼愈、李澤厚兩先生商榷	安徽大學學報二〇〇六年第六期
蔣洪峰	淮南子單音節詞的同義關係格式	現代語文（語言研究版）二〇〇六年第九期
郭樹青	淮南子中神話的道家色彩	安徽文學（下半月）二〇〇六年第一一期
薛秀艷	淮南子文藝觀的儒道混融分析	重慶文理學院學報二〇〇七年第一期
吕書寶	論淮南子的文學價值	東北師大學報二〇〇七年第二期
趙宗乙	淮南子俶真訓語辭管見	泉州師範學院學報二〇〇七年第一期
方國武	淮南子審美理想論	安徽大學學報二〇〇七年第二期
方國武	淮南子文藝理想觀	安徽農業大學學報二〇〇七年第一期
趙宗乙	淮南子俶真訓語辭札記	集美大學學報二〇〇七年第一期
戴　黍	試論淮南子對「法」、「德」、「風俗」的糅合	倫理學研究二〇〇七年第二期
馬慶洲	唐前淮南子流傳略考	魯東大學學報二〇〇七年第一期
馬漢欽	淮南子二論	東疆學刊二〇〇七年第二期

戴黍　道人史：淮南子的論治維度及思想史意義　現代哲學二〇〇七年第二期

漆子揚　漢代思想家劉安的新道家治國理念　科學經濟社會二〇〇七年第二期

楊頡慧　淮南子繆稱訓徵引子思累德篇考　史學月刊二〇〇七年第五期

王明春　高誘注闕疑例述略　唐山師範學院學報二〇〇七年第三期

陳婷姿　吕氏春秋與淮南子的思想融合與歷史意識　臺灣清華大學碩士論文，二〇〇七年

何志華　漢語大詞典漏收淮南子山川地理詞目輯證　語文建設通訊（香港）第八八期，二〇〇七年

黄懷民　淮南子中的故事研究　彰化師範大學碩士論文，二〇〇七年

黄玉麟　道器之間：淮南子天文訓以「氣」爲樞的道物歷程　哲學與文化第三九九期，二〇〇七年

馬育良　淮南子中的性情觀　孔孟月刊第四六卷一、二期，二〇〇七年

王奕然　論淮南子之「聖人」觀：兼及其對老莊的承繼與新詮　思辨集第一〇期，二〇〇七年

許朝陽　哲人與明君：淮南子中的老學開展及其哲學史地位的考察　輔仁國文學報第二五期，二〇〇七年

潘存娟　淮南子與老子道生萬物模式之比較　陝西教育學院學報二〇〇七年第一期

趙宗乙　淮南子原道訓語辭管見　漳州師範學院學報二〇〇七年第二期

許抗生　淮南子論「道」　安徽大學學報二〇〇七年第四期

張允熠　淮南子思想主旨新探　安徽大學學報二〇〇七年第四期

丁原明　淮南子與黄老學　安徽大學學報二〇〇七年第四期

陳廣忠　試析劉安冤案　安徽大學學報二〇〇七年第四期

方國武　淮南子「大美」之境論　安徽師範大學學報二〇〇七年第四期

漆子揚　淮南王劉安謀反冤案辨析　新學術二〇〇七年第三期

趙宗乙　淮南子天文訓語辭管見　閩西職業技術學院學報二〇〇七年第三期

陳麗華　淮南子研究初探　蘭臺世界二〇〇七年第二〇期

戴　黍　聖王與治道：試論淮南子的聖王史觀　天津社會科學二〇〇七年第五期

郭向敏　淮南子許注與説文解字字義之比較(一)　新鄉師範高等專科學校學報二〇〇七年第六期

黄　威　莊子早期流傳情況一辨：從淮南子修務訓注文談起　船山學刊二〇〇七年第四期

馬育良	淮南子要略與近世章胡諸子學論争	淮南師範學院學報二〇〇七年第四期
漆子揚	淮南子未見於史記及作者問題	淮南師範學院學報二〇〇七年第四期
徐　飛	淮南子對老莊融合的貢獻	紹興文理學院學報二〇〇七年第五期
劉誠言	從淮南子到誡子書：「淡泊明志、寧静致遠」解讀	襄樊學院學報二〇〇七年第一〇期
劉守强	論淮南子對黄老思想的貢獻	鄭州航空工業管理學院學報二〇〇七年第六期
于　欣	淮南子德範疇之意蘊探析	長春工業大學學報二〇〇七年第三期
孫紀文	論淮南子的美學新蘊涵及其成因	福建師範大學學報二〇〇七年第六期
章曉丹	淮南子的自然價值觀	華中科技大學學報二〇〇七年第六期
丁原明	簡論淮南子的人學思想	中共濟南市委黨校學報二〇〇七年第四期
方　川	淮南子與「淮南學」	淮南師範學院學報二〇〇七年第六期
韓　娜	淮南子倫理思想探析	淮南師範學院學報二〇〇七年第六期
高曉榮	新時期大陸學界淮南子研究綜述	安徽文學(下半月)二〇〇八年第二期
戚貴政	淮南子儒道思想融合論略	安徽文學(下半月)二〇〇八年第二期
楊　棟等	二十世紀淮南子研究	古籍整理研究學刊二〇〇八年第一期
戴　黍	以治爲重心：試析淮南子之道	江淮論壇二〇〇八年第一期

楊文芳	淮南子神話故事特色淺析	考試週刊二〇〇八年第一五期
劉國民	徐復觀對淮南子的解釋	首都師範大學學報二〇〇八年第三期
錢善剛	道：假設抑或承諾——胡適淮南子研究初論	遼寧教育行政學院學報二〇〇八年第三期
林飛飛	淮南子的戰争觀	合肥師範學院學報二〇〇八年第二期
章曉丹	淮南子的自然整體主義世界觀	西北大學學報二〇〇八年第二期
陳廣忠	「被，翦」非「劗，翦」辨	淮南師範學院學報二〇〇八年第一期
孫紀文	淮南子文藝學範疇的自在狀態	淮南師範學院學報二〇〇八年第一期
戴　黍	試析淮南子所述的「法」	淮南師範學院學報二〇〇八年第一期
程水龍	淮南子引戰國策用意之探析	淮南師範學院學報二〇〇八年第一期
趙玉卿	對「淮南子律數」的思考	中國音樂二〇〇八年第二期
杜繡琳	淮南子道應訓對韓詩外傳説理方式的承繼與創新	理論界二〇〇八年第八期
杜繡琳	「御」意象與淮南子	瀋陽工程學院學報二〇〇八年第三期
王　琳	淮南子散文藝術略論	青海社會科學二〇〇八年第四期
徐　飛	淮南子融合老莊的思想及其後世影響	石河子大學學報二〇〇八年第四期

蕭　旭　淮南子原道篇校補　學燈二〇〇八年第四期
周來祥　淮南子的哲學精神和美學思想　山東大學學報二〇〇八年第四期
王智榮　雜家淮南子陰陽軍事思想析探　陸軍學術雙月刊第四四卷四九九期，二〇〇八年
楊婉羚　淮南鴻烈氣論思想研究　中國文化大學碩士論文，二〇〇八年
杜繡琳　淮南子中的神遊意象　北方論叢二〇〇八年第五期
杜繡琳　淮南子要略與書序體文章體例的定型　社會科學輯刊二〇〇八年第五期
洪永穩　淮南子和樂記的「物感説」比較　安徽農業大學學報二〇〇八年第五期
廖軍和　淮南子中的教育思想　淮南師範學院學報二〇〇八年第四期
金春峰　從淮南子看中國哲學思想及其特點　淮南師範學院學報二〇〇八年第四期
陸　耿　淺談淮南子的養生觀　淮南師範學院學報二〇〇八年第四期
劉愛敏　淮南子儒道融合的人性論　中國典籍與文化二〇〇八年第四期
金春峰　淮南子主術訓的治國思想　安徽大學學報二〇〇八年第六期
陳廣忠　淮南子治國「同」、「異」論　安徽大學學報二〇〇八年第六期
許抗生　淮南子論「無爲而治」　安徽大學學報二〇〇八年第六期
劉康德　劉安治國三要素：天、人與「器物」　安徽大學學報二〇〇八年第六期
趙宗乙　淮南子地形訓語辭札記　漳州師範學院學報二〇〇八年第四期

楊建軍	淮南子天地形成神話考釋	西北民族研究二〇〇八年第四期
刁夢洲	論淮南子「無爲」思想的哲學内涵	西藏民族學院學報二〇〇八年第六期
孫文祝等	淮南子中所見秦漢時人疾病觀	新學術二〇〇八年第六期
杜繡琳	淮南子的御藝事象	瀋陽工程學院學報（社會科學版）二〇〇九年第一期
軒小楊	儒道互補後的美學創生：淮南子中的音樂美學思想	瀋陽工程學院學報（社會科學版）二〇〇九年第一期
杜繡琳	淮南子「語録體」論説文的説理分析	瀋陽師範大學學報二〇〇九年第一期
馬香品	淮南子的人生意義哲學	榆林學院學報二〇〇九年第一期
高建立	從淮南子看漢初意識形態由黃老之術到獨尊儒術的轉變	商丘師範學院學報二〇〇九年第一期
王啟才	論劉安的命運悲劇：兼及淮南子濃烈的禍患意識成因	阜陽師範學院學報二〇〇九年第二期
嚴　銘	淮南子的得失觀	時代文學（下半月）二〇〇九年第六期
趙宗乙	淮南子時則訓語辭札記	泉州師範學院學報二〇〇九年第三期
歐陽昌雄	淮南子的藝術風格淺析	大衆文藝二〇〇九年第一〇期

蕭　旭　淮南子中天文篇、地形篇校補　人文論叢二〇一〇年卷

周運中　論九州異説的地域背景　北大史學第一五期，二〇一〇年北京大學出版社

李建光　論從宗教學視域詮釋淮南子的可能性　湖南科技大學學報（社會科學版）二〇一〇年第一期

宋小克　淮南子昆侖神話源自離騷考　中南民族大學學報（人文社會科學版）二〇一〇年第一期

汪耀明　論淮南子的文藝思想　咸陽師範學院學報二〇一〇年第一期

張立文　衝突與醫治：淮南子化解危機的哲學　江海學刊二〇一〇年第一期

鄧聯合　淮南子對莊子「逍遥游」思想的改鑄　人文雜志二〇一〇年第一期

雷　寶等　太歲系統差異形成考　華中師範大學學報（人文社科版）二〇一〇年第一期

陳德興　淮南子道論試析：以「存有論」和「宇宙論」的理域契入　哲學與文化第四三七期，二〇一〇年

杜繡琳　淮南子論藝術感應發生的規律及主體關係　廣西社會科學二〇一〇年第一〇期

丁秀菊　論淮南子的語言思想　山東社會科學二〇一〇年第一二期

戴　黍　日常生活與社會治理：試析淮南子中所見風俗觀　學術研究二〇一〇年第一二期

羅　因	淮南子的養生思想	華梵人文學報二〇一〇年第一三期
李建光	論淮南子神仙修煉論的特徵	前沿二〇一〇年第二〇期
鄧聯合	莊子內七篇之篇名由來問題的再檢討	南京社會科學二〇一〇年第二期
李秀華	淮南子高誘注佚文輯考	古籍整理研究學刊二〇一〇年第二期
蕭　旭	淮南子俶真篇校補	中國書目季刊第四四卷二期，二〇一〇年
何志華	竹簡文子研究四十載回溯：從「朝請」、「壹異」兩詞説起	諸子學刊二〇一〇年第二期
朱新林	淮南子與先秦諸子承傳考論	浙江大學博士論文，二〇一〇年
趙　欣	淮南子的宇宙論、生命論、藝術論研究	山東大學博士論文，二〇一〇年
李建光	神仙與陰陽：淮南子神仙道家思想研究	武漢大學博士論文，二〇一〇年
蔡文彦	西漢前期儒家尊君説之研究	高雄師範大學博士論文，二〇一〇年
李建光	論淮南子的「真人」信仰及其證明	湖南社會科學二〇一〇年第三期
王險峰等	淮南子對老學的繼承與發展	河北大學學報（哲學社會科學版）二〇一〇年第三期
凌繼堯	淮南子和論衡的藝術學思想	杭州師範大學學報（社會科學版）二〇一〇年第三期
宋小克	息壤出自岷山考	社會科學研究二〇一〇年第三期
李　玫	淮南律數新解	中國音樂學二〇一〇年第三期

作者	篇名	出處
李少波	淮南子的社會變遷論	青海民族大學學報（社會科學版）二〇一〇年第四期
林飛飛	淺析淮南子的經濟思想	邯鄲學院學報二〇一〇年第四期
李少波	淮南子社會控制論初探	青海師範大學學報（哲學社會科學版）二〇一〇年第四期
許殿才	淮南子的歷史思想	古籍整理研究學刊二〇一〇年第六期
馬慶洲	六十年來淮南子研究的回顧與反思	文學遺產二〇一〇年第六期
丁秀菊	論淮南子的修辭美學取向	山東大學學報（哲學社會科學版）二〇一〇年第六期
閆孟蓮	試論淮南子中的戰爭觀	作家雜志二〇一〇年第六期
王啟才	淮南子道應訓徵引吕氏春秋考論	中華文學史料學會第五屆理事會論文集，二〇一一年
程　郁	春秋繁露與淮南子人性論比較：從董仲舒對孟子人性論的批評説起	人文論叢（二〇一一年卷）
王碩民	淮南子詩道論	詩經研究叢刊二〇一一年第一期
劉秀慧等	淮南子的淡然美	黑龍江社會科學二〇一一年第一期
常　晶	淮南子戰爭理論研究：基於淮南子兵略訓的文本分析	淮南師範學院學報二〇一一年第一期

徐金陽　宮、商焉生？和、繆安解？——對淮南子天文訓樂學文獻片段的再思考　天津音樂學院學報（天籟）二〇一一年第一期

李　玫　放馬灘秦簡律書——爲第七屆國際音樂考古學學術研討會而作　星海音樂學院學報二〇一一年第一期

張雙棣　淮南子校釋再補　諸子學刊二〇一一年第一期

李秀華　高誘的羣經之學：從淮南子注、吕氏春秋注談起　諸子學刊二〇一一年第一期

查海敏等　淺論淮南子的精神生態觀　齊齊哈爾大學學報（哲學社會科學版）二〇一一年第二期

吕慧燕　淮南子人與自然和諧思想及其現實意義　東北師大學報（哲學社會科學版）二〇一一年第二期

劉秀慧等　從淮南子看漢代審美風格的變化　學術交流二〇一一年第二期

徐金陽　浸濁浸清、其謎何解？——再釋淮南子月令旋宮之謎　中國音樂學二〇一一年第二期

李建光　淮南子之養生與養性及其辯證關係　船山學刊二〇一一年第二期

夏文利　淮南子生態哲學思想研究——兼論與深層生態學的比較　清華大學博士論文，二〇一一年

李秀華　許慎淮南子注成書時間考　黄河科技大學學報二〇一一年第三期

宮宏宇等　法國奇人拉盧瓦和他的淮南子與音樂　南京藝術學院學報（音樂與表演版）二〇一一年第三期

劉秀慧等　淮南子中的楚風餘韵　文藝評論二〇一一年第四期

王德塤　「和」、「穆」三考：淮南子天文訓相關問題研究　星海音樂學院學報二〇一一年第四期

錢榮貴　劉安淮南子的編撰思想　蘇州大學學報（哲學社會科學版）二〇一一年第五期

杜繡琳　淮南子文藝理念的辯證與矛盾　遼寧大學學報（哲學社會科學版）二〇一一年第五期

宋文静等　論淮南子天文訓的音樂思想　西南農業大學學報（社會科學版）二〇一一年第九期

羅毓平　淮南子的人生修養説　蘭州學刊二〇一一年第一一期

蕭　旭　淮南子要略篇校補　文津學誌第五輯，二〇一二年

劉愛敏　王充論衡對淮南子氣論的揚棄　齊魯文化研究第一二輯，二〇一二年

謝昭新　論胡適對淮南子思想研究的開創性貢獻　江淮論壇二〇一二年第一期

林飛飛　淮南子重農思想初探　農業考古二〇一二年第一期

王效峰　淮南子所見之墨家　咸陽師範學院學報二〇一二年第一期

張　朗　淮南子的生態和諧思想　華中人文論叢二〇一二年第一期

王效峰　淮南子視野中的孔子形象　寧夏大學學報（人文社會科學版）二〇一二年第一期

陳廣忠　淮南子楚語的漢語史價值　諸子學刊二〇一二年第一期

李秀華　淺析淮南子許慎注與説文解字之關係　諸子學刊二〇一二年第一期

沈　嵐　淮南子中的「性」與修真　中國道教二〇一二年第一期

王　燚　淮南子對於審美空間的建構及其意義　淮南師範學院學報二〇一二年第一期

彭民權　話語建構與政治言説中的文學：論淮南子對莊子的接受　華中學術第五輯，二〇一二年

方國武　淮南子美育觀中的「神化」境界與人格理想　文化與詩學二〇一二年第一輯

陳景黼　工匠與聖王：淮南子中的兩種體道類型　漢學研究二〇一二年第一期

邱　宇等　淮南子「太清」意象芻議　渤海大學學報（哲學社會科學版）二〇一二年第二期

楊　婷等　淮南子音樂美學思想特徵探微　學術探索二〇一二年第二期

曾　凡　淮南子女媧神話探源　殷都學刊二〇一二年第二期

鄭先興　論淮南子的史學思想　南都學壇（人文社會科學學報）二〇一二年第二期

李秀華　以儒解道：論淮南子高誘注對原書思想的偏離　孔子研究二〇一二年第二期

宋克賓　律源、律度、律數、律曆：以吕氏春秋、淮南子爲代表的秦漢道家律學「四維」理論結構　中國音樂二〇一二年第二期

羅毓平　淮南子的哲學思想　陝西師範大學博士論文，二〇一二年

周葉君　淮南子對老莊思想的繼承與發展　安徽大學博士論文，二〇一二年

鄭　毅　身體美學視野下的淮南子研究　四川師範大學博士論文，二〇一二年

羅小如　淮南子動詞研究　華東師範大學博士論文，二〇一二年

陳　輝　淮南子人性觀新探　河南科技大學學報（社會科學版）二〇一二年第三期

羅毓平　淮南子人性説探微　管子學刊二〇一二年第三期

高　旭等　「政」與「兵」的歷史辯證：淮南子戰爭觀新論　西華大學學報（哲學社會科學版）二〇一二年第三期

劉大鈞　淮南子藴易考　周易研究二〇一二年第四期

高　旭　論淮南子之「游」　江漢大學學報（人文科學版）二〇一二年第四期

鞏曰國　管子對淮南子的影響　管子學刊二〇一二年第四期

劉　艷　淮南子道論思想述評　齊魯師範學院學報二〇一二年第四期

鄭　毅　論淮南子身體敘事的詩學構成　四川師範大學學報（社會科學版）二〇一二年第五期

羅小如　淮南子雙賓語動詞及其句式研究　北方論叢二〇一二年第六期

陳寶雲　「神化天下」：論淮南子的文化理念　北方論叢二〇一二年第六期

莫　楠　淮南子德福思想探析　青海社會科學二〇一二年第六期

李少波　本然之性與應然之性：淮南子人性論的內在邏輯　青海師範大學學報（哲學社會科學版）二〇一二年第六期

魏義霞　近代哲學視界中的淮南子　哲學動態二〇一二年第七期

李少波　始於社會化而終於自然化：淮南子的學習與修養論　中國古典文獻學叢刊第八卷，二〇一二年

崔永東　漢代司法思想史研究的兩個側面：淮南子與漢書刑法志中的司法思想初探　暨南學報（哲學社會科學版）二〇一二年第八期

高　旭　鑒秦之得失　興漢之宏業：論淮南子對秦王朝的政治批判與反思　海南師範大學學報（社會科學版）二〇一二年第九期

黃玉麟　自「性」以至「和」：淮南子人性觀初探　哲學與文化第四六一期，二〇一二年

梁德華　劉子與淮南子、今本文子關係探究　中國文化研究所學報二〇一二年第五四期

聶民玉等　淮南子的事實本體論與價值本體論思想及意義　山西財經大學學報二〇一二年S2期

劉秀慧　淮南子散文新論　中國古代散文研究論叢(二〇一二),二〇一三年世界圖書出版廣東有限公司

馮文林　探析淮南子中的中醫治療學思想　廣東省醫學會第九次醫學歷史學術會議暨第五屆嶺南醫學研討會論文集,二〇一三年

陳廣忠　淮南子對陰陽家的繼承與創新　諸子學刊二〇一三年第一期

汪春泓　論淮南子與「智伯」其人　諸子學刊二〇一三年第一期

高　旭　論淮南子的墨子觀　管子學刊二〇一三年第一期

昝風華　淮南子「悲」、「樂」論與風俗批判　蘭州學刊二〇一三年第一期

蘇曉威　文子與淮南子關係再認識：以文子古文書寫系統爲中心　中國國家博物館館刊二〇一三年第一期

潘俊傑　簡論先秦雜家與西漢學術之關係　齊魯學刊二〇一三年第一期

鄭芷芸　從「歲星」到「太歲」：考漢代太歲信仰思維之建構　古典文獻與民俗藝術集刊第二期,二〇一三年

王文暉等	淮南子同義複詞考釋	語言研究集刊第二輯，二〇一三年
王效峰	淮南子「勢」論對法家思想的揚棄	甘肅聯合大學學報（社會科學版）二〇一三年第二期
林飛飛等	論淮南子的君道思想	安徽理工大學學報（社會科學版）二〇一三年第二期
王　誠	辭源「肆應」條釋義辨正	古漢語研究二〇一三年第二期
楊　楠	淮南子「道」論文藝思想研究	遼寧大學博士論文，二〇一三年
莫　楠	淮南子倫理思想探究	東南大學博士論文，二〇一三年
陳　輝	淮南子社會思想研究	安徽大學博士論文，二〇一三年
周　碩	淮南子「旋縣」解（上）、（下）	中華文史論叢二〇一三年第三期
林飛飛等	淮南子生態倫理思想探析	鄱陽湖學刊二〇一三年第三期
趙　欣	淮南子藝術至情論及其生命意識	學術交流二〇一三年第三期
來永紅	論道家治國治身治心思想體系：以老子、管子、吕氏春秋和淮南子爲中心	蘭州大學學報（社會科學版）二〇一三年第三期
高　旭	論淮南子的管子觀	管子學刊二〇一三年第四期
高　旭	論墨家政治思想對淮南子的歷史影響	江南大學學報（人文社會科學版）二〇一三年第四期
高　旭	管子與淮南子農業生態觀之比較	華南農業大學學報（社會科學版）二〇一三年第四期

高　旭　民爲兵本，兵勝在政：淮南子戰爭觀之「民本」意蘊發微　船山學刊二〇一三年第四期

高旭等　論淮南子的廉政觀及當代價值　石河子大學學報（哲學社會科學版）二〇一三年第五期

王效峰　淮南子論先秦法家之「術」　咸陽師範學院學報二〇一三年第五期

高　旭　論淮南子之「學」　理論月刊二〇一三年第六期

高　旭　淮南子論管仲及其思想内蘊　江漢學術二〇一三年第六期

池田知久　睡虎地語書與淮南子齊俗篇：圍繞著「風俗」的中央集權和地方分權　湖南大學學報（社會科學版）二〇一三年第六期

高　旭　論淮南子之「水」　廣西社會科學二〇一三年第一一期

馬　耘　論淮南子哲學中「真知」與「道」之關係　政大中文學報第二〇期，二〇一三年

高　旭　論淮南子林業思想及其生態意蘊　北京林業大學學報（社會科學版）二〇一四年第一期

李玉用等　淮南子中的管理智慧探微　管子學刊二〇一四年第一期

趙　欣　淮南子「文」「質」論探析　中國美學研究第三輯，二〇一四年

王文東　淮南子對道家生態倫理觀的積極闡釋　陰山學刊二〇一四年第一期

高　旭　淮南子論「諫」及其思想内蘊　南昌大學學報（人文社會科學版）二〇一四年第二期

潘秋平等　黄帝内經與淮南子養生思想比較　廣州中醫藥大學學報二〇一四年第二期

斯洪橋　淮南子天人觀研究　南京大學博士論文，二〇一四年

鄭倩琳　先秦至魏晉孔子形象之道家化歷程——兼論儒道關係　臺灣師範大學博士論文，二〇一四年

留金騰　淮南子詞彙研究　香港城市大學博士論文，二〇一四年

孫孝忠　論淮南子六禽戲　中華醫史雜志二〇一四年第三期

王效峰　理想的現實偏轉：淮南子論「法」的内在矛盾　山西師大學報（社會科學版）二〇一四年第三期

斯洪橋　析淮南子天人同構的内涵及其理論價值　邵陽學院學報（社會科學版）二〇一四年第三期

鄧紅蕾　論「人治」的「同類相動」效應：以淮南子爲例　中南民族大學學報（人文社會科學版）二〇一四年第三期

高正偉　漢初官學重建下的孟子學：論淮南子對孟子學説的繼承與發展　中南大學學報（社會科學版）二〇一四年第三期

楊　棟　淮南子引帛書黄帝四經舉偶　古籍整理研究學刊二〇一四年第四期

斯洪橋　淮南子的天人觀及其生態價值　河北師範大學學報（哲學社會科學版）二〇一四年第四期

宋克賓　律源自然、律度適度、律數趨勻、律曆合一：呂氏春秋淮南子律學思想「四維」特徵　星海音樂學院學報二〇一四年第四期

李秀華　論淮南子中的儒學批判　福建論壇（人文社會科學版）二〇一四年第五期

王效峰等　淮南子對先秦法家思想的承緒與改鑄　西安交通大學學報（社會科學版）二〇一四年第五期

王效峰　「混一」與「齊同」：淮南子的「齊民化俗」觀　唐都學刊二〇一四年第六期

斯洪橋　論淮南子天道觀的自然意蘊　商丘師範學院學報二〇一四年第七期

洪　静等　論淮南子與先唐志怪小説　東岳論叢二〇一四年第八期

楊　楝　淮南子「君人之道」思想及其來源　文藝評論二〇一四年第一〇期

楊穎詩　淮南子詮解老子之義理轉化　人文社會學報第一五期，二〇一四年

張伯宇　從天人關像看淮南子中的氣化宇宙觀：以原道、俶真、精神爲例　先秦兩漢學術第二一期，二〇一四年

楊　菁　乘時因勢：淮南子的時勢觀探析　彰化師大國文學誌第二八期，二〇一四年

莫　楠　淮南子的危機思想及其現代啟示　「中華傳統美德的承揚實踐」學術研討會論文集，二〇一五年

作者	題目	出處
高　旭	淮南子「秦始皇」觀評議	西安財經學院學報二〇一五年第一期
張羽軍	淮南鴻烈道應帝王之道精粹	古典研究二〇一五年第一期
王學偉	淮南子儒學思想研究	中山大學博士論文，二〇一五年
劉愛敏	管子四篇哲學思想對淮南子的影響	船山學刊二〇一五年第三期
高　旭	淮南子與法言論「學」之同異——兼談漢代「學」論的道、儒之變	西華大學學報（哲學社會科學版）二〇一五年第三期
張羽軍	聖人治天下：淮南鴻烈原道帝王之道疏解	古典研究二〇一五年第三期
蘇曉威	文子與淮南子關係再認識——以其與淮南子相同故事内容的研究爲中心	中國典籍與文化二〇一五年第四期
趙　欣	淮南子「以道觀物」的生態意義	江蘇大學學報（社會科學版）二〇一五年第四期
郭海燕	論淮南子兵略訓對孫臏兵法的繼承與發展	管子學刊二〇一五年第四期
黎惟東	淮南子對莊子養生思想的詮釋與其在政治上運用之研究	哲學與文化第四九一期，二〇一五年

王　維　對淮南子中儒道音樂美學思想的理論反思　交響（西安音樂學院學報）二〇一五年第四期

王沁凌　淮南子齊俗訓政治思想淺議　船山學刊二〇一五年第五期

高　旭　熊十力視界中的淮南子　中國礦業大學學報（社會科學版）二〇一五年第五期

高　旭　淮南子與管子林業思想同異論　世界林業研究二〇一五年第六期

高　旭　中國古代國家治理觀念的漢代「黃老」展觀：淮南子行政管理思想論綱　武漢科技大學學報（社會科學版）二〇一五年第六期

高　旭　淮南子論「技」及其道家精神旨趣　自然辯證法研究二〇一五年第九期

楊　菁　淮南子氣論及其天人感應思想　彰化師大國文學誌第三〇期，二〇一五年

馮達文　淮南子：道家式的「內聖外王」論　道家文化研究第三〇輯，二〇一六年

陳　莉　禮樂文化與淮南子的文藝思想研究　淮南師範學院學報二〇一六年第一期

高　旭　淮南子論「奢靡」及其黃老意涵　東北師大學報（哲學社會科學版）二〇一六年第二期

程少軒　月氣刑德新證　饒宗頤國學院院刊二〇一六年第三期

谷中信一　論西漢黃老道家的去向：以淮南子道應訓所引老子爲中心　文史哲二〇一六年第三期，孫佩霞譯

宋亞雲	高誘淮南子注中的動結式研究	廣西師範學院學報（哲學社會科學版）二〇一六年第四期
闞紅艷	淮南子道法思想管窺	太原理工大學學報（社會科學版）二〇一六年第四期
高　旭	淮南子道家生命哲學論綱：基於形、氣、神、志的辯證考察	南昌大學學報（人文社會科學版）二〇一六年第四期
楊　棟等	試論帛書黄帝四經對淮南子的影響	關東學刊二〇一六年第六期
廖書賢	黄老學「道本體論」之研究	嶺東通識教育研究學刊第七卷一期，二〇一七年
莊素真	淮南子高誘注校補（上）、（下）	鄭州航空工業管理學院學報（社會科學版）二〇一七年第一、二期
何善蒙	「道」、「因」、「權」、「義」與淮南子政治哲學的結構	江漢論壇二〇一七年第一期
陳德琥	論淮南子的親民思想	求索二〇一七年第一期
高　旭	中國古代學派史上的絶代奇峰：淮南王劉安與漢代「淮南學派」綜論	華僑大學學報（哲學社會科學版）二〇一七年第二期
徐鈺晶	淮南子的易經觀	遠東通識學報二〇一七年第二期
夏文利	淮南子與深層生態學的比較研究	自然辯證法研究二〇一七年第二期

李昱　論淮南子政治哲學的施政原則　學術探索二〇一七年第二期

周婷　淮南子山水觀及其審美意義探析　宗教學研究二〇一七年第二期

林澤楷　淮南子邏輯思想研究　中山大學博士論文，二〇一七年

陳晨　淮南子思想結構研究　中山大學博士論文，二〇一七年

楊婉羚　漢代道氣論思想研究　中國文化大學博士論文，二〇一七年

林慧瑛　淮南子空間敘述研究：以天文、墬形、時則爲主的考察　臺灣師範大學博士論文，二〇一七年

高旭　商君之法與亡秦之鑒：淮南子論「商鞅」及對秦政的漢代黄老治道省察　西安財經學院學報二〇一七年第三期

高旭　回顧、反思與前瞻：兩千年「淮南子學史」綱要　山東師範大學學報（人文社會科學版）二〇一七年第三期

高旭　漢代黄老政治道義觀的歷史闡揚：淮南子君臣民關係論及其思想特色　政治思想史二〇一七年第三期

付祥喜等　淮南子人間訓所述秦征嶺南史實考辨　廣州大學學報（社會科學版）二〇一七年第四期

錢善剛　人學視域下淮南子的家庭思想　南通大學學報（社會科學版）二〇一七年第四期

作者	篇名	出處
斯洪橋	人生論視域下淮南子天人合一觀及其價值意藴	南昌大學學報（人文社會科學版）二〇一七年第四期
高　旭	漢代黄老新「道治」的歷史闡説：論淮南子著述意圖、文本結構、思想體系及其政治理想	南昌大學學報（人文社會科學版）二〇一七年第五期
李秀華	淮南子對無爲概念的新定義及理論貢獻	海南大學學報（人文社會科學版）二〇一七年第五期
宋　霞	齊與不齊之間：淮南鴻烈中的風俗、人情、禮樂	黑龍江社會科學二〇一七年第六期
莫　楠	淮南子倫理思想：道、儒、法之融合	南昌大學學報（人文社會科學版）二〇一七年第六期
宋　霞	淮南鴻烈「外物反情」之可能	理論界二〇一七年第九期
高　旭	民國時期蕭公權「淮南子學」研究述論：以中國政治思想史爲中心	社會科學論壇二〇一七年第一一期
林玫玲	淮南子的人性論與教育觀	華醫學報第四七期，二〇一七年
林明照	論淮南子的因循之道	思與言（人文與社會科學期刊）二〇一八年第一期

高　旭　中國道家的漢代黃老新形態：淮南子爲「淮南黃老道家」新論　廣西社會科學二〇一八年第一期

沈　培　從陶淵明詩中的「湛」説到淮南子覽冥的「酒湛溢」　中國語言學報第一八期，二〇一八年

劉承華　「感應論」音樂美學的理論自覺：吕氏春秋淮南子樂記的論樂理路　音樂研究二〇一八年第二期

賴升宏　論淮南子對莊子在禮學思想方面的闡發　諸子學刊二〇一八年第二期

高　旭　淮南子漢代黃老「治道」哲學思想論綱——兼與周、秦「治道」理念的歷史比較　華僑大學學報（哲學社會科學版）二〇一八年第二期

孫紀文　淮南子引詩説詩與西漢前期詩學思想　齊魯學刊二〇一八年第三期

王懷義　「以事言道」：淮南子「道論」之展開　民族藝術二〇一八年第四期

王效峰　淮南子「道」論再議　咸陽師範學院學報二〇一八年第五期

楊慧茹　淮南子的氣論及其審美影響　美術學研究第七輯，二〇一八年

馬　耘	淮南子身體觀辨析：由生死問題及養生工夫切入	哲學與文化第五三〇期，二〇一八年
李隆獻	先秦漢初雜家文獻中的「孔子形象」	政大中文學報第二九期，二〇一八年
馮一鳴	從論詩引詩看淮南子思想的儒道分野	中國文化二〇一九年第一期
斯洪橋	論淮南子對早期道教的影響	宗教學研究二〇一九年第一期
闞紅艷	淮南子的内聖之道：養生論	成都理工大學學報（社會科學版）二〇一九年第一期
李素軍	淮南子中的人性理論闡微	當代中國價值觀研究二〇一九年第二期
孫迎智	淮南子中的世界圖景	中國人民大學博士論文，二〇一九年
李寶姗	淮南子研究新探：以劉績補注本及相關出土文獻爲中心	香港中文大學博士論文，二〇一九年
高　旭等	日本學界的淮南子研究述略	國際漢學二〇一九年第三期
祁海文	淮南子與儒道禮樂美學的會通與融貫	社會科學輯刊二〇一九年第三期
宋　霞	禮俗之間：淮南鴻烈的風俗觀與政教觀	科學經濟社會二〇一九年第四期
李秀華	淮南子北宋本流傳考辨	文獻二〇一九年第六期
劉　麗等	淮南子的氣論及其醫學養生思想	中華中醫藥雜志二〇一九年第六期

李慶豪	「本始關係」的遺落與復歸：淮南子感應論略探	淡江中文學報第四〇期，二〇一九年
高　旭	淮南子「論道」之美及其思想史意義——兼與莊子比較	中國美學研究第一五輯，二〇二〇年
楊　棟	淮南子繆稱與郭店簡儒家佚籍的學術關聯	孔子研究二〇二〇年第一期
吴新林	淮南子造物藝術批評思想研究	藝術百家二〇二〇年第二期
鄒　旻	劉安謀反案「疑點」辨析及判斷——兼與馬慶洲先生商榷	安徽理工大學學報（社會科學版）二〇二〇年第三期
劉　勇	淮南子「和、繆」及相關問題再探	中央音樂學院學報二〇二〇年第三期
楊石磊等	化技術爲道術：淮南子音樂表演美學思想探賾	南京藝術學院學報（音樂與表演版）二〇二〇年第四期
李素軍	論淮南子内聖外王體系中「勢」的承轉作用	商丘師範學院學報二〇二〇年第四期
高　旭	論茅盾的淮南子研究及學術史意義	南昌大學學報（人文社會科學版）二〇二〇年第五期

高旭　高似孫評淮南子及其學術史價值：以子略爲中心　船山學刊二〇二〇年第六期

劉國民　史記淮南衡山列傳辨疑——兼論汪春泓先生的相關論點和論據　信陽師範學院學報（哲學社會科學版）二〇二一年第一期

邊田鋼　漢語史視角下的淮南子校釋新證：立足於西漢前期字形、詞義和字詞關係　浙江大學學報（人文社會科學版）二〇二一年第三期

跋

淮南子校釋一書，歷經數年艱辛，終於要問世了。這要多謝北京大學出版社胡雙寶先生、郭力先生的幫助，尤其是胡先生，他仔細地通讀了全稿，並提出不少好的意見。

在這本書即將問世的時候，我特别懷念尊敬的燕孫師。在本書的撰寫過程中，多次得到先生的指點和鼓勵。先生還應允爲本書題箋。可是，就在先生八十壽辰後不久，我身處異邦的時候，先生與世長辭了。我得知這個噩耗，感到萬分震驚，也萬分悲慟。想起我去韓國之前，到先生府上爲先生祝壽並且辭行的時候，先生一再挽留我多聊一會兒。我看到先生房裏貼的「來客談話請勿超過十分鐘」的字條，感到不該再打攪先生時，先生看出了我的心思，説：「不要管它，你不在其例。」萬萬没有想到，這次談話竟成了與先生的訣别。先生是看不到這本書的出版了，我只有將它祭奠在先生的靈前，祈請先生英靈的指正。

在本書的撰寫過程中，也曾得到裘錫圭先生的指點。首都圖書館馬文大先生曾在圖書方面提供很多方便。在這裏一併向他們表示誠摯的謝意。

舍弟雙亭、内子宋玉玲幫我做許多事情，也向他們致謝。

附録二徵引各家箋釋中某些近年去世的學者的卒年，是看校樣時增補的，謹此説明。

是爲跋。

張雙棣　一九九七年二月於北京大學

增訂本跋

淮南子校釋問世已十年有餘，有必要作些增補修訂。其間，原來没有見到的海外及臺灣、香港的資料，由於文化的交流，得以參考，並可得其善者而利用之。再者，十餘年來，淮南子研究有長足的進展，有不少新的研究成果，不乏很有價值之説，亦當擷來采之；另外，這十餘年間，爲研究生開過幾次課，教學相長，有些新的體會，完成淮南子校釋補，又對其用韻作些考察，完成淮南子用韻考。這些都是增補的内容。同時，原來的一些按語，自認爲不甚妥當者，須加以修改；前人已言及，而當時未及見到者，當删除之，而補前人之説。這就是此增訂本與原本的區别所在。

在增訂過程中，趙彤副教授、柳賢雅博士、佐藤芳之博士幫我收集到香港、臺灣地區及日本的一些資料，美國布朗大學羅皓（Harold D. Roth）教授惠贈其大作淮南子版本發展史（*The Textual History of the Huai-nan Tzu*），這裏，對他們表示誠摯的謝意。出版過程中，責任編輯杜若明編審付出很多辛勞，也對他表示誠摯的謝意。

張雙棣　二零一零年十月於海淀博雅西園

中華書局版跋

本書曾於一九九七年在北京大學出版社出版，後又出增訂本。本書是以正統道藏本爲底本，對校景寫北宋小字本、明弘治王溥刊劉績補注本以及朱東光本、茅一桂本、葉近山本、汪一鸞本等諸多明刻本並莊逵吉本、劉文典本，搜羅歷代研究成果及今人論述八十餘家，並有本人的按語。附録則有劉安年譜、淮南子考證輯要、淮南子研究論著索引等，希望能在劉文典淮南鴻烈集解的基礎上，給讀者及研究者更多的方便。

本書在北京大學出版社出版時，責任編輯是胡雙寶先生，他很認真，仔細通讀了全稿，提出一些很中肯的意見。後又出增訂本，責編是杜若明先生，他也很負責，我們配合得很愉快。現在中華書局要將它編入新編諸子集成續編，我同意了。在此轉社之際，我還是要感謝胡雙寶先生、杜若明先生，他們爲此書付出不少辛勞。但令人悲痛的是，胡先生不幸於去年二月九日仙逝，這是學術界和出版界的損失，願他在彼岸安息。

這次再版，我將白雲觀道藏本淮南子正文及許、高注與各本的情況又復覈一遍，略有補改。同時，對全書做些增補修訂。一是改正了原版的錯字，二是補充了一些新資料，特别是近年一些新的研究成果，三是添加了一些新的體會。再者，子藏淮南子卷所收資料，本次修訂也多所利用。

北大中文系趙彤副教授及其博士生王馨璐爲我整理了二〇一〇年至二〇二〇年淮南子研究的文獻目録，向他們表示誠摯的謝意。

中華書局秦淑華編審、張芃編輯爲此次出版付出很多辛勞，向他們致以誠摯的謝意。

張雙棣　二〇二一年四月於海淀博雅西園